新时代高校学生骨干培养与党团班级建设工作理论与实践

（2023-2024）

中共天津市委教育工作委员会
天津市教育委员会学生思想教育与管理处
天津市高校辅导员培训和研修基地（天津财经大学）
天津市高校思想政治教育工作研究基地（天津财经大学）

编　著

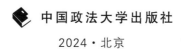

中国政法大学出版社

2024·北京

图书在版编目（CIP）数据

新时代高校学生骨干培养与党团班级建设工作理论与实践. 2023-2024 / 中共天津市教育工作委员会等编著. --北京：中国政法大学出版社, 2024. 9.
ISBN 978-7-5764-1824-8

Ⅰ. G645.5-53；G647.34-53

中国国家版本馆 CIP 数据核字第 2024Q4E089 号

出 版 者	中国政法大学出版社
地　　址	北京市海淀区西土城路 25 号
邮寄地址	北京 100088 信箱 8034 分箱　邮编 100088
网　　址	http://www.cuplpress.com (网络实名：中国政法大学出版社)
电　　话	010-58908586(编辑部) 58908334(邮购部)
编辑邮箱	zhengfadch@126.com
承　　印	保定市中画美凯印刷有限公司
开　　本	720mm×960mm　　1/16
印　　张	31.25
字　　数	520 千字
版　　次	2024 年 9 月第 1 版
印　　次	2024 年 9 月第 1 次印刷
定　　价	149.00 元

目　录

"00后" 网络思想政治教育新特征和新规律

李晋馥　刘　衡

天津大学新媒体与传播学院

【摘　要】随着互联网技术的发展，高校网络思想政治教育的对象、主体、路径和环境都呈现出新特征，育人主体的多元性、育人空间的平台性、育人路径的交互性、育人环境的公众性，是数字化赋能背景下高校网络思想政治教育呈现的新规律。

【关键词】"00后"；网络思想政治教育；新特征；新格局

随着互联网技术的发展，元宇宙等概念逐渐被人们广泛接受，人工智能内容生成技术的出现和应用等，正在加速推进网络空间的变革。早在 1999 年，网络思想政治教育就被认为是根据传播学原理和思想宣传理论，利用计算机网络所进行的思想政治教育。随着媒介技术的发展，网络思想政治教育的内涵和演化，既与网络意识形态工作的要求一致，也与新兴媒体的变革紧密相连。习近平总书记指出："传统媒体和新兴媒体不是取代关系，而是迭代关系；不是谁主谁次，而是此长彼长；不是谁强谁弱，而是优势互补。"因此，笔者认为网络思想政治教育是适应数字社会建设的思想政治教育新领域，是伴随媒介技术发展而形成的特有的思想政治教育新战线。

一、面向 "00后" 青年网络思想政治教育的新特征

（一）教育对象的新特点：伴随算法推荐与短视频传播的双重 "信息冲击"

青年人的行为特点、思维方式、价值追求与成年人是不同的，经济、社会、文化和技术的变革与发展都会直接映射在不同时期的青年亚文化中，每一代青年人都是在与成年人价值取向的碰撞中，从 "叛逆" 走向 "成熟"，

逐渐向主流价值观靠拢，最终成为主流价值观的引导者。当前，"00后"青年已经成为高校学生的绝对主体，他们是在算法推荐与短视频传播的双重"信息冲击"下成长起来的，认识世界的方式是以个人为中心的、点状的、单视角的。与此同时，"00后"青年也在用自身的使用偏好和习惯，改变着社交媒体的产品和内容形态。此外，媒介构建的社会现实和社会动员，通过影响青年的认知模式和心理图式，从而影响正处于世界观、人生观、价值观形塑阶段的青年群体，在潜移默化中影响他们相应的"网上网下"行为方式。

社交化、去中心化、碎片化是"00后"青年网络信息获取的主要方式，而通过网络获取信息正是"00后"青年获取信息的主要渠道，他们通过网络交流的频率甚至高于现实生活交往。可视化、娱乐化、知识性的内容是"00后"更愿接受的，他们对内容的选择介于主动与被动之间，既通过算法的推荐随机接受内容，又通过个人的行为参与内容的筛选。

（二）教育主体的新困境："网上网下"如何此长彼长，优势互补

辅导员的数字能力是网络思想政治教育的保证。随着社会的发展，信息流动的加快，辅导员作为思想政治教育工作的一线主力军，面临新的困境，如何画好"网上网下"的同心圆，一方面要灵活运用新媒体新技术使高校思想政治工作活起来，占领网络空间的思想舆论阵地，另一方面还要抓好基础工作，保证线下工作的高质量开展。此外，线上沟通不能替代线下交流，通过新媒体平台开展思想政治教育工作既需要一定的媒介素养，也需要投入大量的工作精力。如何真正做到"网上网下"此长彼长，优势互补还需要从大思政建设格局出发，从信息流动的角度出发，设计工作体系，完善工作流程。

与此同时，数字鸿沟是当前代际差异的集中凸显，数字技术在重构教育管理的底层逻辑，数字能力正在成为面向未来社会的能力基础。做人的工作是思想政治教育的根本，以辅导员为代表的网络思想政治教育主体，在引领学生方面要结合新形势、新变化，从网上网下两个维度做到了解学生、理解学生、贴近学生，从而赢得学生、引领学生。

（三）教育途径的新变革：人工智能内容生成的隐形传播

信息推荐会影响信息的送达，教育主体希望教育对象接收的信息，未必能够直接送达，看似直接的路径，未必是"点到点"的传播，这就要求网络思想政治教育首先要提高覆盖面，其次还要在精准性上下功夫。2022年11月，ChatGPT出现后，不同层面的专家学者立刻意识到这是意识形态斗争的

新领域,教师第一时间意识到这将颠覆学生的学习方式。在互联网上,一部分青年人第一时间将之作为工具,应用于科研、论文写作,一部分青年人认为这种问答模式很有意思,其问答的方式一时间成为网络话语表达的新模式。技术是不会倒退的,只能是在完善监管的情况下,规范其应用领域与范围。

以 ChatGPT 为代表的人工智能内容生成平台隐含的价值观输出与传播一定存在,带来的变化是不可估量的。在思想政治教育领域,辅导员自身的工作能力是否能够适应新技术带来的新变革,也需要通过实践来验证,对技术的驾驭决定了技术为谁服务。在天津市高校辅导员"高校网络思想政治教育的理论与方法"培训过程中,参会辅导员围绕 ChatGPT 对高校思想政治教育的影响进行了讨论,大家认为"对于这样的技术,存在更多技术伦理方面的担忧,西方的意识形态与中国不同,要在意识形态方面打一个问号——是不是真正可信的","如果说学生在日常生活中遇到问题,更愿意向 ChatGPT 这种人工智能寻求帮助,那就会消减学生和教师沟通的积极性"。而根据面向学生的调研显示,电子信息相关专业的学生中,超过 66% 的学生表示"很了解 ChatGPT,并且经常性使用",而学生使用 ChatGPT 除了"文献查询、翻译和基础程序编辑",选择"出于好奇无目的尝试和非学业信息搜集、整理、处理"的学生也超过了 30%。在对结果的使用上,21% 的学生认为"结果大都真实可靠,粗略检查后就会使用",41% 的学生认为"部分结果真实可靠,需要结合其他检测后使用",仅有 38% 的学生认为"结果仅能作为部分参考,要仔细核实其真实性后才能使用"。

(四)教育环境的新挑战:网络意识形态领域的斗争日趋激烈

网络空间已经成为意识形态交锋的主战场,尤其在新媒体时代,不同的社会阶层和群体可以通过新媒体在平台表达诉求,同样,人们接收信息的渠道和接收信息的来源也多种多样。一些西方国家借助新媒体的特点开始进行意识形态渗透,不断通过新媒体向我国输入"自由民主"、拜金主义及享乐主义等思想,在网上煽动民族分裂主义、极端民族主义,大肆宣扬西方优越论,不失时机地抹黑中国共产党和中国政府,对党的创新理论在青少年认知中的主导地位造成冲击,对我国的意识形态安全也带来了严重影响。

网络环境是网络思想政治教育的基础。有关报告显示,进入 21 世纪,美国利用互联网传播的快速性,大量对其他国家进行渗透颠覆和捣乱破坏活动,在 2014 年乌克兰的"颜色革命"、2007 年缅甸"番红花革命"、2009 年伊朗

"绿色革命"等未遂的"颜色革命"事件中，都有美国情报机构利用互联网造成的影响。

二、数字化赋能背景下网络思想政治教育的新规律

（一）育人主体呈现多元性

数字化赋能中国式高等教育现代化是一项系统性、复杂性和全局性工作，正在推动高等教育形态的深刻变革，知识传授模式突破了以教育者为中心的传统教育理念的边界限制，学习环境也在向着沉浸式、虚拟化、交互式发展。网络素养教育、媒介素养教育、数字素养教育是网络育人体系的重要内容，开展网络育人，应使学生树立起正确的网络道德观念、具有必备的数字素养和媒介素养。数字化赋能使网络育人体系的范围进一步扩大，发挥综合育人功能，与之相随的是网络思想政治教育的格局发生的变革。

落实立德树人根本任务、培养时代新人，要求高校必须加快构建大思政工作体系，关键是构建思政课与专业课同向同行、第一课堂与第二课堂共促共进、学校与社会互动互生、显性教育与隐性教育相得益彰的教育生态。网络思想政治教育是大思政格局构建的一部分，结合数字化赋能中国式高等教育现代化的变革，教育主体多元参与是必然的结果，但要如何在此基础上做到多元协同，不仅需要从顶层设计，还要利用多元评价体系，促进多元投入。同时，还要树立各育人主体网络思想政治教育的意识，提升其网络育人能力。

（二）育人空间呈现平台性

大力推进网络育人体系建设，重点在拓展各类网络平台。在数字智能技术的支持下，校园新媒体网络平台的服务力、吸引力和黏合度得到大幅度提升。高校网站等网络阵地的示范性、引领性和辐射度得到切实增强。一批校、院、师、生思政类公众号得到建设，发挥了新媒体平台对思想政治工作的促进作用。同时各级政府和高校致力于打造高等教育数字化平台，并不断迭代升级，形成平台发展矩阵，为中国式高等教育现代化建设提供强力支撑，使平台成为赋能高等教育教学变革的生力军。

"让主流价值先入为主，让正确信息跑在前头"是高校辅导员开展网络思想政治教育的关键。只有让主流价值先有了"流量"，才能提高网络思政作品的影响力。然而，作为开放的"空间"，高校思政类新媒体平台的面向对象是不确定的，需要在兼顾工作要求的基础上，打破现有高校辅导员的工作模式，

形成网络育人合力。不论高校思政类新媒体平台的作用如何，作为社交媒体平台的一部分，其变化是由不同平台主体决定的，运营人员只能被迫适应平台的变化，而不能成为平台的主导。因此，针对其提出的对策建议会存在一定的局限性和时效性，要长期研究，统筹推进。

数字校园与教育融媒体的建设是网络思想政治的结合点。习近平总书记强调，没有信息化就没有现代化。信息化为中华民族带来了千载难逢的机遇，必须敏锐抓住信息化发展的历史机遇。"十四五"时期，信息化进入加快数字化发展、建设数字中国的新阶段。构建数字社会治理格局，推进实现五大治理要素，即坚持党建引领、坚持服务导向、坚持资源整合、坚持信息支撑、坚持法制保障。数字校园是数字社会的缩影，五大治理要素正是与思政教育重要的结合点。

（三）育人途径呈现互动性

立德树人是思想政治教育的核心任务，数字技术将全面影响人类的思想活动和思维方式，甚至在深层维度上影响人的价值观念，因此网络思想政治教育的关键在于强化网络育人的实效性，这也是高校网络思想政治教育的难点。共情和参与是网络新媒体互动性的具体体现，也是价值传递方式与结果的反馈，高校网络思想政治教育的育人途径也呈现出互动性特征。

高校网络思想政治教育育人的互动性既体现在学校教育与社会教育的互动互生上，也体现在网络文化作品与用户之间的互动参与上。在网络空间，学校教育与社会教育没有明显的界线，但在内容生产上有较为明显的区别。高校通过丰富优秀网络文化产品供给，促进网络文化建设，提升师生网络文明素养，营造清朗网络空间等方式，开展网络思想政治教育。其中，优秀网络文化产品是最能反映时代特征的。高校网络文化作品，在信息传播层面可以通过多平台叠加进行立体化传播；在情感交流层面面向精准用户群可以采用共情性表达；在价值传递层面通过用户参与可以达到隐性传播效果。

（四）育人环境呈现公众性

网络是技术、平台、系统、文化精神与生活环境的统一，是学生成长的第一环境。近年来，因高校师生个体言行失范引发的高校网络舆情事件层出不穷，网民一定程度上在高校教育中充当了参与和监督的角色。

高校如何应对育人环境的变化，首先要自觉接受网络舆论的监督，从"画好网上网下同心圆"的角度出发，提高网络舆论斗争能力、网络舆情化解能力和网络宣传引导能力。网络舆论斗争能力是高校网络思想政治教育工作者应对当前复杂网络环境的必备能力，是着眼大局面向大学生做好网络思想政治教育工作的需求。在调研中，学生对当前网上传播的内容整体情况的看法并不十分乐观，仅有 11% 学生选择"非常满意，网络正能量充沛"，27% 的学生选择"比较满意，主旋律内容占主流"，40% 的学生选择"基本满意，但是负面信息比重偏高"，22% 的学生选择"不满意，因为网络暴力事件时有发生"。可见，大部分学生对于当前网络充斥的负面信息是有感知的，这也体现出网络公开环境中的热点舆情事件会映射在高校思想政治教育工作中，舆情处置能力不仅要体现在对工作领域发生的舆情事件处置上，还要体现在应对网络负面事件对学生思想状态影响的干预上。网络宣传引导能力则需要通过形成育人合力，发挥更大效果，实现营造清朗网络环境的目标。

结　语

高校网络思想政治教育将占据越来越重要的位置，要不断深化对教育对象的认识，精准把握其在网络应用领域的前沿性，深刻理解其与数字社会发展的融合共生，也要不断从宏观上促进教育主体之间的协同，拓展教育路径与人工技术的融合，构建网上网下相互依存的育人环境，紧扣落实立德树人的根本任务，培养担当民族复兴大任的时代新人。

参考文献：

［1］刘梅：《思想政治教育的现代方式——论网络思想政治教育建设》，载《河南师范大学学报（哲学社会科学版）》2000 年第 2 期。

［2］漆亚林、孙鸿菲：《面向青年传播的媒介逻辑与发展路径研究》，载《中国记者》2022 年第 6 期。

［3］数据来自 2023 年 6 月天津大学新媒体与传播学院学生用网情况调研。

［4］《美国谋求霸权、维护霸权、滥用霸权危害深重揭开"安全卫士"虚伪面纱》，载 https://www.ccdi.gov.cn/toutiaon/202305t/t20230507_262761.html，最后访问日期：2024 年 3 月 16 日。

［5］范玉鹏、周倩：《以数字化赋能中国式高等教育现代化》，载《中国社会科学报》2023 年 2 月 17 日。

［6］信思金：《加快构建高校大思政体系》，载《光明日报》2023 年 2 月 18 日。

［7］《"十四五"国家信息化规划》。

［8］宇文利、金德楠：《党的十八大以来思想政治教育研究述评》，载《思想政治工作研究》2022 年第 5 期。

［9］吴满意、高盛楠：《网络育人意蕴的三重向度》，载《中国高等教育》2022 年第 17 期。

协同治理视域下党员培育党团支部
联动工作机制探析
——以天津大学茅以升第一党支部为例

游莅荟

天津大学

【摘　要】党支部是党组织开展工作的基本单元，高校学生党支部是高校基层党组织建设的基础及支点，是保障党组织面向全校学生党员以及群众服务的抓手。长期以来，学生党支部建设面临着党建与团建协同工作机制不够完善、学生党支部班子组织力参差不齐、党支部组织生活形式丰富性欠缺等问题，导致学生党员培育机制不够完善，培育效果良莠不齐。运用协同治理理论，理顺党支部、团支部与班级之间的关系，强化学生党员、预备党员、发展对象、积极分子、入党申请人多元主体互动，完善学生党员培养发展的运行机制，推动提升党支部建设专业化和科学化水平，夯实学生党支部的战斗堡垒作用。

【关键词】协同治理理论；学生党支部；学生党员培养

　　党支部是党组织开展工作的基本单元，是党的全部工作和战斗力的基础，高校承担着人才培养、科学研究、服务社会的重要职能。党的二十大报告明确到 2035 年建成教育强国，并对教育、科技、人才进行统筹安排、一体部署，吹响了加快建设教育强国的号角。高校基层党组织是党在高校全部工作和战斗力的基础，是教育、管理、监督、服务师生党员的基本单位，学生党支部建设作为高校党建工作的重要组成部分，在新时代也面临新任务、新要求。协同治理是组织管理理论中的重要内容，高校学生党支部由学生党员、预备党员、发展对象、积极分子、入党申请人等多个群体构成，在党员发展和培育过程中，需要进一步理顺党支部、团支部、班级关系，运用协同治理理论完善联动工作机制，协同各个群体同向发力。

一、协同治理理论及其在学生党员培养发展中的运用

治理理论自西方传入中国，近年来愈来愈成为全球公共行政领域学者广泛深入研究的热点理论。协同治理理论是治理理论中的一个重要分支，是基于协同理论、多中心治理理论、合作治理理论等交叉发展而来的，在制定和实施决策、管理资源、解决冲突、建立制度规则、推动社会协调发展等方面具有重要的理论指导意义。协同治理理论中的多元主体互动，是在治理过程中，政府、非政府组织、企业、社会团体以及个人等多个主体之间的相互作用与合作，在解决社会问题和制定政策时，各个利益相关者应该参与决策过程，协商和制定解决方案，以确保决策的合法性、可接受性和有效性。协同治理理论更加强调不同主体之间的协作和合作，以实现共同的目标、解决共同的问题。

在高校学生党员培养与发展的过程中，涉及二级学院党委、党支部、团委、辅导员、团支部、班级、入党申请人小组等多个主体，这些主体目标一致，为更好地培养学生党员发挥着重要作用。运用协同治理理论分析学生党员培养和发展的全流程，二级学院党委不再是学生党支部建设和学生党员培养发展的唯一中心，多个主体广泛参与、互动，相互协调、相互合作、相互联系、共同发力，激发学生党员的主观能动性，发挥学生入党申请人、入党积极分子、预备党员、正式党员在参与学生党支部建设中的作用，不断完善学生党员培养发展的运行机制。

二、学生党员培养发展的现存问题

（一）党建与团建协同工作机制不够完善

共青团是党领导的先进青年的群团组织。2019 年 4 月 30 日，习近平总书记在纪念五四运动 100 周年大会上强调，共青团是党的助手和后备军，是党的青年工作的重要力量。《中国共产党普通高等学校基层组织工作条例》要求，基层组织工作条例按照坚持标准、保证质量、改善结构、慎重发展的方针和有关规定，把政治标准放在首位，加强对入党积极分子的教育、培养和

考察，加强在优秀学生中发展党员的工作。将团组织推优作为确定学生入党积极分子的重要渠道，加大在高校低年级学生中发展党员力度。在党员培养发展过程中，学生在提交入党申请书后受党支部培养管理，经历群团组织（通常是班级团支部）推优，由党支部接收确定为入党积极分子，经至少1年培养考察期后可确定为发展对象，成熟后可以发展为预备党员。纵观来看，学生党支部党员发展由高校二级学院指导，团支部由二级学院团委指导，二者互为交错。在现实中，发展党员需进行班团组织推优，党、团、班的协同工作机制不够完善，团支部基于班级组织设立，高校二级学院团委在开展群团组织推优时，对部分学生入党申请人的了解和考察不够全面，在组织群团组织推优后，与学生党支部对接出现延迟。学生党支部在了解学生思想动态时，有时需要对接多个团支部，信息交流会出现不够畅通的情况。团支部在组织推优时时间进度安排不同，偶有出现党支部遗漏接收确定入党积极分子的情况。

（二）学生党支部班子组织力参差不齐

《中国共产党普通高等学校基层组织工作条例》规定，注重从优秀辅导员、骨干教师、优秀学生党员中选拔学生党支部书记。培养教育学生中的入党积极分子，按照标准和程序发展学生党员。从年龄上看，本科生在经历至少1年的入党积极分子培养考察期，大二年级下半年将是第一批可发展党员阶段，学生在大三年级下半年转正，党龄满1年可担任党支部书记，不具备在本科生党支部中担任支部书记的资格，学生党支部委员变换频繁。学生支委步入大四年级后，学业和就业压力逐渐增加，且通常在实践中锻炼机会较少，实际参与党员培养发展的业务程度不深。实际工作中，大多数本科生学生党支部书记是由辅导员老师担任。学生党员可能并非辅导员老师所带年级学生，辅导员对其存在了解程度不足的情况，培养教育管理党员的难度加大。学生党员在担任培养联络人时，对入党积极分子和发展对象的培养方案和步骤环节的了解很少涉及细节，鲜有考核奖惩措施，且大部分聚焦在培养结果上。

（三）党支部组织生活形式丰富性欠缺

当前，许多高校学生党支部集体学习的形式主要依托集中学习文件、研讨，党日活动形式以走访参观为主，形式较为单一，学习内容针对性和系统性不强，且缺乏创新性和吸引力。不同二级学院学生人数体量有所不同，党支部内部可能存在学生党员分属于不同年级的情况，课业、生活均不在同一时间空间，相熟程度不足，沟通交流可能存在不畅，不同年级党员之间的互动和交流不够频繁和深入，影响党支部各项活动的整体参与感。学生党支部缺乏有效的党员培养机制，对新党员的培养和发展不够重视，新党员的融入度和发展空间不足，也未形成有效的奖惩制度，影响党支部的长远发展。

三、学生党员培养发展协同工作机制路径分析

建立有效的学生党员培养发展协同工作机制对于提高学生党员的素质和能力至关重要。天津大学茅以升第一党支部开创并坚持"党支部+""1+3+N"工作模式，即利用一个宣传端口"求是 QUAN"微信公众平台开展线上信息化建设，依托"党支部+专业学习""党支部+志愿服务""党支部+社会实践"三个特色工作形式，做好涵盖入党申请人小组、班级团支部等组织的 N 名茅以升班学生培养工作。党支部以建设本科生学习型、服务型党支部为目标，以勇于实践为己任，提高党员的社会责任感、思想道德、科学文化、纪律作风、诚信意识、身心素质，将支部建设成为党员培养后备力量的优秀基地，发挥好组织带动、工作带动、队伍带动、榜样带动作用。2018 年，党支部获评天津市教育系统"创最佳党日"活动、天津大学"优秀学生党日活动"，2019 年获批第二批"全国党建工作样板支部"培育创建单位，2022 年2 月顺利通过验收。

（一）细化党支部、团支部党员培养环节分工

建立学生党员培养发展的责任分工机制，理顺党支部、年级团总支、团支部、入党积极分子与入党申请人之间的关系。带动更多的同学积极向党组织靠拢，建立"支部结对帮扶"制度，依托纵向设立党支部的优势，联动本科四个年级的茅以升班学生，建立支部党员、入党积极分子、申请人结对帮扶制度，使党团教育同步进行，为支部发展积蓄后备力量。形成两个"帮扶"，即党支部帮扶团支部、入党申请人小组，支部党员帮扶入党申请人、入党积极分子；设立本科四个年级的入党申请人小组，每个小组配备组长 1 名，贯通全体入党申请人的组织工作；每名申请人配备 2 名正式党员作为培养联系人给予相应的指导，由预备党员担任联络人协助培养工作，落实培养联系人职责，让支部工作有"力度"。与各年级茅以升团支部紧密沟通，在团日活动、"五四"评优、"申请人小组"评优、入党积极分子推优工作中发挥作

用。在支部党员的指导与帮助下，2016级茅以升团支部获2017年全国高校"活力团支部"（全国1000个）称号，2018级茅以升团支部获评天津大学"五四红旗团支部"（新秀奖）称号。

（二）贯通党支部、团支部专业学习与理论学习

发挥纵向党支部优势，结合党建与团建、班级建设，积极开展支部内外时政热点交流及学习考察活动，以党建带动本科生的学术氛围，提升本科生学习能力和综合素质。将党支部建设与专业特色相结合，使支部成员不忘历史使命，传承敬业奉献、励精图治、精忠报国等精神并形成"特色品牌"。依托"党支部+专业学习"平台，开展"走进港珠澳大桥"集体学习活动，以土木工程、水利工程、港口与航道等专业知识分析港珠澳大桥建造过程，感悟"大国重器"，使未来的卓越工程师们对"移山填海，建功立业"产生更深的体会，增强对祖国伟大成就的自豪感，增强刻苦学习的动力。传承茅以升精神，将党支部建设与专业特色相结合，组织茅以升精神主题宣讲，走访全国茅以升班所在党支部共建交流，联系已毕业或已就业的茅以升班党员，梳理校友工作所在单位，组织对赴重点单位就业的党员事迹进行学习宣传活动。

更新理论学习形式，开展分组研讨，组织读书分享会，党员就书籍分享感悟。为庆祝中国共产党成立100周年，回顾中国共产党百年奋斗的光辉历程，党支部、团支部协同组织党史知识竞赛，重温入党誓词。为党支部全体党员购置《中国共产党历史》（第1卷、第2卷）、《毛泽东选集》及《共产党宣言》等9本书籍，动员党员、入党积极分子、入党申请人加强理论学习，增强知识储备，一同以初心使命赓续红色血脉。紧跟时代步伐，"两会"后针对热点话题采用分组展示讨论的方式进行学习交流，保证每一位支部成员积极参与到时政热点与大政方针的讨论中来，畅谈想法，进行思想碰撞。

（三）推动党支部、团支部教育实践活动形式更加多元

茅以升第一党支部始终把政治建设摆在首位，用习近平新时代中国特色社会主义思想武装党员头脑、指导实践、推动工作，教育党员树立"四个意识"，坚定"四个自信"，做到"两个维护"。以创建"学习型、服务型、创新型"党支部为总目标，以创建本科生学习型、服务型党支部为重点，建立健全党支部工作管理制度，规范支部活动程序，明确活动目的，创新支部活动形式，服务支部内外同学。

依托"党支部+社会实践",强化校地合作。党支部与教工党支部联合,在津南区双新街万盈家园社区、天津市滨海新区太平镇友爱村建立天津大学志愿服务与社会实践基地,与津南区双新街万盈家园社区党支部、天津市滨海新区太平镇友爱村党支部开展共建,进一步推进深化校地合作,贯彻"知行合一",对社区居民、青年学生起到思想和政治的引领作用,提升党员的服务意识。支部党员向万盈家园社区捐赠图书共计100册,共建万盈家园社区"爱心图书馆";支部党员与天津市滨海新区太平镇友爱村第一、第二党支部开展主题为"探寻青年担当,落实为民服务"的党日活动,让支部工作有"亮度"。

组织"家国·时节"系列活动,在特殊节日和重要时间节点开展实践活动,在世界博物馆日,支部党员赴天津博物馆学习实践,感受中华民族五千多年来孕育的历史文明,深入了解近代天津百年,激发"热爱我求学的城市"情感。在禁毒宣传日开展"禁毒防艾青春行 家国情怀赤子心"主题教育活动,分享参与"禁毒"主题三下乡暑期社会实践宣教活动的收获感悟,了解禁毒工作形势,增强防范意识。

(四)党支部、团支部宣传组织与服务带动更加有力

加强对支部成员宗旨意识的教育,每年制定支部工作计划,明确主题、任务、时间节点等,提高服务群众的能力。探索宿舍党员"一站式服务"责任区与党员结对帮扶工作,拓宽帮扶对象范围,定期组织党员下宿舍、下班级,与困难学生沟通交流,不断提高服务意识,切实转变工作作风。

依托"党支部+志愿服务",创设"党旗领航工程",设置"党员先锋岗"发动党员开展学院行政管理辅助性志愿服务工作。在宿舍园区挂牌"党员先锋宿舍",亮明党员身份,发挥党员的先锋模范作用。党支部党员与2017级茅以升一班团支部"组队"参加"庆祝改革开放40周年暨双新街万盈家园社区金地艺华年邻里节展演"活动的志愿服务,负责礼仪、照相、服装调度和控场,服务居民,体会走进社区、深入群众的基层工作实际,让支部工作有"温度"。

结　语

随着高等教育改革和发展进入新时代,高校基层党组织要因时而进、因势而新。高校学生党支部是发挥广大党员学生先锋模范作用的组织保障,是

营造良好学风、班风和校风的重要依托。理顺党支部、团支部、班级关系，发挥党建带团建作用，动员更多学生党员、预备党员、发展对象、积极分子、入党申请人多元主体互动，参与到全流程学生党员培育过程中，不断细化党支部、团支部党员培养环节分工，贯通专业学习与理论学习，推动教育实践活动形式更加多元，促进宣传组织与服务带动更加有力，在引领优良班风、校风、学风和践行社会主义核心价值观中发挥战斗堡垒作用。

参考文献

［1］《中国共产党普通高等学校基层组织工作条例》，载《人民日报》2021年4月23日。

［2］王志刚：《多中心治理理论的起源、发展与演变》，载《东南大学学报（哲学社会科学版）》2009年第S2期。

［3］怀进鹏：《以教育之强夯实国家富强之基》，载《人民日报》2023年8月31日。

［4］陈兰、朱逸凡：《多中心治理理论下高校学生党支部建设探究》，载《办公室业务》2022年第15期。

［5］周恒、商妍：《高校学生党支部发挥战斗堡垒作用的路径研究——基于教育部第二批高校党建示范创建和质量创优支部工作的思考》，载《领导科学论坛》2022年第4期。

［6］黄武南：《组织力提升视角下高校学生党支部与团支部、班级协同机制研究》，载《思想教育研究》2018年第11期。

［7］刘静：《高校学生党支部、班级、团支部协同工作机制研究——以成贤学院为例》，载《文化创新比较研究》2021年第9期。

科技时代下工科高校意识形态教育的问题及发展研究

侯宇鹏

天津大学

【摘　要】现如今，社会生活的科技化将工科摆在了重要位置。当前，在工科教育理念片面、技术理性思潮盛行和社会转型变化的影响下，工科高校学生存在思维模式单向度、价值观念错位、思想信仰动摇等问题。为此，工科高校应以时代特征为导向，以个体特点为切入，以主流意识为基础，从形式上激活，在内容中深化，在环境中拓展，实现意识形态教育的高质量发展。

【关键词】意识形态；工科教育；科学技术

在科学技术时代，生产力的迅猛发展使得上层建筑意识形态发生快速变化。当前，我国正处于信息社会向智能社会转型阶段，随着科学技术的重要地位在社会中日益凸显，科学技术意识形态为高校意识形态工作带来了新的挑战。习近平总书记曾强调："要进一步加强科学教育、工程教育，加强拔尖创新人才自主培养。"科学技术时代需要卓越工科学生的支撑，但在科学技术意识形态的影响下，工科高校学生易形成工具理性思维，产生科技合理性代替政治合理性的认识，在整体上削弱了高校思想政治教育和人才培养的效果。因此，在科学技术时代背景下，探讨工科高校的意识形态教育问题及发展，不仅具有理论创新性，还具有实践必然性，有利于推动新时代意识形态教育的改革，提高工程技术人才的培养质量，推动我国工科教育的高质量发展。

一、工科高校学生意识形态存在的问题

随着人工智能时代的到来，越来越多青年选择学习与科学技术相关的专

业，工科高校成为科学技术创新和科技人才培养的前沿阵地。在科学技术与教育深度融合的过程中，科学技术不仅推动了教育形式的变化，还影响了教育的内涵和效果，使工科教育具备了科学技术自身具有的单一向度、工具理性、科学技术意识形态等特性，影响着工科高校学生的思维模式、价值取向和思想信仰。

（一）思维模式的单向度

科技异化是指在一定的社会条件下，主体的科技活动及科技活动所取得的科技成果，背离主体人的需要和目的，成为人难以驾驭的力量，并反过来控制人、统治人、危害人的特殊现象。科学技术促进了生产力的发展，极大地提高了人们的生活水平。但是，在资本的支配下，科学技术逐渐与人分离、对立，使人沦陷为科技的奴隶和附庸。科技以"虚假"的美好麻痹人类内心的真实需求，使其对科学技术产生了情感依赖，丧失主体性，沦为相对于科学技术而言的"他者"，产生泛机器化倾向。在科技异化的背景下，工科高校在科学技术教育中易形成单向度教育模式，强调实证主义和绝对真理，缺乏辩证思维和现实主义教育，从而导致学生在科技异化环境和单向度教育模式下弱化了社会性主体特性和政治性思考能力，模糊了意识形态边界，成为"丧失否定、批判和超越的能力的人"。

（二）价值观的错位

科学技术时代下，资本与科技紧密绑定，人们崇拜科技，将对高科技产品的追逐和消费当作人生目标，以科技产品的占有即资本的占有视为衡量个人成功与否的重要标准。在单向度思维模式下，人们不自觉地服从于科技体系所设计的规则，在"信息茧房"中趋于单一的价值取向，成为"物欲"的附庸。在工科高校之中，一方面，学生对技术的崇拜衍生了工具理性的价值取向，在功利主义的思潮下，学生在价值的个体需要层面发生了扭曲，学习目的和价值产生了错位，最终易走向精致的利己主义泥潭。另一方面，学生价值观的错位也影响了高校意识形态教育的成效。从而导致思想政治教育主课堂沦为形式、学生思想政治教育任务日益艰巨、网络等多媒体颠覆意识形态教育形式等社会现象，其产生的个体层面内在原因为学生在科技时代下价值观的错位。

（三）思想信仰的动摇

随着科学技术影响到社会的各个方面，上层建筑中出现了一种新型的意识形态形式——科学技术意识形态。科学技术意识形态是法兰克福学派的重要思想。在哈贝马斯看来："作为意识形态，技术统治的意识一方面为新的、执行技术使命的、排除实践问题的政治服务，另一方面，它涉及的正是那些可以潜移默化地腐蚀我们所说的制度框架的发展趋势。"在科学技术时代，西方凭借先进技术通过网络等科技媒介传播其价值观念及文化意识，在不知不觉中动摇人们的信仰，为意识形态工作带来了极大的挑战。在工科高校中，科学技术不仅是教育工具，也是教育目的，其背后蕴含的意识形态将直接影响教育对象。当前，单向度的思维模式易使工科学生丧失思辨能力，价值观的错位易使其沦为功利主义的傀儡，在接触科学技术所带来的新事物时，学生极易成为西方科学技术意识形态控制的对象，影响了人才培养的质量和我国社会主义建设的进程。

三、工科高校学生意识形态问题的成因分析

大学是学生思想和观念成长成熟的关键阶段，工科高校学生出现思维模式单向度、价值取向错位和思想信仰动摇等问题，除了学生内在层面的原因，更重要的成因存在于外在层面。为此，从学科特点、技术时代和社会转型三个方面分析工科高校学生意识形态问题产生的原因，可以为加强工科高校意识形态工作寻找发力点。

（一）学科特色下意识形态教育薄弱

工科学生的文科知识基础相对薄弱，在强调实证主义的工科环境下，思想政治教育效果欠佳，意识形态教育薄弱，其主要原因有以下三个层面：第一，工科教师的教学理念片面。高等教育是师生互为主体的实践活动，但在科学技术教育中，较高的专业壁垒导致教师存在天然的主体性优势。工科教师由于专业特点易形成了科学技术等于"天然合理性"的标准，不注重思想政治教育的引导，在开展教育活动过程中会将科学技术具有独立性等观念教授给学生，影响了意识形态教育的成效。第二，思政课理论与实际脱节。思政课是开展思想政治教育的主渠道，但思政课的理论性过强，前瞻性较多，与工科的思维模式不同，教育内容与教育对象的匹配度不高。同时，陈旧的教学形式导致教学与学生专业实际脱节，不适应当前学生的思想特点，无法实现学生与理论的共鸣，弱化了意识形态教育效果。第三，思想政治教育的惯性负效用。当代我国所推行的思想政治教育不仅具有中国传统德育的"教

化"色彩，而且包含着"政治核心"精神，即任何人、任何部门、任何组织都必须接受思想政治教育基本原理的熏陶。思想和政治教育相统一的传统虽然有利于社会的超稳定发展，但在新时代其惯性的负面作用也开始显现。对于个体而言，科技的发展带来了多元化的思潮，在"政治核心"精神教育中成长的个体在意识层面无法实现思想活跃性与政治专一性的分离，从而影响了个体对于思想政治教育的态度，甚至产生了排斥心理，不利于意识形态教育的开展。

（二）技术时代下的意识形态挑战

随着科学技术渗透到社会公共生活的各个方面，社会生活的重构也带来了意识形态领域的多元化现象，导致了大学生的意识形态问题。第一，媒介大众化导致价值判断单一化。新媒体技术的出现加速了社会个性化的发展，但在"信息风暴"中，个体的价值选择却存在不协调现象。青年学生群体是现代新媒体技术的主要受众，在繁杂的信息中人们会不自觉将选择的权利交给信息技术，希望用科学技术规避选择的风险。但是，这种选择权利的让渡也导致了技术对人的控制，呈现出了个体思辨能力下降和价值观的趋同，进而导致了人们思想的片面化。第二，极端功利主义的盛行。在科学技术时代，人们在技术的加持下弱化了过程的体验，结果导向挤占了过程导向的价值取向，为功利主义的滋生提供了土壤。随着社会主义市场经济的确立，资本自身所携带的"物欲"崇拜特点在科学技术中被放大，大学生易混淆合理利益主义和极端功利主义两种思想。当极端功利主义的负效用被无限放大，学生最终会沦为一种资本控制下的程序化工具，其价值观念和意识形态将完全错位。第三，工具理性和思想政治人文性的矛盾。改革开放以来，经济中的利益导向思想逐渐渗透到教育领域，工具理性思想在高等教育中盛行。但是，教育理念的柔性和经济思想的刚性存在矛盾，工具理性和思想政治人文性的平衡在科学技术的渗透中逐渐失衡，工科高校易因追求教育过程流畅度和规范性而偏重工具价值，漠视对个体情感的满足和精神境界的完善，从而导致意识形态教育偏重形式而无法实现本质效果。

（三）社会转型下意识形态变化

意识形态是上层建筑中的一部分，随着我国改革开放的不断深入，生产力和生产关系的变革带来了意识形态的变化，也为意识形态工作带来了新的挑战。第一，深化改革带来的意识形态重构。新时代，我国正从高速发展向高质量发展转型，经济领域的变革不可避免地影响着受制于经济基础的意识形态体系。在经济的不断改革中，我国的意识形态也在不断重构，在以马克思主义为核心的意识形态领域中陆续出现了许多如消费主义、享乐主义、拜金主义等错误思想，对青年一代产生了不利的影响。第二，西方资本主义利用科学技术意识形态进行的思想输出。稳定的意识形态体系有利于社会的安定，但在深化改革的背景下，意识形态体系的重构带来了思想观念的开放和变化，在这个过程中，西方资本主义国家凭借科学技术优势，利用科学技术意识形态隐蔽性的特点，向我国输入了大量西方价值观念主导下的意识形态倾向，利用"新自由主义"等思想宣扬负能量，动摇学生的思想信仰。第三，对中国特色意识形态的阐释能力不足。习近平总书记曾指出，要"发展 21 世纪马克思主义、当代中国马克思主义，构建中国特色哲学社会科学学科体系、学术体系、话语体系，增强我国哲学社会科学国际影响力……"在意识形态体系重构中，面对西方意识形态的入侵，我国亟须提高对中国特色意识形态的阐释能力。面对意识形态斗争，高校存在阐释形式单一、阐释内涵不深入、阐释理论不系统等问题，从而导致意识形态领域被西方思潮侵袭，对学生思想产生了负面的冲击。

三、工科学生意识形态教育挑战的对策

高校的意识形态工作关系着高等教育人才培养的成效。针对工科高校学生存在的思维模式、价值取向和思想信仰问题，高校须从原因入手，主动谋划、对症下药，从形式、内容和环境三个方面应对挑战。

（一）以时代特征为导向，优化意识形态教育形式

面对新时代科学技术所带来的社会和教育变革，工科高校应积极应变，主动求变，以过程导向教育强化学生获得感，改变意识形态教育的滞后性，推动课程思政以实现思想政治教育正向效用的发挥。第一，重视过程导向教育。突出教育的供需转化，以阶段性教育强化学生的过程收获感，沿着"需求—供给—新需求"的生成路线开展意识形态教育，利用合理的物质和精神激励实现教育的螺旋式上升，推进合理利己主义思想教育，破解学生的"物欲"困局。第二，推动意识形态教育紧跟学科和时代特点。构建以工科知识体系为基础的意识形态教育框架，紧扣社会热点话题和学生思想实际开展意识形态教育，采用新媒体等技术使意识形态教育形式转变为当代大学生喜闻

乐见的模式，实现教育主体、教育内容和教育形式的统一。第三，深入开展课程思政。意识形态教育要求"润物细无声"，课程思政则可以在专业课程中做到"精准嵌入"，可以有效实现专业教育和思政教育的结合。但在课程思政中，要弱化"政治核心"精神，以思想引导为主开展课程教育，杜绝形式主义冗余，充分发挥思想政治教育的正面效能，为开展政治教育奠定基础。

（二）以个体特点为切入，完善意识形态教育内容

科学技术的发展重构了社会生活的场域，面对新时代下大学生的新特点，工科高校应立足工科特色转变教育教学理念，注重思辨教育，以正确的科技观引导学生正视科学技术，实现科技教育和人文教育的并重。第一，强化立德树人的教育理念。工科高校要坚持贯彻立德树人的根本任务，强化对教师的思想政治教育，培养教师正确的科技观，转变教师"科学技术至上"的观点，实现科学技术教育在主流意识形态的轨道上平稳运行。第二，培养学生思辨的思维模式。在教育中推行"协商教育"，将"单向度"教育模式转变为多维度协商模式，引导学生多角度思考问题，树立正确的科学技术观，以马克思主义辩证法为指导锻炼学生在"信息洪流"中多向度思考的能力。第三，突出人文教育的价值引领。人文与科技是辩证统一的存在，工科高校要注重人文内涵建设，处理好工具理性和价值理性的关系，提高人文课程的教学地位，推动思想政治教育话语的融通和通俗化转变，以价值理性为精神动力强化价值引领，筑牢学生的思想根基。

（三）以主流意识为基础，美化意识形态教育环境

意识形态教育是全方位、多角度、长周期的教育，需要良好的软环境支撑，工科高校应充分审视科技时代下的社会存在，增强主流意识形态建设，在多元思潮中守好马克思主义的意识形态高地。第一，利用科学技术强化主流意识形态建设。科学技术意识形态具有隐蔽性和广泛性的特点，高校应抓住科学技术意识形态这种新形式，提高科学技术的使用能力，以马克思主义思想替换西方社会在科学技术背后所附加的资本主义思想，采用"滴灌式"的意识形态教育新模式，增强高校中主流意识形态的活力和效力。第二，建设高水平的工作队伍。高质量意识形态教育需要高水平人才队伍的支撑，高校要抓好党政干部、思政课教师、辅导员、优秀专业教师等多支队伍，整合资源，加强培训，建设一支多领域、强协同、本领高的人才队伍，突破不同

领域之间协同育人的局限性，发挥各支队伍在意识形态教育中的不同作用，构建全员育人大格局。第三，推动人文社科的新时代建设。主流价值观念具有群体性和相对稳定性的特征，在意识形态体系重构过程中，高校应高举马克思主义和中国特色社会主义的旗帜，加快构建具有中国特色的新时代人文社科体系，提高中国特色社会主义理论的话语权，巩固马克思主义等主流价值观念的核心地位，为抵制西方资本主义思想提供反击"武器"。

在科技时代，要培养支撑中国式现代化建设的高质量工程技术人才，推动意识形态教育在科学技术背景下的变革是大势所趋。工科高校应以科技为立足点，转变教育理念，完善教育内容，优化教育形式，美化教育环境，丰富高校意识形态教育理论，为国家工程教育改革和工程人才培养探索有效路径。

参考文献

［1］习近平：《习近平在中共中央政治局第五次集体学习时强调 加快建设教育强国 为中华民族伟大复兴提供有力支撑》，载《人民日报》2023 年 5 月 30 日。

［2］刘洋、贾中海：《对中国社会"科技异化"现象的批判性反思——以马尔库塞科技异化理论为视角》，载《广西社会科学》2020 年第 8 期。

［3］［美］赫伯特·马尔库塞：《单向度的人：发达工业社会意识形态研究》，刘继译，上海译文出版社 2008 年版。

［4］张雪敏、王艳华：《科技时代人类的生存困境及其超越》，载《重庆社会科学》2019 年第 2 期。

［5］［德］尤尔根·哈贝马斯：《作为"意识形态"的技术与科学》，李黎、郭官义译，学林出版社 1999 年版。

［6］李昌锋：《论工科院校思想政治理论课的教学现状与对策》，载《教育与职业》2013 年第 6 期。

［7］刘涛：《思想政治教育惯性效用的双向分析》，载《理论导刊》2017 年第 3 期。

［8］王学俭、顾超：《信息社会条件下思想政治教育发展研究》，载《安徽师范大学学报（社会科学版）》2018 年第 3 期。

［9］田穗：《思想政治教育的诗性困境与回归路径》，载《中学政治教学参考》2018 年第 33 期。

［10］隋灵灵、徐铭泽：《智能思政：内在逻辑、矛盾境遇及实施策略》，载《北京联合大学学报（人文社会科学版）》2023 年第 4 期。

［11］韩谦、魏则胜：《论高校学生意识形态教育问题及其应对》，载《青年探索》2022年第3期。

［12］习近平：《习近平致信祝贺中国社会科学院建院40周年》，载《光明日报》2017年5月18日。

高校"一站式"学生社区育人模式构建探究

——以天津大学为例

吴自强　谢　舒　王作金　孔凡冬

天津大学

【摘　要】 近年来，思想文化交流、交融、交锋日益频繁，国内高校传统的学院、年级、班级建设制管理方式面临着越来越多的困难和挑战。为了优化高校学生教育管理，提升思想政治教育的时效性，教育部2019年开始推动高校"一站式"学生社区综合管理模式建设工作，选定西安交通大学等10所高校进行试点。2021年，教育部曾选取天津大学等21所高校作为第二批试点建设单位，并同步启动自主试点计划。截至2023年7月，全国已有近2000所高校开展建设工作。文章以天津大学"一站式"建设经验为例，提出"家文化"学生社区育人模型，在主题色、主题词、主题曲三个方面，阐释学生社区育人模型应该具备的要求和未来发展方向。

【关键词】 学生社区；宿舍；"家文化"；"一站式"

党的十八大以来，习近平总书记高度重视高校思想政治教育工作，发表了一系列重要论述。在2016年全国高校思想政治工作会议上，习近平总书记强调"思想政治教育工作从根本上说是做人的工作，必须围绕学生、关照学生、服务学生"。随着信息社会的快速发展，学生接受教育、获取信息的渠道越来越多元化。除了教学楼以外，学生宿舍、食堂、实验室、操场、体育馆、展览馆、线上网络等也在逐步发挥育人作用。从时间的视角来看，学生每天在宿舍的时间无疑是最长的。尤其对于高校大学生来说，每天将有平均10个小时至16个小时时间在宿舍度过，其思想品德修养、日常行为在宿舍有最真实和最充分的表现。从到访频次视角来看，学生宿舍是唯一一个大学生在校学习生活的每日必经之地。但从育人资源投入的视角看，当前国内各高校在教学楼、实验室、体育场等场域的投入要远大于学生宿舍。所以根据木桶原理，当前阶段促进高校思政工作提质增效的最有效切入点应该是学生身处时间最长、到访频次最高的育人场域——学生宿舍。

一、学生宿舍的特点

（一）地理位置影响生活轨迹

20 世纪及以前，国内高校大多集中建设校内住宿区，以便规划食堂、超市等各类生活保障配套设施。所以，学生宿舍在校内的地理位置一般比较靠近边缘。20 世纪 60 年代开始，西方高校开始重视校园学生宿舍的建设问题。有关专家学者发现宿舍是一块非常重要的育人场域。它的重要性堪比课堂、实验室和图书馆。所以，他们开始呼吁高校要加强学生宿舍育人功能的建设，并提出学生宿舍不仅仅是学生休息、睡觉的保障性场所，更是一块宝贵的育人场域资源。21 世纪以来，国内越来越多的高校学习西方发达国家的校园书院制建设，将学生宿舍区巧妙地建设在各院系周围，在保障学生生活便利的同时，拉近学生与院系、学生与教室、学生与导师之间的距离。

（二）人员分布密集，瞬间人流量大

学生宿舍一般为多人居住，同一栋楼内居住着成百上千名学生，人员密度大，不利于消防安全，但非常适合开展集体主义教育。在早晨上课、午饭晚饭、夜晚下课等时刻，人流量大。这对传染病防治、财产安全等工作都带来较大挑战，但同时也为文化育人、环境育人等工作提供了良好的条件。

（三）生活氛围浓厚

学生宿舍每时每刻都有人在睡觉、洗漱、洗衣服、收拾卫生，到处都充斥着生活的气息。这也就要求，我们的思想政治教育工作推进学生宿舍的时候，需要符合适应学生生活的特点。让学生感受到宿舍是他们"第二个家"，而在家中开展的教育应该是沁润式的教育。

二、学生社区与学生宿舍的关系

"社区"的概念最早是由德国著名的社会学家滕尼斯提出的。他在 *Community and Society* 一书中写道，社区是由具有共同习俗和价值观念的同质人口

组成的关系密切的社会团体或共同体。当前阶段,社会学家给社区下的定义有 140 多种。尽管诸多定义各不相同,但在关于构成社区的基本要素方面,认识是基本一致的。他们普遍认为一个社区应该包括一定数量的人口、一定范围的地域、一定规模的设施、一定特征的文化、一定类型的组织。所以基于以上概念,学生社区指的就是在一定范围内,由学生、宿舍、保障设施、文化环境和管理服务组织所组成的学习生活共同体。

在"一站式"学生社区建设的热潮中,部分高校认为社区即校区。笔者认为,学生社区的范围,应取决于该范围内学生的情况特征。体量较大的校区培养的学生数量庞大,他们来自不同院系的不同专业,学生特点各不相同,培养原则应坚持因材施教,因人而异,以人为本。所以学生社区应以适当的范围去做更精细的划分。体量较小的专业院校学生人数少,专业与培养方向基本相同,可以选择社区即校区的建设规划。

三、在学生社区开展育人工作的普遍难点、痛点

近年来,全国各地各高校高度重视"一站式"学生社区综合管理模式建设改革工作,并取得了丰硕的成绩。但从新形势、新要求来看,学生社区这个新的育人场域作用尚未充分发挥。其主要面临以下三方面问题。

(一)物理育人空间与学生住宿资源存在矛盾冲突

物理育人空间是各级育人力量下沉的基础保障。其建设主要分为两类,一类是旧校区的改造,另一类是新校区的建设。随着中国高等教育的不断发展,高校招生整体呈扩张模式。根据教育部发布的《2022 年全国教育事业发展统计公报》来看,近 10 年,高等教育招生人数逐年递增,2022 年各种形式的高等教育在学总规模 4655 万人,比上年增加 225 万人。部分只有单个校区的高校存在住宿资源余量紧张、空间受限、局限性大、系统性不足等现象。部分多校区的高校存在不同校区物理育人空间资源不均衡的情况。

(二)全员育人的理念共识需进一步强化

从高校现实情况来看,学生培养重视"才"而轻视"人"、师生关系不够紧密、社区综合保障不足、社区重管理轻服务等现象仍普遍存在。学校各机关单位、各院系等观念转变不及时,不能充分地认识到"一站式"学生社区建设的重要性和紧迫性。部分机关部门下社区解决问题的频次,取决于校领导开展社区慰问次数。部分一线专业教师仍然仅仅扎根在课堂和实验室,若不"邀请"就不去学生宿舍。相关工作流于形式，未形成常态化机制。

（三）学生当家作主的主人翁意识有待提高

其主要原因有两个方面：一方面是思想政治教育活动形式单一，千篇一律的通知、照本宣科的宣讲、报告等没有以青年学子喜闻乐见的形式呈现出来，导致学生不感兴趣、参与度低。另一方面是学生在学生社区的成长支撑体系尚不完善。学生在社区做一次志愿服务或是创造一个良好的宿舍环境时，学校给予政策上的高度肯定较少。

四、"一站式"学生社区育人模式的模型构建——以天津大学为例

（一）构建一个什么样的模型？

笔者认为，学校可以将学生社区塑造为一个"家"。家，最早见于甲骨文，其本意是屋内、住所。在传统的文化经典中，有非常多关于"家"的论述。《孟子·离娄上》讲道："人有恒言，皆曰'天下国家'。天下之本在国，国之本在家，家之本在身。"《大学》亦写道："物格而后知至，知至而后意诚，意诚而后心正，心正而后身修，身修而后家齐，家齐而后国治，国治而后天下平。"经过数千年的历史文化演变，我国已然成为一个"家文化"传统悠久和深厚的国家。从学生宿舍的特点分析，同一个宿舍或宿舍楼，与家有着极其相似之处。所以，在学生社区营造"家文化"，对加强大学生的思想政治教育具有必要性、紧迫性和前瞻性。

（二）怎么构建"家"这个模型？

笔者以天津大学为例，学校通过编织"凝心铸魂—成长发展—安全稳定"三张育人网，将学生社区建设为一个"红色先锋、全面发展、平安和谐"的温馨家园。具体如图1所示。

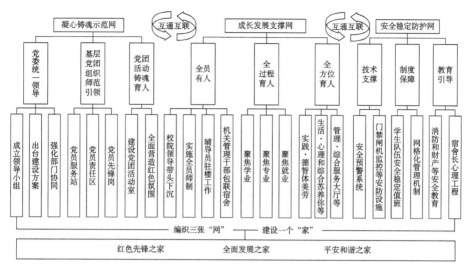

图1 天津大学“一站式”学生社区综合管理模式建设示意图

1. 社区的“家”主题色应该是“红色”

学校注重党建引领，织起一张“凝心铸魂”示范网，将学生社区描绘成一个“红色先锋”之家。第一，党委统一领导，成立“一站式”学生社区综合管理模式建设领导小组，将试点工作作为党委常委会、校长办公会等会议的重要议题，每学期作专题研究。第二，基层党组织示范引领。在各学生社区成立党员服务站，组织学生党员到社区报到，搭建学生社区“党员服务站+党员责任区+党员先锋岗”三级组织架构，制定《加强学生党员在社区实践锻炼工作方案》，将社区党员志愿服务与党员年度培训实践学时挂钩，解决好学生党员“进得去”的问题。结合学生社区传染病防治、安全文明建设、志愿服务等工作，合理规划学生社区党员责任区、示范岗，解决好学生党员“有的干”的问题。选拔优秀的辅导员、导师、机关管理干部等人员共同组成社区党员服务站管理团队，落实社区党员工作安排与考核，解决好学生党员“干得好”的问题。第三，党建活动铸魂育人，在社区把党史教育和学生思想政治教育深度融合，形成纵到底、横到边、全覆盖的基层党建工作格局，确保党的领导“一竿子到底”。

2. 社区的“家”主题词应该是“发展”

学校贯彻“三全育人”，织密一张“成长发展”支撑网，将学生社区建设成一个“全面发展”之家。家通常有两个部分：一个是家庭成员，另一个是物理空间。家庭成员主要由两部分组成：其中一部分是家长。选好社区的"家长"，是社区的"家"全面发展的关键因素。①校院各级领导干部践行"一线规则"。党委书记、校长要带头走进学生社区开展系列慰问，机关部处负责人要定期与学生在社区面对面交流座谈、共进午餐，及时解决学生关心关切。②建立全员导师制。实施"师友"计划，以学生宿舍为单位，聘请专业教师担任"师友"导师，与学生建立亦师亦友的关系。③辅导员扎根学生社区，与学生同吃、同住，加强思政教育的实效性。④建立机关管理干部包联机制。以机关支部和学生支部共建为抓手，推动机关管理干部常态化参与社区安全文明建设。学校通过以上举措，初步解决了上文提到"全员育人的理念共识需进一步强化"的问题。另外，家长的教育服务需要贯穿孩子成长的全过程。①聚焦学业。面向低年级本科生，开设学生社区学业辅导站，聘请优秀专业教师等担任学业导师，帮助学生"夯基垒台"。②聚焦专业。面向高年级学生，推动专家学者走进学生社区开展学科交叉融合的报告沙龙，指导学生"立柱架梁"。③聚焦就业。面向毕业年级学生，打造学生社区"就业加油吧"，聘请企业家、行业精英等担任校外学生生涯规划师，打通人才培养的"最后一公里"。家庭成员的另一个组成部分是"兄弟姐妹"。学校在社区建设学生综合服务大厅，聘用学生服务学生，促进"兄弟姐妹"之间的互相学习、共同成长。建设学生楼委会和社区卫生文明先锋队，邀请"兄弟姐妹"深度参与社区"家"的建设，推动学生自我教育、自我管理、自我服务。在学校的荣誉体系中，增设了"文明宿舍先进集体""文明社区建设先进个人"等校级荣誉并予以奖金支持，有效解决了上文提出的"学生当家作主的主人翁意识有待提高"问题。在物理空间方面，做好"家"的设计与装修。学生社区除了住宿的基本保障以外，教育功能必不可少。以天津大学为例，学校在学生社区建设实践育人、生活体验、管理服务三个基地，充分发挥课程、科研、实践、文化、网络、心理、管理、服务、资助、组织等方面工作在学生社区的育人功能。在建设三个基地的过程中，天津大学亦面临"物理育人空间与学生住宿资源发生矛盾冲突"。这点在其卫津路校区尤为明显，学校主要通过开拓学生社区连廊、社区室外公共空间、社区线上文化活动等形式，初步解决有关问题。

3. 社区的"家"主题曲应该是"平安"

学校严守安全底线，织牢一张"安全稳定"防护网，将学生社区营造成一个"平安和谐"之家。人们常说,家是摇篮,家是港湾,家是靠山。家是"平安"的代名词。首先,全面升级社区安防设施,布设人脸识别闸机、24小时监控、智能指纹门锁,让学生生活轨迹数字化、可视化。开发安全预警系统,实现异常状况早发现、早研判、早处理。其次,加强关心关怀。完善学校行政值班、学工队伍安全稳定值班、心理健康教育工作队伍危机干预值班、"社区长—楼长—层长—宿舍长"四级网格化管理等制度,确保时时刻刻都有教职员工在学生身边,多维度、多点形成网格管理全覆盖。扎实推动学生住宿幸福感工程,合理规划住宿资源,推进老旧宿舍楼宇改造和新建宿舍楼宇规划。最后,夯实安全教育。将安全教育作为新生入学的必修课,并前置于开学前,让新生带着安全意识来报到。在学生社区开展消防演练、防电信诈骗宣讲、网络安全竞赛等第二课堂活动,全面维护国家安全、守护校园安全、保障学生安全。

参考文献

[1] 习近平:《把思想政治工作贯穿教育教学全过程 开创我国高等教育事业发展新局面》,载《人民日报》2016年12月9日。

[2] 时艳芳、刘莎莎:《建设宿舍"家文化",加强大学生的思想政治教育——基于Z学院的经验分析》,载《高校后勤研究》2017年第1期。

[3] 涂慧君:《大学校园整体设计——规划·景观·建筑》,中国建筑工业出版社2007年版。

[4][德]斐迪南·滕尼斯:《共同体与社会——纯粹社会学的基本概念》,林荣远译,商务印书馆1999年版。

[5] 王懿:《高校"一站式"学生社区建设的价值意蕴、现实问题与实践理路》,载《思想理论教育》2022年第2期。

高校学生组织学生骨干培养探索

——以天津大学机械学院党员精英班为例

郑　超

天津大学

【摘　要】高等院校肩负着将青年大学生培养为中国特色社会主义合格建设者和可靠接班人的重要使命，高校学生组织是学生的集合体，是团结学生、凝聚学生、影响学生的组织阵地。通过对天津大学机械学院党员精英班的育人目标、育人模式、育人成果、育人示范效应和育人机制改进的探索，为高等学校学生骨干培养提供一些新思路。

【关键词】高校学生组织；学生骨干；实践育人；示范效应

一、高校学生组织对学生骨干培养的重要性

习近平总书记在二十大报告中指出："青年强，则国家强。当代中国青年生逢其时，施展才干的舞台无比广阔，实现梦想的前景无比光明。" 2022 年 5月 10 日，习近平总书记在庆祝中国共产主义青年团成立 100 周年大会上讲道："用党的科学理论武装青年，用党的初心使命感召青年……" 高校肩负着重要使命，即将青年大学生培养为中国特色社会主义合格建设者和可靠接班人。青年大学生只有拥有较高的思想道德水平和强烈的社会责任感，才能有效推动中国特色社会主义事业的发展。因此，高校思想政治工作涉及培养何种人才以及如何培养人才，是一个根本性的问题。

高等学校的学生组织是学生的集合体，是一个团结学生、凝聚学生、影响学生的组织平台。高校学生组织管理既是高校学生工作的主要内容，也是增强大学生思想政治教育效果的重要途径。加强学生组织管理既是教育与管

理相结合的内在要求，也是促进学生自我教育和自我管理的主要手段。目前，我国高校学生组织管理在管理结构、组织文化、管理队伍建设等方面存在一定问题。通过分析和解决学生组织管理中的问题，提升高校学生组织的运行效率，优化组织管理，进一步提升高校学生组织的教育和人才培养功能，将有助于提升组织育人的实效性。

高校思想政治教育事关培养社会主义建设者和接班人，各类学生组织管理结构、组织文化以及组织的变革与发展，对大学生的成长具有重要的影响。青少年是祖国的未来、民族的希望。青少年阶段是人生中的关键时期，就像植物的"拔节孕穗期"一样。在这个阶段，心智逐渐成熟，思维变得最为活跃，因此需要特别注意引导和培养。高校思政教育要遵循学生的成长规律，满足学生的个性需求，围绕"立德树人"总目标和"培根铸魂"大课题精心引导、悉心栽培。高校学生组织是大学生思想政治教育工作的重要载体，学生组织运行的主要功能就是教育和培养学生，是大学生思想政治教育与管理相结合的必然手段，是促进大学生自我教育、自我管理的主要途径。因此，针对高校学生组织学生教育与培养功能优化路径的研究具有非常重要的实践意义，将有助于思想政治教育改革创新、有助于培育肩负历史使命的时代新人。

二、天津大学机械学院党员精英班模式探索

天津大学党员精英班成立于2009年，在十几年的建设过程中，班级以实践调研为载体，以培养"善思考、有能力、敢担当、能奉献"的优秀学生，特别是学生党员为目标，是学院培养优秀党员、进行思政教育的重要阵地。班级通过示范性群体培育，不断带动周围学生，调动广大青年学生投身实践、增长本领的积极性。

为深入贯彻党的二十大精神，更好地引导青年党员树立远大理想、热爱伟大祖国、担当时代责任、勇于砥砺奋斗、练就过硬本领、锤炼品德修为，培养"善思考，有能力，敢担当，能奉献"的精英人才，让党员精英班在新起点、新征程上取得新成绩、迸发新活力。

梳理党员精英班过去十几年的奋斗历程，剖析往期党员精英班在培育人才和创造社会价值这两个方面育人成果以及导师制、多年级交叉制等育人方法，归纳总结党员精英班应该"培养什么样的精英""如何培养精英"，并结合党的二十大报告，检验目前党员精英班的育人目标和育人成效有何偏离，并基于此有针对性地提出了改进措施。

（一）育人目标

党的二十大报告强调"青年强，则国家强"，指对广大青年提出了"立志做有理想、敢担当、能吃苦、肯奋斗的新时代好青年"的重要要求。同时学校始终将"培养具有家国情怀、全球视野、创新精神和实践能力的卓越人才"作为目标与追求。

党员精英班在过去五年间也培养了一大批"善思考，有能力，敢担当，能奉献"的时代青年。但近些年来随着差异化文化参差不齐的冲击，当前大学生群体在新时代下需着重培养的就是其社会责任感。

当代大学生普遍展现积极正面的社会责任感，但受到多种因素的影响，如市场经济的负面作用等，大学生社会责任感的淡化和缺失倾向明显。主要表现在以下方面：价值取向的错位蔓延、自我中心主义过于突出、公民意识的淡薄、缺乏社会认同感和归属感、缺乏对国家和社会的责任担当、过分关注物质享受而忽视义务履行、过分追求个人利益而忽视集体利益等问题。

在新形势下，精英班在原有基础上，深挖育人之内涵，增加对新青年责任意识的教育和培养，同时利用十年历史的积淀内涵，发掘往期资源，在育人方面做好榜样引领作用也显得尤为重要。

（二）育人模式

党员精英班在过去五年间，采用了多种方法培养成员，使得精英班的学员能够得到全方位成长。

1. 导师制

学员培养期间，邀请学院领导、老师、精英班往期成员担任学员导师，根据学员自身特点制定成长方案，鼓励学员与导师进行线上线下的交流与互动，以此促进学员的成长和发展。

但其优缺点并存，主要的优点有：可以积累大量人脉资源；可以传承丰富经验；可以提供展示的舞台。

导师制对导师的要求较高，而导师的水平、能力、性格都不相同，导致培养出的学员也存在一定差异。这就导致导师制也会存在一定的缺点：首先，对导师的要求比较高，学习差异化较大。导师由于是高年级同学，可能由于自身时间安排，在学员遇到问题时，可能无法第一时间了解情况并给予相关帮助，会导致学员自身积极性不高，无法保证学员参加活动的参与度，无法达到相应培养目标。其次，学员成长单方面受导师影响，各位导师的性格特点各不相同，存在部分导师给予学员很多关于活动的看法，会影响学员自身主动性与能力的发挥，往往也无法使学员得到能力方面的提高。

2. 多年级交叉制

党员精英班考虑到新老交替的传承问题，为融合多年级资源、做到资源互补，在纳新时从不同年级招收新学员，同时留任来自不同年级的导师。学员在进入精英班后，导师学员会互相选择，在此基础上形成了多年级交叉的培养模式，在这种培养模式下党员精英班在每期中都能培养出一批优秀学员，精英班也是在这种模式下做到了代代传承。多年级交叉助力资源互补，日常活动中导师也能潜移默化地影响学员。

3. 小组制、理论与实践结合制、指导教师/班主任负责制

通过划分小组，同学们在互相讨论中能够快速地认识彼此、熟悉彼此，有利于提升个人的集体荣誉感和集体的工作效率。能够增强各小组间的竞争意识，激励各小组不断向前。通过理论与实践相结合的培养方式，有助于同学们达到一种历史和现实相贯通、国际和国内相关联、理论和实际相对结合的高境界。

通过指导教师/班主任负责制，可以保证同学们走在正确的道路上。同学们可以接触到更多优秀的资源。同时能够增加同学们与导师和班主任的交流机会，解决同学们的困惑与问题。

（三）育人成果

党员精英班在过去五年，累计培养了70名学员，在培养过程中党员精英班以"仰望星空、脚踏实地"为班训，培养了一大批"善思考，有能力，敢担当，能奉献"的时代青年。第九期共培养出十名学员，开展了主题演讲、时政调研、宕昌实践、参观革命圣地、举办暑期科学营、社火调研等活动。第十期共培养出14名学员，开展了主题演讲、走访广西暑期实践、参观展览、基层走访调研等活动。第十一期共培养出16名学员，开展了微党课录制、暑期支教实践、搭建梦想教室等活动。第十二期共培养出15名学员，开展了墙绘绘制、调研问卷、产品包装设计、"留筑"梦想暑期夏令营等系列活动。第十三期共培养出15名学员，开展了参观大沽炮台、多元理论宣讲、学习百年党史等活动。

回首过往五年，精英班培养出了一批品学兼优的"天大人"，学员在党员精英班的培育下得到了全方位的提高，如今也在各个领域积极发光发热。

（1）党员精英班致力于培养善思考的时代青年。足够的思想深度决定了青年视野的广度和提升的高度，思考是青年前进道路上的基石。精英班多次围绕重大历史事件、国家和学校的重要会议，展开学习调研、理论宣讲等活动，如第十期围绕习近平总书记重要讲话"山再高，往上攀，总能登顶；路再长，走下去，定能到达"展开主题演讲；第十二期围绕改革开放前"中国为什么选择计划经济体制"等历史展开宣讲。

（2）党员精英班致力于培养有能力的时代青年。能力是一个人的底气，有了足够的能力，才有面对挑战的自信，直面困难的勇气。精英班第十一期学员陈梦洁，以接近满绩的学习成绩成为机械设计制造及其自动化专业的直博生，本科期间积极参与 RoboMaster 竞赛，学业之余还积极发展个人爱好。第十二期学员秦尔可除了拥有优异的学习成绩，还积极参与各项志愿活动、实践活动，担任社团主席，努力践行"全心全意为人民服务"的宗旨。

（3）党员精英班致力于培养敢担当的时代青年。习近平总书记说过："当干部就要有担当，有多大担当才能干多大事业，尽多大责任才会有多大成就。"当代青年应有担当意识、担当精神，方可有所作为。从党员精英班结业的杨帆已经连续两年担任宕昌县大寨村第一书记，他积极投身乡村振兴，坚持以人为本，带领大寨村形成蓬勃发展的新图景，担当起扶贫攻坚、乡村振兴的重任。

（4）党员精英班致力于培养能奉献的新时代青年。精英班十一期成员董铖莉在两次前往宕昌暑期实践后，坚定了自己支教的决心。临近毕业时，她主动放弃保研名额，选择前往新疆阿勒泰支教一年，用行动践行自己"能奉献"的誓言。

（四）育人示范效应

学术表现：优秀学员在学业上展现出卓越的成绩和扎实的知识储备，他们的学习方法和态度成为其他学生学习的榜样。

社会责任感：优秀学员积极参与社会公益活动，关注社会问题并主动采取行动，激励其他学生也关注并参与社会责任实践。

领导才能：优秀学员在学校组织或团队中展现出出色的领导能力，能够有效地组织和协调团队成员，激发他们的潜力并取得卓越的团队成绩。

积极参与：优秀学员积极参与学校活动和学生组织，展现出积极向上的态度和参与度，鼓励其他学生也积极参与并发挥自己的才能。

榜样行为：优秀学员在品德和行为方面展现出高尚的榜样，他们遵守规章制度，尊重他人，诚实守信，成为其他学生学习的楷模。

这些精英班优秀学员的示范效应激励其他学生向他们看齐，努力追求卓越，提高自己的学术水平、社会责任感和领导能力，学院人人以加入党员精英班为荣，从而共同促进整个学院的发展和进步。

（五）育人措施改进：

1. 深化理论学习，坚定理想信念

回首党员精英班过去五年历史，党员精英班在开展党的理论学习取得了一定的育人成果。当前大学生意识形态工作依然严峻，在当下深入开展理论学习，牢固树立坚定的理想信念，培养新时代青年的家国责任感十分重要。增加党的理论学习课时；理论学习与小组研讨相结合；开展理论—实例学习方法；注重显性学习与隐性学习相结合；注重将理论学习、个人价值观、人生理想进行有机结合，使同学们做到自我内化。

2. 学习传统文化，增强历史积淀

党员精英班可从中国共产党光荣历史和中华民族优秀传统文化中汲取精神力量，引导青年加强自身修养。加强"四史"学习，能够引导青年讲好英雄的故事、革命的故事，树立正确的历史观、国家观和民族观。青年从优秀文化中汲取精神养分，增强青年的志气、骨气、底气。邀请专业教师进行理论授课；开展历史故事品读会、针对性课程学习、话剧编排等沉浸式体验学习活动。

3. 打破垂直壁垒，加强内部建设

建立新学员与老学员沟通的平台，建立更完整健全的交流平台，建立良好的帮扶机制，加强内部建设。

4. 创新活动形式，开展多元实践

注重调动学员积极主动性与开展活动相结合；注重认识、交流、合作与开展活动相结合；注重志愿、社会服务等与开展活动相结合；注重美育培养与开展活动相结合；注重开展多元化实践。

在以天津大学机械学院党员精英班模式探索中，通过访谈法对往期学员导师关于育人经历、党员精英班开展的育人活动和培养方式进行了采访，结合党员精英班过去五年的奋斗历程，对党员精英班的育人成果和育人方法作了系统性的总结，并以党的二十大报告精神为引领，反思目前党员精英班在育人目标、育人方式等方面存在的不足，针对此提出进一步的改进意见，并撰写了调研报告，同时也为高校学生骨干教育与培养提供一些新的思路。

参考文献

［1］周佩：《高校学生组织的激励管理——基于双因素理论》，载《才智》2018 年第 15 期。

［2］杨丹、宋雅松：《基于高校学生组织平台提升大学生社会责任感研究》，载《赤子（上中旬）》2015 年第 24 期。

［3］王向菊、白云利：《高校学生组织管理模式亟待创新》，载《学习月刊》2011 年第 12 期。

［4］金国峰、宋磊：《日韩高校学生组织管理模式及其启示》，载《中国科技信息》2011 年第 6 期。

［5］庞豪：《基于非正式组织研究的高校学生组织管理模式》，载《经营管理者》2010 年第 6 期。

［6］苗光奕、成君：《新时代提升高校学生组织治理效能的三重效度》，载《中原工学院学报》2021 年第 6 期。

［7］张康华、孔晓明：《高校学生组织管理模式探讨》，载《中国电力教育》2008 年第 24 期。

［8］宿月荣：《高校学生组织发展探析》，载《高教探索》2015 年第 5 期。

"后真相"时代高校网络舆情的特点与引导

刘淑洁

中国民航大学航空工程学院

【摘要】 从认识论角度而言，"后真相"实质上是一种新型认识方式，具体体现为共识失衡使认识前提遭到破坏、情感成为认识判断的核心要素、认识结果的不确定性增强。"后真相"的产生给高校的网络舆情引导带来了机遇，也带来了挑战。本文通过对"后真相"时代高校网络舆情特点进行分析，结合其造成的影响，有针对性地为思政工作者提供应对思路。

【关键词】 后真相；网络舆情引导；思政工作者

"后真相"现象指公众在面对舆情信息时，往往更倾向于根据情感作出价值选择，情感判断先于对真相的认知，把客观真相置于次要位置甚至忽视真相的现象。这种在认识活动中存在的现象必然会对高校师生的认识活动产生影响，继而影响到高校师生的网络舆情引导工作。在现实生活中，当高校师生对学校某些事件、规定产生怀疑或者不满时，更容易被网络上的不正当言论所引导，从而造成高校网络舆情危机。本研究试图以辩证的观点，正视"后真相"对高校网络舆情引导带来的机遇，同时尽可能规避其带来的挑战。

一、"后真相"时代及其实质

在互联网、人工智能、大数据信息技术的推动下，信息呈现出数量大、碎片化和高速流动性等特点，从而导致了信息失真现象，加速了"后真相"的生成。2016 年"后真相"一词入选《牛津词典》年度词汇，指"诉诸个人情感及个人信念，较陈述客观事实更能影响舆论的情况"。英国脱欧、美国大选特朗普获胜等事件促使"后真相"一词出现的频率进入高峰，世界进入

"后真相"时代。

（一）"后真相"是多重因素交叠作用的产物

首先，在信息层面，信息的数量多、碎片化和真假难辨等特征加大了信息判断的难度。社交媒体为公众表达提供了便利的平台，个人的表达能力得以提升，这种"技术赋权"导致了人人皆可传达"真相"。公众在对真相进行描述时，由于掺杂了个人价值判断因而形成了众多"竞争性真相"。许多具有竞争性的真相交织出现在公众眼前，加之部分自媒体为争取"流量"，通过加工信息甚至曲解事实博取眼球。公众接收到大量此类未经证实的信息，对真相越发缺乏判断。其次，在传播过程中，现代社会对信息的传播及时性和高速流动性的强烈需求致使大量未经筛选的信息出现在公众眼前，造成信息泛滥，信息筛选的难度加大。同时，人工智能依赖算法推荐技术，通过收集用户对信息的关注偏好，向用户发送同质化信息。这种算法主导下的信息精准投放模式将公众困于"信息茧房"，只能接收到同质化的信息，而难以接收不同的观点，甚至无法接收到完整信息，使公众对事实的认识失去确定性，信息交流中存在壁垒，因而无法与他人进行平等交流，更谈不上对他者的信任。最后，在公众对于信息的选择与反馈层面，当情感判断成为信息选择的主要手段，公众容易走向拒绝真相的极端，在信息的反馈和再生产过程中，已有的偏见、情绪化倾向和认识壁垒导致信息再生产的结果成为新的"后真相"，长此以往，"后真相"现象愈演愈烈。

（二）"后真相"的实质是一种新型认识方式

"后真相"的是伴随着高度的情感介入而造成的真相滞后现象，其实质是一种新型认识方式。这种新型认识方式较以往认识方式的不同主要体现在认识前提、认识判断核心、认识结果等三个方面的改变上。

首先，共识失衡使认识前提遭到破坏。公众唯有建立起共识，才能在同一维度和层次上进行交流，从而达成对客体的认识。而在"后真相"时代，公众对于真相和事实缺乏基本共识和普遍性的价值判断。共识一旦失衡，就影响了公众对于事物的基本看法和行为选择，使得他们只根据自己的情感、立场和价值判断选择性地相信真相甚至拒绝真相。其次，情感成为认识判断的核心要素。科学的认识需要建立在理性的基础之上，而在"后真相"时代，认识过程中公众的高度情感介入造成其理性的动摇，"情感"成为公众在认识时的核心要素，并且受主体所持特定视角限制，认识主体在认识过程中容易受主观情感牵引。当价值判断基于主观情感，事实和真相的客观性反而容易被忽略，公众深信不疑的真相往往成为带有强烈主观色彩的情绪化言论，甚至有可能是凭空想象的假象。最后，认识结果的不确定性增强。人们的认识活动所追求的是具有确定性的结果——真理，而真相作为真理的表现形式，理应具备确定性的特点。然而"后真相"时代人们所认知到的真相成为一种基于信息技术发展、受公众价值观和情感偏向所影响的介于真实与虚假之间的"第三种现实"。

二、"后真相"时代高校网络舆情的特点分析

英国作家赫克托·麦克唐纳对"后真相"现象进行归纳，将"后真相"时代下的真相分为四种：一是基于沟通者自身选择、带有局限性的片面真相，如具有相对性的数字统计量；二是可以随意改变的主观真相，如标准不一的道德评判标准；三是为达成目的而一手打造的人造真相，例如通过歪曲定义来改变行为选择的性质；四是能够影响未来的未知真相，如具有预测性质的判断性言论。基于此分析，加之对"后真相"实质的探讨，可以看出，从认识的角度分析，在"后真相"时代的背景下，高校网络舆情呈现出以下特点。

（一）多维性与局限性并存

高校的主体是教职人员与学生群体，高校的网络舆情与师生的切身利益相关，也与社会现象密切相关。以认识论角度来分析，高校网络舆情作为认识的结果产物，具备多维性与局限性并存的特点。一方面，"后真相"时代，随着舆论、技术的深度介入，人人得以表达对"真相"的解读与看法。公众的不同观点均可在社交媒体上传播，人人皆可传达真相，多元主体的参与势必会带来网络舆情的多维性。另一方面，多元主体也助推了情绪化的极端表达。在涉及师生自身权益、社会公平正义等问题时，每个主体都试图在网络上发表自己的观点与看法，甚至不惜采用激烈的言辞，因此多元又局限的表达便成为构成高校网络舆情的主要内容。

高校网络舆情的局限性源于三个方面：第一，社会现实具有一定的复杂性，如果人们不对某一事物加以深究，很难掌握其全部面貌。第二，身处快节奏的现代生活之中的人们，其行为活动追求更高效率和更快速度，认识活动也是如此。而这种快节奏的认识必然会使人们忽视一部分真相，有时会忽略掉十分重要的内容。所以作为认识结果的言论便具有极强的局限性，而这

些局限性的言论构成的网络舆情自然也产生了局限性。第三，"信息茧房"造成的狭窄关注范围使公众对于现实的讨论往往基于自身了解的信息、局限于少数几个角度，这进一步加剧了共识的失衡。加之"技术赋权"使得每个人都基于自身的立场和情感判断来阐释自己认为正确的"真相"，这导致了众多"真相"涌现在人们眼前，但人们难以辨明其真实性，因此只会依据自身的判断选择性地相信部分"真相"，从而加剧了高校网络舆情的局限性。

（二）其产生具备高度情感介入性

在公众的认识过程中，高度的情感介入使认识过程受到主观性的冲击，甚至造成错误导向，进而影响网络舆情。当"情感"成为认识的核心要素，客观真相反而相对滞后甚至可能被忽视，公众对真相的认识落后于情感判断，甚至可能产生情绪主导认识的情况。因此，公众在面对新闻事件时，第一选择不再是努力探寻真相，而是基于当下所了解的情况进行价值判断和情感选择，并在信息的反转中随波逐流，甚至在真相水落石出之后才意识到自己的错误。认识主体的这种更倾向于依靠自身的情感偏向、价值判断来作出选择的表现，无可避免地会引起主观性的扩张。同时，情感偏向等因素也会使认识主体偏向错误的认识方向，受到情绪、情感因素的影响而纠结于无关信息或者朝着事件的反方向深入探讨，反而会阻碍主体对真相的认识。

（三）舆情主体的利益相关性较强

"后真相"现象体现的是当部分利益和情感诉求没有被满足或者遭到忽视时，公众便容易转向情感宣泄而忽视真相。这时，"后真相"有可能是具有非理性特征的共同诉求，甚至被利用，成为其他力量谋取自身利益的工具。当前的高校网络舆情中常常见到高校学生在网上"一纸诉状"控告学校、老师等现象，又或者是教职人员在网络上发声"维权"，其中虽然也包含一些真实的事件，但更多的是利用群体行为来倒逼相关主体，以达成自身利益诉求。同时，高校的网络舆情中还包含着意识形态层面的斗争。部分势力借助虚假信息，利用大学生群体渲染情绪，引导他们出现偏激言论与情绪宣泄行为。还有部分群体为达成经济利益激化高校网络舆情，部分自媒体对流量趋之若鹜，其中不乏为博得更多关注而对真相进行错误解读之人，本质上是受流量背后的经济利益所驱使。

三、"后真相"时代的高校网络舆情引导

辩证思维要求全面、从两面性看待问题，力戒片面性与极端化看待问题。尽管学术界目前对于"后真相"的态度批判居多，但在高校网络舆情引导工作中，适当利用情感因素为网络舆情引导提质增效也存在其可取之处。本文试图寻找"后真相"时代高校网络舆情引导面临的机遇，分析其带来的挑战并有针对性地提出应对措施，以指导高校思政工作者更高质量开展网络舆情引导工作。

（一）"后真相"时代高校网络舆情引导的机遇

1. 重视高校网络舆情引导的复杂性

"后真相"的产生从一个角度证明，世界正在步入大型复杂性社会，人们的生活领域、方式和内容越来越复杂。"后真相"是在社交媒体为主的当下，真相的生成所具备的复杂性的典型反映。因此高校思政工作者在"后真相"时代开展网络舆情引导工作也要重视其复杂性。一方面，明确网络舆情的复杂性。正如前文分析所言，"后真相"时代的网络舆情具有多维性与复杂性并存的特点。在分析网络舆情时，思政工作者需要运用整体性与复杂性思维，网络舆情往往是多重因素共同作用的结果。另一方面，明确相关主体思想的复杂性。高校的网络舆情引导本质上就是对人的思想引导，而思想本身便具有极大的复杂性。不同生长环境、学习环境下生长起来的人在面对同一事件时往往会存在不同的看法，甚至有些人的观点截然相反。若要同一化人的观点是必不可能的，因此高校思政工作者首先应该正视其复杂性，其后才是运用相应的方法、手段、措施来解决问题。

2. 创新高校网络舆情引导的话语表达

"后真相"现象具备高度的情感介入性，偏重立场与情感的话语更能够引起受众的共鸣，"后真相"时代的话语表达可以更加关注公众对于信息的接收这一领域。那么对于高校的网络舆情引导而言，合理运用情感因素便是创新其话语表达的重要表现。高校的网络舆情引导注重如何解决当下的舆情问题或者预防舆情问题，因此思政工作者可以充分发挥情感因素的作用，适当运用音视频、图像等手段，情感合理且丰富的话语表达来调动与引导学生的思想，引导其与学校的顺畅对话，增强学生对学校的理解，提升学校的话语影响力。

（二）"后真相"时代高校网络舆情引导的挑战

1. 充满不确定性的高校网络舆论生态

"后真相"时代高校网络舆情的高度情感介入性是主体情绪化的表现，这也代表着公众在网络舆情面前容易出现心态的失衡甚至扭曲，高校的网络舆论生态充满不确定性。一方面，网络世界是高校网络舆情的滋生地。基于计算机、互联网和新媒体的信息技术形成的社会生产力，而其生产的对象就是信息。信息的生产充满变化，信息的快速传播、流动和不断更新等特征正是网络世界不确定性的根源。另一方面，技术因素强化事实的不确定性。社交媒体兴起带来的信息传播方式的改变与分散性特点造成了事实的不确定性。随着社交媒体地位的日益提高，高校师生信息获取的来源已经发生改变，不再局限于传统新闻报道，甚至忽视新闻报道。而社交媒体中的信息则充满未知，所谓"事实"的不确定性也来源于此。

2. 难以研判的高校网络舆情

一方面，虚假信息频繁出现。公众社交媒体平台的活跃程度与其表达的准入机制呈负相关，准入门槛越低，公众的活跃程度就越高。在公众话语权逐渐受到重视的同时，对于其话语的审核却没有随之严格。因此，虚假信息由于没有丝毫代价而爆发式产生。另一方面，信息的反转成为常态。在高校的网络舆情演变过程中，所有的信息往往不是在同一时间出现的，而是随着公众的情感关注点的变化逐渐得以水落石出，因此舆情在演变过程中具备极端变化性。甚至因为情感的高度介入，而使得真相的出现越发滞后。

（三）高校思政工作者的应对策略

高校的网络舆情引导事关校园安全稳定发展，事关国家意识形态教育与引导，事关立德树人根本任务的达成。因此，面对"后真相"对高校网络舆情引导带来的挑战，思政工作者可以从以下几个方面采取措施。

1. 重塑主流媒体话语权与发挥社交媒体作用并重

当前高校师生获取信息的途径逐渐由主流媒体转向了微博、微信等社交媒体，良莠不齐的信息是"后真相"产生的重要前提。因此，高校思政工作者要意识到主流媒体的价值引领作用，在重塑主流媒体话语权的基础上，发挥社交媒体的广泛性与普及性作用。一方面要强化高校师生对主流媒体的关注，利用校园广播、学校官网等多元形式让主流媒体重新展现在师生面前，增强主流媒体在高校师生信息获取中的作用，提高师生对官方主流媒体的认可度与认同感；另一方面也要充分利用学校微信公众号、微博等社交媒体渠道，及时、真实发布相关信息，增强社交媒体平台的真实性、有效性和权威性，进而与主流媒体的作用互为补充，减少信息壁垒的出现，引导高校舆情舆论向积极的角度发展。

2. 加强教育引导与提升媒介素养共同发力

一方面，加强对师生关于网络舆情的教育引导是不容忽视的重要手段，高校思政工作者要引导其树立正确的自由观。公民的言论自由并非随心所欲，尤其在网络空间中，言论自由会成为部分人的借口。要教育引导高校师生在网络世界中的言论自由不能突破法律法规和伦理道德的底线。另一方面，提升高校师生的媒介素养是应对挑战的根本措施。提升高校师生的媒介素养，也就是提升其辨别、获取、加工整理有效信息并进行传递的能力。其一，面对复杂的信息，需要对信息进行深度分析，探究其传递的目的与原因，在精准把握信息的客观性和真实性之后再考虑信息的利用。其二，大量的多重信息以结果、结论的形式出现在高校师生面前，而此时更应该关注细节，关注事件或者事物本身，避免被结论性的言论左右了思想。其三，高校师生应该进一步升级思维，将思维模式从简单的线性思维转变为复杂思维。"竞争性真相"的存在表征了真相的多维性，简单的非对即错的线性思维已经不能满足当前的需要，高校师生需要借助复杂思维，立足整体构建事物或者事件的多维立体全貌。

参考文献

[1] Oxford Languages, "Word of the Year 2016", https://languages. oup. com/word-of-the-year/word-of-the-year-2016.

[2] [英] 赫克托·麦克唐纳:《后真相时代》，刘清山译，民主与建设出版社 2019 年版。

[4] 江小轩、高宪春:《"后真相"时代的情绪传播分析》，载《青年记者》2020 年第 18 期。

[5] 陈忠:《从后真相到新秩序：别样共同性及其公共治理》，载《探索与争鸣》2017 年第 4 期。

[6] 李德顺等:《"后真相"问题笔谈》，载《中国政法大学学报》2020 年第 4 期。

大学生学业情绪的潜在类别

——手机成瘾和体育锻炼的作用

张译元

中国民航大学

【摘　要】在现代社会中，大学生面临着前所未有的学习压力，他们必须应对多元化的课程要求、升学或职业规划以及个人成长等挑战。学业情绪对大学生的个人成长和全面发展有着重要影响，不同维度学业情绪通常是共存的，可能会相互影响并组合成异质性的情绪模式或类别。此外，不同情绪类别的影响因素也尚不清晰。探究大学生学业情绪的潜在类别及其影响因素，对于提高他们的学习效率和促进他们的个人发展具有重要的理论和实践意义。

【关键词】学业情绪；手机成瘾；体育锻炼；潜在剖面分析

引　言

学业情绪（Academic emotion）指学生在学习过程中的情绪反应，可分为积极学业情绪和消极学业情绪两个主要维度。积极学业情绪包括喜悦、兴趣和自豪等基本情绪状态，能增强学生的学习动机，提高学习效率，提升学生的主观幸福感；消极学业情绪包括焦虑、恐惧和无聊等主观感受，严重的消极情绪可能会导致学习效率降低，成绩下降，甚至可能引发心理问题。一般而言，积极情绪和消极情绪存在负向关联，但这并不代表具有积极情绪的个体不能识别并体验到消极的主观感受。心理健康双因素模型指出，积极和消极的心理结构应该被视为两个独立的维度，而不是同一维度的两个极端。低积极学业情绪并不等同于高消极的学业情绪，反之亦然。有学者发现整体性思维与积极情绪相关，而分析性思维与消极情绪相关，因此在学业过程中，学生在运用两种思维方式来审视有关学习问题的同时，也必然会经历、克服并平衡积极和消极的学业情绪。不同类型、不同水平的学业情绪可能共同存在，形成综合且多元化的主观感受。

既往研究通常采用量表总分（或均分）来分别评估各类学业情绪的总体（或一般）水平，进而揭示其影响机制或发展结果。这种以变量为中心的方法容易忽视学业情绪的异质性问题，不能捕捉到学业情绪的多维特点。以个体为中心的潜在剖面分析（Latent profile analysis，LPA）能够有效补充以上局限。LPA 技术借助于观察群体在不同外显变量中的反应模式，以此来区分个体可能属于的亚组，最大程度地规避由于主观分类标准引发的内部差异性过大的问题。同时，它能揭示一些仅依赖变量中心的研究无法观察到的群体异质性。与以个体为焦点的常规方法相比，LPA 的模型评价和拟合标准更严格，从而使其分类结果更精细、精确。考虑到目前在探讨学业情绪的潜在类别方面，鲜有研究采用以个体为中心的方法，且存在的少数分析仅利用有限的情绪维度描述青少年的情绪剖面，因此，利用 LPA 技术了解大学生群体的学业情绪分类及其特性，具有重要的理论和实践价值。

手机成瘾（Mobile phone addiction）指个体过度使用手机至影响日常生活的心理和行为状态，常常包括难以控制的冲动使用手机，甚至在使用手机对个人生活、工作或学习产生负面影响的情况下仍持续使用。手机成瘾可能是大学生产生学业情绪的重要风险因素。首先，过度使用手机可能会导致时间管理问题，从而增加学习压力和学业焦虑。其次，长时间使用手机可能会影响睡眠质量，进而影响情绪调节和学习效率。体育锻炼（Physical Exercise）是指有规律、有目的进行的体力活动，以增强体魄和提高运动技能，被广泛认为是促进身心健康的有效方式。与手机成瘾相反，体育锻炼通常被视为对学业情绪有积极影响的因素。实证研究表明，体育锻炼可以通过减少压力、改善睡眠和增强认知功能来促进学生的学业情绪，参与体育锻炼的学生通常在学业成绩和情绪调节方面表现更好。

掌握大学生学业情绪的影响因素有助于制定有效的应对措施，以优化学生的学业经历和学习成果。虽然现有研究已经揭示了手机成瘾和体育锻炼与大学生学业情绪之间的变量关联，但仍需从个体中心的角度深入探究这两个因素是否会使大学生陷入或避免不良的学业情绪模式。这一理解可以更有效地识别、预测并干预那些可能遭受学业情绪问题困扰的高风险群体，将有助于采取早期预防措施，预防学业情绪问题在学生的学习和生活中产生严重的负面影响。

综上所述，本研究旨在采用潜在剖面分析（LPA）来揭示大学生学业情绪的潜在类别及其特点，并深入研究手机成瘾和体育锻炼对不同学业情绪模式的影响，以期能够更准确地识别和干预那些可能面临学业情绪问题的高风险群体，预防学业情绪问题对学生学习和生活的负面影响，为大学生的学业提供有益的指导和支持。

一、对象与方法

（一）被试

本研究采用方便取样法，选取天津某大学的学生为研究对象。通过问卷星发放并回收电子问卷 1000 份，最终得到有效问卷 903 份（有效率为 90.3%）。被试的平均年龄为 19.71 岁（SD=1.64），其中男生 605 人（67.0%），女生 298 人（33.0%）。

（二）测量工具

1. 一般学业情绪问卷（General Academic Emotion Questionnaire，GAEQ）

本研究采用马惠霞编制的 GAEQ 评估大学生的学业情绪，采用 5 点计分，分维度的平均分越高表示学业情绪水平越高。

2. 大学生手机问题使用量表（Mobile Phone Problem Use Scale，MPPUS）

本研究采用 Leung 编制的 MPPUS 评估大学生的手机成瘾问题。该量表包括 17 个题目（如"我发现自己使用手机的时间比本来打算的要长"），采用 5 点计分，总分越高代表手机成瘾问题越严重。

3. 体育锻炼等级量表（Physical Activity Rating Scale-3，PARS-3）

本研究采用 PAES-3 评估大学生体育锻炼情况。该量表包含 3 个条目分别评估大学生体育锻炼的强度、持续时间和频次。每个题目采用 5 点计分，总分采用强度×（时间-1）×频率计算，分值越高代表体育锻炼水平越高。

（三）统计分析

使用单因素法检验共同方法偏差问题，对研究变量进行描述统计和皮尔逊相关分析。构建 1 个至 5 个类别的潜剖面模型，并通过模型拟合和评价指标确立最佳匹配且分类精确的最优模型。最后，在 LPA 分类的基础上，采用卡方检验和单因素 AVOVA 考察每个潜在类别的人口学特征和研究变量得分的差异；采用多元 Logistic 回归考察手机成瘾和体育锻炼对不同类别的影响。数据分析使用 SPSS26.0 和 Mplus8.3 完成。

二、结果

（一）共同方法偏差检验

通过 Harman 单因子法对可能的共同方法偏差进行检验。将学业情绪、手机成瘾和体育锻炼所有测量项目进行未旋转的探索性因素分析，提取出 9 个特征根大于 1 的公因子，第一个共因子解释 27.07% 的总方差，小于临界值 40%，不存在明显的共同方法偏差问题。

（二）描述统计和相关分析

各研究变量的描述统计和双变量相关结果如表 1 所示。

表 1　学业情绪、手机成瘾和体育锻炼的相关性分析

变量	1	2	3	4	5	6	7	8	9	10	11	12
1 兴趣	1											
2 愉快	0.83***	1										
3 希望	0.72***	0.75***	1									
4 自豪	0.71**	0.77***	0.77***	1								
5 放松	0.73**	0.82***	0.68***	0.78***	1							
6 羞愧	0.08*	0.05	0.11**	-0.01	-0.06	1						
7 焦虑	-0.09*	-0.10**	-0.02	-0.16***	-0.21***	0.74***	1					
8 气愤	0.08*	0.07*	0.12**	0.13***	0.09*	0.51***	0.53***	1				
9 失望	-0.14***	-0.16**	-0.14***	-0.22***	-0.24***	0.72***	0.80***	0.50**	1			
10 厌倦	-0.23***	-0.25***	-0.21***	-0.15***	-0.19*	0.36***	0.52***	0.50**	0.59***	1		
11 手机成瘾	-0.19***	-0.22***	-0.14***	-0.22***	-0.25***	0.28***	0.34***	0.16**	0.35***	0.24***	1	
12 体育锻炼	0.03	0.05	0.04	0.03	0.08*	-0.15***	-0.15***	-0.10**	-0.15***	-0.07*	-0.07*	1
M	3.52	3.55	3.72	3.38	3.32	3.05	3.13	2.65	2.91	2.64	42.06	21.96
SD	0.92	0.88	0.91	0.90	0.91	1.03	1.01	0.93	0.98	1.06	15.79	20.83

注：* $p<0.05$，* * $p<0.01$，* * * $p<0.001$

（三）潜在剖面分析

采用潜在剖面分析（LPA）探索大学生学业情绪的异质性类别。各类 LPA 模型结果如表 2 所示。2 类 LPA 模型的信息准则 AIC、BIC 和 aBIC 值较 1 类降低，BLR 检验显著，表明 2 类模型拟合优于 1 类模型同理，3 类模型拟合优于 2 类，4 类模型优于 3 类，5 类模型优于 4 类。各模型信息熵 Entropy 值均大于 0.8，表明分类准确性较高。然而，5 类模型的最小类别占比为 2.8%，小于总样本的 5%，可能不足以支撑 BIC 选择正确的类别划分。因此，本研究最终接受 4 类 LPA 模型。

表 2　1-5 类 LPA 模型拟合信息

模型	AIC	BIC	aBIC	Entropy	BLR（P）	最小类别占比
1 类	24766.81	24862.92	24799.40			
2 类	22949.64	23098.62	23000.16	0.85	<0.001	45.8%
3 类	21466.68	21668.52	21535.13	0.94	<0.001	7.9%
4 类	20284.68	20539.39	20371.07	0.91	<0.001	6.6%
5 类	19572.90	19880.46	19677.21	0.92	<0.001	2.8%

四个潜类别在各情绪维度上的平均得分情况见图 1。类别 1 表现为中等水平的积极情绪和中等水平的消极情绪，被命名为常规情绪组，有 437 名学生属于该组，占比为 48.4%；类别 2 表现为最低水平的积极情绪和较高水平的消极情绪，被命名为低积极-高消极组，有 60 名学生属于该组，占比为 6.6%；类别 3 表现为最高水平的积极情绪和最低水平的消极情绪，被命名为高积极-低消极组，有 179 名学生属于该组，占比为 19.8%；类别 4 表现为较高水平的积极情绪和最高水平的消极情绪，被命名为高积极-高消极组，有 227 名学生属于该组，占比为 25.1%。

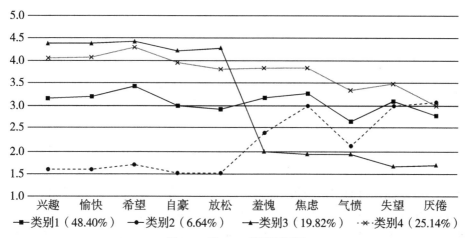

图1 4类 LPA 模型剖面图

（四）差异检验

如表3所示，卡方检验结果表明，四个学业情绪类别在性别、生源地、是否独生、年级和年龄等人口信息分布上不存在显著差异（$P>0.05$）。单因素方差分析表明四个学业情绪类别之间的手机成瘾和体育锻炼得分存在显著差异（$P<0.001$）。

表3 不同组别的差异比较结果

变量	分类	常规情绪 （437 人）	低积极-高消极 （60 人）	高积极-低消极 （179 人）	高积极-高消极 （227 人）	χ^2/F	P
性别	男	285（47.1%）	44（7.3%）	130（21.5%）	146（24.1%）	5.02	0.171
	女	152（51.0%）	16（5.4%）	49（16.4%）	81（27.2%）		
生源	农村	224（51.1%）	32（7.3%）	85（19.4%）	97（22.1%）	4.99	0.172
	城镇	213（48.4%）	28（6.0%）	94（19.8%）	130（25.1%）		
独生	是	196（48.5%）	33（8.2%）	75（18.6%）	100（24.8%）	3.18	0.364
	否	241（48.3%）	27（5.4%）	104（20.8%）	127（25.5%）		
年级	大一	344（48.7%）	47（6.6%）	149（21.1%）	167（23.6%）	16.18	0.063
	大二	43（58.1%）	5（6.8%）	11（14.9%）	15（20.3%）		
	大三	42（44.7%）	5（5.3%）	14（14.9%）	33（35.1%）		
	大四	8（28.6%）	3（10.7%）	5（17.9%）	12（42.9%）		
年龄		19.38±1.65	19.74±1.48	19.67±1.57	19.91±1.96	1.75	0.155

续表

变量	分类	常规情绪 （437人）	低积极-高消极 （60人）	高积极-低消极 （179人）	高积极-高消极 （227人）	χ^2/F	P
手机成瘾		43.60±13.68	50.13±21.71	33.01±13.08	44.10±16.86	30.19	<0.001
体育锻炼		21.82±19.45	21.75±21.41	28.69±21.42	17.00±20.88	10.88	<0.001

（五）多元 Logistic 回归

将上述结果中存在显著差异的变量为自变量，以学业情绪类别为因变量建立多因素 Logistic 回归方程。表4呈现了以常规情绪组为参照类的回归结果，手机成瘾正向预测低积极-高消极组，负向预测高积极-低消极组。体育锻炼正向预测高积极-低消极组，负向预测高积极-高消极组。

以上结果表明，大学生的手机成瘾水平越高，越有可能被归类为低积极-高消极组，越不可能成为高积极-低消极组。大学生的体育锻炼水平越高，越有可能被归类为高积极-低消极组，越不可能被归类为高积极-高消极组。

表4　不同组别的多元 logistic 回归结果

变量	低积极-高消极组		高积极-低消极组		高积极-高消极组	
	OR	95%CI	OR	95%CI	OR	95%CI
手机成瘾	1.52**	(1.16, 1.99)	0.45***	(0.37, 0.56)	1.02	(0.87, 1.21)
体育锻炼	1.01	(0.77, 1.32)	1.34***	(1.13, 1.59)	0.76**	(0.63, 0.91)

三、讨论

本研究基于个体中心的视角探索了大学生学业情绪的潜在类别以及手机成瘾和体育锻炼如何影响这些情绪类别。结果显示，学生的学业情绪可以归为四个潜在类别，即常规情绪组，低积极-高消极组，高积极-低消极组和高积极-高消极组。此外，手机成瘾与低积极-高消极组正相关，而与高积极-低消极组负相关；体育锻炼与高积极-低消极组正相关，而与高积极-高消极组负相关。

通过潜在剖面分析（LPA）揭示了学业情绪的内在结构。首先，接近半数的大学生属于常规情绪组，表现出中等水平的积极情绪和中等水平的消极情绪。这可能意味着这些学生在学业过程中体验到了一定程度的快乐、兴趣和自豪感，但也有一定程度的焦虑、恐惧和无聊感，可能是学业过程中的常态。其次，低积极-高消极组是相对较小的类别，占样本总数的 6.6%。这一类别的学生在积极情绪方面表现较低，同时在消极情绪方面表现较高。这可能意味着这些学生缺乏对学业的兴趣和自豪感，同时更容易感受到焦虑、恐惧和压力。这种情绪状态可能与学业压力的增加、个人动机的不足以及学习困难的挑战有关。高积极-低消极组占样本总数的 19.8%。这一类别的学生在学业过程中经常体验到积极的情绪，而相对较少经历到消极情绪。可能与学生的学习动机较高、自我效能感强以及积极的学习体验有关。最后，高积极-高消极组占学生群体 1/4，在积极情绪和消极情绪两个方面都表现较高，反映出一种矛盾的情绪状态，可能与学生对成绩的高要求或高自我期望有关，支持了心理健康双因素模型。

结果表明，手机成瘾是一个不可忽视的风险因素，既可能导致大学生陷入消极的学业情绪状态，也能够阻碍积极情绪状态的形成。根据学业情绪的控制-价值理论，学业成就情绪受到成就活动的影响。一方面，手机成瘾可能会减少学生对学习的主观控制感。如果学生在手机上花费的时间过多，减少学习时间，可能会让他们感到对学业的控制力下降。另一方面，如果学生过于依赖手机，会使他们对于学业的价值认识产生偏差。可能会使他们沉迷于使用手机的乐趣，而忽视了长期的学业目标，进而降低学业的价值感知。因此，体育锻炼是学业情绪的重要保护因素。根据积极心理学的观点，体育运动可以作为一个有效的积极干预策略，来提高个体的幸福感和积极情绪。已有研究表明体育锻炼是一个有效的心理调适工具。锻炼可以刺激体内的多巴胺和内啡肽的分泌，这些都是与快乐感和积极情绪相关的神经递质。体育锻炼也可以有效释放学生的压力，减少消极的情感体验。定期参与体育锻炼的大学生，在情绪调节方面能力更好。

综上，大学生的学业情绪呈现出多样化的模式，反映了学生在学习过程中的情感体验和心理状态的复杂性。本研究为大学心理咨询和辅导提供了新的视角和策略。一方面，学校应该加强对手机成瘾问题的关注和干预，通过教育、培训和咨询等方式，帮助学生建立正确的手机使用习惯，以防止其对学业情绪产生负面影响。另一方面，学校应该鼓励和促进学生进行体育锻炼，例如提供更多的体育设施和活动，推广体育和健康的生活方式。同时，根据学生的情绪类别提供个性化的心理支持和干预。

参考文献

［1］R. Pekrun et al., "Academic Emotions in Students' Self－regulated Learning and A-chievement: A Program of Qualitative and Quantitative Research", *Educational Psychologist*, 2002, 37 (2).

［2］俞国良、董妍:《学业情绪研究及其对学生发展的意义》,载《教育研究》2005年第10期。

［3］Xie L., Zou W., Wang H., "School Adaptation and Adolescent Immigrant Mental Health: Mediation of Positive Academic Emotions and Conduct Problems", *Frontiers in Public Health*, 2022, 10.

［4］Cho E. A., Lee H. K., "The Effect of Optimism and Pessimism on College Students' Adaptation and Positive/Negative Affect: Achievement Goal Orientation as a Mediating Variable", *Korean Journal of Youth Studies*, 2011, 18 (2).

［5］P. J. Greenspoon, D. H. Saklofske, "Toward an Integration of Subjective Well－being and Psychopathology", *Social Indicators Research*, 2001, 54 (1).

［6］A. Efklides, C. Petkaki, "Effects of Mood on Students' Metacognitive Experiences", *Learning and Instruction*, 2005, 15.

［7］E. Y. Jo, "Effects of Positive and Negative Emotion on Psychological Well－being of Col-lege Students: Mediation by Cognitive Fexibility", Korea University, 2014.

［8］林杰、刘衍玲、彭文波:《大学生学业情绪与学习投入的关系:学业自我效能感的中介作用》,载《中国特殊教育》2020年第4期。

［9］孙琳等:《特质正念对初中生学业情绪预测偏差的影响》,载《心理学报》2021年第11期。

［10］M. Wang, P. J. Hanges, "Latent Class Procedures: Applications to Organizational Re-search", *Organizational Research Methods*, 2011, 14 (1).

［11］王孟成、毕向阳:《潜变量建模与Mplus应用 进阶篇》,重庆大学出版社2018年版。

［12］M. Kwon, et al., "The Smartphone Addiction Scale: Development and Validation of a Short Version for Adolescents", *PLoS ONE*, 2013, 8 (12).

［13］L. D. Rosen et al., "Is Facebook Creating 'IDisorders'? The Link Between Clinical Symptoms of Psychiatric Disorders and Technology Use, Attitudes and Anxiety", *Computers in Hu-man Behavior*, 2013, 29 (3).

［14］S. Lemola et al., "Adolescents' Electronic Media Use at Night, Sleep Disturbance, and

Depressive Symptoms in the Smartphone Age", *Journal of Youth and Adolescence*, 2015, 44.

［15］C. J. Caspersen, K. E. Powell, G. M. Christenson, "Physical Activity, Exercise, and Physical Fitness: Definitions and Distinctions for Health-related Research", *Public Health Reports*, 1985, 100.

［16］H. Taras, "Physical Activity and Student Performance at School", *Journal of School Health*, 2005.

［17］N. A. Singh, K. M. Clements, M. A. F. Singh, "The Efficacy of Exercise as a Long-term Antidepressant in Elderly Subjects: A Randomized, Controlled Trial", *The Journals of Gerontology Series A: Biological Sciences and Medical Sciences*, 2001, 56 (8).

［18］T. Field, M. Diego, C. E. Sanders, "Exercise is Positively Related to Adolescents' Relationships and Academics", *Adolescence*, 2001, 36 (141).

［19］林媚等:《大学生网络成瘾对学业情绪的影响:积极心理品质的中介作用》,载《中国健康心理学杂志》2018年第8期。

［20］刘汝松:《初中生体育锻炼习惯、情绪调节自我效能感与消极学业情绪的关系研究》,山东大学2022年硕士学位论文。

［21］马惠霞:《大学生一般学业情绪问卷的编制》,载《中国临床心理学杂志》2008年第6期。

［22］L. Leung, "Linking Psychological Attributes to Addiction and Improper Use of the Mobile Phone Among Adolescents in Hong Kong", *Journal of Children and Media*, 2008, 2 (2).

［23］W. Zhong, Y. Wang, G. Zhang, "The Impact of Physical Activity on College Students' Mobile Phone Dependence: The Mediating Role of Self-control", *International Journal of Mental Health Addiction*, 2021, 19.

［24］P. M. Podsakof et al., "Common Method Biases in Behavioral Research: A Critical Review of the Literature and Recommended Remedies", *Journal of Applied Psychology*, 2003, 88 (5).

［25］G. Barbayannis et al., "Academic Stress and Mental Well-Being in College Students: Correlations, Affected Groups, and COVID-19", *Frontiers in Psychology*, 2022, 13.

［26］R. Gilar-Corbi et al., "Academic Achievement and Failure in University Studies: Motivational and Emotional Factors", *Sustainability*, 2020, 12.

［27］R. Pekrun, E. J. Stephens, "Goals, Emotions, and Emotion Regulation: Perspectives of the Control-Value Theory", *Human Development*, 2009, 52 (6).

［28］祖静等:《手机依赖大学生抑制控制特点及与渴求感的关系》,载《中国学校卫生》2020年第2期。

［29］何安明、夏艳雨:《手机成瘾对大学生认知失败的影响:一个有调节的中介模

型》，载《心理发展与教育》2019 年第 3 期。

［30］Z. Zhang, W. Chen, "A Systematic Review of the Relationship Between Physical Activity and Happiness", *Journal of Happiness Study*, 2019, 20.

［31］R. Meeusen, K. De Meirleir, "Exercise and Brain Neurotransmission", *Sports Medicine*, 1995, 20 (3).

［32］J. J. Ratey, E. Hagerman, "Spark: The Revolutionary New Science of Exercise and the Brain", Little, Brown and Company, 2008.

［33］M. Gerber et al., "Increased Objectively Assessed Vigorous-intensity Exercise is Associated with Reduced Stress, Increased Mental Health and Good Objective and Subjective Sleep in Young Adults", *Physiology & behavior*, 2014, 135.

凝心聚情网络思政，汇聚新时代青春最强音

梁恬怡

中国民航大学理学院

【摘　要】当前，新媒体的发展已经成为高校思想政治教育深入推进的有力抓手，本文通过以公众号平台作为网络思政教育可利用平台的可行性进行分析，结合本学院开展相关工作，充分论述了利用好公众号平台进行网络思政工作进步推送的可行性和必要性，并进一步指出如何凝心聚情做好网络思政工作，促进青年学生的成长与发展。

【关键词】高校思想政治教育；网络思政教育；公众号

随着我国经济的发展和综合国力的迅速增强，培养高素质新时代社会主义建设者和接班人作为我国的人才培养目标有了逐渐深远的意义。在教育国际化的背景下，高校作为培养人才的重要阵地，积极探索培养路径，制定积极科学的培养方案，承担着更加重要的使命。习近平总书记在全国高校思想政治工作会议上强调，做好高校思想政治工作，要因事而化、因时而进、因势而新。当前学生有学生的新特点，教育有教育的新特点。因此，广泛利用新科技手段，切实加强对学生的培养教育，更好地塑造德智体美劳全面发展的优秀学生亟须新时代新声音。

随着近些年来互联网技术的快速发展，网络教育也逐渐进入大家的视野，网络教育具有其独特的交互性、开放性和灵活性，人人都是老师、人人都是学者，加快了信息的传播速度和精准度，学生与老师在相互探讨中彼此进步。网络教育面向社会所有人，在一根网线的连接下，教育的门槛被降低，人人都可以有受教育的权利。同时，网络教育也打破了教育时间和空间的限制，远在大凉山的同学和成都七中的学生能够同上一节课，这是网络教育打破时

间空间限制的有力证明。运用好网络平台加强对青少年的教育也越来越为大家所关注。网络思政教育应运而生。从广义而言，网络思想政治教育是指在互联网和信息技术迅速发展的时空领域，推进思想政治教育运行的虚拟实践活动。从狭义而言，网络思想政治教育是指基于网络虚拟时空，遵循网络的特点以及人们在虚拟社会中的思想、行为形成与发展的规律，有目的、有意识、能动地对网络受众进行有效的影响，使之形成适应虚拟社会和现实社会所需要的思想、行为的一种多向互动的交往活动。

在知网中以"网络思政教育"为主题搜索可得 3914 条结果。其中有 87% 与高校网络思政教育、大学生网络思政教育相关，可见在大学校园加强网络思政教育已成为当前教育进步发展的共识。在结果检索中再加入关键词"公众号"仅可得 3 篇文章，其中黑龙江科技大学宋喆等人的文章《基于微信公众号平台探究高校网络思政教育引导的推动作用》中强调了高校思政教育水平应当重视媒体公众号，更好地发挥网络公众号平台在思想政治教育中的作用。

网络公众号平台在思政正能量的发挥上具有独特优势，应当围绕着"立德树人"的根本任务，去严选宣传内容、把握宣传方式、注重宣传效果。要坚持真实准确、事实简练、条理分明、迅速及时原则，严格执行文字审核流程，图文排版，二次审核三个步骤，绝对避免政治性错误等严重错误。网络公众号平台应当是充满活力的，要有年轻人的朝气与蓬勃。

习近平总书记在二十大报告中指出："全党要把青年工作作为战略性工作来抓，用党的科学理论武装青年，用党的初心使命感召青年……"互联网公众号平台要想做好网络思政工作的宣传抓手，一定要严格选择宣传内容，要紧跟时事热点，要宣传党的科学理论，要正确、科学，要与青年人生活中的话题息息相关。要把握宣传方式和宣传的时间节点。公众号推送的时效性一定要高，特别是与网络思政有关的相关话题。在我们进行推送时，适当的节点会让网络思政的教育更加具有仪式感，同时也能更好地起到教育的作用，引起读者的关注，更好地做到网络思政育人，凝聚新时代青春最强音。同时网络思政教育以公众号平台为抓手也一定要注重宣传效果的反馈，及时关注阅读量的变化，并对此进行分析研究，从而了解什么样的话题是青年人所关注的，什么样的宣传形式对青年人来说是喜闻乐见的，通过调查问卷、访谈、客观数据反馈等形式注重宣传效果，从而不断优化，形成良性循环。

以笔者所在中国民航大学理学院为例，中国民航大学理学院共设本科 4

个学科包括信息与计算科学、材料化学、材料物理、统计学，研究生设 2 个专业：数学和物理学，以基础性理工科为基本的学院，将互联网公众号平台的网络思政育人主线路设定为中华传统文化知识的宣传和推广以及理学趣味小知识的宣传推广，通过这两部分，更好地做好"文理交融"，促进学生德智体美劳全面发展。

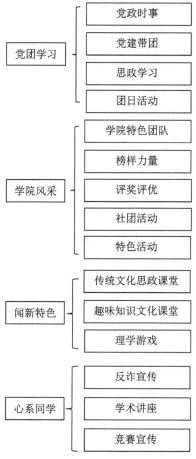

图 1　理学院融媒体中心工作计划简览

理学院团委官方公众号"闻新知理"下设传统文化思政课堂专栏设立已有近一年半，累计发表推送 30 余篇，阅读量 30 000+。其中，二十四节气的宣传为固定内容，二十四节气是优秀的中华民族传统文化之一，是人类非物质文化遗产的代表作，通过官方公众号"闻新知理"进行相关文化知识的推送，是网络思政依托官方公众号平台进行宣传推广的有效尝试。目的是让同学们了解二十四节气，感受中华民族悠久的文化内涵。2023 年 4 月之前，二十四节气的推送内容较为固定，包括节气介绍、节气三候、节气习俗和节气养生。2023 年谷雨节气之后，推送形式进行了一定的调整——以节气海报为主，内容介绍为辅——此次调整是对之前节气推送的创新与拓展，目的在于通过新颖的内容吸引同学们对中国优秀传统文化的进一步关注与传承。另外，2023 年 6 月起，本专栏正式添加了对传统节日的宣传。中国传统节日更是中华民族悠久、灿烂的历史文化的重要部分，是中国人重要的精神支柱。截至 2023 年 10 月，共计尝试发表端午节、七夕节、中元节、中秋节共四篇传统节日推送。其中，推送内容灵活新颖，不再局限于节日介绍和节日习俗等，引入了与节日相关的美文、古诗等。让同学们在欣赏传统节日之韵味的同时，感知传承与宣传中国传统节日的重要意义。

理学知识文化课堂专栏设立的目的在于向同学们传播理学知识，展现理学魅力，激发同学们对理学的兴趣与热爱。自第一篇趣味数独的推送发布起，本专栏已累计发表推送 10 篇。涉及内容不仅包括数独、七巧板、扫雷、九连环、华容道、鲁班锁等益智游戏，也包含物理知识和数学知识在生活中的体现与应用等。

对于传统文化思政课堂专栏，我们将不断改进、不断丰富，在日后的相关推送中添加更加多样化的内容。例如，设计相关的节气和节日壁纸、头像、红包封面等，从而吸引同学们更加关注中华优秀传统文化。从形式上的改变促进推文的进步。除此之外，也可以收集同学们对相关节气和节日的认识、所作诗歌、愿望等，将其排版成精美的推送，增加同学们与传统文化的联系，使同学们切实地参与到中华优秀传统文化的传承之中。人人参与到中华传统知识文化的传承中，这样于同学们而言，也是一次非常有意义的尝试。

对于理学知识文化课堂专栏，更好地与本学院专业性结合，深入推进落实"文理交融"。笔者所在理学院共设 4 个专业，之后的理学知识文化课堂，也推出一些与专业相关的内容，如同学们所学的 C 语言、Python 等软件背后的故事。让大家知其然，还能够知其所以然。除此之外，也可以展示物理、数学等领域的伟人，展示他们的生平与成就，激励同学们认真学习专业知识等。

　　加强网络思政建设，必须把培育和践行社会主义核心价值观贯穿融入网络内容，建设全过程各方面，深化网络文明建设，用正面声音、主流价值、先进文化引领网络空间，广泛汇聚向上向善力量。要弘扬优秀传统文化，加强中华优秀传统文化丰富内涵和时代价值的网上宣传和阐释，积极推动数字化、网络化制作和传播，打造广大网民喜闻乐见的特色品牌活动和原创精品，推动中华优秀传统文化创造性转化、创新性发展，使之成为润泽人心的精神文化基因。要加强网上道德建设，坚持教育引导、实践养成、制度保障相结合，广泛开展道德模范、时代楷模、劳动模范、最美人物等先进典型网上宣传，加强网络诚信建设，深入实施网络公益工程，创新开展网络志愿服务和公益活动，推动崇德向善、见贤思齐成为广大网民的共同追求和自觉行动。要深化网络文明创建，积极培育符合社会主义核心价值观的网络伦理和行为准则，以积极健康、向上向善的网络文化丰富群众精神世界，持续推动群众性精神文明创建活动向网上延伸，深入实施争做中国好网民工程，做强中国网络文明大会品牌，加强全民网络素养教育，推动文明办网、文明用网、文明上网蔚然成风。

表 1　传统文化思政课堂之二十四节气推送一览

时间	节气	推送题目
2023 年 9 月 23 日	秋分	传统文化思政课堂｜一叶知秋，两分日夜
2023 年 9 月 8 日	白露	传统文化思政课堂｜渐知秋实美，幽径恐多蹊
2023 年 8 月 23 日	处暑	传统文化思政课堂｜处暑无三日，新凉直万金
2023 年 8 月 8 日	立秋	传统文化思政课堂｜凉风有信，叶落知秋
2023 年 7 月 23 日	大暑	传统文化思政课堂｜大暑三秋近，林钟九夏移
2023 年 7 月 7 日	小暑	传统文化思政课堂｜暑气渐盛，夏风轻拂面
2023 年 6 月 21 日	夏至	传统文化思政课堂｜夏至已至，万物竞生长
2023 年 6 月 6 日	芒种	传统文化思政课堂｜芒种至，盛夏始，有收有种，自在从容
2023 年 5 月 21 日	小满	传统文化思政课堂｜物至于此，小得盈满
2023 年 5 月 6 日	立夏	传统文化思政课堂｜盛夏始，万物秀，莫负好时节
2023 年 4 月 20 日	谷雨	传统文化思政课堂｜春雨绵绵，雨生百谷

续表

时间	节气	推送题目
2023 年 4 月 5 日	清明	传统文化思政课堂 ｜ 南北山头多墓田，清明祭扫各纷然
2023 年 3 月 21 日	春分	传统文化思政课堂 ｜ 春半烟深汴水东，黄金丝软不胜风
2023 年 3 月 6 日	惊蛰	传统文化思政课堂 ｜ 春雷已惊蛰，犹以寒自凝
2023 年 2 月 19 日	雨水	传统文化思政课堂 ｜ 春雨细如丝，万物尽熙熙
2023 年 2 月 4 日	立春	传统文化思政讲堂 ｜ 律回岁晚冰霜少，春到人间草木知
2023 年 1 月 20 日	大寒	传统文化思政讲堂 ｜ 无风自寒是大寒
2023 年 1 月 5 日	小寒	传统文化思政讲堂 ｜ 应是夜寒凝，恼得梅花睡不成
2022 年 12 月 22 日	冬至	传统文化思政讲堂 ｜ 天时人事日相催，冬至阳生春又来
2022 年 12 月 7 日	大雪	传统文化思政讲堂 ｜ 节气今朝逢大雪，清晨瓦上雪微凝
2022 年 11 月 7 日	立冬	传统文化思政讲堂 ｜ 朔风起，地始冻
2022 年 10 月 23 日	霜降	传统文化思政讲堂 ｜ 凄清早霜降，淅沥微风起
2022 年 10 月 8 日	寒露	传统文化思政讲堂 ｜ 景致融怡露添寒

表 2　传统文化思政课堂之传统节日推送一览

传统文化思政课堂相关推送		
时间	节日	推送题目
2023 年 9 月 29 日	中秋节	传统文化思政课堂 ｜ 相思渐浓处，又是中秋时
2023 年 8 月 30 日	中元节	传统文化思政课堂 ｜ 上界秋光净，中元夜气清
2023 年 8 月 22 日	七夕节	传统文化思政课堂 ｜ 七夕今宵看碧霄，牵牛织女渡河桥
2023 年 6 月 22 日	端午节	传统文化思政课堂 ｜ 端午临仲夏，时清日复长

表 3　理学知识文化课堂推送一览

理学知识文化课堂相关推送	
时间	推送题目
2023 年 10 月 4 日	理学知识文化课堂 ｜ 鲁班锁的奥秘
2023 年 9 月 27 日	理学知识文化课堂 ｜ 生活中的物理小知识

续表

理学知识文化课堂相关推送	
2023 年 5 月 24 日	理学知识文化课堂 ┃ 羽毛球运动中的数学知识
2023 年 5 月 20 日	理学知识文化课堂 ┃ 浪漫的数学
2023 年 5 月 4 日	理学知识文化课堂 ┃ 你真的会玩扫雷吗？
2023 年 4 月 26 日	理学知识文化课堂 ┃ 民俗谚语中的物理小知识
2023 年 4 月 19 日	理学知识文化课堂 ┃ 智慧华容道
2023 年 4 月 11 日	理学知识文化课堂 ┃ 巧解九连环，智慧出指尖
2023 年 4 月 5 日	理学知识文化课堂 ┃ 七巧板的前世今生
2023 年 3 月 29 日	理学知识文化课堂 ┃ 趣味数独

参考文献

［1］张琼、高盛楠、李玉纯：《大数据技术赋能高校精准思政的重要价值与实践进路》，载《思想教育研究》2022 年第 6 期。

［2］赵惜群：《论网络文化对人的发展要素的促动》，载《马克思主义与现实》2008 年第 4 期。

［3］全莹：《试论新时代高校网络思政教育的有效性》，载《盐城工学院学报（社会科学版）》2022 年第 6 期。

［4］魏芳：《大思政视角下高校思政课教学改革方法及路径》，载《现代交际（学术版）》2016 年第 21 期。

［5］杨骐凤：《高校辅导员应用新媒体开展思政教育的策略探讨》，载《新闻研究导刊》2022 年第 24 期。

新时代大学生骨干廉洁意识培育：
现状、问题与改进

——基于中国民航大学飞行分校的问卷调查

张 磊

中国民航大学飞行分校

【摘　要】党的二十大报告提出"加强新时代廉洁文化建设"这一重大课题，高校是社会的子系统，高校大学生骨干是未来社会发展的中坚力量，其廉洁意识培育得好不好必然关系着新时代廉洁文化的建设质量。本研究以中国民航大学飞行分校大学生骨干为问卷调查对象，发现高校在培育大学生骨干廉洁意识的过程中，存在认识片面化、教育形式化、教育内容单一化和团队建设薄弱等问题，据此提出多层次提升大学生骨干廉洁意识培育重视程度、多角度优化廉洁意识培育机制、多渠道挖掘廉洁意识培育资源、全方位构筑新时代高校"清廉共同体"等改进策略。

【关键词】大学生骨干；廉洁意识；清廉共同体；思政教育

引　言

党的二十大报告对加强新时代廉洁文化建设提出明确要求，高校作为社会的子系统，肩负为党育人、为国育才的光荣使命。大学生骨干是学生群体中的知识、能力和素养更为出众的群体，是未来社会发展不可或缺的力量，通过理论学习、思想教育、建章立制、氛围营造、文化传承等工作，培育大学生骨干廉洁意识，稳步推进校园廉洁文化建设，实现新时代高校"清廉共同体"的目标是高校发展永恒的课题。那么，现实生活中，大学生骨干廉洁意识培育现状如何？本研究以中国民航大学飞行分校为个案，采用问卷调查的方式，以期从大学生骨干廉洁意识培育的现状中厘清其问题所在，进而提出改进策略。

一、大学生骨干廉洁意识培育的价值意蕴

（一）是着眼大学生骨干全面发展的要求

大学生骨干正处于性格养成和人格塑造的关键阶段，受制于社会阅历不足，他们极易受到不良文化的影响，导致其价值观的形成与发展受损。大学阶段是大学生骨干拔节孕穗的关键时期，廉洁意识培育得好不好，关乎大学生骨干成长成才的"思想总开关"是否拧紧和为社会发展所培养的人才质量的问题。

（二）是高校思政体系不断完善的力量

习近平总书记在二十届中央纪委二次全会上再次强调："要在不想腐上巩固提升，更加注重正本清源、固本培元，加强新时代廉洁文化建设……"廉洁问题归根结底还是思想问题，将大学生骨干廉洁意识培育作为新时代高校思想政治教育的重要内容，营造浓厚的廉洁教育氛围，进而推动高校思政体系不断完善，做到围绕社会人才需求把握人才培养方向。

（三）是构建清正廉明社会的基础

廉洁文化建设作为一项长期性、基础性、经常性的任务，是高校贯彻党的二十大精神、加强作风建设、纯洁内部环境的时代要求。大学生骨干群体今后会逐渐成长为推动社会各个行业领域发展的中坚力量，推进大学生骨干廉洁意识培育工作关系高校培育什么样的人进而关系社会发展方向的问题。

二、大学生骨干廉洁意识培育现状

本研究以新时代大学生骨干廉洁意识为主要研究主题，以中国民航大学飞行分校大学生骨干为研究对象，完成调查问卷设计。在中国民航大学飞行分校选取 168 名大学生骨干，就其关于校园廉洁和廉洁文化的认知展开调查。在调查问卷中共设计 10 个问题，针对 168 名大学生骨干，从不同维度了解其对于廉洁文化的认识现状，由此发现问题并提出改进策略，从而推动新时代高校"清廉共同体"目标的实现。

表1 "你是否了解校园廉洁文化"

选项	百分比
很了解	19%
了解一点	63%
了解	18%

表2 "你认为校园廉洁文化建设是否重要"

选项	百分比
很重要	85%
不重要	3%
不清楚	12%

表3 "你是否愿意参加校园廉洁活动"

选项	百分比
愿意	62%
一般	29%
不愿意	9%

表4 "你是否参加过校园廉洁文化建设的有关活动"

选项	百分比
听过，经常参加	17%
听过，但没怎么参加过	52%
没听过，也没参加过	31%

表5 "你是否会关注校内发布的关于廉洁文化的内容"

选项	百分比
非常关注	15%
偶尔会看	47%
不感兴趣	38%

表6 "你是否接受过廉洁文化教育（非廉洁文化周活动）"

选项	百分比
参加过	11%
听说过，但没参加过	64%
没听说过也未参加过	25%

表7 "你印象中学校或分校开展廉洁文化教育的频率"

选项	百分比
每周参加一次	8%
每月参加一次	13%
每半年参加一次	32%
每年参加一次	29%
未参加过	18%

表8 "你认为校园的廉洁文化教育能否起到预防腐败的作用"

选项	百分比
能起到很大作用	73%
能起到一定作用	17%
没有什么作用	2%
不清楚	8%

表9 "你认为高校廉洁文化是否有成效"

选项	百分比
有成效，并且成效显著	36%
有成效，但成效并不显著	55%
没成效	9%

表 10　"你认为高校廉洁文化的重视程度是否需要提高"

选项	百分比
需要	72%
不要	6%
不清楚	22%

三、高校培育大学生骨干廉洁意识过程中存在的问题

（一）部分群体认识片面化

受传统教育思想的影响，高校在开展各项工作的过程中更注重大学生骨干知识能力水平的提升，在高校培育大学生骨干过程中，对廉洁教育的理论存在片面性认识，在思想上认为廉洁教育应以高校各部门职能人员为教育对象，大学生骨干手中并没有任何实质性的权利，不具备开展廉洁教育的条件。也有群体认为大学生骨干系航空公司委托培养，在其日后的发展中，不会进入事业单位或国有企业任职，没有必要对其开展廉洁教育。

（二）相关廉洁教育形式化

廉洁教育是高校思想政治教育的重要内容之一，但很多高校尚未针对廉洁教育建立体制机制，于是，在培育大学生骨干廉洁意识的过程中屡次遇到无章可循的尴尬处境。此外，据访谈了解，部分高校在面向大学生骨干群体开展廉洁教育工作期间，只重视第一课堂教学活动的落实，对其实际的教育效果疏于关注，使得廉洁教育流于表面。

（三）廉洁教育内容单一化

在《教育部关于在大中小学全面开展廉洁教育的意见》中对廉洁教育的内涵进行明确，但在实际过程中，大多高校以国家出台的有关反腐倡廉的文件、政策和法规为主要内容，而忽视大学生骨干群体在廉洁教育和廉洁意识形成过程中的现实需要，更较少见到高校积极联合家庭和社会力量。

（四）校园廉洁团队建设弱

大学生骨干群体的廉洁意识培养有赖于团队的力量，有赖于新时代高校清廉共同体的构建，有赖于一支强大的校园廉洁团队的构建及进校园廉洁文化的建设推进。然而，高校缺乏专职的廉洁教师队伍，通常由领导或辅导员

兼职开展廉洁教育工作和相关活动，往往大学生骨干只是被动参与活动，缺少自发的内驱力，活动效果不好，进而导致大学生骨干群体廉洁意识培养不到位。

四、大学生骨干廉洁意识培育的改进策略

（一）全方位提升重视程度

坚持"思想是行动的先导"，并将思想转化为行动。一方面，高校各类群体需加强重视，以个人行为主体、群体行为主体、组织行为主体为高校廉洁校园文化建设的主体，制定大学生骨干廉洁意识培育方案，建立各部门协同培育大学生廉洁意识任务清单。另一方面，促进廉洁教育与思政教育有机融合。例如，从深挖老一辈民航人的廉洁故事，培树勤政廉政先进典型；重视第二课堂，强化大学生骨干廉洁文化意识。例如，常态化开展宣讲活动，拓宽传播渠道，在此过程中，充分发挥各主体的表率作用，从细节方面对受教育对象产生潜移默化的影响。

（二）多角度优化教育机制

在推进大学生骨干廉洁意识培育的过程中，要聚焦学生思想动态，构建长效制度体系。例如，以制度创新为抓手，建立健全廉洁意识培育的有关内容，围绕大学生骨干全面发展的实际需求，建立宣传教育联动机制。杜绝官僚主义和形式主义，构建师生大力支持、部门积极配合、纪委落实督导、党委统一领导的廉洁工作格局，科学部署相关工作安排，推动各项工作持续深化。为进一步巩固防腐拒变的思想防线，涵养风清气正的政治生态，在廉洁教育机制的优化中还要加强保障机制的完善，建立健全廉洁教育监督反馈机制，利用现代化新媒体技术拓展意见反馈渠道，及时查漏补缺，强化大学生骨干廉洁意识培育的制度保障。融"清"于校，让清风吹遍校园；融"廉"在心，让廉洁润泽心灵。

（三）多渠道挖掘教育资源

为强化大学生骨干廉洁意识培育的效果，加强廉洁教育理论与实践的联系，可以探索家校社共育的"全员育人"建设模式，多渠道挖掘和利用廉洁教育资源。例如，以学校教育为支撑，以家庭教育为依托，以社会教育为辅助，强化学生廉洁观念和底线意识，构建清正廉洁的校风文化，为学生提供更多了解廉洁教育的机会，促进新时代大学生群体廉洁素养的提升。借力文

化传承，践行社会主义核心价值观，使校园廉洁文化建设主体养成廉洁齐家、廉洁修身的思想与行为自觉。再如，结合地方特色廉洁资源，深挖老一辈廉洁故事，树立并培养廉洁先进典型，积极开展常态化校园廉洁文化建设宣讲活动。围绕现有的教育资源，丰富廉洁教育手段，坚持思想实践有机统一，开展多元化廉洁主题活动，利用信息技术拓展线上教育渠道。还可以在重大时间节点，邀请律师事务所和检察机关等机构的相关人员讲述真实案例，综合运用廉政文化建设基地、爱国主义教育基地、红色教育基地等，加强理论与实践的联系。

（四）全方位构筑新时代高校"清廉共同体"

廉洁教育队伍作为校园廉洁文化建设的基础，其整体的先进性与纯洁性会直接影响新时代高校清廉共同体的构建。积极打造自律清廉、作风优良的榜样队伍，充分发挥先进个人的领头作用，同时注重群体的多元化，使队伍中包含学生骨干、辅导员、学业导师、思政教师等不同层级、不同部门的工作人员，构建师生通力协作的校园廉洁文化建设格局，提升队伍整体的专业化水平，从而帮助大学生骨干等全体学生培育廉洁意识，在高校校园内弘扬公正不阿的廉洁文化。例如，立足党员教师，以"党建引领促教育·教书育人争先锋"主题教育活动为抓手，把清白、廉洁、正直、奉献作为师德师风的重要内容，引领广大教师争做"四有"好教师。立足大学生骨干群体，以培育和践行社会主义核心价值观为抓手，从学生"诚信守纪、勤俭节约"品德的形成和行为习惯养成方面开展主题团课、主题班会、社团清廉主题活动，在课程中、活动中渗透清廉文化，开展清廉教育，落实立德树人根本任务。

结　语

高校作为新时代开展廉洁教育的重要场所，在培育大学生骨干群体廉洁意识的过程中要提高思想认识，从国家建设和社会发展的层面对当前高校廉洁教育中存在的问题展开深入思考与审视，结合高校实际情况，探索科学的应对方法，通过廉洁教育帮助大学生骨干群体进而使全体大学生树立崇廉尚廉的思想。

参考文献

[1]《习近平：高举中国特色社会主义伟大旗帜 为全面建设社会主义现代化国家而团

结奋斗——在中国共产党第二十次全国代表大会上的报告》，载 https://www.12371.cn/2022/10/25/ARTI1666705047474465.shtml.最后访问日期：2023 年 12 月 21 日。

［2］《坚定不移深入推进全面从严治党——论学习贯彻习近平总书记在二十届中央纪委二次全会重要讲话精神》，载 https://www.12371.cn/2022/10/25/ARTI16667050474744 65.shtml.最后访问日期：2023 年 12 月 21 日。

［3］柳宝军：《中国共产党管党治党百年实践的演进逻辑》，载《中南民族大学学报（人文社会科学版）》2024 年第 8 期。

［4］吴成国、陈怡帆：《对新时代大学生廉洁教育制度化的思考》，载《学校党建与思想教育》2021 年第 15 期。

［5］赵乐际：《运用党的百年奋斗历史经验 推动纪检监察工作高质量发展 迎接党的二十大胜利召开——在中国共产党第十九届中央纪律检查委员会第六次全体会议上的工作报告》，载《中国纪检监察》2022 年第 5 期。

［6］陆汉栋、张靖：《新时代高校大学生廉洁廉政"三进"式教育多维路径探索》，载《南京理工大学学报（社会科学版）》2020 年第 4 期。

罗尔斯正义论视域下的高校辅导员公正行为：内涵、制约与突破

刘建波　张　磊

中国民航大学飞行分校

【摘　要】"公正"是社会主义核心价值观社会层面的重要内容，是中国人民和中华民族的价值追求。高校辅导员作为开展大学生思想政治教育工作的骨干力量，其行为的公正是其进行班级管理、党团建设、学生骨干选拔任用的重要要求。论文以罗尔斯正义论为指导，从学理上提出高校辅导员公正行为包括"形式公正"和"实质公正"两大内涵，通过访谈，对制约高校辅导员行为公正的因素进行分析，据此提出突破路径。

【关键词】高校辅导员；公正行为；罗尔斯正义论；形式公正；实质公正

自古以来，"天下为公""惟公而后能正"便是中华民族孜孜以求的行为制度，是中国人民乃至举世人民心之所向的社会秩序。迈入新时代，社会公平和正义成为社会主义社会的重要要求，是社会主义制度优越性的集中体现，是中国人民和中华民族的价值追求，"公正"被列入社会主义核心价值观社会层面的重要内容。

教育是社会发展重要的子系统之一，我国在《中国教育现代化2035》中明确提出，建设高素质专业化创新型教师队伍，推动各级教育高水平提升、高质量普及，国家基本的教育政策就是要推动教育向公平、公正方向发展。高校辅导员作为开展大学生思想政治教育工作的骨干力量，其日常教育、管理和服务学生的行为自然备受社会关注。所谓"师者，人之模范也"，辅导员唯有做到"身正"，方能实现"不令而行"，辅导员行为公正是其履行九大工作职责的基本要求，对于其自身发展、学生健康成长、促进师生关系和谐共

融有着不言而喻的重要性。那么，辅导员公正行为的内涵究竟如何，本文以罗尔斯正义论为指导进行学理性探讨，针对制约高校辅导员行为公正的因素进行分析，从而得出促进高校辅导员行为公正的有效路径。

一、高校辅导员公正行为的内涵

约翰·罗尔斯（John Bordley Rawls）是举世闻名的美国政治哲学家、伦理学家。在其著作《正义论》一书中，他着重探讨在多元化社会语境中，如何化解社会不公平，进而促进公平正义社会的形成。罗尔斯的正义论以原始状态和无知之幕为前提，以起初的不平等为研究对象，运用"反思的平衡"演绎了两条正义原则：其一是人人享有最大自由的平等权利，权利和自由是包容的，这就是所谓自由平等原则；其二考虑到社会、经济不平等，社会福利要尽量偏向获益最小、在社会上处于最劣势的群体（差别原则），并且以机会平等为前提，权力与地位对全体人民公开（机会公正平等原则），其中，两条原则的优先顺序不同，表现在：第一项原则比第二项原则优先，而第二项原则中的机会公正平等原则比差别原则优先。

从罗尔斯所倡导的义论中得到启发，我们认为辅导员公正行为并不是简单的"一碗水端平"式的单一存在，而是一种寻求"一刀切"的同一性与"因个体差异而异"的差异性共存的复合形态。具体说来，一方面，教育的根本目的在于促进每一位学生的发展，辅导员的公正行为建立在所有学生同一性实践的基础之上；另一方面，辅导员的公正行为是一种适合学生个性发展的差异性实践，应将尊重差异作为辅导员公正行为的另一种实施向度。正如亚里士多德所言："公正并不是绝对的平等，而在于合乎比例的分配，倘若配给得当，便可各得其所。"

由此得出，辅导员公正行为包括"形式公正"行为，即把师生双方看作是真正意义上的"人"，坚持人格平等，坚持相互尊重。把学生个体放置于社会大环境来看，辅导员对学生的尊重，则意味着涉及如下四个方面：第一，要尊重学生作为一个特殊个体的自我尊严与自我价值。第二，尊重学生作为一种社会存在所享有的公共权力，即国家法律赋予每个公民在宪法或其他相关法规中规定的各项民主权利。第三，要尊重学生作为青年学生的基本权益、成长特征以及自我发展提升的需要。第四，尊重学生作为一种职业的专业特点及工作要求，保证学生作为国家公民的基本权利与尊严得到尊重。

辅导员公正行为还包括"实质公正"行为，即既做到一视同仁，又做到因材施教。在学生眼中，辅导员是班级建设、党团事务、学生骨干选拔任用考核等事务的管理者和决策者，其角色在某种程度上相当于明辨是非、赏罚分明的"法官"。一方面，这样一种充满公正、正义的身份要求辅导员要能够明辨是非曲直，能够按照客观事理，不偏袒、不冤枉；另一方面，世界上没有两片相同的树叶，教育中也没有两个相同的学生个体。在推动公正走向实践的过程中，辅导员应认识到学生与学生是不一样的，每个学生是独立的个体，有着独立的灵魂，辅导员要在主观上意识并承认这种学生个体间客观存在的差异性，在对待学生的行为上秉持同一个标准而采取不同的行事方式，通过这样的方式达到兼顾学生差异的初衷，实现因材施教。正如苏霍姆林斯基指出：毫无区别地用同样的模式、同样的态度去对待所有的青年，实际上是漠不关心、不公正的表现。

二、制约高校辅导员行为公正的因素分析

辅导员在做出班级管理、党团建设、舆情处理、骨干培养等行为时，有效反映着在高等教育环境中辅导员对待学生是否公正的问题，辅导员面向学生的行为不公正的诸多现象，实为多重因素叠加所致。基于罗尔斯正义论的指导，结合与一线辅导员的深入访谈，可从以下几方面进行归因分析。

（一）辅导员对于形式公正和实质公正的理解与执行力不到位

通过对辅导员访谈发现，公正是"仁者见仁"的概念，大家对于此的看法莫衷一是。有些辅导员只注意到"形式公正"而未注意到"实质公正"，认为高校就是接受普遍教育的地方，不是"特殊学校"，难以事事周到地顾及对个别"特殊学生"的教育，这种根深蒂固的错误认知观念使得辅导员下意识地将"特殊学生"所需要的特殊照顾排斥在外，当"特殊学生"有需要时，辅导员对之毫无意识，由此往往造成无人问津的结局。特别是当辅导员所带学生较多、其他事务较繁杂时，他们连大部分普通同学都照顾不过来，更是无暇顾及少数"特殊学生"群体。由于"特殊学生"的身心局限，在学习与发展中出现了各种"不尽如人意"的现象，辅导员在潜意识里给了他们更少期待甚至对他们不抱有期许，常常是自持"特殊学生"不能像普通学生一样学习的错误观点，认可"特殊学生""功能有限模式"的假说，辅导员对于"特殊学生"的刻板印象，使其行为带有较大主观倾向性，更进一步影

响其行为公正。

（二）辅导员缺乏经验与培训导致公正执行力不足

部分辅导员虽然已经深刻认识到其行为公正的意义，但因为没有持续进行专业发展，也没有时间去了解更多，他们最初的专业知识与技能很难支持自己的公正行为，时常在实践时感到"捉襟见肘"，具体表现为：一旦他们进入班级、融入学生，就会下意识地忽视了"特殊学生"的存在，也便不谈做到"实质公正"。事实上，缺乏足够的职后指导尤其是案例分享和实操训练是很多辅导员认为自己难以做到"实质公正"的首要原因，关于"实质公正"如何具体实践，如何在日常思政教育工作中做到"实质公正"是许多辅导员的困惑。

（三）学生身心发展制约，自我认识不到位

辅导员工作是一种与学生双向奔赴的工作，其所指向的正是学生的成长，故以学生为教育、管理和服务之起点与终点，又在教育、管理和服务中发挥能动的反作用，所谓教学相长也是这个道理。诺丁斯关怀理论正是强调这种师生关系，既要关注辅导员在公正行为上的"给予"程度，也要关注学生对辅导员公正行为的"接受"程度，强调公正是师生双方互惠行为。机械式灌输教育这一传统行为对一些"特殊学生"这一群体自信心与积极性有一定压制作用，辅导员行为认知尤其是公正行为的认知模糊、管理目标的定位不当，使得部分"特殊学生"受到忽视，囿于"05后"自我要求不高的性格特点，这部分学生易使自己暴露于辅导员关照之外，造成"你（辅导员）讲你的，我（学生）做我的"的局面。换言之，这种情况下，即使辅导员给予公正行为，学生自己不接受，造成的局面也是学生没有受到公正的对待。

（四）"特殊学生"不善于与同伴合作

在高校中，"特殊学生"毕竟为少数群体，普通学生仍然占据着主要数量，普通学生是"主体中的主体"，因此，辅导员进行班级管理时，要重视对普通学生的引导和支持。普通学生表现如何，在很大程度上影响着辅导员的行为公正，尤其是对于"特殊学生"的行为公正。大量研究显示，同伴协助和小组合作可以有效地降低辅导员行为不公正的可能性，"特殊学生"可以通过同辈辅导、同学帮助的方式来巩固所学内容，在此过程中，"特殊学生"是通过被同伴帮助而有所收获的。然而，根据访谈情况，学生大多不善于与同伴合作，喜欢独自活动，因此，不善于同伴合作是学生，尤其是"特殊学生"

有失被公正对待的原因之一。

三、促进高校辅导员行为公正的有效路径

（一）树立公正观念，全方位提升公正素养

一个人的行为受到自身道德意识影响，辅导员对学生有失公正的行为，实质上就是辅导员自我道德认知或道德素养欠缺的反映。首先，辅导员应努力克服人性中的"利己主义"，在和学生打交道的时候，从根本意识中破除根据利益最大化原则思考问题的习惯，不能总想着"怎么样自己的工作才能最省心""会不会关注某些学生也是费力不讨好，付出和收益不成正比"，而是应该用仁爱之心克服正义行为是否没有价值、没有必要的一些困惑，相信公正的教育行为对所有学生的作为"人"品行塑造和成长成才发展都有着不可估量的作用。其次，要认识到公正行为的实施范围应该是广泛的。辅导员应解放思想，敞开心胸，从"大教育观"的角度认识"公正行为"，拓展公正行为的外延，主动发现学校场域中课堂之外的可以施加公正行为的地方。辅导员还可以与同事、学生多交流，从不同主体的角度寻求启发，寻得公正行为可进一步展开的领域或方向。

公正观念的形成过程也需要一定时间，因此，辅导员树立公正观念一定要做到历久弥坚、持续发力、久久为功，在公正行为实践中要不断强化自己在处理事务时，尤其是处理紧急事务时的理性调控情绪的能力；有时难免会遇到一些难以破解的难题，也会发生一些错综复杂的冲突事件，辅导员需熟练掌握"延迟处理"的技巧，善于运用"合理适当地放一放"的智慧，合理经营情绪状态，将"理性"置于"感性"之上，在任何时候对待学生的事务都要避免意气用事。

（二）正确认识"特殊学生"，提升教学智慧

正确理解"特殊学生"的性质，是解开罗尔斯提出"无知之幕"之钥匙，同时，它又为辅导员公正行为所必需。在辅导员开展日常工作的过程中，"无知之幕"隐藏着学生需要的个人之间的差别，妨碍着辅导员公正行为的达成与完善。辅导员对"特殊学生"个体特点和需求差异的"无知"，是实然存在于辅导员与"特殊学生"之间的"无知之幕"。尤其是在大学里，"特殊学生"个性更加凸显、张扬，学生更加反抗外来的"抑制个性行为"，更愿意接受顺应自身发展的外界环境。做到行为公正，要求辅导员真正做到"有知"

于这部分学生群体，用心灵去"有知"学生，以一颗充满仁爱的心去深入理解学生。辅导员要充分发挥主观能动性，尊重学生个性发展的独特性、差异性，并通过多种渠道让每个学生都能够得到全面、持续地发展，进而促进他们的身心和谐发展。唯有此，方能打开辅导员日常工作的"无知之幕"，让"特殊学生"群体得到应有的教学关注与引导，给"特殊学生"以"适合"而"公正"的帮助。

（三）深化开展辅导员职前职后公正行为培训

首先，由有关机构牵头、举办全体辅导员职后培训，转变德育培训模式，建构职前职后一体化、校内校外结合联动培养模式。在培训内容上也要进行变革，主动迎合辅导员职后面对实际学生时如何做到公正应对学生需求，在培训中增加案例分享，让辅导员真正能够有所借鉴、准确运用，从而提升其公正素养，提升辅导员公正行为的执行力，促进辅导员公正行为朝着专业化方向"落实"。其次，辅导员个体必须做出改变，树立终身学习的观念，认识到自己在公正行为中的不足，知晓自己还不能游刃有余地把握"公正"的困难，主动化解难题，主动为了"给学生一碗水而使自己的知识水桶中装满水"，重温教育学、心理学、伦理学等方面知识，以这些理论知识为指导不断反思矫正过去有失公正的行为。

（四）家校社协同，加强辅导员公正行为监督

首先，作为教育教学的主要阵地，学校肩负着义不容辞的师德师风培养、评价与监督职责，但仅依靠学校这一方利益相关者的努力还不够，强化辅导员公正行为监督、建立对辅导员公正行为的合理监督机制、健全辅导员公正行为监督体系、对辅导员潜在的不公正行为进行事前的防范与救济、对辅导员公正行为进行持续改进和优化，还要有家庭和社会的参与，包括家庭中的学生家长和社会中的关心教育发展人士。应该说，辅导员公正行为不是一个人的单打独斗，是辅导员同学校、家庭、社会等一群人的牵手。此外，学校还要主动倾听社会声音。国家的繁荣富强和时代的高速发展呼唤着更加公正、更高质量的教育，呼唤着更高素质的辅导员队伍。在辅导员公正行为问题上，时代是"出卷人"，辅导员是"答卷人"，而社会是"阅卷人"，辅导员公正行为做得好不好，社会才是最终的评价者与监督者。为此，学校可以将教务、教学活动、教学质量公开，以寻求社会热爱教育、关注教育人士共同参与监管，有责任感地表达自己的观点。

概言之，辅导员公正行为的养成和规范不是辅导员一人的独角戏，推动家校社协同共育，打通家校社协同监督的"最后一公里"，不仅有助于辅导员行为走向公正，还有助于以辅导员为支点，撬动高等教育公正发展的杠杆，从而推动高等教育高质量发展行稳致远。

参考文献

［1］《中国教育现代化 2035》，载 http://www. moe. gov. cn/jyb_ xwfb/s6052/moe_ 838/201902/t20190223_ 370857. html. 最后访问日期：2021 年 9 月 7 日。

［2］［美］约翰·罗尔斯：《正义论》，何怀宏、何包钢、廖申白译，中国社会科学出版社 1988 年版。

［3］［古希腊］亚里士多德：《尼各马可伦理学》，廖申白译注，商务印书馆 2006 年版。

［4］和学新等：《教师尊重学生的现状调查与思考》，载《中国教育学刊》2013 年第 12 期。

［5］鲁洁：《道德教育的当代论域》，人民出版社 2005 年版。

［6］［苏］B. A. 苏霍姆林斯基：《和青年校长的谈话》，赵玮等译，上海教育出版社 1983 年版。

［7］王坦：《论合作学习的基本理念》，载《教育研究》2002 年第 2 期。

新时代高校"一站式"学生社区协同育人的机制研究

蒋洪旭　于春垚　潘增耀　董怀忠

中国民航大学飞行分校

【摘　要】新时代高校学生"一站式"社区协同育人功能的发挥需要行政力量、多元主体、公众参与的有机融合。通过对中国民航大学宁河校区"一站式"学生社区综合管理模式试点工作的观察，发现实现以上融合的关键在于构建自上而下的四个维度，以及自下而上的四条实施路径，这是未来"一站式"学生社区建设的重要方向。

【关键词】"一站式"学生社区；协同育人机制；综合管理模式

随着我国高等教育大众化和素质教育的大力推进，学校管理、教育和服务的方式和方法在不断发生变化，传统的学生事务管理理念及模式向学生事务服务理念及模式转变成为必然趋势。

"一站式"学生社区综合管理模式建设是深入学习贯彻习近平总书记关于教育工作的重要论述，适应新形势新情况、加强高校党的建设和思想政治工作的重要体制创新。"一站式"学生社区积极探索学生组织形式、管理模式、服务机制改革，推进党团组织、管理部门等进驻园区开展工作，打通育人"最后一公里"。"一站式"学生社区建设旨在把校院领导力量、管理力量、服务力量、思政力量压到教育管理服务学生一线，将学生生活园区打造成为集思想政治教育、师生交流、文化活动于一体的教育生活园地，真正形成"三全育人"格局。

一、文献回顾

德国社会学家滕尼斯于1887年的著作《共同体与社会》是"社区"一词

的最早源头，著作中将 Community 理解为具有共同生活方式、共同信念与情感维系的共同体关系，并将礼俗社会和法理社会认为是文化系统中人类联系的两种基本形式，从此"社区"成为社会学中的专用概念。

高校学生社区是在高等学校扩大招生规模、高校后勤部分社会化的背景下产生的，在实践过程中同步移植了我国城市社区建设的基本内涵及方式方法。因此自上而下的行政推动使得学生社区作为学校管理单元的角色与功能获得了长足的发展，然而其在高校教育中的适用性以及共同体功能不足，理念共识与功能转型、主体协同与治理效能、育人体系与党建机制等不足也成为研究者普遍关注的话题。

高校现有研究对于如何解决上述问题大致呈现出两类研究取向及实践路径：自上而下的驱动方式，对"一站式"学生社区建设的价值引领、空间建构、队伍进驻、资源下沉、学生参与、技术支撑、制度保障等七大要素全方位驱动，按照党委领导、学工牵头、教师协同、学生参与、支部引领、社团助力、辅导员入驻原则，逐步探讨高校"一站式"学生社区的内涵生成、结构要素、现实意义、逻辑理路与比较路径，但这受限于高校的资源、能力等因素限制，即强大资源的行政部门才是推动高校学生社区建设的重要动力，而学生的参与度和认可度却普遍偏低，缺乏学生学习生活共同体的属性，学生社区协同育人的功能始终难以有效发挥。为了弥补这一不足，自下而上的建设驱动方式应运而生，这就需要在多元主体参与、自我同一性发展维度予以关注，也衍生了社区学生参与度多维度调查分析方法与实例。

因此，本文以中国民航大学宁河校区"一站式"学生社区综合管理模式建设试点为切入点，就如何激发学生有效参与，实现高校学生社区管理单元与学生学习生活共同体两类角色及功能之间有机融合的问题进行探讨与研究。

二、个案观察：中国民航大学宁河校区学生社区协同育人功能发挥的实践样本

（一）个案缘起

中国民航大学正锚定"一流"目标，系统落实"十四五"发展规划、系统构建"五飞并举"科研体系、全面打造"五纵一横一园一院"科教发展新格局，把高校学生社区打造成为学生党建前沿阵地、三全"育人"实践园地、

智慧服务创新基地和平安校园样板高地，2022 年 10 月启动"一站式"学生社区研究工作，2022 年 12 月被天津市教委评为 A 类自主建设试点，这对不断深化"一站式"学生社区育人成效起到了较好的推动作用。

2023 年 6 月初步确定了中国民航大学宁河校区"一站式"学生社区建设整体框架，并逐步探索以"公共空间和共享空间改造"＋"功能室建设"＋"楼廊文化创建"体系为基础的"一站式"学生社区实现路径，并从"三全育人"角度，在准军事化管理基础上，挖掘并丰富了其潜在的"一站式"学生社区育人功能，以及学生互动参与。

（二）"一站式"学生社区综合管理模式建设试点存在问题

1. 一站式学生社区建设起步较晚

2022 年 10 月启动"一站式"学生社区研究工作，2022 年 12 月被天津市教委评为 A 类自主建设试点，但是依然存在重视程度不足，尚未形成学校党委统一领导格局等问题，在体系机制构建上也缺乏相应基础，未形成体系和系统。

2. 现有硬软件设施上育人体系发挥效用不强

学校在"三全育人"深化年改革中虽取得了一定成果，但在汇聚育人合力，打通"育人最后一公里"方面，还缺乏精准思政实施的具体举措与方案。

3. 一站式学生社区建设缺乏统一空间规划、整合

对比其他高校，中国民航大学宁河校区作为新校区在硬软件设施方面具有较好的基础，其现代化建设、硬软件设施等走在了其他高校的前列，为"一站式"学生社区建设提供了先决有利条件，仍有较大可为的空间，但在优化功能配置方面，还没有形成相应的实施方案。

（三）"一站式"学生社区综合管理模式建设试点方案

1. "一站式"学生社区建设基本原则

（1）坚持把牢方向与遵循规律相结合。围绕培养什么人、怎样培养人、为谁培养人这一根本问题，以党建为龙头，强化思想引领作用；把坚持正确的政治方向贯穿于学生社区"一站式"建设的全过程、各方面。

（2）坚持系统设计与重点突破相结合。将"一站式"学生社区建设试点工作纳入学校整体发展规划和人才培养大局，全面统筹各领域、各环节、各方面的育人资源，实现育人力量下沉，形成合力，合理设置试点目标和重点任务，聚焦学生成长发展中的难点、热点问题，分步骤、有重点地取得突破。

（3）坚持以人为本与从严管理相结合。推动校院领导力量、管理力量、思政力量、服务力量"人在一线""心在一线""思在一线""干在一线"，把实现学生的发展作为一切工作的出发点和落脚点，突出学生的主体作用，激发学生参与"一站式"学生社区建设试点工作的内生动力。

2."一站式"学生社区建设实施措施

（1）完善"一站式"学生社区建设顶层设计。在体制机制设计上，打造形成党委统一领导、各部门积极支持、师生热情参与的新格局，打造基层党建联学共建的战斗堡垒，统筹宁河校区"一站式"学生社区建设，完善《中国民航大学"一站式"学生社区建设实施方案（试行）》，切实发挥党建引领作用，实现育人资源和育人力量下沉。

（2）"一站式"学生社区育人体系建设：①抓实辅导员驻楼值班，深入楼层入社区制度。切实抓好、抓实辅导员驻楼工作，由统一集中住宿调整至各楼层分散居住，坚持与学生"零距离""面对面"接触交流，全面了解学生生活状态和思想动态。该项工作作为"精准思政"的重要抓手，有效拓展思想政治工作的阵地，辅导员能够在宿舍一线及时发现解决学生问题，切实打通了思想政治工作的"最后一公里"，有力推动"一站式"学生社区综合管理模式创新。②发挥本科生导师作用，为低年级学生配备朋辈导师。切实汇聚育人合力，打造全方位育人新格局。依托"专家学者、优秀校友、专任教师"等为本科生配备导师，对学生进行思想引导、专业辅导、生活指导、心理疏导等，明确本科生导师职责，特殊节点发布工作提醒；同时发挥好高年级师兄"传帮带"作用，出台相关文件进行代班长、学生军训教官的选拔，有效加强本科低年级学生的教育管理与服务，帮助本科低年级学生尽快适应大学的学习和生活，同时提高高年级学生的组织管理和实践能力。③课程育人，将思想政治教育、大思政融入专业课程。依托现有思政课程、专业课程，聚焦立德树人根本任务，立足实际、整体部署、科学设计，开发开设专业选修课，打造飞行学员良好的作风习惯，培养学生人际沟通技巧与航空社交礼仪，塑造航空从业人员具备的良好心理素质，提升核心胜任力与岗位胜任力。

（3）整合方案，统一空间规划。①抓好学生公共空间和共享空间建设。将中国民航大学宁河校区现有基础资源进行整合利用，结合公共使用空间的建设特色，联合相关部门，聚焦"公共空间改造、功能活动室建设、楼层软文化建设、室外育人阵地打造"切实抓好学生公共和共享空间建设，以实现思政教育、师生交流、文化活动和生活服务的深度融合。②打造社区文化，突出民航、准军事化管理和专业特色。立足实际、整体部署、科学设计、精细分工，确保基础设施等育人资源符合民航特色、专业特色，具有准军事化管理韵味，坚持现有空间改造、育人资源可二次利用原则，对每一分区的认真打造，围绕校园生活区文化宣传设施、连廊文化设施、功能室建设，整体带动学校校园文化建设。一是天空之城。主打校园生活区文化宣传设施，设置思政广播、宣传橱窗、宣传板；依托宿舍楼顶和墙体，建设立式钢结构"当代民航精神"发光字和"准军事化管理横幅墙"；因地制宜地建设荣誉墙、励志宿舍、成才台阶、风纪容镜等小而精的文化场所，具体可分为三个层次。二是育鹰远航。主打连廊文化设施，突出育鹰（专业文化）和远航（民航文化与准军事化管理文化），针对专业文化，结合不同培养阶段打造以"初心启航、作风护航、科技导航、实践助航、榜样领航"为核心的五航工程。三是彩色之旅。主打功能室建设，主打功能文化室设施建设，突出色彩。建设楼层服务中心。初步考虑设置党建活动室、沉浸式党团教育基地、心理减压室、解忧杂货铺、音乐工作室、社团之家、飞行技术专业相关功能室。

三、基于"技术—制度—机制—文化"四个维度的高校学生社区建设路径

（一）"一站式"学生社区建设自上而下的四个维度

1. 技术保障维度

高质量建好线上网络资源，紧盯大学生个性化成长需要，打造网络育人精品内容、优化网络育人环境，监管网络不良行为和负面言论发布，通过微信公众号、微博、抖音、杂志、室内外广播及思政文化长廊，打造六位一体的宣传矩阵。

2. 制度构建维度

积极构建全员全程全方位的"大思政"育人格局，飞行分校的日常思政教育遵循"规定+自选+创新"模式，采用集中教育灌输、学生自我教育、随机教育启发、仪式庆典激励等方式，统筹解决教育中遇到的突出矛盾和问题。

3. 运行机制维度

"一栋楼、一个社区育人空间、一支学生骨干队伍"的配置，组建网格员、楼层长队伍，强化学生"三自"功能，为学生成长成才创造优良环境，充分发挥学生党员、优秀团员、学生骨干的先锋模范作用。

4. 文化环境创设维度

设置思政长廊，宿舍区、校园围墙等文化建设，因地制宜地建设荣誉墙、励志宿舍、成才台阶、风纪容镜等小而精的文化场所；在社区举办各类节日，将理想信念、思想政治、道德修养等融入学生培养全过程，打造丰富多彩的校园社区文化生活。

（二）"一站式"学生社区建设自下而上的四条路径

在学生社区需要逐步探索形成一站式集成、精细化服务、信息化支撑的综合管理模式，结合学生专业特色构筑学生党建前沿阵地、建设"三全育人"实践园地、打造智慧服务创新基地。着眼培养锤炼学生作风，围绕"民航、军事、专业"三大特色文化，梳理、谋划、打造具有传承力的"一站式"实践育人品牌。

1. 开展基本教育

按照"规定+自选+创新"模式选定教育内容和方法，采取"每周开展一次教育、每月落实一份计划、每学期形成一个单元"的方式，通过深入、持续、反复的经常性教育，帮助学员树立正确 的世界观、人生观、价值观。

2. 落实基本制度

本着简便易行、确保实效的原则，对准军事化管理相关制度规定进行梳理归纳、总结提炼，固化为每日、每周、每月、每季、每学期、每年必须严格落实的制度机制，并建立责任明晰、回路闭合的检查督导体系。

3. 建设基本队伍

突出抓好学工队伍、骨干队伍和党员队伍"三支队伍"建设。在学工队伍建设上，主要开展以"学政治、学管理、学飞行、转作风"为主要内容的"三学一转"活动；在骨干队伍建设上，突出抓好"选、培、用、考"四个环节；在党员队伍建设上，重点组织以"党员宿舍亮旗帜、佩戴党徽亮身份、仪容仪表亮作风"为主要内容的"三亮"行动。

4. 完善基本设施

立足自身实际，围绕"民航、军事、专业"三大特色文化内容，加大对学生教育管理基本设施的投入力度，切实为提升准军事化管理的质量层次提供保障和支持。

结　语

高校"一站式"学生社区建设要成为协同育人的空间载体，需要行政力量的推动、资源能力的保障，同时也需要学生的主动参与，是学校管理单元与学生学习生活共同体两类角色、功能的有机衔接与融合。然而，要实现这种有机衔接与融合，需要在实践中不断强化资源优化配置。中国民航大学"一站式"学生社区虽然起步较晚，但是其框架建构在育人合力、多维主体、公众参与的基础之上。通过对中国民航大学"一站式"学生社区综合管理模式建设试点已有建设思路与方案的观察和思考，其顶层设计、育人体系构建、空间整合与规划的建设思路符合"一站式"学生社区建设基本原则。只有通过行政力量的技术保障、制度构建、运行机制、文化环境创设四个维度，"一站式"建设学生社区基本教育、基本制度、基本队伍、基本设施四条路径，"三全育人"工作目标才能有效实现，这也应成为后续高校学生社区建设的重要实践方向。

参考文献

［1］严明、潘志娟、蒋闰蕾：《高校"一站式"学生社区综合育人研究》，载《学校党建与思想教育》2022年第2期。

［2］［德］斐迪南·滕尼斯：《共同体与社会——纯粹社会学的基本概念》，林荣远译，商务印书馆1999年版。

［3］姜振华、胡鸿保：《社区概念发展的历程》，载《中国青年政治学院报》2002年第4期。

［4］史龙鳞、陈佳俊：《新时代高校学生社区协同育人的机制研究——基于浙江大学"一站式"学生社区综合管理模式的观察》，载《思想教育研究》2021年第3期。

［5］李刁、陈志：《高校"一站式"学生社区教育管理模式的构建策略》，载《学校党建与思想教育》2019年第12期。

［6］方婷：《我国高校学生社区管理发展进程的回顾和展望》，载《黑龙江高教研究》2006年第1期。

［7］王懿：《高校"一站式"学生社区建设的价值意蕴、现实问题与实践理路》，载《思想理论教育》2022年第2期。

［8］周远、张振、岳娅萍：《高校"一站式"学生社区的内涵生成、结构要素和现实意义》，载《中国高等教育》2022年第19期。

［9］吴杰：《"一站式"学生社区建设的逻辑理路与比较路径》，载《理论观察》2021年第11期。

［10］林冬冬、徐硕：《"一站式"学生社区综合管理模式育人研究》，载《学校党建与思想教育》2023年第1期。

［11］陈南菲、尹金荣：《自我同一性发展理论视角下"一站式"学生社区建设研究》，载《学校党建与思想教育》2021年第19期。

［12］马君：《美国高等职业教育质量评价框架研究——基于"社区学院学生参与度调查"的分析》，载《职业技术教育》2013年第22期。

"四自"视域下"雷锋+"党建品牌建设探索

王芊芊

河北工业大学

【摘　要】高等学校学生党支部建设是党的基层组织建设的重要组成部分。高校要把引导和鼓励学生"自我管理、自我服务、自我教育、自我监督"（简称"四自"）作为思想政治教育的有效载体。依托学雷锋60周年的全国雷锋文化"高峰"建设契机，把雷锋精神融入党支部建设的全过程，党支部发扬学院学雷锋传统，进行"雷锋+"党建品牌建设和探索，在引导学生实现"四自"的同时，也解决了大学生志愿服务领域存在的问题。

【关键词】党建品牌；雷锋精神；志愿服务；党支部

一、品牌建设的背景

党支部是党最基本的组织，是党全部工作和战斗力的基础。党支部建设中最容易出现的问题就是党员疏于管理，党员主动学习的积极性不高，党日活动创新性不足等。

而在志愿服务领域，大学生志愿者群体备受重视，已经是志愿者群体中不可或缺的一部分，他们不仅能在志愿服务中链接、整合和利用各种社会资源，解决志愿服务中可能遇到的困境和问题，还能提升志愿服务实践育人的有效性，推动大学生志愿服务社会化与专业化的发展。然而，在大学生志愿服务工作中也存在着一些问题，例如志愿知识缺失、服务技能不足、志愿者流动性大、志愿服务连贯性低等。

为了加强基层党支部建设，增强基层党支部围绕中心、服务大局的作用，强化功能和责任，充分发挥支部党员能动性，服务群众，凝聚人心，同时也为了实现志愿服务知识传承、志愿服务技能专业、志愿服务群体稳定、志愿服务项目连贯，河北工业大学本科生给排水专业党支部依托学雷锋60周年全国雷锋文化"高峰"建设契机和河北工业大学土木与交通学院33年来学雷锋的优秀传统，将志愿服务融入学院纵向专业型党支部建设和管理的全过程，秉持发扬传统与创新品牌相结合的理念，探索总结出"雷锋+"党建品牌。本科生给排水专业党支部，早在2019年支部建立之初就致力于建设"雷锋+"的党建品牌，目前已经开展党建品牌建设4年。

二、党建品牌的内涵

习近平总书记强调："新征程上，要深刻把握雷锋精神的时代内涵，更好发挥党员、干部模范带头作用，加强志愿服务保障和支持，不断发展壮大学雷锋志愿服务队伍，让学雷锋在人民群众特别是青少年中蔚然成风，让学雷锋活动融入日常、化作经常，让雷锋精神在新时代绽放更加璀璨的光芒……"

习近平总书记的重要指示，深刻阐明了雷锋精神的辐射力量和永恒价值，本科生给排水专业党支部利用党支部设置稳定、持续换届的特点，推动志愿服务知识传承、志愿服务群体稳定、志愿服务项目连贯；利用专业型党支部的优势，促进志愿服务与专业知识技能相结合开展；通过雷锋+基地建设、雷锋+志愿服务、雷锋+集中学习、雷锋+制度建设，引导广大学生党员自我管理、自我服务、自我教育、自我监督，做崇高理想、奉献敬业的"雷锋式"合格党员。

三、品牌建设的原则

坚持三个导向，即坚持问题导向、目标导向、结果导向。导向是行动的指引和方向。

（1）坚持问题导向，就是以解决问题为指引，集中全部力量和有效资源攻坚克难，全力化解工作中的突出矛盾和问题。聚焦大学生志愿服务领域的问题和学生党支部建设中的不足，创造性地把雷锋精神和党支部建设结合在一起，实现优势叠加，短板互补。

（2）坚持目标导向，就是以实现目标为方向，持之以恒、一步一步地朝着既定目标奋斗前行。党建品牌建设的目标就是实现学生党员自我管理、自我服务、自我教育、自我监督，培养崇高理想、奉献敬业的"雷锋式"合格党员。以此为目标，规划出品牌建设的日常活动和党员培养路径。

（3）坚持结果导向，就是以工作成效为标准，以实实在在业绩接受检验、评判工作。品牌建设要有过程有反馈，不断完善支部党员考核机制，以考核结果来评价品牌建设情况。

四、党建品牌的内容

（一）"雷锋+"基地建设，推动学生自我管理

支部志愿服务基地有校内和双口中小学、太阳村小学、王秦庄小学、北辰区特殊教育学校、天津市血液中心、邢台市公益服务协会等。以纵向专业型学生党支部为依托，以学生党员和学生骨干为抓手，带动和引导广大同学积极参与到学雷锋基地的维护、管理和志愿活动中。科学设置每个志愿服务基地的"管理员"，构建学生自主管理体系，有效提升了志愿服务群体稳定性、志愿服务项目连贯性，引导学生提升素质，培养社会责任感和实践创新精神，为学生提供学以致用的实践历练平台。

（二）"雷锋+"志愿服务，助力学生自我服务

以特殊时间节点为契机，创新开展支部志愿服务。抓好每年3月学雷锋月和120周年校庆、二十大等特殊时间节点，举办"学雷锋践行动喜迎二十大"系列主题党日活动、"雷锋精神永传承，志愿服务践行动"活动、"校歌咏流传"志愿服务等，开展"线上云支教""寒暑假围场爱心行"等社会实践活动和校园不文明行为劝导、校园环境清洁整治、共享单车摆放等行动，实现自我服务。

实行朋辈教育工程，创新自我服务形式。将学雷锋志愿服务融入助学育人工作。学生的主责主业是学习，但是不少学生在初入大学时，无法及时转变学习方式，适应大学学习的节奏，导致学习成绩下降，甚至是挂科。支部计划利用纵向专业型党支部的优势，对大一新生开展"理想信念教育""学业生涯规划教育"的志愿服务，对大二年级学生开展"学业一帮一"的学业帮扶，对大三学生开展"保研考研经验交流会""就业经验交流会"的志愿服务，对大四学生开展"就业指导"等服务，实现"老带新"，生生循环，为学生纵向专业学习发展指明路径、提振信心。

（三）"雷锋+"集中学习，实现学生自我教育

把学雷锋活动与"两学一做"紧密结合。坚持把"雷锋精神"摆在学生思想政治教育突出位置，着力推进党建品牌创建，让雷锋精神薪火相传、历久弥新。组织学生党员进行自我管理、自我教育，阅读《雷锋的故事》《雷锋日记》等书籍，深入研究雷锋精神内涵和文化，组织党支部书写"支部雷锋故事"。

在支部中组织支部志愿者的志愿服务知识培训，将33年的志愿服务经验传授给一代代党员志愿者，将专业特色融入志愿服务内容，实现志愿服务技能专业化。

树立支部朋辈教育榜样，培育自我教育理念。深入开展"两优一先"评选表彰，宣扬表彰榜样力量和志愿服务先进事迹，组织党员带头亮标准、亮身份、亮承诺，带头比成绩、比作风，使学雷锋真正落到实处，进一步支部成员干事创业的热情。

（四）"雷锋+"制度建设，完善学生自我监督

建立导向明确的支部党员评价机制，突出重绩奖优原则，组建雷锋评审小组协助处理党员评价和"两优一先"等事项，将评价交给学生党员自己去评，通过党员自主申请和公开竞争，实现学生的自我监督与相互监督，有效引导学生进一步认识自身实际，思考努力方向，培育雷锋精神。

五、品牌建设的成效

在照顾孤寡老人，传递爱心活动中，先后被授予照顾社会孤老残幼贫先进集体、社区服务先进集体、拥军优属先进集体、尊老助老先进集体、社区工作先进集体等光荣称号；在义务支教，温暖童心中，荣获"千校千项""最具影响好项目"称号、天津市大中专学生志愿者暑期文化科技卫生"三下乡"社会实践活动优秀团队；在"尊师重教，难忘师恩"回访离退休老教师活动中，被评为"河北省优秀志愿服务品牌""第四届河北省教育系统优秀志愿服务品牌"。

"雷锋+"党建品牌的建设中，志愿服务活动先后被多家国家省市级媒体报道，社会影响力逐渐扩大。支部引导广大学生党员志愿者自我管理、自我服务、自我教育、自我监督，做崇高理想、奉献敬业的"雷锋式"合格党员。

（一）支部党员志愿者思想道德修养显著提高

"雷锋+"党建品牌的建设和实践，有助于在党支部中形成学习雷锋的良好氛围，引导党员学习雷锋同志热爱党和人民的崇高理想信念，从而坚定马克思主义信仰，始终坚持永远跟党走的信念，积极在学习和生活中传承雷锋精神，为建设社会主义现代化强国贡献自己的力量。仅2022年一年，本支部共组织开展线上线下雷锋精神相关理论学习12次；志愿服务主题党日实践活动8次。

（二）支部党员自发弘扬为人民服务的光荣传统

为人民服务是雷锋精神的重要组成部分，"雷锋+"党建品牌的建设和实践就是引导党员学习雷锋为人民服务的精神品质，鼓励他们在奉献社会中实现自身的人生价值，进一步加强了支部党员对"党员社会责任"的认识。

（三）支部党员自身能力素质大幅度提高

"雷锋+"党建品牌的建设和实践给了支部党员充分利用闲余时间的机会。支部党员通过积极参与志愿服务活动，丰富了社会经验，增加了社会阅历，培养了自己的协调组织能力、领导能力，实践育人成效明显。

六、经验启示

把雷锋精神与党建相结合，是根据党支部和志愿服务的优缺点，实现的优势叠加，短板互补。既寻找了支部开展工作的抓手，提高支部党员参与支部建设的积极性，又推动了大学生志愿服务良性开展。

（一）找准支部特色，打造党建新格局

基层党支部的支部环境、党员情况不同，拥有的党建资源各异，因而基层党支部挖掘出的自身特色也各不相同。基层党支部首先要对自身党建资源进行统计分析研判，抓住支部建设中存在的主要问题和主要矛盾，把握所处环境和自身党建资源禀赋，科学总结基层党建工作特色和亮点。

（二）强化党建引领，叫响党建大品牌

党建品牌建设是基层党支部建设中的创新一环，是实现党建工作提质增效的重要抓手。在品牌建设中，要注重提炼品牌内涵，突出党支部自身特点和拥有的党建资源，增强品牌认同度和凝聚力，避免"同质化"。要制定完善实施方案，明确品牌建设的整体方向、具体步骤和活动设置，强化责任落实，用全员参与推动品牌建设全面过硬。要抓好品牌维护，避免"一创了之"、后劲不足，常态化落实创建措施，确保党建品牌持久焕发生机活力。

参考文献

[1] 卞欣可：《增能视角下大学生支教志愿者倦怠问题的个案工作实务研究——以大连市 D 校为例》，大连海事大学 2022 年硕士学位论文。

[2] 李亚琴、史晓芳：《以创新精神推进基层党支部工作》，载《山西师大学报（社会科学版）》2010 年第 S2 期。

[3] 孟新易：《抚顺市新抚区"党建+雷锋"助力区域品牌提档升级》，载《党史纵横》2017 年第 11 期。

[4] 严以森、王传波：《坚持"三个导向"抓好新〈纲要〉学习贯彻》，载《政工学刊》2021 年第 2 期。

[5] 中国铁路上海局集团有限公司南京站党委：《弘扬雷锋精神 创新党建品牌》，载《党建》2018 年第 3 期。

[6] 崔彦宗：《"三亮三比三评"激发基层党建活力》，载《企业文明》2018 年第 3 期。

[7] 张燕刚：《高校"助学育人"与"四自"工作相融合的新助学模式探索》，载《丽江师范高等专科学校学报》2018 年第 4 期。

打造"工文并行"文化育人机制，多措并举丰富工科高校育人场景

初艳飞 张 凯 张 晖

河北工业大学

【摘　要】在新工科建设背景下，高校文化育人工作也迎来了新的机遇和挑战。本文依托河北工业大学电气工程学院培养实践，提出了"工文并行"培养模式，以育人模式、育人平台、育人品牌、育人氛围为结合点，以促进学生全面发展为培养理念，以多主体协同配合为突破口，以平台建设为基本保障，创新人才培养体系，努力培养社会主义合格建设者和可靠接班人。

【关键词】新工科；工科学院；文化育人；育人机制

文化是人的思想观念、风俗习惯、生活方式、情感样式的集中表达，它根源于社会生活，又反作用于人的生活方式的塑造。文化是一个国家的传承载体，是一个民族兴盛的有力支撑。党的二十大报告强调："全面建设社会主义现代化国家，必须坚持中国特色社会主义文化发展道路，增强文化自信，围绕举旗帜、聚民心、育新人、兴文化、展形象建设社会主义文化强国，发展面向现代化、面向世界、面向未来的，民族的科学的大众的社会主义文化，激发全民族文化创新创造活力，增强实现中华民族伟大复兴的精神力量。"文化育人是新时代思想政治教育"更加注重以文化人、以文育人"的重要理念和基本内容，在一定意义上也构成了大学生思想政治教育的重要载体和基本途径。新时代大学生思想政治教育中文化育人的关键是引导大学生自觉提升思想觉悟、道德水准、文明素养，在润物无声的思想政治教育过程中实现立德树人的价值目标。

2017 年以来，各级政府、高校和相关企业都在积极思考和探索如何建设

"新工科"，先后推动"复旦共识""天大行动"和"北京指南"新工科教育"三部曲"，涌现了包括"天大方案""哈工大π型方案"、成电方案、"华南理工大学F计划"等典型经验，各项工作的开展有助于广大教师更加明确"新工科"建设的目标及路径，更加深入理解"新工科"的内涵及特征。而在开拓工程教育新路径的同时，也需要变革工科人才培养模式，在新工科背景下，为了使学生适应未来社会的变化需要，贯彻以人为本的发展理念，形成以学生为重心并重视实践和成果的基本取向，落实"学生中心、产出导向、持续改进"的先进理念，亟须在新工科背景下推进文化育人，加强和改进思想政治工作，通过文化浸润功能培养具有学校特色的适应京津冀地区经济与社会发展需要且可持续发展能力强的新工科人才。

在当前高校文化育人实践过程中存在五方面突出问题：第一，师资队伍缺额较大，文化育人工作成功开展的前提是专业化高素质的师资队伍支持，因此在工作中必须全面提升教师文化素养，但是现实情况是很多高校尤其是工科院校缺乏专业文化育人教师，导致文化育人工作缺乏有力支撑。第二，部分高校文化育人工作缺乏系统性，在文化育人过程中，很多高校仅是局部开展文化育人活动，缺乏长期规划，这种活动的开展往往导致育人工作孤立和不连续，难以达到以文育人的预期效果。第三，部分高校文化育人工作中缺乏针对性，每个高校学生都是一个独一无二的个体，有着不同的学习需求和发展目标，但在工作开展过程中往往忽略了学生的个体差异与不同年级不同需求，采取"一刀切"的方式，这种工作方式容易导致学生参与感和积极性、主动性不高，严重甚至产生抵触和反感情绪。第四，部分文化育人工作在内涵探索上缺乏深度，一些高校在文化育人实践工作中，过于注重活动形式，而忽略了育人实质。如形式化举办各类体育类、文化类比赛，在活动开始前，活动意义不明确、活动内核不清晰。第五，当前高校虽然开展了大量文化育人工作，但部分高校没有建立相应的文化育人评价机制，因此无法有效衡量各类活动对学生素质提升的影响。

新型工科院校文化育人机制建立迫在眉睫。河北工业大学电气工程学院结合常规育人机制，通过打造"工文并行"文化育人品牌工程，搭载"以文化人、以文育人"主旨，将文化传承创新与学院思想政治工作结合，"线上+线下""直接+间接"两线并行，旨在通过打造文化精品品牌，构建独具河工大电气学院特色的文化育人体系，不断丰富工科高校育人场景，有效提升文化育人工作实效，实现"工文并行"的工科学院文化育人新模式。

第一，创新文化育人模式，发挥价值引领作用。教育具有鲜明的文化属性，高校作为思想政治教育主阵地，必须坚守为党育人为国育才的初心使命，高校如果想充分发挥文化育人功能，课程思政是工程文化教育得以实现的重要途径。学院积极转变工科专业教师的育人观念，提高教师德育意识和思想政治教育能力，树立"教好书"和"育好人"的使命感和责任感。努力培育一支有理想信念、有道德情操、有扎实学识、有仁爱之心的育人队伍，充分发挥团队在推进学院落实立德树人根本任务中的作用。学院一方面鼓励优秀的专业老师组建"科研团队"，老带新、强领弱，在凝聚、打造一批优秀的科研创新团体的过程中增强对于学院和专业的认同感和归属感。另一方面加强专业教师与辅导员协作互助，组建"电气先锋育人团队"，深入探索研究专业课程中蕴含的思政元素，修订人才培养方案，将其纳入课程标准制定过程，提升教师课程思政教学理念。将知识传授与价值引领相统一，德育智育双管齐下，共促课程思政与学院文化相结合的协同育人模式。

第二，搭建文化育人平台，关注实际文化需求。随着当前校企合作形式多样化、丰富化，思政教育的高度和深度也需要进一步提升。将"文化育人"糅合至"校企合作"实践育人工作中，便是五育并举视域下的有效结合与创新。学生跟随实习时间队伍接触校企合作单位，面临着定位及思政教育载体的转变，企业文化和企业核心价值观与高校培养德智体美劳全面发展的建设者和接班人的思想政治教育内容有机合一，学院方面不仅要增强校企合作、产教研融合，更要聚焦企业与自身两个主体：一是要促进校企合作规范化，增强对校企合作单位"实践育人"功能的要求；另一方面要充分利用自身文化优势，高校应将职业生涯规划、企业文化整合在一起，汲取优质企业理念，反馈式增强多方文化育人效果。电气工程学院在探索中形成了"立德树人+校企合作"双螺旋人才培养模式，学院坚持"走出去"和"请进来"相结合：通过开展以电气校友大讲堂、工程文化系列活动为载体的课程思政教育，邀约各大企业进行联合活动，寻找校企共育的新动能、新机遇，从而增进企业文化对院校文化的影响，使校园文化海纳百川、丰盈富足；同时向各行各业输送学生，为学生提供实际学习氛围，为企业供给专业人才预备军。深入链接教学与职业双环节，加强教育活动与企业活动的互动，使优秀的企业文化入脑入心，形成独具电气学院特色的文化建设和校企深度融合的新型人才培养模式。

第三，打造文化育人品牌，融合实践育人文化。核心价值观的树立是院校文化建设的关键点，而文化育人品牌则是院校文化建设的突破点，在实现以上两点的过程中，需要依托学院文化活动。现如今，大多高校往往只重视重点学科的发展，不能够做到对文化建设足够重视。针对此痛点，电气学院从两处着手：一方面，电气工程学院作为老牌工科专业，深入开发学生的音乐文化素养，学院领导携手学生成立"老男孩乐队"。结合学生特点，开展宿舍音乐会、夏夜音乐节等特色音乐活动，真正地以音乐教育塑造学生人格、培养情趣。另一方面，依托学院文化主题系列活动，并行组织开展社会实践与志愿服务活动。通过演讲、学术讲座、志愿服务等活动，内化培养学生责任意识与主人翁意识，同时侧面增强学生的专业知识和相关技能，教育引导学生热爱学习，崇尚科学，如参观董存瑞纪念馆以启发同学们的爱国情怀、与风光储输清洁能源示范基地合作进行专业知识科普、开展心理课外团体辅导训练等。以上文化活动，助力学生树立了合理、积极健康的价值取向，净化并纠正了学生原有观念中的偏离部分，洗涤了学生的内心，从源头上提升了学院文化内涵和底蕴，为文化育人工作提供了有力保障。

第四，整合院系文化传承，营造主流文化氛围。学院是培养新时代人才之地，大学生处于刚刚成年的关键期，经验不足，三观仍在持续形成纠正中，具有较强的可塑造性，学院文化作为其生活环境下孕育的成果，耳濡目染会形成深刻的成长印记。基于此，应该理性寻找适配当代学生特性的文化活动和教引模式，使学院文化与时俱进，体现学院人文关怀，促使文化育人环境受到学生认可，增强文化自信，随后发扬和践行主流时代文化所蕴含的积极价值观，打造具有学院特色的环境文化，对文化的育人功能有深刻的认识。电气工程学院是河北工业大学成立最早的学院，综合办学实力强，学院紧紧结合"勤慎公忠"的校训精神，坚持"工学并举"的办学特色，建设学院历史文化角落陈列馆，使之成为学生的精神家园。将建院以来的标志性物品整理成系列，配合以文史资料与图片，集中进行展览，让了解学院文化成为每一届新生入学必修课，通过实地展示，让学生了解学院，进一步体会学院百廿历程的沧桑与积淀，深刻认识到现今学习机会和学习环境的难得，增强爱校荣校意识。学院还在学院楼设置专属的暖心小屋，让每个师生都有属于自己的"休闲时间"，暖心方桌作为具有我院特色的交流平台，为师生提供了相聚、交流、创新的机会。让学院文化如润物无声的春雨，能以最细致、最巧妙的形式踏入师生的内心深处并产生深远影响。

结　语

通过探索创新"工文并行"人才培养机制，学院建设实现了思政教育的内容补充和形式创新，提高了学生对专业学习的主动性和积极性，同时也顺应了思政教育"德才兼备、全面发展"的目标，将以德育人和以文化人统筹兼进。作为工科院校，始终坚持培养具有创新意识、责任担当、专业素养、合作能力、国际视野的新时代应用型人才的目标始终不变，再将文化传承和思政主流价值观培育进行融合，发挥工科理性与批判思维，引导高校在新工科背景下，坚持以理想信念教育为核心，以社会主义核心价值观为引领，以促进学生全面发展为导向，促进文化自觉，着力培养担当民族复兴大任的时代新人，推动新时代思政教育的创新发展。

参考文献

［1］习近平：《高举中国特色社会主义伟大旗帜为全面建设社会主义现代化国家而团结奋斗——在中国共产党第二十次全国代表大会上的报告（2022 年 10 月 16 日）》，载《党建研究》2022 年第 11 期。

［2］张策等：《试论校园文化对高校课程思政体系建构的作用》，载《教育理论与实践》2019 年第 21 期。

［3］张建军、林海军、汪鲁才：《新工科背景下工科创新人才培养模式构建与路径探析——基于湖南师范大学探索的案例分析》，载《宁波职业技术学院学报》2023 年第5 期。

［4］常姗、张素：《新时代高校文化育人价值与实践探究》，载《人才资源开发》2023年第 15 期。

［5］鲁琪、陈祥：《新工科背景下工科学院文化育人的路径探析》，载《湖北经济学院学报（人文社会科学版）》2022 年第 9 期。

［6］叶柏森、张平：《大学校园环境文化视域下思政教育研究：功效·现状·路径——基于对江苏六所高校的实证调查》，载《江苏高教》2020 年第 5 期。

高校辅导员核心素养的构成与提升策略*

张素玲

天津师范大学党委学工部

【摘要】高等学校教师素质对学校的办学能力和水平至关重要，辅导员是高校开展思想政治教育工作的骨干，辅导员的核心素养对学校思想政治教育工作的成效有着直接作用。文章论述了高校辅导员核心素养的内涵及核心素养的构成，在此基础上从强化思想政治素养提升、专业知识素养提升、职业能力素养提升三个方面，讨论了高校辅导员核心素养提升的策略。

【关键词】高校辅导员；核心素养；提升策略

习近平总书记指出："培养什么人、怎样培养人、为谁培养人是教育的根本问题，也是建设教育强国的核心课题。"要把立德树人的成效作为检验学校一切工作的根本标准，建设教育强国，必须牢牢抓住立德树人根本任务，更要牢牢抓住思想政治工作。高等学校教师素质对学校的办学能力和水平有至关重要的作用，辅导员是高校开展思想政治教育工作的骨干，是学校日常思政教育和管理工作的组织者、指导者和实施者，是青年学子的人生导师和知心朋友，他们的工作决定着立德树人的实际成效。因此，辅导员的核心素养对学校思想政治教育工作的成效有着直接作用，成为当前各高校辅导员队伍建设工作研究的重要内容。

一、高校辅导员核心素养的内涵

最早研究核心素养的是经济合作与发展组织，在研究过程中并没有提出

---

* 本文为 2023 年天津市高校思想政治工作研究基地课题"精准思政背景下辅导员核心素养提升探究与实践"（JJSZW202304002）成果。

"核心素养"这个词。这个词第一次出现是在 2002 年欧盟发布的报告中。2017 年在《中国学生发展核心素养》中提出了"学生发展核心素养"的概念，概念主要指学生应具备的，能够适应终身发展和社会发展需要的必备品格和关键能力。此外，叶澜对教师的专业素养进行了定义，分为教育理念、知识结构、能力要求三个方面。

高校辅导员的主要工作是履行学校的学生工作任务，基于以上核心素养、专业素养的界定和参考，我们在界定辅导员核心素养时需从职业需求、专业知识和能力、目标定位三个维度出发。

《高等学校辅导员职业能力标准（暂行）》指出辅导员要经过系统的培养和培训，具有良好的职业道德，掌握系统的专业知识和专业技能，这是辅导员专业素养的基本要求。结合高校人才培养的目标，培养在社会主义现代化建设中可堪大用、能担重任的栋梁之材的育人目标，我们将辅导员核心素养定义为：辅导员按照高校思想政治教育工作的要求，在学生日常思想政治教育工作和学生教育管理中应该具备的关键能力和综合品质。

二、高校辅导员核心素养的构成

在研究辅导员核心素养构成内容时，我们需要从理论层面、制度层面和实践层面三个角度来讨论。

从理论层面来看，我们通过 CNKI 查询"高校辅导员核心素养"，可以搜索到 133 篇相关的研究论文，通过梳理发现，对这一专题的研究开始于 2016 年。我们将搜索到的 133 篇研究论文进行梳理，可以将其作为我们开展辅导员核心素养研究的理论基础和依据。从统计结果不难看出，"政治素养""思想政治素养""职业素养"在次要主题中占较高比例。

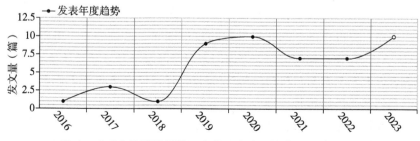

图 1 以"高校辅导员核心素养"为主题搜索论文情况汇总

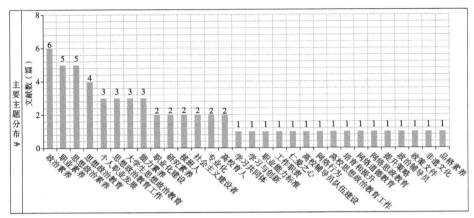

图2 "高校辅导员核心素养"论文相关次要主题分析情况

从制度层面来看，国家和教育部一直以来非常重视高校思想政治教育工作，在高校思想政治教育工作中辅导员发挥着重要的作用，因此不断加强各高校辅导员队伍建设成为题中之意。《普通高等学校辅导员队伍建设规定》《高等学校辅导员职业能力标准（暂行）》《普通高等学校辅导员队伍建设规定》等一系列文件中对辅导员的职业定位、工作职责、职业标准、考核管理等不同方面进行了制度层面的规定和要求，这些规定和要求成为辅导员核心素养构成的方向指导和重要指标。

从实践层面来看，"全国高校辅导员职业技能竞赛""全国高校辅导员职业能力大赛""全国高校辅导员素质能力大赛"，这项全国赛事的名称不断发生变化，但是认真梳理会发现，虽然比赛的内容进行了多次调整，但是作为辅导员领域的全国赛事，通过比赛提升辅导员素质能力，促进辅导员队伍成长和发展的初衷及目标并没有改变。从全国辅导员年度人物评选、最美高校辅导员等荣誉的评选方式变化，也能体现出对辅导员实际工作、工作实绩的考核在荣誉体系的评选中占比较重。这种导向对高校辅导员开展实际工作有指导、推动、促进作用，因此对学生的政治领导、思想引导、情感疏导、学习辅导、行为教导、就业指导等方面的素养是高校辅导员需要具备的素养。

综合以上三个方面，按照习近平总书记对高校思想政治工作的要求、对教师的系列重要讲话精神，结合各级各类思想政治工作文件和制度要求，依据高校辅导员角色和高校辅导员工作目标的定位，按照辅导员核心素养的定义，辅导员核心素养由思想政治素养、专业知识素养、职业能力素养。

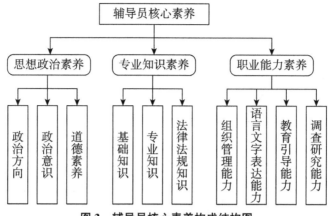

图3　辅导员核心素养构成结构图

三、高校辅导员核心素养能力的提升途径和策略

辅导员在各高等学校学生思想政治教育工作中发挥着重要作用，是思政工作队伍的骨干，各级党委一直以来对这支队伍给予高度重视，在管理育人上下功夫，坚持问题导向，强化改革驱动，不断提高辅导员作为高等学校育人主体的育人能力，不断完善辅导员培训培养体系，切实破解实际工作难点痛点，破除"本领恐慌"和职业倦怠，增强处理复杂问题的能力，提升辅导员队伍的核心素养，着力打造一支高素质、专业化和职业化的辅导员队伍。

（一）强化思想政治素养提升，建设学习型辅导员队伍

1. 积极推进辅导员与思政课教师协同

针对辅导员专业背景不同、理论水平不一的特点，高校可以探索建立思政课教师与辅导员协同工作、优势互补开展理论宣讲、微党课讲授的模式。用同对象、同目标、同重点、同备课、同教研"五同"模式，立足青年学生实际，从中国共产党百年精神谱系、爱国主义教育、文化传承、科研创新等多方面形成一堂堂深度、效度、温度俱佳的"金课"，在辅导员自身政治素养提升、宣讲能力水平提高的同时，让学生的获得感极大增强。

2. 积极推进关键节点与日常教育相结合

在纪念改革开放40周年、纪念"五四运动"100周年、中国共产党成立100周年等关键节点，在日常开展理想信念教育的基础上，组织辅导员进课堂、进支部、进宿舍、进社区、进中小学开展爱国主义教育、中华优秀传统

文化教育宣讲等师生宣讲活动，讲身边故事、讲精神实例，拓展主阵地与主渠道结合，校内与校外结合，理论与实践结合，真正让学生强信仰、强信念、强信心。

3. 积极推进线上教育与线下教育相结合

充分发挥新媒体优势，开设辅导员微课堂，用理性思考引领青春思辨，引导学生坚定"四个自信"。同时，辅导员结合日常了解、调研到的学生关注焦点、热点、思想困惑点，通过短视频、微信推文、音频等形式，创新理想信念教育、爱国主义教育、爱校荣校教育、成长规划等微课堂内容，以微信公众号与视频号为平台，运用大学生易于接受的方式教育引导学生，有利于增强辅导员在思政教育中的主导权和话语权，形成思政育人的协同效应。构建主阵地与主渠道结合、校内与校外结合、理论与实践结合的宣讲体系，使学习的理论知识内化于心、外化于行，带领学生一起在学习的过程中，提升师生思想政治素养。

（二）强化专业知识素养提升，深化学习研究效果

1. 聚焦主责主业，完善课程体系

聚焦辅导员主要职责，强化培养目标引领，围绕辅导员九大职责进行课程设计。加强师资库建设，邀请校领导、高校党建和思想政治工作领域专家学者、优秀辅导员代表等作专题辅导，聚焦培训主题和重点内容，形成了"校领导思政培训第一课—专家学者专题讲授—优秀辅导员代表案例教学—其他领域优秀人才拓展课程"的课程体系。同时，加强"菜单式、开放式"课程资源建设。设计重点培训"必修课"、专题学习"选修课""应知应会"系列微课，与其他高校形成同主题培训资源开放共享，逐步建立辅导员培训培养档案。

2. 打造优质研究实践团队

榜样作用、示范作用发挥着重要作用，在辅导员队伍建设过程中要重视优秀辅导员的示范作用和引领作用，结合新形势下大学生思想政治教育工作的疑难问题，鼓励辅导员开展理论研究和实践研究，发挥辅导员作用育人主体的能动性和主动性。按照辅导员职业能力要求、辅导员工作职责，在辅导员队伍中着力聚力专项团队建设，可以建立涵盖职业能力提升、网络思政、就业创业、科研提升、资助育人、心理健康等方向的辅导员工作室，形成"横纵"结合的工作模式。同时，着力将研究效果好、工作实效突出的工作室

孵化为市级辅导员工作室，用项目化、聘任制的运作方式推动分类指导深入落实，积极开展研讨交流和实践探索，打造学术资源共同使用、实践经验互为补充、育人理念相互启发的自我成长平台。

3. 发挥辅导员素质能力大赛助推作用

每年举办校级辅导员素质能力大赛，将实务能力训练与素质能力大赛相结合，要求辅导员全员参与，通过自主学习、集中培训和专项实操训练、技能演练，提升辅导员队伍整体素质。根据工作需要和考核要求设计培训和比赛内容，涉及党课宣讲、案例研讨、理论考核、网文写作、班会设计、热点思辨、谈心谈话等多个方面，强化日常工作积累和基本素养训练，着力增强辅导员核心素养，增强处理复杂问题的能力，加快提升辅导员开展思想政治工作的精准供给能力。

（三）强化职业能力素养提升，增强辅导员履职能力

1. 以问题为导向，分群体培训培养

在扎实开展调研、广泛听取意见的基础上确定辅导员发展需求，强化多层次分类别，变"单向传输"为"多向互动"，切实破解实际工作难点痛点。不断研究分群体细化培训内容，形成精准思政培训体系。立足辅导员成长特点，分层次开展以"新辅导员成长工作坊""青春领路人"培育工程、副书记工作坊为代表的系列培训。立足辅导员工作热点、焦点、困惑点，开展辅导员"会诊室"研讨、实践考察、培训督导系列活动、团体辅导、工作沙龙等，将广泛覆盖与分类指导结合起来。针对工作年限1年—3年的新入职辅导员、4年—8年的有一定工作基础的辅导员、8年以上的有丰富工作经验的辅导员设计形成有针对性、有实效性、可复制、可推广的培训培养体系。立足辅导员学习需求，注重实景实务实训，突出专家专项专题，将思想理论教育与时事政治专题相结合，专项培训与辅导员沙龙相结合。定期印制学习资料，让辅导员日常学习"唾手可得"，学习效果"入脑入心"。

2. 发扬"传帮带"优良传统

为帮助青年辅导员尽快适应工作角色，提升职业能力和职业素养，在新入职辅导员中实行"双导师"制。业务导师主要在具体教育管理工作上进行指导，成长导师主要负责指导和帮助青年辅导员制定科学的职业发展规划。每年举行成长导师聘任仪式，营造积极向上的学生工作环境。

3. 强化评奖评优激励效果

做好"最美辅导员"、辅导员年度人物、高校十佳辅导员等先进典型的选树宣传，邀请校内外优秀辅导员开展事迹宣讲、经验介绍，发挥优秀辅导员在青年辅导员成长中的引导作用。举办新聘辅导员入职仪式、学生工作表彰会等活动，通过仪式感的建立来增强辅导员对思政工作的归属感，提升职业荣誉感。开展微党课比赛、理论宣讲展示交流活动等，提升辅导员理论学习的效果，提升辅导员宣传阐释能力。组织开展"精彩一课"选拔、优秀工作案例评选等，鼓励辅导员将日常工作上升为理论思考，以用立研。

参考文献

［1］中华人民共和国教育部：《教育部关于全面深化课程改革落实立德树人根本任务的意见》，2014 年 3 月 30 日。

［2］石丽琴、梁燕：《深化新时代思想政治教育规律研究 探索高校辅导员核心素养发展实践指向——2017 年全国高校辅导员发展专题研讨会综述》，载《广西师范学院学报（哲学社会科学版）》2018 年第 1 期。

［3］马林海：《高校辅导员核心素养体系及其构建：基于"德、才、学、识"的四维框架》，载《高校辅导员学刊》2019 年第 3 期。

［4］程琼、王洛忠：《新时代高校辅导员核心素养的价值、构成与培育》，载《学校党建与思想教育》2020 年第 3 期。

劳动教育融入班级特色宿舍文化建设研究

刘 畅

天津师范大学文学院

【摘 要】新时代大学生宿舍文化建设是培养大学生全面发展的重要环节，而劳动教育作为培养大学生创新能力和实践能力的重要手段，具有与宿舍文化建设相互融合的潜力。本文以新时代大学生宿舍文化建设融入劳动教育为研究主题，通过探讨现实路径，旨在为高校提供有效的宿舍文化建设和劳动教育融合发展的指导。

【关键词】宿舍文化；劳动教育；实践路径

新时代背景下，大学生的全面发展已成为高等教育的重要目标。宿舍作为大学生生活的重要组成部分，在培养学生的品德、人际关系、自理能力等方面具有重要意义。同时，劳动教育作为大学生实践能力培养的有效手段，为大学生提供了锻炼自我、培养团队协作精神的机会。因此，如何将宿舍文化建设与劳动教育相融合，成为当前高校亟待解决的问题。

一、新时代大学生宿舍文化建设的重要性

宿舍文化建设在新时代对于大学生的全面发展具有重要意义。宿舍是大学生生活的重要组成部分，也是大学教育的重要场所，宿舍文化的建设在培养学生的思想道德、社会责任感和创新能力等方面起着不可忽视的作用。以下是宿舍文化建设的重要性：

（1）培养学生的自我管理和自律能力。宿舍是学生离开家庭、独立生活的地方。通过宿舍文化建设，可以引导学生养成良好的自我管理和自律意识，培养他们自主解决问题的能力，为他们未来面对社会和工作生活打下坚实

基础。

（2）培养学生的团队合作和人际交往能力。宿舍是学生与室友相处的场所，通过宿舍文化建设，可以促进学生之间的相互交流、理解与包容，培养学生的团队合作和人际交往能力，为他们将来在社会中建立良好的人际关系提供帮助。

（3）培养学生的社会责任感。宿舍文化建设不仅关注学生个体的发展，还强调学生对他人和社会的责任。通过宿舍文化建设，可以引导学生树立正确的价值观和社会责任感，激发他们关心他人、关注社会，主动参与社会公益事业。

（4）促进学术文化的传承与创新。宿舍文化建设应该注重学术文化的传承与创新，通过营造良好的学术氛围，鼓励学生在宿舍内进行学术交流与合作，培养学生的学术兴趣和创新精神，促进学术文化的繁荣。

二、新时代大学生宿舍文化建设融入劳动教育面临的挑战

（一）观念转变的困难

在宿舍文化建设与劳动教育中，观念转变是一项重要的任务。然而，观念的转变常常面临一些困难和挑战，需要克服以下问题：

（1）传统观念的影响。学生可能受传统观念的影响，对宿舍文化建设与劳动教育持有一定的抵触态度。传统观念中，宿舍被视为休息和娱乐的场所，而非学习和劳动的地方。

（2）学生个体差异的存在。每个学生的背景、兴趣和态度都不尽相同，他们对宿舍文化建设和劳动教育的接受程度和态度也会有所不同。有些学生可能对参与劳动活动缺乏兴趣，或者对宿舍文化建设抱有消极态度。

（3）外部环境的影响。外部环境对观念转变也具有重要影响。如果学校、家庭或社会对宿舍文化建设与劳动教育的重要性不够重视或支持，学生很可能缺乏动力和积极性。

（4）缺乏激励机制和成果展示方式也可能阻碍观念转变的进程。学生对于参与宿舍文化建设和劳动教育需要有一定的动力和回报，而缺乏有效的激励机制和成果展示方式可能导致学生对这些活动的兴趣和投入程度不高。

（二）缺乏宿舍文化建设与劳动教育联动机制

在将宿舍文化建设融入劳动教育的过程中，一个主要的困难是缺乏宿舍

文化建设与劳动教育的联动机制。这意味着学校在宿舍文化建设和劳动教育方面缺乏统一的规划和协调，导致两者之间存在断层和隔离的现象。

（1）学校可能缺乏明确的目标和指导方针，以促进宿舍文化建设与劳动教育的有效结合。在一些学校中，宿舍管理部门和劳动教育部门往往独立运作，各自为政，缺乏有效的沟通和协调。缺乏联动机制使得两个部门的工作很难有机结合起来，难以形成有力的整体推进。

（2）缺乏宿舍文化建设与劳动教育的统一规划和资源整合。宿舍文化建设和劳动教育需要依赖不同的资源和支持，如人力、物资和资金等。然而，由于缺乏联动机制，这些资源往往分散在不同的部门和项目中，难以实现资源的高效利用和共享。这导致了宿舍文化建设和劳动教育之间资源的浪费和重复，影响了工作的效果和成效。

（三）缺乏完善的宿舍文化建设计划

在宿舍文化建设与劳动教育的融合过程中，一个重要的问题是缺乏完善的宿舍文化建设计划。缺乏明确的计划和指导方针，可能导致宿舍文化建设工作的无序性和不连贯，影响到学生的参与度和成效。

（1）缺乏明确的目标和方向。宿舍文化建设需要有明确的目标和方向，以指导工作的开展。缺乏完善的宿舍文化建设计划，可能导致各项活动缺乏统一的目标和方向，难以形成有针对性的工作重点和任务。

（2）缺乏系统的内容和活动规划。宿舍文化建设需要有系统的内容和活动规划，以提供丰富多样的宿舍文化体验和劳动教育机会。如果没有明确的设计计划，可能导致活动的重复性和单一性，难以满足学生的多样化需求和兴趣。

（3）缺乏有效的实施方式和时间安排。宿舍文化建设需要有效的实施方式和时间安排，以确保活动的有序进行和有效推进。缺乏完善的设计计划，可能导致活动的零散性和临时性，无法形成系统的工作安排和时间框架。

（4）缺乏评估与改进机制。一个完善的宿舍文化建设计划应该包括评估与改进的机制，以监测工作的进展和效果，并及时进行调整和改进。缺乏评估与改进机制，可能导致工作的盲目性和僵化性，无法及时发现问题并进行改进。

（四）学生自主参与的问题

将宿舍文化建设融入劳动教育的过程中，学生自主参与是一个重要的方面。然而，学生自主参与面临着一些问题和挑战，这可能影响到劳动教育的有效开展。

（1）一些学生可能缺乏对劳动教育的兴趣和动力。在宿舍中，学生往往更倾向于休闲娱乐和个人学习，对于参与劳动教育活动的热情可能不高。他们可能认为劳动教育与自己的专业无关或者对未来就业没有直接帮助，因此对其价值和意义缺乏认同。

（2）一些学生可能缺乏自我管理和组织能力。在宿舍文化建设融入劳动教育的过程中，学生需要自主安排时间、组织活动并负责实施。然而，一些学生可能缺乏自我管理的意识和能力，容易被诱惑或被其他事务分散注意力，导致无法有效参与和贡献。

（五）管理与监督的难题

在将宿舍文化建设融入劳动教育的过程中，管理与监督是一个关键的难题。由于宿舍文化建设和劳动教育需要在学生宿舍内进行，管理与监督变得更加复杂和困难。

（1）管理困难主要体现在人员和资源的配备上。宿舍楼通常由较少的管理人员负责，他们需要同时承担多项职责，如宿舍管理、学生指导等。由于人员和资源的有限性，难以对宿舍文化建设和劳动教育活动进行全面管理和监督。此外，人员的流动性也可能导致管理上的不稳定。

（2）监督难题在于如何确保学生参与和遵守相关规定。由于宿舍是学生的私人空间，学生的自主性和隐私权需要得到尊重。这使得宿舍管理人员难以直接监督学生的劳动教育活动参与情况和质量。另外，学生的参与程度和质量往往难以量化和评估，给监督工作带来一定的挑战。

三、新时代大学生宿舍文化建设融入劳动教育的现实路径

在新时代，将宿舍文化建设融入劳动教育是提高大学生综合素质和实践能力的重要途径之一。为了实现这一目标，可以探索以下现实路径：

（一）强化观念的转变

为了推动宿舍文化建设与劳动教育的有效进行，学校可以采取一系列措施强化观念的转变。以下是一些具体的策略：

（1）宣传教育。学校可以通过举办宣传活动、组织讲座和座谈会等形式，向学生宣传宿舍文化建设与劳动教育的重要性和价值。通过生动的案例和实

例，向学生展示宿舍文化建设与劳动教育对个人成长和团队合作的积极影响。

（2）激发兴趣。通过创设积极、有趣的学习环境和活动，激发学生参与宿舍文化建设与劳动教育的兴趣。例如，可以组织富有挑战性和创意性的团队活动、比赛和项目，让学生在实践中体验到宿舍文化建设和劳动教育的乐趣和成就感。

（3）榜样引领。设立典型榜样，树立正面的榜样力量。通过表彰那些在宿舍文化建设和劳动教育中作出杰出贡献的学生，向其他学生展示他们的成功经验和成果，激励更多的学生参与其中。

（4）鼓励参与。为学生提供多样化的参与机会和途径，让他们能够选择符合自身兴趣和特长的活动。通过灵活的组织形式和项目设置，让学生有更多的机会发挥自己的才能和能力，并在参与过程中逐渐改变观念。

（5）教育引导。通过导员、辅导员、班主任等教育工作者的引导和教育，帮助学生理解宿舍文化建设与劳动教育的重要性，并提供实用的指导和建议。他们可以与学生进行面对面的交流，解答疑惑，分享经验，帮助学生克服观念转变过程中的困难。

（6）融入课程。将宿舍文化建设与劳动教育融入相关的课程中，增加学生对宿舍文化建设与劳动教育的学习机会和认识。通过课堂教育的方式，加强学生对宿舍文化建设与劳动教育理念和方法的学习，培养他们的责任感和意识。

（二）设立宿舍文化建设与劳动教育联动机制

为了促进宿舍文化建设与劳动教育的有机结合，学校可以设立宿舍文化建设与劳动教育的联动机制。该机制的建立旨在统筹规划和整合资源，促进两者之间的协调与合作，提高工作效果和成效。

（1）学校可以设立联动机制的组织架构。这个架构可以由学校领导、教育部门、宿舍管理部门、劳动教育部门等相关部门组成。联动机制可以设立一个专门的工作小组或委员会，负责协调和推动宿舍文化建设与劳动教育的联动工作。

（2）联动机制需要明确目标和任务。学校可以制定宿舍文化建设与劳动教育的共同目标，并将其纳入学校的整体发展规划中。联动机制可以负责制定详细的工作计划和任务分工，明确各部门的职责和协作方式。

（3）联动机制可以促进资源的整合和共享。宿舍文化建设和劳动教育往往需要依赖不同的资源，如人力、物资、资金等。通过联动机制，学校可以协调和整合这些资源，避免资源重复浪费和利用不充分的问题。例如，宿舍管理部门可以提供宿舍场所和基础设施，劳动教育部门可以提供劳动技能培训和指导。

（4）联动机制可以促进信息的共享与沟通。不同部门之间的信息共享和沟通是联动机制的重要内容。学校可以建立定期的工作会议、座谈会或研讨会，让相关部门就宿舍文化建设和劳动教育的工作进展、经验和问题进行交流和分享。同时，建立信息平台或网络平台，方便各部门之间的实时沟通和信息传递。

（5）联动机制需要建立评估与改进的机制。通过定期评估宿舍文化建设与劳动教育的工作效果，发现问题并及时进行调整和改进。可以设立相关的评估指标和评估方法，监测工作进展和学生参与度，以便及时进行调整和优化工作计划。

（三）制定全面的宿舍文化建设计划

为了将宿舍文化建设融入劳动教育，学校可以制定全面的宿舍文化建设计划。这个设计计划旨在明确宿舍文化的目标、原则、内容和实施方式，为宿舍文化建设与劳动教育的融合提供具体的指导和方向。

（1）制定宿舍文化建设的目标。目标应该与学校的整体教育目标相一致，并充分考虑到劳动教育的要求。宿舍文化建设的目标可以包括培养学生的社会责任感、团队合作精神、实践能力和职业素养等方面的要求。

（2）确定宿舍文化建设的原则和价值观。这些原则和价值观可以包括尊重、合作、创新、公平、共享等。宿舍文化建设应该强调积极健康的生活方式和良好的人际关系，鼓励学生发展良好的行为习惯和道德品质。

（3）明确宿舍文化建设的内容和活动。宿舍文化建设可以包括丰富多样的活动，如主题讨论、文化艺术展示、志愿服务、文体竞赛等。同时，要结合劳动教育的要求，将劳动实践和技能培训纳入宿舍文化建设的范畴，提供学生实践锻炼和培养的机会。

（4）制定宿舍文化建设的实施方式和时间安排。宿舍文化建设可以采取定期的活动和项目，如每学期举办一次宿舍文化节、每月开展一次志愿服务活动等。同时，要注重宿舍文化建设与学生日常生活的融合，使其成为学生宿舍生活的一部分。

（四）建立有效的评估与奖励机制

为了促进宿舍文化建设与劳动教育的融合，学校可以建立有效的评估与奖励机制，激励学生积极参与并取得优异成绩。评估与奖励机制可以提高学生的参与度和贡献，提高宿舍文化建设与劳动教育的效果和成效。

（1）建立全面的评估指标和评估体系。评估指标可以包括学生参与度、团队合作能力、实践成果、文化素养等多个方面的要求。学校可以制定具体的评估标准和评估方法，确保评估的客观公正性和科学性。

（2）进行定期的评估和反馈。学校可以设立定期的宿舍文化建设与劳动教育评估机制，例如每学期或每年进行一次评估。通过问卷调查、学生讨论会、教师评价等方式，收集学生对宿舍文化建设和劳动教育的意见和建议，了解他们的参与程度和体验感受。

（3）设立奖励机制。学校可以根据评估结果设立奖励制度，奖励那些在宿舍文化建设和劳动教育方面表现出色的学生。奖励可以包括荣誉证书、奖学金、学术或技能竞赛的机会等。通过奖励，激励学生积极参与宿舍文化建设和劳动教育，并树立良好的榜样。

（4）要注重团队奖励与个人奖励的结合。在评估和奖励过程中，既要关注个人的贡献和表现，也要重视团队的合作和共同努力。学校可以设立团队奖项，鼓励宿舍团队的协作与成就，强调团队的重要性和集体荣誉感。

（5）要建立长效的激励机制。宿舍文化建设与劳动教育的奖励机制应该具有持续性和可持续发展的特点。学校可以定期回顾评估和奖励机制的效果，根据实际情况进行调整和改进，保持激励机制的有效性和吸引力。

（五）强化管理与监督

为了将宿舍文化建设融入劳动教育，强化管理与监督是至关重要的。有效的管理与监督机制可以确保宿舍文化建设和劳动教育的顺利实施，促进学生参与度和成效的提升。

（1）建立健全的管理体系。学校可以成立宿舍文化建设与劳动教育的管理团队，负责宿舍文化建设和劳动教育的统筹规划、组织实施和监督评估。该团队可以由宿舍管理部门、劳动教育部门以及相关教师和学生代表组成，共同制定管理政策、管理规范和工作流程。

（2）加强宿舍文化建设的日常管理。宿舍管理部门应加强对宿舍文化建设活动的日常管理，包括活动安排、场所协调、资源支持等。同时，要制定相关的管理制度和规定，明确学生参与的权责，保障活动的秩序和安全。

（3）加强对劳动教育的监督与评估。学校可以制定劳动教育的评估指标和评估方法，定期对劳动教育活动进行监督与评估。监督机制可以包括定期检查、随机抽查、学生反馈等形式，以确保劳动教育的质量和效果。

结　语

总的来说，在推动宿舍文化建设与劳动教育融合的过程中，学校、教育工作者、家庭和社会都发挥着重要作用。只有共同关注、共同努力，才能够真正实现将新时代大学生宿舍文化建设融入劳动教育的目标。相信通过我们的不懈努力，可以培养出更加优秀、自律和全面发展的大学生群体，为社会发展作出更大贡献。

参考文献

[1] 李晓辕：《高校宿舍文化育人的价值、实践及实施路径》，载《宿州学院学报》2023 年第 8 期。

[2] 言勇、辜嘉惠：《高校宿舍耕读文化建设推进大学生劳动教育》，载《大学（研究与管理）》2023 年第 6 期。

[3] 王辉、彭阳：《浅论高职院校大学生劳动教育融入宿舍文化建设》，载《湖南大众传媒职业技术学院学报》2022 年第 3 期。

[4] 雷婷：《基于宿舍文化背景的学生劳动教育路径研究》，载《文化产业》2021 年第 15 期。

论强化思想政治教育在高校学生骨干培养中的作用

薛梓涵

天津师范大学

【摘　要】在高校思政教育高质量发展和学生骨干素质培养与能力提升的大背景下，为顺应新技术和思政教育的发展趋势，如何不断夯实学生骨干培养基础、多渠道多角度开展高校学生骨干培养成为各地各类高等院校的重要工作之一。强化思想政治教育在打造、建设优秀高校学生骨干队伍过程中起到了激发学生骨干集体意识、提升高校学生骨干队伍素质等作用。

【关键字】高等院校；学生骨干；思想政治教育

目前，高校人才培育模式改革蒸蒸日上，在高校学生骨干素质培养与能力提升中强化思想政治教育符合高等院校高质量发展的现实需要，同时也是提高当代高校思想政治工作针对性与实效性的客观要求。认识和了解思想政治教育在高校学生骨干培养工作中的作用对于我国高校现代化建设具有十分重要且深远的意义。

一、高校学生骨干培养中思想政治教育工作的现状

高等院校现有的思想政治教育工作虽然能够对学生骨干培养起到一定作用，但是工作缺乏针对性，培养成效不明显以及素质提升反馈不能达到预期效果等现象也时有发生。究其原因，是高校现有的思想政治教育工作不能够完全适应高校学生骨干培养工作的发展要求，具体表现如下：

（一）高校学生骨干队伍管理难度较大

高校学生骨干是当代高校学生中较为特殊的一支队伍。在校参与校内外多元化学习实践的学生骨干占比超过65%，思想较为活跃，多重学生身份的

特殊性使得思想政治教育在教育工作地点方面受到限制；高校学生骨干队伍工作相对繁重，需要同时兼顾在校学习、校内外实践、学校社团等方面的工作，使得思想政治教育在工作时间方面受到限制。在地点和时间的双重局限下，高校学生骨干培养思想政治教育工作的计划性、及时性、深入性均受到影响，很难到达预期的培养成果。

（二）工作方式方法尚需改进

首先，部分高校对学生骨干思想政治教育形式，多采用宣传栏、橱窗板报、手机媒体分享、"三会一课"等传统模式，习惯于教育宣讲和理论灌输，一定程度上忽视了学生骨干们的互动度、参与度和体验度；其次，从学生骨干认知观念上看有的学生骨干或多或少认为思想政治教育与目前从事的学习实践等活动相比，内容空洞且不容易出彩出成绩，没必要投入太多的精力和时间，导致思想政治教育缺乏群众认同，不能真正接地气、凝人心、聚力量，导致高校学生骨干难以理解吸收并积极践行，思想政治教育与高校学生骨干培养工作难以同步同向发力。

（三）学生骨干培养和思想政治教育不能融合

不能处理好骨干培养和思想政治教育的关系，就会导致高校骨干培养与思想政治教育工作难以融合。主要表现为两类必须改善的现象：一是将思想政治教育变成文化专业课，即在强化思想政治教育中学生干部个人意识和素质提升的同时，忽视了高校骨干培养工作的活动特点和活动规律。二是将高校学生骨干培养变成大学生教育，即将通过与所学专业结合、扩充思想政治教育内容等方法加强高校学生骨干的针对性、吸引力、亲和力的工作融合，淡化了高校学生骨干培养自身培养活动的意识形态性，或者混淆了学生骨干培养工作的系统性。

（四）工作教育内容重德不重能

必须注意，思想政治教育是学生骨干培养的重要组成部分，但学生骨干培养并不只是思想政治教育。思想政治教育也不是简单的学生工作，而是要通过学习、生活、实践等培养模式，通过亲身经历、现场聆听进行思想政治教育。推进高校思想政治教育与学生骨干培养协同发展，确实需要高校思想政治教育改革创新，要求思想政治教育工作内容提质增效，但并不是要推翻原有的高校学生骨干培养和其他各级各类学生干部的实践培养工作，而是基于当今时代教育事业发展的新要求和新教育理念，将学生骨干培养的内容结构视为一个理论内容教育与大学生价值观培养相互结合、相互作用的有机整体，既坚持思想政治教育系统化地开展思想政治教育，发挥高校思想政治教育的积极作用，又努力追求把思想政治教育有计划地融入各级各类学生骨干的培养。推进高校思想政治教育与学生骨干培养协同发展，追求的是在尊重教育教学规律、思想政治工作规律、学生成长成才规律的基础上，将显性教育与隐性教育相结合，以多形式、多层次、多角度地将思想政治教育贯穿学生骨干培养全过程，为中国特色社会主义建设培养合格接班人。

二、强化高校骨干思想政治教育的重要性和必要性

学生骨干培育工作是当代高校学生管理的基础环节，高校强化学生骨干队伍思想政治教育是当代高校思想政治工作的一个重要方向。在数字化、多元化经济不断发展的今天，高校发展日新月异，在校大学生的自我意识不断增强，当代高校要提高学生管理的效率就必须加强学生骨干队伍建设。思想政治教育为高校工作发展服务的主要目标就是启发学生骨干的思想觉悟，调动学生骨干的积极性和主观能动性，教育学生骨干能够正确处理个人与集体利益之间的关系，使高校学生骨干为实现高校与个人的高质量发展而不断努力奋斗。因此，高校学生骨干培育工作需要加强对学生骨干的思想政治教育。同时要不断提升思想政治教育在学生骨干队伍建设中的重要性和必要性，使得学生骨干培养工作转化为高校思想政治教育的新的重要组成部分。

高校学生骨干的培养不是某个或某些决策者的工作，是整个高校决策者、管理者以及具体师生和教育环境、教育背景相互作用、相互适应的结果。但是也有些高校学生骨干培养意识落后，忽视对学生骨干的激励和关怀，影响了高校教育事业的长足发展，使得高校教育不能够践行高质量发展的要求。可见，高校学生骨干培养工作需要加强思想政治教育。研究高校学生骨干培养工作中的思想政治教育工作，就是为了探索高校学生骨干培养工作与思想政治教育相结合的道路和方法，在高校学生骨干培养工作中发挥思想政治教育的深远作用，帮助当代高校适应时代变革的发展要求，实现高校教育事业高质量发展的战略目标。

三、强化思想政治教育在高校学生骨干培养工作中的作用

（一）引领思想政治方向，树立学生骨干培养新观念

虽然当前高校大学生教育改革成果显著，但是部分高校学生骨干，尤其是部分年轻的高校学生骨干对于高校教育质量发展前景的了解、学习指导和素质提升是否完全符合规范要求，以及个人素质、职业生涯规划、自我提升诉求等问题的认知相对模糊。这肯定不利于学生骨干本人和学生骨干队伍日常培育工作的开展，因此这就要求在对高校学生骨干队伍进行思想政治教育时，必须依据相关政策规定，结合高校所侧重的学习特征和教育优势指明学生骨干素质提升的新方向，树立高校学生骨干培养新观念。真正做到引领高校学生骨干培养，树立为广大大学生、研究生服务的教育理念，脚踏实地践行"高校思想政治教育中融入社会主义核心价值观是高等教育的本质需求"的价值观，将马克思主义中关于"人民群众才是历史的真正创造者"的唯物史观真精神内化于心外化于行，努力培养高校学生骨干认真细致周到服务广大师生的服务思维。在信息化、数字化高度发达的今天，网络监督、舆情监督的案例比比皆是，因此，对高校学生骨干的培养在大胆开展思想政治教育的同时必须注意细节决定成败，培养严谨细致的规范思维，谨言慎行，做到事事小心，时时注意。

（二）激发学生骨干团队精神，培养思想政治教育新修为

团结就是力量，合作造就辉煌，这是强化高校学生骨干思想政治教育时必须贯彻的基本理念。首先，要培育高校学生骨干队伍成员的合作意识和精神。高校学生骨干工作本身就是一个团队行为，打造优秀的高校学生骨干队伍，这就需要每位学生骨干克服个人主义精神，加强自我控制和约束。其次，要提升学生骨干精益求精的修为。这需要队伍成员严格按照程序、制度办事，既能把握全局又要注重细节，实现不同环节和分工之间的无缝对接。最后，必须践行"活到老、学到老"的优良传统。学生骨干只有真正理解思想政治教育、学校教育以及未来职业规划的基本概念及对个人和家庭的重要意义，才能够在认识的基础上养成主动学习、主动运用的行为习惯，也才能在此基础上更好地开展高校学生骨干培养活动。

（三）利用身边榜样宣传，赋能学生骨干培养新模式

开展思想政治教育要与榜样宣传实践相结合。除了利用传统的榜样人物

宣传和教育，还要积极开展学生骨干分享身边榜样、学习身边榜样，利用制作微电影、开展榜样学习大讨论等形式提升学生骨干学习身边榜样的兴趣，为学生骨干思想政治教育注入新的活力。充分利用网络资源，利用好媒体网站、社交软件、微信公众号等，推送身边榜样事迹、好人好事、榜样小故事等；进行线上宣传教育，开设线上榜样交流，实现学习资源的快速交流，提升思想政治教育融入高校学生干部培养的实效性。对照身边榜样的优良事迹认真分析归纳总结学生骨干学习生活中存在的问题和不足，通过榜样宣传学习，加强思想政治教育，结合日常学习活动，践行习近平新时代中国特色社会主义思想。挖掘身边榜样宣传资源，找准学生骨干培养融入点。挖掘身边榜样重要事迹和重要对象的辅助资料，把丰富的案例融入思想政治教育内容，用讲事实、说道理的教育培养方法，用鲜活的榜样案例和事迹资料增强思想政治教育的说服力。通过身临其境的身边榜样事迹，找准思想政治教育内容的切入点，增强学生骨干培养的亲和力和感染力，提思想政治教育活动实效性；加强身边榜样事迹和后续发展的阐述，帮助学生骨干理解习近平总书记"志存高远、脚踏实地，做国家的骨干和栋梁"的寄语，培养更多有理想、有抱负、有能力并立志为高校教育事业高质量发展作出贡献的学生骨干人才。

参考文献

［1］蔡晓雨等：《大学生骨干领导力培养的现状及路径探索——基于浙江省 15 所高校学生骨干的调研》，载《中国多媒体与网络教学学报（上旬刊）》2019 年第 8 期。

［2］陈钰、杨蕙溢：《浅析高校学生骨干的培养对策》，载《当代教育实践与教学研究》2017 年第 2 期。

［3］王思涯：《新时代高校青年马克思主义者培养路径研究——以高校大学生骨干培训班为例》，载《教师》2021 年第 13 期。

［3］马志明：《高校转型视域下的大学生骨干实践能力提升——以青海师范大学为例》，载《教育现代化》2017 年第 12 期。

［4］蔡晓雨、钱洁、金昕：《关于大学生骨干领导力培养的研究——以浙江省高校为例》，载《教育现代化》2019 年第 91 期。

［5］雷镕甄、陈程、杨清：《"Z 世代"工科大学生骨干培育的现状分析——基于江苏省 7 所高校工科专业学生骨干培育的调研》，载《教师》2022 年第 30 期。

大中小一体化背景下高校学生心理
健康教育现状及对策*

武 浩 张 玥

天津师范大学

【摘要】大中小学心理健康教育一体化是思想政治教育一体化的重要内容和具体措施。本文基于对中小学班主任、高校辅导员的调查，了解当前大中小学心理健康教育一体化建设的现状，立足高校阶段探析工作对策。通过树立观照学生历史，关注学生当下，关心学生未来理念，循序渐进地开展高校学生心理健康教育工作，使个体人格不断获得发展和完善，实现心理健康教育差异性与递进性的统一。

【关键词】大中小学心理健康教育一体化；高校辅导员；中小学班主任；学段衔接；家校共育

引 言

党的二十大报告中明确提出，要"重视心理健康和精神卫生"。在教育部于 2017 年出台的《高校思想政治工作质量提升工程实施纲要》中提出构建"十大"育人体系，将心理育人体系纳入其中以来，党和国家对高校学生心理健康教育的重视程度日益增加。2023 年，教育部等十七部门联合印发《全面加强和改进新时代学生心理健康工作专项行动计划（2023—2025 年）》，将心理健康教育一体化摆在了更加突出的位置。

———————————

* 该论文为 2023 年天津师范大学校级哲学社会科学科研专题项目：深入学习阐释党的二十大精神专题项目成果。

做好学生心理健康教育是一项系统工程，学生从小学到大学阶段，会面临不同的心理社会困境，困境的解决使个体人格不断获得发展和完善，从而保证其心理健康；反之，困境未能妥善解决，就可能潜伏心理问题，并于一段时间后暴露。因此，以"一体化"的视角看待学生心理健康教育，将其贯通大中小学各学段，贯穿学校、家庭、社会各方面，是做好新时代学生心理健康教育的关键。随着经济社会快速发展，学生成长环境不断变化，学生心理健康问题愈发凸显。2023 年 2 月 23 日发布的《中国国民心理健康发展报告（2021—2022）》中提到 18—24 岁人群的抑郁风险率高达 24.1%，远高于其他年龄段，其中本科院校学生的心理健康状况较差。因此，了解当前大中小学心理健康教育一体化建设的现状，找到解决问题的有效策略，通过"关照学生历史，关注学生当下，关心学生未来"的一体化的发展性理念促进高校学生身心健康和全面发展，尤为重要。

中小学班主任和高校辅导员是对大中小学生施加教育影响的骨干力量，也是日常与学生接触最密切、了解最深入的关键群体。因此，通过调查班主任和辅导员对所带学生心理健康现状的了解、所带学生的家长参与学生心理健康教育的情况，能够对当前大中小学生、学生家长在心理健康教育方面的基本情况有一个较具代表性的把握。

一、研究方法

（一）调研对象

天津市各区中小学班主任、高校辅导员（本文将中小学班主任、高校辅导员合称为"带班老师"，后文将按需使用此称谓）共计 258 人，调查对象涵盖天津市 16 个区，贯通小学、初中、高中、大学，覆盖不同学段的任教老师。

（二）调研内容

中小学班主任、高校辅导员视角下大中小学生、学生家长在心理健康教育方面的基本情况。

（三）调研方式

通过制定大中小学生心理健康相关情况调查问卷，面向中小学班主任、高校辅导员群体发布问卷，收集相关数据信息，完成数据整理分析，根据数据结果展开讨论，进行原因分析和对策建议。

（四）问卷设置

基于本次研究目标，问卷共围绕带班老师基本情况，大中小学生心理问题暴露的基本情况和特点，学生家长对学生心理健康教育的了解和参与情况，学生心理问题和所处学段的关系等内容进行设置。

二、现状分析

通过问卷调查，获取覆盖大中小学不同学段、每个学段 50 份以上的数据，汇总带班老师基于对任教所在学段的学生和家长的观察和了解情况，梳理结果如下：

（一）不同学段学生心理问题的暴露各有特点且高校特点更加凸显

1. 心理问题的潜伏性

小学阶段学生心理问题潜伏性相对较低，问题一般会表现在外在行为、情绪上；初中阶段步入青春期，自我意识迎来第二次飞跃发展，内心世界更加丰富，独立意向日趋强烈，自尊水平较高，心理问题潜伏性开始上升；高中生学业压力较大，同时目标相对明确，心理问题容易被暂时压制或被忽视，在某个时间点可能爆发出来；大学生个人独处时间多，与学校老师、同学接触时间和深度低于中小学，与家长缺少直接接触，因此缺少心理问题暴露的途径，一般暴露后的心理问题已发展到一定程度。综上所述，大学阶段是心理问题集中爆发的高点。

2. 主动求助的意向

小学生缺乏自主行为能力，出现心理问题后往往被动等待外界帮助，初中生受青春期特点影响，倾向于隐藏心理不适，主动寻求专业帮助的意向较少。高中、大学阶段，学生逐渐学会主动求助。高中学生思维方式趋向成熟，心理问题暴露之后，有主动寻求帮助的意识，这种趋向到大学阶段进一步体现，且高校心理配套设置较为完善，提供的心理帮扶形式和途径更为多样，为学生提供了更多选择。因此，大学阶段是学生求助和学校施助的双向利好期。

3. 心理问题高发时段和主要类别

在带班老师的观测中，小学阶段学生心理问题暴露无明显时间阶段方面的规律。初中、高中阶段的在学中间时段为心理问题暴露的高发期，可能与学业压力的增加有关；大学阶段，开学季是心理问题暴露的高发期，可能与大学和中小学学习生活模式的变化有关。开学季、毕业季学生心理健康的影响，随着学段上升呈现明显的增长，一方面由于学生年龄增长，思维日渐成熟，对于开学、毕业等人生轨迹调整变化的时间节点有更多思考；另一方面，义务教育之后的学段，毕业直接带来了个人生涯发展的现实压力。因此，高校学生心理问题具备更加明显的高发时间节点。

（二）高校学生家长心理健康教育工作中的作用有待加强

1. 心理健康教育知识技能储备和参与程度不够

一是认知局限。多数家长认为心理健康教育知识技能的必要性体现在学生出现心理危机事件时，未暴露心理问题没有必要学习相关知识技能。二是资源限制。家长缺少心理健康教育知识技能获取渠道，难以避免非专业自媒体的干扰，容易受"伪心理学"思想的影响。相比于中小学阶段，大学阶段相对更难开展家长互动，多数情况是学生已经暴露了心理问题，需要进行心理干预时才会深度联动。以上结果说明当前缺少面向多数家长，围绕积极心理品质培育的深入性活动，进入大学成为家长参与度降低的显著标志。

2. 学生心理干预的配合度方面存在提升空间

调查结果显示，家长总体上是倾向于配合进行学生心理干预的，同时也存在少部分不配合的情况，原因可能有以下几方面：一是轻视心理问题的潜在后果，认为心理干预是小题大做；二是否认孩子出现心理问题，由于病耻感的缘故启用自我防御机制，对孩子的问题矢口否认；三是因客观条件受限无法配合。此情况多存在于外地大学生，因家庭经济状况或其他特殊原因，父母不具备配合心理干预的客观条件。

（三）中小学班主任与高校辅导员在心理健康教育的学段衔接认识方面存在分化

绝大多数带班老师认为，做好心理健康教育的学段衔接非常有必要，同时，本次调研结果显示，中小学班主任和高校辅导员对于心理问题高发的学段过渡期有明显的判断分化。中小学班主任普遍认为初中到高中的过渡期是最易产生心理问题的时期，而高校辅导员认为，高中到大学的过渡期为最易产生心理问题的时期。以上结果反映出中小学班主任和高校辅导员工作经验交流融合不够，熟悉度不高，存在视角和判断上的差异，提示大学入学适应问题可能与学生本人、家长、教师在高中到大学过渡期的认识偏差有关。

三、对策与建议

（一）关口前移，打通学生心理健康测评的学段壁垒

学生心理问题在各学段均有一定的暴露比例，需要引起重视，坚持预防为主、关口前移的原则，用好开学重要时段，在大中小各学段适时开展心理健康测评，分类制定心理健康教育方案。要重视建立完善"一生一策"心理健康档案，逐步实现学生个体心理健康档案的跨学段接续，打通学段间的壁垒。要科学分析、合理应用测评结果，要从横向上研究不同学段心理健康测评结果的异同，探寻规律，为分类开展学生心理健康工作提供数据支撑；从纵向上剖析学生个体随年龄和学段上升产生的心理发展变化，丰富个体心理干预的背景资料。

（二）分层分类，增强各学段学生心理健康工作的针对性

要立足全体学生，以教育模式，而非医学模式，以提高全体学生的心理素质，培养积极乐观、健康向上的心理品质为目标开展学校心理健康教育工作。把握不同学段学生年龄特点和发展规律，有针对性地开展活动。大学阶段，要充分利用开学季重要时间节点，开展入学教育尤其是大学适应性教育，预防入学适应性问题。要重视同辈人际关系因素，围绕人际交往、恋爱情感、集体生活等主题多形式、多途径设置活动。要发挥心理委员、学生党员，以及共青团、学生会（研究生会）、学生社团等学生组织的作用，增强同伴支持。要关注临近毕业仍未落实去向的学生，积极提供就业托底帮助，缓解就业焦虑。

（三）家校共育，形成学生心理健康教育的工作合力

要扎实推进心理健康教育的普及。向家长提供科学权威的心理健康知识技能专业学习资源，利用学校公众号、视频号等新媒体平台发布心理健康知识技能的相关推送，依托辅导员提升宣传力度，扩大覆盖面，提升家长对学生心理健康的重视程度，进一步提高家长参与度和配合度。要增进对学生家长的了解，充分利用与学生谈心谈话、家长会、家访等形式了解学生是否存在早期心理创伤、家庭重大变故、亲子关系紧张的情况，防止因家庭矛盾或教育方式不当造成学生的心理问题。要立足学生所处学段年龄特点，通过互动游戏、书信交流、角色扮演、团体辅导、个别指导等多种形式开展亲子主题教育活动，提升广度和深度，提高工作针对性，力求取得实效。

（四）学段衔接，增强大中小学心理健康工作的交流融合

做好心理健康教育的学段纵向衔接对预防学生心理问题的产生十分必要。尤其是做好高中到大学的学段衔接，对于预防和减少大学生心理问题，提升心理健康水平具有重要意义。学生层面，要引入学生自我发展和未来规划方面的心理健康教育，教育学生正确评价自己、实事求是对待自己的抱负、加强自制力能克制住自己的情绪。要探索跨学段的同辈心理帮扶机制，积极组织高中学生代表给初中毕业班，大学学生代表给高中毕业班进行主题活动，帮助初中、高中毕业班学生缓解焦虑，明晰未来规划。家长层面，要与学生同步普及不同学段的特点，要学习学段间假期的亲子科学相处模式，要推进家校共育的大中小一体化构建，将中小学阶段可操作、可借鉴的经验作为有效的教育方法和有益的教育方式融入高等教育阶段。教师层面，要把握中小学班主任、高校辅导员这两支关键队伍，积极开展研讨座谈、学访交流、实践锻炼等活动，打通中小学和高校之间的"信息孤岛"，遵循学生健康成长的科学规律，践行"学生中心""五育并举"育人理念，不断创新大中小一体化工作机制，促进大中小学生工作队伍的相互融合和工作经验的相互借鉴。

参考文献

［1］林崇德：《心理健康的路要走正》，载 http://www. rmzxb. com. cn/c/2022-08-24/3187036. shtml，2022-08-24，最后访问日期：2023 年 7 月 16 日。

［2］傅小兰主编：《心理健康蓝皮书 中国国民心理健康发展报告（2021-2022）》，社会科学文献出版社 2023 年版。

［3］《教育部等十七部门关于印发〈全面加强和改进新时代学生心理健康工作专项行动计划（2023—2025 年）〉的通知》，载 http://www. moe. gov. cn/srcsite/A17/moe_943/moe_946/202305/t20230511_1059219. html，最后访问日期：2023 年 7 月 16 日。

［4］俞国良：《大中小幼心理健康教育一体化：实践的视角》，载《山西师大学报（社会科学版）》2020 年第 2 期。

［5］俞国良、王浩：《大中小学心理健康教育一体化：理论的视角》，载《教育研究》2019 年第 8 期。

［6］俞国良、张亚利：《大中小幼心理健康教育一体化：人格的视角》，载《教育研究》2020 年第 6 期。

[7] 方颖等:《新媒体时代高校辅导员心理健康教育工作策略研究》,载《新闻研究导刊》2023年第16期。

[8] 闻雪梅:《高校辅导员在大学生心理健康教育过程中的作用发挥及其工作策略》,载《宿州教育学院学报》2022年第3期。

"信息茧房"对高校网络思政教育的挑战与应对策略

郑飞莉　王子文

天津师范大学新闻传播学院

【摘　要】随着融媒体时代的到来，新媒体平台的过度迎合、传播内容识别难度大、信息渠道窄化和分割等现象，使大学生长期驻足"偏爱"的领域即"信息茧房"。"信息茧房"影响主流意识形态在学生群体之间的传播，让网络思政教育面临巨大挑战。本文基于传播学5W模式，对如何突破"信息茧房"，提升大学生媒介素养，打破信息壁垒提供参考性意见与建议。

【关键词】融媒体；信息茧房；网络思政

一、新媒体时代下网络思政教育现状

1. 高校大学生网络使用习惯

新媒体时代下，学生获取信息的渠道变得多样化，获取信息的效率也大大提高，学生更习惯于通过网络获取信息，这给高校思想政治教育工作带来了较大挑战。高校作为人才培养的基地，要在充分认识新媒体时代下学生信息获取方式和习惯变化的基础上，高校要结合当前学生信息获取方式和习惯的变化特点，积极探索新媒体时代下提升学校思政教育工作成效的对策。融媒体时代下，各个网络平台都发挥着自己独特的职能和优势，例如微博更倾向于话题讨论和热点聚集，他们往往设置话题讨论组，在一个话题之下迅速集结热度，吸引人们浏览并参与讨论。这不仅使得人们能够通过不同的话题迅速找到自己感兴趣、想了解的方向进行学习交流，也可以通过话题讨论迅速集结到一大批志同道合的人们互相交流学习和进步。而另一个火热的

APP——"抖音"则更倾向于社交属性和区域板块链接。用户使用抖音 APP 在浏览到自己觉得优秀的视频后可以点赞评论或者进行分享，这使得视频的流传度极大地升级，人与人的交往社交也通过视频链接起来，实现社交媒体化职能。此外今日头条 APP 则更加侧重于地域属性，通过查找追踪用户的 IP 地址实现精准定位，将同城的资讯或者用户推送给使用者，不光实现了足不出户便可知天下事，还实现了可知身边事。

2. 信息茧房的产生

在社交媒体时代，无论是个体还是群体，都会依据自己的兴趣选择信息。因此，每个人都会在一个相对固定的范围内关注特定的内容。这种自我选择，使个体在某一领域内形成了相对固定的圈子。例如，微博上的"时尚达人""明星八卦"等，他们之间已经形成了一种比较固定的信息圈子，当一个人进入这个圈子之后，他就会根据自己关注的领域以及身边朋友对该领域内信息的需求来选择信息。当一个人在该领域内找到了自己的"同道中人"之后，就会不断向其灌输自己所关注的内容。当有新内容出现时，他就会优先选择这种内容。久而久之，在他周围就形成了一个相对固定的信息圈子。在这种情况下，一个人要想打破信息茧房是非常困难的。如果他要想在网络空间中拓展自己的圈子、获得新的信息、发现更多同类人以及扩大自己的影响力，就需要投入更多时间和精力。

大学生作为网络空间中的重要参与者，其自身所处的文化背景、价值取向与行为方式都会对他们的网络行为产生重要影响。不同的文化背景、价值取向与行为方式都会使他们在网络空间中形成不同的网络行为模式，从而导致"信息茧房"的产生。当代大学生正处于新旧文化交替之际，新媒体技术与传统媒体共同影响着大学生的网络生活，并在他们的日常生活中扮演着重要角色。因此，要实现高校思政教育的转型升级，就要在兼顾好传播正确的价值理论和"三观"的同时，使大学生群体多去向外探索，了解高校群体之外不曾了解的领域。

二、信息茧房对高校思政教育的挑战——基于 5W 模式

1. 媒介的过度迎合

"信息迎合"是指互联网媒体通过智能算法，以浏览记录、点击率作为标准，精准化定向推送相关信息，以迎合用户的现象。现如今大学生群体在使

用互联网媒体的过程中，由于个人的兴趣喜好不同，所涉及的专业领域不同往往会出现沉浸于自己的社交媒体世界中的现象，这种"沉浸式"体验让大学生群体只能刷新接触到和自己所感兴趣的或者自己所在领域的信息，而对于其他领域的信息则根本接触不到。社交媒体也基于此不断地推送用户所感兴趣的内容，让他们沉浸其中无法自拔，也大大加深了对社交媒体使用的依赖。不管是学习专业知识或者消遣娱乐，总是会第一时间打开他们所感兴趣的社交媒体汲取所需。但这种汲取只是单纯沉浸在自己的圈层中，无法破圈而出，造成"信息茧房"。这种选择性接触信息的方式不仅大大地使信息传播受到限制，而且会导致信息同质化，用户会经常性大量刷到相同种类和类别的视频，使他们的认知也受限。也导致了主流意识形态在大学生群体之间传播受到阻碍。

2. 传播内容片面、识别难度大

高校是一个特殊的群体，大学生具有一定的辨别能力，但其个人辨别能力相对较弱。学生要从网络中获取信息需要具备一定的专业知识和判断力，但如果不加以辨别和监督，网络信息会影响他们对社会生活的判断。随着互联网的发展，各类信息繁杂纷多，不断冲刷着大学生群体的世界观、人生观和价值观。网络谣言和未证实信息等许多资讯相互交织，真假难辨。但大学生群体很难分辨其中真伪，极其容易被不法分子利用。有专家指出，由于大学生的辨别能力较弱，在网络上接收到的信息很容易被误导或被欺骗。"大学生是一个特殊群体，他们需要进行社会生活经验的积累。如果他们不能对社会生活有正确的认识和判断，那么他们将很容易上当受骗。"此外，由于网络信息裂变和传播速度极其迅速，没有过硬的高校舆情处理能力很难进行高校的网络思政教育。因此如何使大学生群体建立起迅速高效的信息过滤处理能力，也是高校网络思政教育的突破点之一。

3. 传播渠道窄化、过度分割

在融媒体时代，随着互联网平台的深度融合，用户信息不仅会被多平台依靠数据链技术进行深度捆绑，而且能够被跨平台收集信息。这就使得客户端能够掌握用户的兴趣爱好点在哪，平时会驻足浏览哪些内容并进行精准推送。且能够实现一平台收集多平台使用。这样就形成了用户在上网时的一道无形壁垒，而高校的网络思政教育若建立在信息壁垒的基础上，则无法有效使大学生群体细化、全面化地吸收资讯。在大学生群体使用社交媒体的过程中，越来越多的社交处于一种固有的圈层之中，他们通过各种各样的关系组成固定圈层进行信息分享和信息传播，久而久之他们之间互通的信息便会同质化，产生信息桎梏，处于信息孤岛之中。不仅如此，现如今越来越流行的热点文化也在使传播渠道和传播信息越来越狭窄。例如微博平台首页上的热点话题，已经演变成点击量更多的话题，暴露在公众视野中，并获得更多流量。而更多没有获得流量的讯息则石沉大海很难出现在公众视线。这不仅隐藏了大量的社交资讯和传播信息，也使得信息传播的操控变得越来越容易，公众的舆论导向越来越热点化和短暂化，长此以往恶性循环。最为代表性的例子便是严肃的主流信息由于缺乏趣味性和娱乐性变得越来越边缘化，很难出现在大众视线当中，得不到流量，成为不了热点。而在信息渠道变窄的基础之上，大学生群体中更容易出现信息割据及信息分割的情况。由于他们的关注点长期处于自己感兴趣的话题领域之中，并基于此建立自己的社交媒体和社交圈层，导致他们长期处于自己信息的"温柔乡"，难以走出去探索更多新的领域和圈层。

4. 大学生信息获取的"偏爱"

在当今数字化时代，流量媒体已经成为人们获取信息和娱乐的主要途径。流量媒体平台如视频网站、社交媒体和音乐流媒体提供了大量的内容，涵盖了各个领域。由于例如抖音等自媒体平台"人人都是自媒体"理念的推广，流量媒体平台会出现更多贴近于平时生活以及超出自己生活圈层之外的内容。大学生群体由于处于继将迈向社会的状态，所以他们对于社会具有强烈的好奇，渴望去进行探索，而抖音这样类似的平台恰恰满足了他们这一需求。他们可以在抖音上找到不同领域的视频和内容，以此来满足自己猎奇的心理，或通过更多平常人日常的生活找到共鸣。长此以往他们会对自己经常使用的社交媒体产生依赖，不管遇到什么问题都会去自己熟知熟练掌握的平台寻找答案。这虽然在一定程度上能够解决他们的需求，但是以抖音为例的自媒体平台由于自身的碎片化传播模式，更多是以中短视频为主，大学生群体在此类平台上更多地只能窥伺其表而不能深入其里，接触不到精华，而这对于需要不断学习的大学生群体来说是极为致命的。且自媒体平台崇尚流量为王，其中的视频更多的带有娱乐性而缺乏教育性，不利于主流意识的灌输和宣传。

5. 主流意识形态传播效果减弱

新媒体新技术的发展再给我们带来无穷乐趣的同时，不可忽视的一个问题是对主流媒体引导力的削弱。传统媒体影响力的不断下降，人们获取信息的方式发生了翻天覆地的变化，人们不再通过电视、报刊和书籍来获取所需要的信息资讯，而是通过有目的性的搜索短视频解决当下的问题。在这种时代背景下，短视频平台之间的竞争也愈发激烈，不断地通过掺杂更多的娱乐性和趣味性来引导吸引受众的点击。长期的恶性循环导致短视频平台越来越崇尚"流量为王"的理念，并促使很多传统媒体和主流媒体进行转型升级，通过新媒体手段传播主流价值理念，进行媒体融合。但由于本身的定位受限，主流媒体在转型升级过程中必定不可能掺杂过多的趣味性和娱乐性内容，导致其主流意识形态传播并没有太好的效果。所以如何将主流意识形态更好地与新媒体进行深度融合，获得更多流量是高校思政网络教育的一个重要突破口。

三、破除信息茧房，提升网络思政教育策略分析

1. 强化并提升思政主题的高校第二课堂活动内容

如今高校主流意识形态传播主要通过课堂、第二课堂、官方网络平台等传统传播途径进行。所以如何做好第二课堂的活动内容显得尤为重要。高校课外活动是大学生群体进行社会接触，探索新鲜领域的重要途径之一。所以高校必须把控好高校第二课堂的活动方向，强化贯彻思想政治宣传，把握好主流意识形态的传播方向。例如高校要经常开展有关思政教育的课外活动，尝试转换身份，将灌输者、教育者的身份转变为倾听者、引导者，引导学生群体自发地寻找他们心中的红色经典和思政内涵。另外我们也需要提升高校第二课堂的思政主题，丰富拓展思政内容。采取多形式多方面的形式，将主流意识形态灌输融合在高校的课外活动之中。

2. 提升大学生媒介素养，落实"把关人"责任意识

在融媒体时代的背景下，各类信息接踵而至，而缺乏信息判断能力的大学生群体则需要擦亮双眼，警惕外来意识形态入侵。如今，西方世界不断地用影视剧、游戏、宗教信仰及娱乐新闻等途径妄图发起文化入侵，蚕食青少年的思想，所以高校网络教育一定要把握好主流意识形态宣传的主动权，将意识形态宣传主动权牢牢掌握在自己手中。在利用新技术新媒体的手段宣传意识形态的过程中，也要兼顾加强学生群体的网络素养，培养他们的媒介意识。让他们能够擦亮双眼，有能力筛别网络之中出现的各类繁杂信息。同时

要让学生群体了解"信息茧房"、让同学们之间相互交流分享，引导学生群体多方面社交，接触到不同的文化兴趣圈层，从而使他们实现"破圈"发展。最后高校网络思政教育要落实好"把关人"的责任意识，要在学生群体之前树立起一道信息防火墙。筛别出网络上、社会上的不良信息并技术通过新技术手段或传统手段传递给学生群体。要加强网络的信息监管，明确网络警戒线，及时阻断不良信息的影响。在进行网络监管的过程中，我们可以使用新技术手段，数据库，数据分析虽然会造成"信息茧房"，但在网络信息甄别方面却大有作为，我们可以设置敏感词、屏蔽词，通过数据分析的技术在第一时间甄别出不良信息，并及时阻断，确保信息不会流入社会，不会接触到学生群体。站好识别信息的第一班岗，落实好把关人的责任意识。

3. 强化辅导员思想引领，打赢网络思政教育的主阵地

在融媒体时代下，网络舆论更容易被流量所引导，受众更相信他们所看到的，看到所推送到自己眼前的，受制于流量时代的影响，他们往往很少去搜索背后的真相以及原理，所以网络意见领袖往往会凭借着手中的流量将网络变为自己的"一言堂"。因此在网络传播过程中，如何把握主流意识形态，培养正确方向的意见领袖显得格外重要。辅导员群体作为高校大学生群体的领路人，有更多的机会去接触到学生群体，并且要将正确的主流意识形态灌输给学生，引领大学生群体树立正确的人生观、世界观和价值观。大学生群体社会经历阅历少，如果不加以引导，很容易贪图享受难以对外探索破冰，受信息桎梏制约，处在信息茧房当中。辅导员应该适当引导学生主动向外探索，去寻找更多世界的精彩。例如辅导员群体应引导学生群体相互交往，并参与社会实践。不仅可以使得大学生客服网络成瘾现象，引导他们对自己感兴趣的领域进行自主探索，也会缓解他们的孤独感和克服压力。

4. 提升平台使用的创新能力，打破信息壁垒

在融媒体时代，随着互联网平台的深度融合，用户信息不仅在多平台依靠数据链技术进行深度捆绑，而且能够进行跨平台信息收集。这样形成了"信息壁垒"，只有破除信息壁垒，引导大学生群体主动向外探索，高校的网络思政教育才能有效地开展。此外，传统的教育模式往往只注重教授学生科学知识，而忽视了他们对社会、国家和世界的认知。随着全球化的发展和社会的变革，学生们需要具备更广阔的视野和更开放的思维，才能适应未来的挑战。现在的高校网络思政课大多采用"一人一桌，平铺直叙"的方式进行

思政宣传讲解，课程冗长，枯燥乏味。高校的思政教育转型需要以此为重要抓手，在不断开阔学生视野的同时，利用新技术手段丰富思政课程内容、提高制作水准，为大学生提供更加精彩的高质量课程作品。

参考文献

［1］马聪、刘芯言：《新时代高校教育者网络思想政治教育工作路径优化》，载《现代商贸工业》2023 年第 19 期。

［2］樊洋：《短视频传播背景下大学生网络思想政治教育的创新路径》，载《传播与版权》2023 年第 16 期。

［3］蔡冰冰：《全媒体时代高校大学生网络思想政治教育的引领与构建》，载《太原城市职业技术学院学报》2023 年第 8 期。

［4］邹鑫雨、郝春东、满国旺：《信息茧房时代大学生短视频成瘾问题及应对策》，载《西部素质教育》2023 年第 15 期。

［5］李红坦、谭思玲：《"信息茧房" 对高校主流意识形态传播的挑战与应对策略》，载《传媒》2023 年第 7 期。

［6］王咏倩：《新媒体时代网络思政教育如何走心又走"新"》，载《教育传媒研究》2022 年第 4 期。

数字时代高校精准思政的三重维度

王光大

天津科技大学机械工程学院

【摘要】 在习近平总书记关于"强化精准思维"重要论述的指引下，高校精准思政持续深化并体现时代价值。本文针对精准思政——数字技术与思想政治教育的创新融合，从逻辑结构、价值追求与实践路径三大维度进行深入探讨，致力于实现数字资源与学生需求的有机结合，同时坚持教育的核心理念。通过本研究，旨在为新时代的高校思想政治教育注入新活力，助推其迈向更高的质量与水平，为我国教育的现代化和强国目标勾画更为宏伟的思政蓝图。

【关键词】 精准思政；数字技术；逻辑理路；价值旨归

精准思维不仅仅是马克思主义认识论的基本观点，更是以习近平同志为核心的党中央治国理政的鲜明印记。作为高校思想政治教育的基石，精准思维为高校提供了一个全新的视角，指引大学生思想政治教育实践寻求创新与进步。物联网、大数据、人工智能、区块链等数字技术的飞速发展，为高校精准思政带来了前所未有的机遇，同时也带来了挑战。为了更好地适应这一变革，必须深入探讨数字技术赋能下的高校精准思政的逻辑路径，明确其核心价值，以及如何将这些理论付诸实践。这不仅可以为我国的高校教育提供有力支撑，更是对我国教育数字化战略的必然选择和有益探索。

一、数字技术赋能高校精准思政的逻辑理路

在日益浓厚的数字化时代背景下，高校精准思政如何与数字技术赋能相结合，成了备受瞩目的热点议题。首先，"数字何为"的逻辑起点不仅仅是一

个理论问题。它是运用精准思维，指引着高校如何在数字时代下，把握思政教育的理论脉络。进而，探讨数字技术如何成为现代化的催化剂，进一步推动国家治理和高校管理的创新转型。而站在实践角度，"数字何为"的逻辑落地则关注如何在这波数字浪潮中，重新审视和调整传统思想政治教育的方法与理念，更好地培养与时代同步的优秀人才。这三个问题层层递进，展示了一个数字技术和思政教育交融的宏大蓝图，揭示了其中的内在逻辑与深远方向。

（一）"数字何为"的逻辑起点：精准思政的理论之问

在深入探讨数字技术赋能高校精准思政的逻辑路径时，首先需要回答"数字何为"的逻辑起点。精准思维，核心在于精准的程度，而关键是思维的转变。习近平总书记明确提出的精准思维，既展现了马克思主义的真理光辉，也在习近平新时代中国特色社会主义思想中具有非常鲜明的特质。自党的十八大以来，党中央着力实现高质量发展，明确了精准思维的指导地位。列宁曾说过："马克思主义的最本质的东西，马克思主义的活的灵魂，就在于具体地分析具体的情况。"这体现了辩证唯物主义的基本原则，强调了对事物进行深入、精准的分析。而在数字时代，这种精准思维更需要数字化技术的加持。信息流与数据流提供了去伪存真、去粗取精的工具，能够更快捷、更直观地捕捉到事物的核心。习近平总书记明确强调了加强思政教育的针对性，要求把传统优势与信息技术高度融合，提升思政教育的亲和力和针对性。2019年，教育部更是明确指出要"着力推进精准思政"，使"精准思政"这一概念得到了更深层的发展和推广。

（二）"数字有为"的逻辑深化：数字时代下的发展之问

随着世界历史的进展，一个奔流涌动、深刻变革的时期正加速演进。这一变革不仅体现在国际政治与经济的大局上，更在于一次前所未有的科技革命——以数字技术为核心的信息通信技术的日新月异。建设网络强国与数字中国，不仅是技术革命，更是整个中华民族伟大复兴中国梦的关键部分。《数字中国建设整体布局规划》强调，数字化建设是中华民族现代化追求的"重要引擎"，这意味着数字技术的深度应用和推广已被升级为国家战略层面的任务。数字技术带来的不仅是经济领域的高质量发展，更重要的是为国家治理体系和治理能力现代化提供技术支持，为国家和人民创造更加便捷、高效的公共服务。它助力政府更加精准地感知民意、监测风险、进行决策，以及评估政策实施的效果。党的十八大以来，我国已经明确数字化是未来发展的关键驱动力，是经济转型、社会进步的核心支撑。当今时代，不能仅仅满足于数字技术的浅层应用，而是要深化对其内涵的理解，充分挖掘其潜力，确保其真正服务于我国的长远发展和人民的根本利益。

（三）"数字为何"的逻辑落地：教育实践中的应用之问

随着数字经济深入社会生活的各个方面，它所带来的变革不仅重塑了社会治理模式，更为教育领域带来前所未有的机遇与挑战。教育，作为国之大计、党之大计，旨在"为谁培养人、培养什么人、怎样培养人"，这三个问题既是教育的核心命题，也是检验我国高校办学质量与治理水平的关键标准。在党的指导下，明确了在数字时代教育的方向：以数据驱动、智能辅助，推动高校向精准化、智能化发展。数字技术为高校治理提供了更为科学、全面和细致的决策依据，也成为完善高校治理体系和提升治理能力的关键工具。数字技术的普惠性特点可以帮助克服地域、资源等方面的限制，优化育人效果，释放更多的发展潜能。当前的青年学生，作为"触网一代"，对数字化生活有着天然的亲和力和依赖感。他们生活在一个"无人不网、无处不网、无时不网"的信息时代。因此，高校在开展思想政治教育时，必须依托现代数字技术，如数据挖掘、人工智能、机器学习等，以确保教育的亲和力、精准度和实效性。而数字技术的广泛应用已经使得高校思想政治教育在教育对象、内容、过程和效果上均实现了"四精准"。

二、数字技术赋能高校精准思政的价值旨归

数字技术在高校精准思政中的赋能，超越了简单的技术运用，它涉及的是深层次的"价值旨归"。首先是政治导向。数字技术需彰显社会主义核心价值观，确保教育事业始终在党的领导下，忠实于社会主义教育路线。再者站在广大人民群众的视角，数字技术应积极响应其需求，适应互联网时代的潮流，提供既贴心又高效的教育体验。然而，在数字技术的广泛应用中，安全性原则绝不能忽视，必须确保在数字便捷性背后，每位公民的信息安全和隐私都得到严格的守护。简言之，这三个维度勾勒出数字技术在高校精准思政中的价值轮廓，进一步明确了行动方向。

（1）要始终把握政治要求，让数字技术"以我为主"。党的二十大报告中明确强调了建设教育强国、网络强国、数字中国的重要性，而教育强国与

数字中国预计在 2035 年同步实现。这不仅是一次技术的革命，更是一次价值观的升级，它需要坚持党的领导，确保数字化转型始终沿着正确的方向和道路前进。要时刻谨记，不能被数字技术的繁荣所"迷惑"，更要认清其背后的价值取向。党的百年光辉历程表明，党的领导是推进社会主义现代化强国建设的关键所在，是实现中华民族伟大复兴的"定海神针"，也是教育事业健康发展的根本保障。面对当今世界纷繁复杂的变局，国际竞争日趋激烈，我国的教育事业，尤其是高等院校，面临的挑战前所未有。但只要始终坚持党的领导，坚守社会主义办学方向，就有信心确保高校持续地成为培养社会主义建设者和接班人的坚强阵地，为中华民族的伟大复兴中国梦提供不竭的人才支持。

（2）要始终坚持人民性的特质，让数字技术"为我所用"。在数字时代，高校精准思政工作必须始终坚守其为人民服务的核心目标，确保数字技术真正地"为我所用"。习近平总书记深刻指出："人民对美好生活的向往，就是我们的奋斗目标。"根据最新数据，到 2023 年 6 月，中国的网民已超过 10 亿，几乎全部都是手机网民，每人平均每周上网时长达到 29.1 小时。这些数据揭示了一个事实：数字技术已经深度融入人们的生活。对于高校来说，传统的思想政治教育方式在这种变革中可能会稍显滞后，但数字技术提供了弥补这一缺陷的可能性，它能帮助思想政治教育工作者更加精准、深入地对接学生，实现真正的人民性教育。因此，高校思想教育工作者应对数字技术进行深入研究与应用，确保其真正服务于教育目标，提高学生的获得感、幸福感和安全感。

（3）要始终确保安全性的原则，让数字技术"因我而生"。在迅猛发展的数字时代，技术的进步并非一帆风顺，而是伴随着道德和伦理的考验。每一次技术的跃进，都伴随着可能的风险与挑战。因此，面对数字技术的浪潮，高校在拥抱它的同时，更要确保其始终"因我而生"，既能服务于具体实践，又能确保其发展方向与正确的价值取向、目标导向相一致。习近平总书记强调："没有网络安全就没有国家安全。"确实，随着数字技术的广泛应用，其双面性日益显现。一方面，它给社会经济带来了前所未有的便利和活力；另一方面，它也给个人信息安全、数据保护和隐私权造成了威胁。而最为严重的，是其可能对广大青年学生的世界观、人生观、价值观带来的影响。在全球化的数字流通中，西方文化和其他外部思想，可能通过各种通信工具，特别是先进的 AI 技术，对我国的本土文化和传统价值观念带来冲击。因此，高校必须具备敏锐的风险意识和忧患意识，确保在追求技术进步的同时，大力培育和弘扬社会主义核心价值观，既要敢于担当，又要敢于碰硬，积极应对与外部文化的交流冲突，坚决捍卫我国的文化自信和安全。

三、数字技术赋能高校精准思政的实践进路

数字化背景下高校精准思政的实践进路显得尤为关键，这一路径可分为三大核心维度：治理、文化建设以及人才培养。首先，高水平治理意味着结合大数据、人工智能等先进技术，推动体制机制的创新与完善，从而确保数字化进程的安全、高效和有益。其次，在文化建设方面，重点是将数字文化与精准思政有机结合，确保教育内容的深度与技术的前沿同步。最后，人才队伍的培养注重学生与教育者的数字素养，确保其在数字化时代能够胜任与领先。这三大维度为高校在数字技术赋能下的高校精准思政勾勒出清晰、可行的实践蓝图。

（一）数字技术赋能高水平治理，助力精准思政取得新动能

数字化是将现实存在的事物转化为信息数据，能让现实事物以信号的方式重现。基于此，数字技术作为高水平治理中一股不可忽视的新势力，在高校思想政治教育实践中，助推精准思政获得前所未有的活力。首先，技术引领制度创新。随着大数据、人工智能、数字孪生与元宇宙等技术的蓬勃发展，高校的治理模式也面临创新。高校需要构建"一屏观全域、一网管全面"的数字服务体系，确保学生从入学到毕业的全流程都得到深度的数字赋能，实现精准管理与服务。这不仅有助于信息的透明化和去中心化，而且可以更好地满足学生的个性化需求。其次，强化数字协同。要打造真正的数字校园和智慧校园，关键是加强信息系统的互联互通。高校应努力整合线上线下资源，推进"让信息多跑路，学生少跑腿"的现代化管理理念，确保为学生提供更加高效、精准的"一站式"服务。最后，牢固网络与数据安全。数字转型的过程中，数据与网络安全是首要任务。高校必须加强对数据资源的管理，保障网络使用环境的安全性，确保在追求便捷高效的同时，严格守护每一位学生的隐私与信息安全。

（二）数字技术赋能高质量文化建设，助力精准思政取得新面貌

数字技术与高质量的文化建设在高校精准思政的实践进路中有着密切的

结合，为思政教育揭示了新的面貌与维度。首先，注重内容建设。现今的高校应重视互联网平台的内容建设，确保其紧扣学生的实际兴趣、需求与特性。可以运用元宇宙等尖端技术，开发并推广弘扬健康、正面价值观的数字文化产品。通过短视频、直播等方式，让更多人听到校园的故事，进而提升校园文化在数字时代的影响力。其次，弘扬主流文化。高校应该更好地利用时代热点，如疫情防控、乡村振兴等，传达中国的治理智慧、团结精神以及深厚的文化积淀。此外，促进中华优秀传统文化与数字技术的深度融合，能够满足学生在精神和文化层面上的多元需求，确保他们在风云变幻的新时代中始终保持坚定的政治信仰。最后，坚持实践导向。高校应倡导在日常生活、学习、工作等领域中广泛应用数字技术，让学生更直观地体验精准思政的成果，同时帮助他们不断提升数字素养。例如，建设数字化校史馆等学术场所，同时开发以阅读、艺术为中心的数字服务平台，为大学生提供更多元的学习与体验机会。综上，数字技术与文化建设的结合不仅丰富了高校精准思政的实践形态，更是为思政教育注入了新的活力和创新元素。

（三）数字技术赋能高水准人才队伍，助力精准思政取得新成效

在数字化赋能高校精准思政的大背景下，高水准的人才培养显得尤为关键。只有建立并持续优化一个与数字化时代相匹配的人才培养体系，才能够确保精准思政在实践中得到有效的落地并产生持久影响。第一，学生数字素养的均衡提升。目前，尽管学生的数字素养已有所提升，但在不同的学科和领域中仍存在差异。必须确保所有的学生，无论其学科背景如何，都能够获得与数字技术相关的基础培训，确保他们能够在这个数字化的时代中独立思考、创新和解决问题。第二，教育工作者的数字化能力加强。在数字技术与精准思政的融合中，教育工作者起到了桥梁的作用。他们不仅需要掌握相关的数字技术和工具，更需要能够教授学生如何有效地使用这些工具。为此，必须确保教育工作者能够获得持续的培训和支持，以便他们能够与时俱进。第三，数字化人才的培养。随着数字技术在各个领域中的应用变得越来越广泛，需要培养更多的数字化人才来满足社会的需求。这意味着需要重新评估和调整所开设课程的内容，确保毕业生能够具备在数字化时代所需的技能和知识。总之，数字技术为高校提供了前所未有的机会优化其人才培养体系，但这也要求高校能够持续创新和改进，确保教育体系能够与时代同步。

在数字时代，精准思政和数字技术交相辉映，为高校思想政治教育注入

了前所未有的活力。本文认为，数字化技术在思政教育中的赋能不仅是一次技术升级，更是对传统教育模式的一次深刻变革，它正在使思想政治教育成为新时代创新发展的"最大增量"。为真正实现这一愿景，高校思政教育工作者需要遵循"因事而化、因时而进、因势而新"的指导思想，使其深度融入数字化转型，真正达到用数字技术服务人、以数字方式培育人、在数字与现实之间共同前进。

参考文献

［1］《列宁选集》（第 4 卷），人民出版社 1972 年版。

［2］习近平：《论党的宣传思想工作》，中央文献出版社 2020 年版。

［3］蔡路：《数字赋能高校精准思政研究》，载《学校党建与思想教育》2022 年第 21 期。

［4］习近平：《高举中国特色社会主义伟大旗帜 为全面建设社会主义现代化国家而团结奋斗》，人民出版社 2022 年版。

［5］习近平：《习近平著作选读》（第 1 卷），人民出版社 2023 年版。

［6］中国互联网络信息中心：《第 52 次中国互联网络发展状况统计报告》，中国互联网络信息中心 2023 年版。

［7］［美］尼古拉·尼葛洛庞帝：《数字化生存》，胡泳、范海燕译，电子工业出版社 2017 年版。

校园危机事件应对与启示

——以突发自伤事件为例

季 平

天津科技大学机械工程学院

【摘要】 心理危机已成为影响大学生个体发展和学校稳定的重要因素，本文再现了一名男性大学生在本科期间因心理问题引发自伤事件的校园危机真实案例。通过再现事件的发现及处理过程，以辅导员视角展现了对校园危机事件处理过程并对案例进行了分析，总结经验启示，举一反三，以形成一套可复制、可推广的校园危机事件应对模式。

【关键词】 校园危机；心理问题；应急处置

危机是指人类个体或群体无法利用现有资源和惯常应对机制加以处理的严重事件，其中心理危机是指危机事件超出了个体或群体现有资源和惯常应对能力范围时，人们所处的一种身心失衡状态。危机事件具有意外性、聚焦性、破坏性和紧迫性四大特征。危机虽然突发且难以预估，但它也有规律可循：危机之前有征兆——征兆背后有苗头——苗头背后有隐患——隐患背后有危机。做学生工作应扎实在日常，只有用心、细心、留心，将苗头控制在萌芽状态，那么背后的隐患和危机也会自然被化解。

一、案例介绍

（一）学生基本情况

小 Y 同学，男，理工专业本科生，有高考复读经历，生活在离异重组家庭，经济条件一般。同学眼中：他性格多变，讲义气、重情义；喜爱球类运动及与朋友一起打游戏；每到夏天他的情绪状态较为低落，关心询问得到的回复是"天热没食欲，懒得动……"辅导员眼中：他外表忧郁但内心温暖，节日里总会收到他的贴心祝福；积极向上，和同学相处融洽，在大学第一批推优入团；勤工助学，踏实肯干。父母眼中：他性格内向，和家人缺乏沟通；从小善良懂事、乖巧听话；一到暑假状态就不好，但从没想到他会出现这样的意外……父亲对他管教极其严厉，且有抗抑郁服药史，生母在他小时候与其父离婚后便失去联系，继母和哥哥对他关爱有加。事发后辅导员在与该学生谈心谈话过程中了解到，该学生受闷热天气的影响，精神状态极差，对任何事情都提不起兴趣，觉得自己活得很失败，近期被其所在 QQ 群里讨论自杀方式的言论所影响，想要自我解脱，悄无声息地离开这个世界。

（二）应急处置过程

某日 21 时左右，小 Y 向宿舍长发出暗示可能进行自我伤害的信息，表达了"遇到你们很幸运"并表示不会回宿舍。宿舍长立即向年级辅导员 A 报告，随后辅导员向学院副书记作了汇报，学院随即启动突发事件应急响应。

根据安排，值守的年级辅导员 B 与多名学生骨干和宿舍网格员对其可能去过的地方进行地毯式搜索。与此同时，年级辅导员 A 一直尝试与其进行电话沟通。在辅导员 A 成功与小杨取得联系后，根据电话中获取的信息，最终在教学楼主楼的楼顶天台发现了他，此时该生身上有血迹，辅导员 B 立即将他送至附近医院急诊，随后转至专科医院急诊进行进一步治疗。学院副书记也立即赶到医院，并全程陪同学生接受治疗。经过全面检查和清创处理，医生确认其生命没有危险后，让他回学校休息。

整个过程中，两名年级辅导员一直与他的家长保持沟通，并由辅导员及学生骨干 24 小时对其进行看护，直至该生家长于次日下午 5 点从甘肃赶到学校，基于学院家校共育工作基础以及此次危机事件发生后学院的积极应对处理，家长见到学院副书记以及两名辅导员后第一时间表达了感谢，在交流过程中流下了激动的泪水，通过家校及亲子沟通，家长于次日陪同学生办理了休学手续，目前学生仍在家中休息调养。

二、工作思路

（一）反应要迅速，第一时间到现场

本案例的核心问题是尽快找到学生，及时对其自杀、自伤行为进行干预，确保学生生命安全。辅导员 A、B 在整个过程中协作配合，第一时间上报学校、学院领导并赶赴现场，安排学生骨干参与协助。同时，与家长保持联系，建议其尽快赶赴学校，共议解决措施、安抚孩子情绪避免其再次萌生轻生念头。

（二）了解要全面，掌握第一手资料

辅导员结合日常工作对学生的了解以及在与学生骨干和学生家长交流的过程中，及时收集信息、分析情况、明确问题，待学生情绪稳定后与其进行谈话，进一步了解其心理、行为状况，重点做好陪伴和倾听，并加以鼓励和引导。

（三）措施要多样，筑牢安全第一防线

第一，调动各方力量参与危机事件应对，事发后立即启动心理危机干预应急预案，各部门就位积极协作，以备不时之需。第二，畅通家校沟通渠道，形成危机应对合力，协同联动，通力合作，辅导员要不断健全家校沟通渠道，精准掌握家长联系方式。学生出现突发情况时第一时间联系家长，告知学生情况，日常工作中让家长可以意识到学生出现心理危机仅靠学校是难以解决的，家长的积极配合对学生的发展起到良好、不可替代的作用。第三，及时关注学生同宿舍及相关参与事件中的学生心理状况，辅导员与同寝室学生进行谈心谈话，安抚他们的情绪，并通过学校心理健康中心教师对他们进行团体辅导，避免产生更大范围的应激性心理危机，同时注意对学生的思想引导，避免因"网络舆情"引起次生灾害。第四，加强心理健康教育，促进学生全面健康发展，全面摸排，防微杜渐，辅导员应坚持"三深入"原则，经常性深入课堂、宿舍、学生活动中，认真仔细观察学生行为举止，及时掌握学生思想动态，尽早识别学生心理问题，此外，还要通过心理普查、谈心谈话、发放问卷调查、召开心理主题班会以及心理委员、宿舍网格员座谈会等方式全面了解学生心理健康状况。对于有既往病史或存在明显异常的学生，要纳入重点学生管理范畴并建立跟踪档案，持续关注，必要时建议其到心理健康中心进行心理咨询和辅导。

（四）处理要妥善，坚持第一尺度

在应对校园危机事件时，要站在法律的角度进行应对与处理，有法可依、有法必依，才能维护学校和学生的合法权益。在家校联动过程中，借助国家及学校政策的规定对学生家长进行讲解沟通，做到"动之以情、晓之以理"。此外，要注意跟踪追访，从长期发展来看，学生的危机情况是持续连续的过程，在一次危机干预成功后，千万不能掉以轻心，仍需跟踪学生动态，特别要留意其身旁新的突发事件。在学生因心理问题住院治疗或休学申请复学时，需提供三级甲等医院的相关证明，在返校学习期间，辅导员要密切关注学生情况，定期面谈，了解其在校的思想、学习、生活等情况，有新的状况及时转介心理健康中心，避免再次出现危机事件。

面对突发心理危机事件，可参照流程图图1。

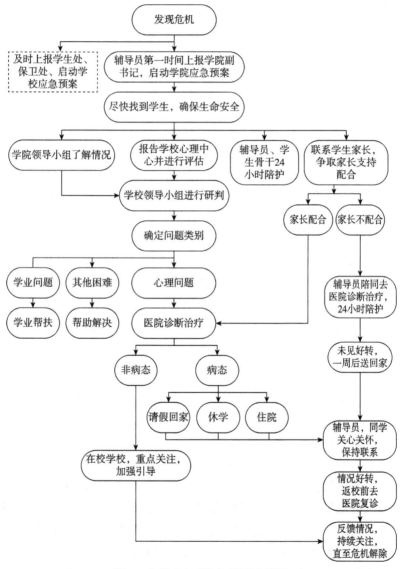

图1　大学生心理危机干预流程图

三、案例启示

（一）用好"快"字诀，迅速启动应急预案

将心理健康融合宿舍网格化建设，积极构建"副书记、辅导员、楼长、楼层长、区域长、宿舍长"六级宿舍网格化工作体系，加强心理危机干预工作"早发现、早报告、早研判、早预防、早控制"的"五早"预警机制落实，面对心理危机事件准确研判、有效干预，迅速集结骨干队伍。同时，避免网络舆情等次生灾害发生，做好后续工作完善跟进，及时复盘、总结经验教训。

（二）打好"精"字牌，夯实日常工作基础

不断织密防护墙、切实有效应对危机，日常工作做精做细。第一，抓全面，通过心理主题班会、专题讲座、团体辅导等活动进一步加强对全体学生的心理健康教育指导，并结合学生年级特点、个性化特征开展分类指导、针对性帮扶。第二，强队伍，面向学院全体心理委员、宿舍网格员开展专题教育培训，如《心理委员阳光成长、素质提升训练营》《优秀宿舍网格员表彰大会》《宿舍网格员专题培训暨誓师大会》《综合性校园安全隐患防范与应对培训》等活动，着力打造一支可靠、可信、可依赖的学生骨干队伍，健全畅通的信息反馈渠道，切实提升网格员队伍专业化建设和宿舍精细化管理，不断提高学生干部处理突发事件的能力，在辅导员到场前，能够初步控制局势，协助辅导员应对突发事件。第三，促宣传，加强心理健康教育网络宣传阵地建设，开发主题微课堂、微视频等网媒资源，建立线上线下心理咨询服务，为学生提供便捷的心理服务平台。第四，聚合力，由辅导员梳理"三个名单"：重点关注、需跟进和可能需要关注名单，由学院党委委员进行对接帮扶，同时，着力推进本科生导师制，落实三全育人，实施重点学生"周评估、月研判、季走访"举措，做到"问题识别—关注帮扶—专业干预—回归健康"闭环管理。

（三）念好"情"字经，用心服务全体学生

用心用情实现"精度、细度、深度、温度"的"四度"心理育人成效。第一，凸显心育"精度"，结合学校心理危机干预流程，细化完善学院心理危机干预流程图，促进多方高效的双向沟通。严格遵守保密原则，规范化更新、整理、保存心理台账，做到心理健康工作有过程、有记录、有分析、有总结。

第二，提升心育"细度"，通过提供多重心理服务，如依托微信公众号"解忧杂货店"专栏以线上树洞形式倾听反馈，征稿同学们的"解忧心故事"进行线上分享，依托"识心驿站"专栏向学生普及心理学小知识，通过文字、配音、视频等多种形式触及心灵，引导学生正确认知自我，注入心能量。第三，拓展心育"深度"，利用开学、心理健康服务月等重要时间节点，组织开展丰富多彩的心理健康教育主题活动，如曼陀罗、心理能量杯绘画工作坊，户外素质拓展，依托大中小一体化思政平台开展心理健康教育共建共育活动等，增强心理健康教育吸引力和感染力，拓宽教育途径，推动心理健康教育工作向纵深发展。第四，展现育人"温度"，从"五项关注"出发，不断完善心理育人工作。关注学生情绪、及时进行心理疏导；关注特殊群体，重点帮扶、分类指导；关注思想动态，加强思政教育、注重舆论引导；关注学生诉求，畅通反馈渠道，及时回应学生问题；关注家校共育，要通过多种方式，经常性地与家长进行沟通，有效了解学生家庭的实际情况，及时向家长反馈学生在校的学习和生活情况，以便有针对性地为学生提供指导与帮助，促进家校育人合力的形成，日常依托线上平台，积极组织开展心理健康教育主题线上沙龙、征集"爸妈的唠叨话"、告白"我的李焕英"感恩教育等活动，加强家校沟通联动，切实获得家长支持配合。

总之，高校作为高等教育的重要阵地，高校的安全稳定直接关系国家和社会的稳定，随着社会发展和时代进步，高校面临内外部环境双重变化的巨大压力，突发事件不可避免，关键是要深入研究这一问题，作为高校辅导员，我们应当不断加强应对突发危机事件处置的能力，工作中始终坚持"生命至上、安全健康第一"的基本原则，引导学生珍爱生命、敬畏生命，以"心育"促"德育"，推动学生全面发展，培养担当民族复兴大任的时代新人，为构建和谐稳定校园贡献力量。

参考文献

［1］刘源：《高校辅导员应对校园危机事件的法律思维》，载《法制博览》2022年第30期。

［2］邱若溪：《高校辅导员应对"00后"大学生校园危机事件分析》，载《办公室业务》2022年第18期。

［3］胡会敏、严贝贝、张祥：《高校辅导员在校园危机事件中的素质能力和应对策略

研究》，载《太原城市职业技术学院学报》2022 年第 8 期。

［4］魏文静:《辅导员应对校园危机事件之"三机"模式研究——基于一起校园危机事件的处理案例》，载《公关世界》2022 年第 16 期。

浅析优秀传统文化融入大学生思政教育

李苗苗

天津科技大学机械工程学院

【摘　要】孔子说"人能弘道，非道弘人"。中华民族之所以历尽五千多年的磨难而屹立不倒，就是因为我们的文化有着强大的凝聚力，巨大的抵抗力，博大的向心力。文化需要传承，正如事业需要接班人，培养高校学生认真学习和发展中华民族的传统文化就是在培养建设中国特色社会主义伟大事业的接班人。基于此，本文针对当前高校关于中华优秀传统文化教育领域的认识和理解不够充分的问题，通过将优秀传统文化与时代热点以及学生自身发展相结合，针对中华优秀传统文化的传承与发展，以及其对改革与创新方面的重大影响，深入浅出地进行详细论述，最终很大程度去掉传统文化的晦涩，走进学生的生活，使学生认知到传统文化的魅力，并自觉进行传承。本文在一定程度上将对中华优秀传统文化在新时代更好的传承与弘扬，以及提升学生的爱国主义情怀，增强学生的文化自信起到促进作用。

【关键词】传统文化；思想政治教育；传承；高校学生

一、优秀传统文化融入大学生思政教育的发展趋势

自党的十八大以来，习近平总书记反复强调，中华优秀传统文化是我们中华民族的精神命脉，也是中华民族精神领域的显著优势，是文化自信的重要来源。文化是一个民族进步的灵魂，也是一个民族在世界民族之林中屹立不倒的精神支柱。中华民族作为世界上一个有着悠久历史和灿烂文明的古老民族，正是因其独特而富有魅力的文化，才能历久弥新，几经波折而不衰。随着中国在国际舞台上的作用日益强大，中国文化更是引起了中外学者的广

泛关注，作为社会主义人才的培养基地的中国高校，更是需要高度重视文化自信的力量，加强文化育人，提升高校学生的爱国意识，丰富高校学生的精神世界，增强高校学生的文化认同感和意识形态领域的归属感。朱艳红等对山东四所高校本科生及教师进行实证研究，得出对于如何传承和弘扬中华优秀传统文化，高校的大学生有较为清晰的认知，认为各高校应增强对于中华优秀传统文化方面的教育和认识，增设传统文化类相关课程，多组织文化讲座和相关活动。当前一些高校教师已经开始强烈呼吁，要大力加强对新时代大学生中华优秀传统文化的教育，努力为学生营造中华优秀传统文化的学习氛围。

习近平总书记曾指出，中华优秀传统文化已然化作华夏民族的精神内核，融入国民血液，无时无刻不制约着中国人的思维方式与行为习惯。2017 年《关于实施中华优秀传统文化传承发展工程的意见》提出，要把对中华优秀传统文化放在国民教育的重要位置，在国民接受教育的过程中，优秀传统文化的教育要贯穿始终，这表明传统文化对于国家发展而言必不可少，加强传统文化教育体现着我们党对中华优秀传统文化教育的高度重视。党的十九大报告指出，中华优秀传统文化是中国特色社会主义文化的重要源泉。如今自媒体非常发达，高校学生接受信息的方式也多种多样，袁志平等通过网络调查问卷发现，当代许多大学生对西方和日韩等的文学作品及民俗风情产生了强大的热爱之情，而且也在逐渐摒弃自己文化的优秀传统。这些现象之所以形成，主要还是因为我们现在高校教育中对中华文明的解读不够深入，对传统文化的理解不够深刻。王玉荣等为了解民众对中华传统文化与社会主义核心价值观的认同情况，对安徽地区 2000 多名民众开展问卷调查。分析结果显示民众基本知晓和认同社会主义核心价值观，但中华优秀传统文化内涵仍需进一步加强教育和宣传。

2010 年《国家中长期教育改革和发展规划纲要（2010—2020 年）》以及2014 年教育部颁发的《完善中华优秀传统文化教育指导纲要》等文件体现了对于中华优秀传统文化教育工作的高度重视，也对高校辅导员加强中华优秀传统文化的传承提出了明确要求，文件明确提出有效开展高校立德树人工作，前提是一定要推动传统优秀文化在高校大学生思想政治教育过程中的内在深化和外延发展。梁菁等对当前高校辅导员的文化素养进行研究后发现，当前高校中华优秀传统文化传播仍存在很多问题，这些问题也直接体现了高校辅导员的媒介素养仍然存在欠缺。任何一个领域的竞争到最后都要归根于文化的竞争，高校作为未来中国各领域发展所需人才的聚集地，必须拥有良好的校园文化，使学生树立起正确的人生观、价值观、世界观，才能更好地为党和国家的建设与发展贡献力量。

中华优秀传统文化彰显着中华民族独特的精神气质和价值追求，是中华民族的精神根脉，蕴含丰富的立德树人教育资源。文化对于一个国家发展而言有着至关重要的作用。中国文化告诉我们"大学之道，在明明德，在亲民，在止于至善"。做人最根本的就是修身，即如何做人。习近平总书记指出，思想政治工作从根本上说是做人的工作，必须围绕学生、关照学生、服务学生，不断提高学生思想水平、政治觉悟、道德品质、文化素养，让学生成为德才兼备、全面发展的人才。

二、优秀传统文化融入思政面临的难题

谈起传统文化，包括高校学生在内的很多人往往第一反应就是"之乎者也"，觉得晦涩难懂，这就使中华优秀传统文化融入思政工作时面临一些阻碍。要突破的这一难点就是要让我们高校学生理解中华文化的智慧，而不是停留在只知其句，不知其意的阶段。如何使学生更好地理解传统文化，是当前要解决的一个重要问题。将中华优秀传统文化与新时代中国特色社会主义文化相结合，才能把书本上的智慧与现实生活相结合，深入浅出，使学生切身感受"道不远人"，并深刻了解我们的传统文化所包含的智慧可以为每个人解决实际问题。

三、优秀传统文化融入大学生日常思想政治教育的实践措施

（一）形成中华优秀传统文化的"传承与发展"研究专题

1. 建立用中华优秀传统文化进行立德树人的工作机制

立德树人是当前高校思政教育中的重要一部分，因此我们要善于结合我们的传统文化，从传统文化中挖掘教育方法。中华传统文化讲"自天子以至于庶人，一是皆以修身为本"。基于修身这个基本出发点，我们从古至今接受教育的起点，都是先学做人。

任何国家或民族要想得到延续，必须以民族文化为核心的民族精神得以传承为基础，并且在新的时代背景下将本民族的传统文化进行创新和发展。立足于新时代，我们的高等教育应该培养学生的优秀品格。我们的文化教给我们的是要在与外界接触时保持友好、理解的态度，不能把自己不想做的事情强加于别人，更不能强迫别人为自己服务，我们圣人早就说过"己所不欲，勿施于人"。

基于此，今后工作方向要以学生为主人的学习方式进行，即组织学生进行"新时代，读经典，善分享"的学习方式，激发学生对优秀传统文化独立思考的能力，提升学生将优秀传统文化与实际相结合的能力，即将自己学习优秀传统文化与新时代社会实际相结合后的所思所获，通过讲课方式分享给其他同学，并展开讨论和研究，从而加深自身理解，帮助他人理解，与此同时要求相关专业老师进行指导和点评，形成将学生定期讲经典纳入个人综合测评考核的工作机制。

2. 牢固树立中华优秀传统文化对学生及国家影响巨大的教育意识

高校学生的意识正处于一个逐渐成熟的阶段。一个人的意识形态决定着其价值观、人生观和世界观，因此多元文化的杂糅，会使一些认知能力和分析能力稍差的学生形成错误的价值观，这也在很大程度上导致其将自身与国家割裂开来，认为自身的发展与国家没有关系，这样的现象应该引起我们高校教师尤其是辅导员的高度重视。我们的学生必须知道文化得以传承和发展，国家才能得以自强和壮大，从而老百姓也才能幸福和美好。而文化的传承与发展的主要责任就在我们的学生身上，特别是高校学生身上，因为高校学生正值价值观、人生观和世界观形成的成熟阶段，也是从少年到青年的关键阶段，更是成为国家栋梁之材的紧要阶段。我们的优秀传统文化必须让高校学生深入了解，才能发挥真正的文化魅力，才能体现真正的文化价值，才能树立真正的文化自信。

（二）形成"改革与创新和中华优秀传统文化密不可分"的思政教育理念

1. 树立学生"中华优秀传统文化孕育伟大成就"的思维

国家的改革与创新直接影响着国家的发展速度、发展质量与发展水平，而一个国家采用什么样的改革方式，进行什么样的创新内容，走什么样的改革道路，用什么样的创新方法，取得什么样的改革成效，收获什么样的创新成果，是由其民族基因决定的，这个民族基因就是由本民族文化孕育而成。现在的高校学生就是国家未来改革创新的生力军，因此要使学生明白我们的传统文化不是束之高阁的典章古籍，而是可以为人民服务的有力武器。我们的"一带一路"建设、"绿水青山就是金山银山"创新生态发展理念、人类命运共同体等理论无不是根据中国特色地域人情，文化土壤，结合世界发展趋势提出的新时代思想理论。这既提升了我国的综合国力，也丰富了中国特色社会主义理论。以习近平同志为核心的党中央经过不懈奋斗形成的习近平新时代中国特色社会主义思想更是坚持了中国特色，提升了文化自信，丰富了中国智慧。

2. 树立学生"传统与革新是有机统一"的辩证逻辑

在日常的思想政治教育工作中，务必要使学生明白，传统文化与改革创新是有机统一的整体，因为改革创新在任何时候都是顺应时代潮流的。社会科学和自然科学都告诉我们，运动是绝对的，静止是相对的。历史告诉我们，古今中外凡是在世界上具有影响力的政权无不明白"物不因不生，不革不成"的道理。故步自封只有灭亡，改革创新才是走向繁荣昌盛的唯一途径。中国文化告诉我们，我们要不断进步，要每日"三省吾身"。深刻了解了自身不足之后，就要去改变，去使自己变得更加美好，更加灿烂，这正如诗圣杜甫所言"新松恨不高千尺，恶竹应须斩万竿"。

3. 树立学生"中华优秀传统文化是革新的智慧源泉"的文化自信

改革创新在任何时候都是国家进步的动力源泉。今天我们国家取得了举世瞩目的成就。无论是科学技术，还是经济建设无一不令很多西方国家赞叹。这些成就无一不是我们党在制定了改革开放的基本国策之后所取得的，正如邓小平同志所讲，改革是中国发展生产力的必由之路。我们之所以站在历史的关键时期依然要大力弘扬和发展中国优秀传统文化，是因为中国文化是开放的文化，是可以海纳百川的先进文明，是我们文化自信的源泉，更是我们海内外中华儿女的灵魂所在，没有灵魂一切无从谈起。今天我们谈中国文化，就是要增加我们在改革创新道路上披荆斩棘的决心和信心，因为我们的文化告诉了我们"变者，天下之公理也"。

结　语

优秀传统文化融入思政教育既是机遇，也面临着极大的挑战，高校应该加强对中华优秀传统文化的重视，促进传统文化进校园，将优秀传统文化与时代热点以及学生自身发展相结合，使学生认识到我们的传统文化不是束之高阁的典章古籍，而是可以解决自己衣食住行之类实际问题的有效工具，是可以提升国家综合国力的智慧源泉，是可以为人民服务的有力武器。学生认识到这些，才会很大程度上激发自身的主观能动性，从而自觉传承和发扬中华优秀传统文化。

参考文献

［1］朱艳红、王雁：《高校师生对中华优秀传统文化认知状况的调查与分析》，载《领导科学论坛》2018 年第 11 期。

［2］中共中央宣传部编：《习近平总书记系列重要讲话读本》，学习出版社、人民出版社 2016 年版。

［3］《中共中央办公厅、国务院办公厅印发关于实施中华优秀传统文化传承发展工程的意见》。

［4］袁志平、朱丹：《中华优秀传统文化的校园认同：现状、问题与提升策略——以交通运输工程学院大学生为例》，载《黑河学刊》2019 年第 2 期。

［5］王玉蓉、夏果：《中华优秀传统文化与社会主义核心价值观认同现状及对策——以安徽部分地区为例》，载《安徽农业大学学报（社会科学版）》2018 年第 5 期。

［6］梁菁：《高校辅导员在中华传统文化传播中的媒介素养研究》，载《新闻研究导刊》2018 年第 19 期。

［7］方华、孙成武：《高校中华优秀传统文化课程体系建构的逻辑》，载《西北师大学报（社会科学版）》2019 年第 4 期。

［8］于雅岑：《高校传统文化靶向教育研究》，载《中国国情国力》2018 年第 10 期。

实践何以育人：时代新人视域下高校
实践育人的四重审视

尹　娜

天津科技大学

【摘　要】 实践育人是思想政治教育体系的重要环节，是落实立德树人根本任务的重要抓手，是培养"担当民族复兴大任的时代新人"的重要途径。梳理实践育人的理论基础和价值意蕴，定位实践育人铸魂时代新人的应然角色，坚持问题导向认清实然表现，发现育人症结所在，依托"三个三"，以导向为魂，强化思想引领；内容为王，强化专业发展；创新为核，强化组织协同的角度精准发力、科学施策，完成对实践育人的四重审视，形成实践育人闭环。

【关键词】 时代新人；实践育人；高校

培养什么样的人、怎样培养人、为谁培养人，是教育的根本问题，也是建设教育强国、科技强国、人才强国的时代课题。党的二十大报告明确指出，要"着力培养担当民族复兴大任的时代新人"，这是在对世情、国情、党情深入分析后给出的科学回答，是新时代中国特色社会主义事业后继有人的基本依循，关系着"党之大计、国之大计"的最终实现。时代新人是具有"历史感、时代感和'类'特征的实践主体"，是在一定社会历史条件下，符合历史方位需要，彰显时代精神，能够肩负时代责任与使命，并为之砥砺奋进的社会主体的现实性指向、"整体性指称和群体性写照"。为此，需要党和国家广泛且深入、持续且有效的推进实践育人工作，需要广大教育工作者回归教育本质和实践本源，在审视中探索育人规律，在实践中铸魂时代新人。

一、何谓实践育人：实践育人的理论溯源与价值意蕴

2017 年 12 月，教育部发布了《高校思想政治工作质量提升工程实施纲要》，提出"充分发挥课程、科研、实践、文化、网络、心理、管理、服务、资助、组织等方面工作的育人功能，挖掘育人要素，完善育人机制，优化评价激励，强化实施保障，切实构建'十大'育人体系"的基本任务。此后，各高校积极行动做了诸多有益探索，在此过程中也更加认识到了实践育人具有的深刻的理论支撑、明确的内在要求、深厚的文化底蕴以及丰富的价值意蕴。

1. 马克思主义实践观夯实了实践育人的理论基础

实践是马克思主义哲学的核心范畴，实践性是马克思主义理论的本质特性。马克思曾在《关于费尔巴哈的提纲》中说"全部社会生活在本质上是实践的"，同时鲜明指出"哲学家们只是用不同的方式解释世界，而问题在于改变世界"，强调了实践的本质及其在认识和改造世界中的作用。正如习近平所言："实践性是马克思主义理论区别于其他理论的显著特征。"延续了"实践性"血脉基因的马克思主义实践观还被深深打上了"育人"的烙印，其实质就是马克思主义的实践育人观，即"以人的生命活动为出发点的，指向生活实践与生产实践，可以理解为人具有的创造性的自由自觉的生命活动"。由此可见，实践的起源是自我满足，主体是人，过程是自我完善，目的是获得能力，实现人自由而全面的发展。正如马克思终其一生都在告诉我们，"观念的实践需要拥有强大的实践能力的人"并且"我都将活力四射"。以上的思想和实践精华均为我们搭建实践育人框架、明确实践育人目标、探索实践育人方式奠定了坚实基础。

2. 党的教育方针明确了实践育人的内在要求

党的教育方针在教育发展中具有根本性地位，是教育工作的根本遵循。百余年来，党的教育方针始终高度重视教育与生产劳动和社会实践相结合。从"教育需要为社会扩大再生产培养各层次的劳动力服务"到"我们的教育方针，应使受教育者在德育、智育、体育几方面都得到发展，成为有社会主义觉悟的有文化的劳动者"，党和国家第一次以教育方针的形式明确"德育"的首要位置，也是第一次正式提出培养"劳动者"的目标，可谓是我国"实践育人"理念的早期雏形。随后，党的教育方针经历了不同时期的演进，但

"坚持教育与生产劳动和社会实践相结合"的要求始终未变。进入新时代，尤其是党的十八大以来，以习近平同志为核心的党中央站在国家和民族发展的战略高度，决定把劳动教育纳入社会主义建设者和接班人的要求之中，确定了"培养德智体美劳全面发展的社会主义建设者和接班人""培养担当民族复兴大任的时代新人"的教育方针。现在，经过最终修订形成了56字教育方针并写入《教育法》，使"实践育人"成为党和国家"怎样培养人"的方式选择。

3. 中华优秀传统文化滋养了实践育人的文化沃土

实践育人也闪耀着中华优秀传统文化关于"知"与"行"的思想光辉。代表人物就是明代著名思想家、教育家王阳明。王阳明在创立的"阳明心学"中提出了"知行合一"的育人理念，强调"知是行之始，行是知之成"。后来，被中国人民教育家、思想家陶行知重新作了表述为"行是知之始，知是行之成"，强调"行"也就是"实践"对于学习和认识事物的先导作用，只有通过实践才能获取真知，将知行思想升华到了崭新高度。透过"知行合一"的视角来审视中国教育，我们不难发现，长期以来我们的教育并未在这条宽阔的跑道上向前驰骋，而是偏离了中心，造成了"知"与"行"的背道而驰。还好，党和国家深谙教育之道，及时开展了教育教学改革，智慧地将实践育人作为教育的原则得到最大程度的执行，让"知"与"行"真正合一，成为助推中国教育行稳致远的"护航神器"，也作为深厚的文化土壤滋养实践育人在中国大地"枝繁叶茂"。

4. 习近平实践育人重要论述丰富了实践育人的时代内涵

在了解习近平实践育人重要论述之前，他自己的经历就是一部值得学习的"活教材"。在梁家河的七年知青岁月中，放羊、锄草、挑粪、拉煤，他什么苦都吃，劳动实践经历锻造了他干工作要"严谨务实，一分耕耘，一分收获，苦干实干"的认知。在正定、福建、浙江、上海等地工作时，他主动帮助乡亲父老锄地、间苗、修渠、下矿，身体力行诠释"生活靠劳动创造，人生也靠劳动创造"的价值观。后来在担任党和国家最高领导人后，习近平也依然不改实践本色，10余年里约100余次到基层考察，每年五四青年节都会到学校看望广大师生，将"我将无我，不负人民"的誓言落实到行走于世界各国、祖国各地的生动实践中。实践是理论之源，习近平结合丰富的实践经验，着眼于人才培养和国家发展的需要，申明了实践育人的重要价值。"生活靠劳动创造，人生也靠劳动创造""青年人不做过客、看客，要做奋进者、开拓者、奉献者"等寄语成为青年一代的人生信条。同时，突出思想引领、立足全面发展、坚持问题导向、着力造就人才也赋予了习近平实践育人重要论述新的时代内涵，持续推动新时代实践育人高质量发展。

二、实践为何育人：高校实践育人在时代新人培育中的应然角色

时代新人，培育的前提是时代，塑造的核心是新人。为此，实践育人需要结合时代特征和新人特点，体现时代的"协同性"，引领实践的"价值性"，激发新人的"主体性"。

1. 高校实践育人激发时代新人的主体性

人的主体性是人的本质的第三层次，也是最高层次。人只有在实践中充分体现能动性、自主性和自为性，才具有自主性。如果摒弃了活动的载体，脱离了实践的环境，则人的主体性也会随之消失。只有当人成为实践者发起活动时，人的主体性才得以彰显。也就是说，只有当学生参与到社会实践中来，成为活动的主体，其做出的行为才能对自己起到积极的教育目的和意义。所以，大学生需要带上两面"镜子"，一是"生产"，二是"交往"，并在社会实践中，反映自己、认识自己、发展自己。时代新人的新思想、新认识、新能力、新作为也将在主体性的作用下，发挥实践育人的本质力量。

2. 高校实践育人引领社会实践的价值性

实践育人除了具有"实践性"的显著特征，育人过程中体现的"价值性"也是其本质特征，用以区别简单操作性做工和一般意义上的生产劳动，体现思想政治教育元素。习近平在全国高校思想政治工作会议上强调，"坚持把立德树人作为育人的中心环节"，坚持"以立德为根本""以树人为核心"。时代新人是"担当民族复兴大任"的，是社会主义事业的建设者和接班人，为此需要为人民谋幸福而实践、为民族谋复兴而实践、为世界谋大同而实践。这一切的实践均被赋予了党和国家的殷切希望，被给予了时代和人民的期盼。为此，高校需明确实践育人的任务和方向，引导学生"把自己的人生追求同国家发展进步、人民伟大实践紧密结合起来"，将"小我"融入"大我"，在融入"大我"中升华"小我"。

3. 高校实践育人体现顺应时代的协同性

事必有法，然后可成。"协，众之同和也"，"协同性"贯穿时代发展各

方面、各环节，成为当今时代的鲜明特征，当然也被应用于实践育人的教育领域，彰显顶层设计、统筹协调、优势互补、合作共赢的协同智慧。首先，做好顶层设计，落实"三全育人"。社会、学校、家庭、学生都要参与到"全员育人、全程育人、全方位育人"的实践中，寻找实践育人与全面发展的共生点。其次，"要更加重视实践育人，加快构建'实践育人共同体'"，使其与"五育并举"协同共进，精准育人、全面育人。最后，要善于整合教育资源，开拓创新。高校可以在实践育人"大师资""大思政""大平台""大联动"方面下功夫，打通内外、协同整合，集智慧、资源、格局为一体，在育人方式、办学模式、管理体制、保障机制方面为时代新人培育铺路搭桥。

三、实践育人如何：高校实践育人在时代新人培育中的实然表现

社会实践是实践育人的重要载体，也是当代大学生认识社会、了解社会、服务社会的重要途径，更是培育时代新人的应有之义。尽管社会实践取得了一些成绩和育人效果，但是仍然存在：参与主体价值取向功利化，缺乏能动性；覆盖内容同质化，缺乏针对性；组织管理分离化，缺乏协同性的现状，需要认真分析和破解症结。

1. 社会实践参与主体价值取向功利化，缺乏能动性

大学生参与社会实践是学以致用、增强素养、奉献社会、提升自身的过程。当前，部分大学生缺乏对社会实践重要性的正确认识，表现出功利性倾向，服务他人的意识逐渐淡化。在一些学生看来，社会实践不过是完成学习任务的一个环节，或者说是一种评奖评优的加分工具。他们未能真正理解实践育人的内涵，将参与社会实践等同于走马观花，缺少发现问题解决问题的锻炼精神和主观能动性。不仅如此，还有少数学生以"拼凑"的形式撰写实践报告，从本质上说，这种"纸糊"的社会实践，阻碍了学生自身主观能动性的发挥，导致其理论知识与实践活动结合出现"断层"。

2. 社会实践覆盖内容同质化，缺乏针对性

大学生实践活动普遍存在这样的问题：频率高质量低，难以真正深入一线，结合专业所长展开实地调研；复制率高，创新性低，缺乏可挖掘、有内涵的实践体悟；参与活动目的不明确，活动取得的效果一般等，这就会带来社会实践与课程的实践环节、实习实训等的区别和连接问题。不可否认的是，还有少数大学生的社会实践活动仍停留在表层，以参观走访、志愿服务及就

业实习为主，与专业紧密结合的实践有限，与专业相关的课题项目、创新项目结合的调研不多。

3. 社会实践组织管理分离化，缺乏协同性

每年开学季、寒暑假，各地各高校的社会实践活动"下令快""热度高"，但缺乏顶层设计统筹，各个职能部门对大学生社会实践的认可度不够，重视不足，配合不到位，未能发挥协调作用，多项社会实践活动叠加，但并没有形成合力，资源和精力容易被分散，实践育人效果不佳。另外，很多社会实践并没有同家庭和社会资源形成有效链接，当代大学生的主要代表是"00 后"，他们的思想前卫，注重自我，强调个性，社会实践要想以学生需求为中心，仅靠高校供给显得太过单一，亟须从学校、家庭、社会多方协同，建立结对，以实现思政育人与社会发展同频共振。

四、实践如何育人：高校实践育人在时代新人培育中的必然途径

实践育人的本质在于"育人"，这既是一种教育观念，也是一种助推青年全面发展的教育方式，要想让青年形象在社会实践中经风雨、见世面、长才干、促发展，就要做到"三个三"，即：导向为魂，强化思想引领；内容为王，强化专业发展；创新为核，强化组织协同，力求从上述角度精准发力、科学施策。

1. 导向为魂：坚持政治引领，强化育人目标

坚持鲜明的政治导向和价值引领，聚焦"坚定理想信念""增强做中国人的志气、骨气、底气"，组织学生重温习近平总书记重要考察足迹、深刻感知新时代十年伟大成就、着力强化"四史"教育，实地体验中华优秀传统文化等活动，实现思想引领效果最大化。另外，新时代高校实践育人工作，要顺应"互联网+"发展趋势，做好网络思政引领工作。比如以高校特色育人主题为依据，定期对"项目区块"中的育人元素进行调整和完善，采用"微课""短视频""直播"等线上形式，定点供应、随时供应，并辅之以线下的辅导和监督，引导学生树立家国情怀，实现从"我能从社会实践中获得什么"向"通过社会实践我能为人民群众带去什么"的思想升维与价值升华，让学生演好这部有高度又有广度，有温度又有深度的"社会实践大剧"。

2. 内容为王：结合专业特色，强化内涵发展

习近平总书记指出，要让更多社会实践活动聚力于专业和课题任务，促

使大学生在社会实践中不断深化课堂所学，强化社会责任感，同时向社会提供有价值的产品。首先，用情走心的规划。要从学科发展、专业优化、授课内容等方面对实践育人工作进行专业化管理，并由具有思想政治教育背景的任课教师和有相关科研项目经验的教师共同指导实践活动，从活动的整体计划、人员组成、配套条件等宏观层面进行综合谋划，并将每次活动的流程、服装、道具等微观层面落实到位，体现工作的专业性和严谨性。其次，以小见大的情怀。紧密结合学科专业，强化特色性实践服务，如工科学生走向国家重点单位、专精特新企业，努力解决"卡脖子"难题，着力推动地方经济社会发展；师范类学生要聚焦教育强国建设，开展乡村支教、"特岗计划"等实践项目，带动欠发达地区教育质量整体提升等。最终的目的，都是在调查研究中掌握一手资料夯实基础，在对接社会中应用专业所学促进能力提升，在发现和解决问题中培塑综合素质，让"扎实功底"助推"内容为王"，最终成就"时代新人群像"。

3. 创新为核：打造协同格局，强化三全育人

（1）加强校内交流融合。第一，组建"大师资"实践育人队伍。高校要发挥好专业课教师的"智囊团"作用，将实践环节与专业学习紧密结合；让班主任和辅导员建立起实践活动关系"拓扑图"；强化管理及后勤部门的"服务型"办公模式，进而形成育人合力。第二，搭建社会实践"大平台"。将各级各类社会实践活动平台按照学生成长成才需要进行分类、重组、整合，打通沟通壁垒和障碍阻隔，实现双向受益与多方共赢。如，可将教务处负责的"互联网+"、大学生创业，团委负责的挑战杯、三下乡，学工部负责的新时代实践行、礼敬中华优秀传统文化等相对独立的社会实践平台升级为交互型的社会实践"大平台"，聚力打造成理想信念教育的"信仰红"思想引领类、提升专业技术和能力素质的"科技蓝"创新创业类、弘扬社会主义核心价值观的"暖心黄"志愿服务类社会实践活动集群，以品牌化、专业化、精细化的建设理路提升社会实践的育人实效。

（2）加强校内外协同联动。第一，画好"家校社"育人同心圆。党的二十大报告指出"健全学校家庭社会育人机制"。教育部等十三个部门联合印发了《关于健全学校家庭社会协同育人机制的意见》，并提出到2035年，形成定位清晰、机制健全、联动紧密、科学高效的学校家庭社会协同育人机制。学校作为实践育人的主力军，要积极开拓优质社会资源，建立"实践育人共

同体"，使实践育人"与新技术、新产业、新业态相呼应"，让学生拥有"把论文写在祖国大地上"的志气。家庭作为孩子的第一所学校，要给予充分的关心理解和帮助引导，学生在充满爱的亲密关系中才能获得敢于"经风雨、见世面、壮筋骨、长才干"的骨气。社会作为实践育人的主阵地，要提供良好的实践环境和丰富的实践资源，帮助学生尽早从"走近"社会到"走进"社会，夯实"到祖国最需要的地方建功立业"的底气。第二，架好"定向结对"连心桥。坚持"走出去"和"请进来"相结合的结对思路，建立常态化交流机制，强化社会实践联动。高校可结合实施"时代新人铸魂工程"、习近平新时代中国特色社会主义思想主题教育、学科特色等与校外有关单位、企业、社区、乡村、高校建立沉浸式、体验式、交互式实践教学基地和教育实践体验基地，以科研院所、高新技术产业园区、创业孵化基地等为依托，建立高校双创实践基地、就业实习基地和勤工助学基地，带领学生在"走出去"亲身实践的过程中加强交往交流交融，深化定向结对互动。同时，还可大胆"请进来"。请解放军和武警部队、企事业单位、村（社区）支部等党团组织进来，与样板党团支部、先进班级、优秀社团等结对交流，在"十大育人体系"基础上推动建立"党建+实践"组织育人与实践育人融合发展模式；请重点行业企业、区域发展龙头企业进来，建立企业名师工作室、实习实训基地、校外辅导员工作室等，高校发挥智库在人才和学科方面的优势予以指导合作，为大学生实习实践、创新创业、就业发展等创造"家门口"的便利条件，让社会实践协同主体真正"活起来"，让广大学生在实践中真正"动起来"。

"时代新人"是我国高等教育对于"培养什么人"这一重要问题的现实回答。实践育人是新时期高校大学生思想政治教育的重要环节，是贯彻党的教育方针、落实中央立德树人根本任务的有效途径。广大青年必将在亲身实践中，厚植家国情怀、了解国情民情、增长知识才干、激发挺膺担当，与党和人民一同创造堪称"绝绝子"的"真香"时代。

参考文献

［1］习近平：《高举中国特色社会主义伟大旗帜 为全面建设社会主义现代化国家而团结奋斗——在中国共产党第二十次全国代表大会上的报告》，人民出版社 2022 年版。

［2］张鲲：《新时代"时代新人"之主体性建构》，载《思想教育研究》2018 年第

10 期。

[3] 吉喆、崔艳龙、杨弘：《论时代新人的时代意涵、现实困境与实践路向》，载《东北师大学报（哲学社会科学版）》2020 年第 6 期。

[4]《马克思恩格斯选集》（第 1 卷），人民出版社 1995 年版。

[5] 习近平：《在纪念马克思诞辰 200 周年大会上的讲话》，载《人民日报》2018 年 5 月 5 日。

[6] 袁贵仁：《马克思的人学思想》，北京师范大学出版社 1996 年版。

[7]《习近平：把思想政治工作贯穿教育教学全过程》，载《人民日报》2016 年 12 月 9 日。

[8] 中国教育部党组：《深入学习贯彻习近平总书记关于青年学生成长成才重要思想大力培养中国特色社会主义建设者和接班人》，载《光明日报》2017 年 9 月 8 日。

[9] 教育部办公厅：《关于深化高校学生暑期社会实践活动的通知》。

[10] 教育部办公厅：《关于健全学校家庭社会协同育人机制的意见》。

高校师生党支部深度融合共建机制研究

张 彤

天津科技大学

【摘 要】高校党支部主要由教师党支部和学生党支部组成。二者往往独立开展工作，各自进行建设，缺少联系和沟通。高校师生党支部深度融合共建可以取长补短，发挥各自的优势，弥补不足，共同发展进步，增强战斗堡垒作用。目前已经逐步发展成为高校党支部建设的重要形式，未来必将成为主流，为党建工作带来积极的作用。

【关键词】高等院校；党建；党支部

高校党支部是党在高等学校的最基层组织，在基层单位的领导下开展工作，处于政治核心地位，发挥着强大的战斗堡垒作用。高校党支部主要可分为教师党支部和学生党支部。虽然二者在同一个党委领导下，但是往往独立开展工作、各自进行建设，缺少联系和沟通。学生与教师的联系主要来自课堂，很少依托于各自的党支部。教师支部和学生支部各自存在优势和不足，如果能够深度融合共建可以取长补短，发挥各自的优势，弥补不足，共同发展进步，增强战斗堡垒作用。高校师生党支部深度融合共建作为一项创新的尝试，逐步发展成为高校党建工作中的一项重要内容，未来必将成为一种主流的形式，为党建工作带来积极的作用。

一、高校师生党支部深度融合共建的意义

（一）高校师生党支部深度融合共建可以实现师生支部的优势互补

教师党支部和学生党支部都有着自身的优势也存在着自身的不足。教师党支部党员都是各专业骨干教师，理论水平高，建设经验丰富，但是在党员

活动中缺少热情和活力。学生党支部都是具有先进思想的青年学生，具有创新的思维和活动的热情，支部活动参与程度高，希望把支部各项工作开展好，但往往因为刚加入党组织，理论水平不高，专业能力不强，缺少支部建设经验，工作往往开展得不规范，特别是在党员发展等重要环节存在一定疏漏。师生党支部共建是连接教师支部和学生支部的桥梁，可以通过深入沟通形成优势互补，相互促进，共同成长，推动各支部高质量建设。

（二）高校师生党支部深度融合共建可以更好发挥教师支部主体作用

《中共教育部党组关于加强新形势下高校教师党支部建设的意见》明确指出高校教师党支部是教育、管理、监督和服务教师党员的基本单位，是把党的路线方针政策落实到高校基层的战斗堡垒，是党团结和联系广大教师的桥梁纽带，是办好中国特色社会主义大学的重要支撑。加强新形势下高校教师党支部建设，对于落实全面从严治党要求，全面贯彻党的教育方针，坚持社会主义办学方向，落实立德树人根本任务，培养中国特色社会主义合格建设者和可靠接班人，具有重大而迫切的战略意义。与学生党支部共建，可以更好地发挥教师的思政引领作用，为日常教育教学拓展课堂外的新渠道，在与学生党员的支部活动中加强对学生的了解和沟通，进而通过学生党员了解一大批学生的所思所想，为今后教学提供支撑，同时也提高了党员教师的活动热情和实效，充分发挥了教师支部主体作用。

（三）高校师生党支部深度融合共建有利于促进学生专业学习

师生党支部深度融合共建不仅有利于学生思想政治教育，同时，可以通过对口专业的师生支部主题党日活动、师生结对子等形式的共建促进本专业学生的专业学习，同时发挥教师党员为学生办实事的热情，不仅局限于支部党员，还可以帮助专业内所有学习上有困难的学生学习，指导学生参与各项比赛和实践活动，发挥育人实效。

二、高校师生党支部深度融合共建的现状和问题

当前，越来越多的高校认识到师生党支部共建的积极作用并进行了许多尝试，但是由于对共建的制度和深层作用缺乏足够的认识，共建只停留在搞几次简单活动或者完成当前组织部布置的任务的阶段，缺乏有效的积极思考，效果并不突出。总结起来，主要存在以下问题：

（一）缺少共建制度，重形式轻内涵

根据已开展共建的兄弟院校实际的情况来看，多数师生支部的共建缺少必要的制度保障。上级党组织在党建考核中也只是将共建成果当作一项创新评价指标，对整体考核影响不大，很难形成后续推动力。教师支部往往把共建当作上级布置的任务，一个学期仅开展一两次简单的活动，没有将师生党支部融合共建作为一项长期工作投入精力，更没有制定共建的制度。从共建形式上看，主要集中在讲党课、座谈会、集体参观等，没有深入的沟通和交流，活动后多是以拍照、写感悟作为工作留存，注重宣传轻视内涵，久而久之，教师和学生都对共建这项活动产生了负面情绪，失去了兴趣，共建成了有名无实的"摆设"。在对学生的调研中，很多学生明确表示师生支部共建没有对自身产生思想和学业上的帮助，认为只流于形式。

（二）活动虎头蛇尾，重开始轻延续

部分开展师生共建的支部普遍存在重开始轻延续的现象。共建启动之初，轰轰烈烈，共建计划内容丰富，意蕴深刻。而在后续开展的过程中，多数活动没有按计划的内容和时间开展，往往临时为了应对上级检查而突击开展活动，拼凑活动资料。检查过后，共建又处于停滞状态。也有的共建支部在共建中通过调研找到了共建的方向，明确了共建的重点，发现了共建的问题，但在后续活动中没有按照计划执行，也没有解决问题。如此虎头蛇尾，重开始轻延续难以达到师生党支部共同学习、共同进步、共同发展的效果。

（三）活动创新不足，重结果轻特色

目前，大多数开展师生共建的支部存在一个普遍问题就是活动创新性不足。根据调研，开展的共建活动中座谈、观影、集体参观占绝大多数。多数教师和学生党员认为活动缺少创新，参加只是为了完成支部要求，没有体会到活动的兴趣和价值。活动组织者受到时间限制、资金短缺等因素的制约往往局限于简单的活动，目的是得到需要的结果，比如照片、总结等，缺少对活动本身的认真研究和探索。究其原因：一方面，因为教师党员本身承担着教学科研任务或者是行政工作，参与党建的时间和精力有限；另一方面，学生课程较多，对支部活动仅停留在参与而不是主动思考。如此，就弱化了支部活动的活力，创新不足，导致重结果轻特色。

三、高校师生党支部深度融合共建的有效策略

（一）确立共建的原则

学院教师支部和学生支部要在学院党委的领导下按照专业进行划分，教师支部书记应由党性意识强、教学经验丰富、对工作充满热情的教师担任，学生支部书记则由专职辅导员老师担任。在具体进行共建的过程中应坚持"以教师为主导，以学生为主体"的原则。充分发挥教师党员在党性修养、科研能力、育人为本方面的优势，把握共建的方向，主导共建的内容。在高校中，立德树人是学校的根本任务，师生党支部融合共建的主体应该是学生。要通过共建活动增强学生的党性修养，培养学生的党员主体意识，帮助学生高质量完成学业，引导学生更好地成长，充分发挥"全员育人、全程育人、全方位育人"的协同作用。在共建活动中，要发挥学生创新能力强、参与热情高的特点，让学生们多参与支部共建活动的策划，多听取学生的意见和建议，多开展学生喜闻乐见的活动。

（二）明确共建的目标

高校师生党支部共建之初就应该明确共建的目标。当前，高等教育的根本任务就是立德树人，师生支部的共建也要紧紧围绕这个总目标。将学生的思想建设和作风建设摆在首位，发挥教师理论知识丰富、专业技术过硬的优势，引领学生树立正确的世界观、人生观、价值观，坚定理想信念、成为社会主义合格的建设者和可靠的接班人。同时，让年轻人的蓬勃朝气感染教师，永葆共产党人的革命初心。

（三）建立共建的制度

师生党支部共建作为一项长期的活动要走向更深更广的空间，必然需要制度的保障。特别是学生支部人员流动大，每年都有新发展和毕业转出的党员。如何让共建活动持续推进，也要建立制度作为基本遵循。共建制度一般包括共建方案、管理制度、激励制度、考核制度、党员发展制度、资金使用制度等。有了完备的制度，共建才能做到常态化、规范化、透明化、合理化、有效化。同时，在制度的约束下，也可以随时接受上级党组织的检查和党员、群众的监督，有效促进工作更好地推进。

（四）丰富共建的内容

传统的党支部活动主要是座谈、观影、义务劳动等。党员感觉比较乏味，

热情不高，活动效果一般。师生党支部共建可以依托教师的资源优势，丰富活动的内容。比如，老师可以联系专业相关的企业，带领共建对口支部的学生走进企业进行参观学习交流，丰富视野；老师可以带领学生走入中小学，为学生进行义务课后辅导；有法律、心理等专业背景的师生还可以走入社区进行普法宣传，心理咨询；有医学背景的师生可以走进养老中心、福利院等为有需要的人员进行简单的体检和医疗知识咨询。如此，不仅能丰富支部的活动，使师生党员觉得活动具有价值，愿意参与其中，也能真正服务人民、奉献社会，彰显共产党员的本色。

（五）创新共建的形式

当前，网络高度发达，特别是近年来自媒体信息极大丰富，学生乐于在网上学习和交流。网络的发展给党建工作带来更为便捷和高效的方式，同时也带来了不少负面的影响，造成了极大的挑战。师生党支部共建的形式也要与时俱进，逐渐发展成为"线上+线下"的形式，围绕共建的目标，重点打造学习平台、互动平台和信息存储平台。

学习平台主要作用是共同进行学习，既包括对党的理论知识的学习也包括专业知识的学习。师生可以共同进行每次的支部集体学习，共同听党课，互相分享感受，彼此了解所思所想，对思想中的问题及时纠正。同时，教师可以帮助学生进行专业知识的学习，开展教师党员和学生党员一对一或一对多结对子，定期面对面交流，如果学生有学业上的困难也可以通过微信、QQ、腾讯会议等网上形式及时向结对教师请教，教师可以及时进行讲解。通过这种方式，实现党建+专业的融合。教师党员还可以开设个人微信公众号或微博账号，帮助学生筛选众多良莠不齐的网络信息，让学生通过此途径学习到过滤后的正确内容，鼓励学生在网上正确发声。

互动平台主要是便捷师生支部党员之间的交流。可以建立涵盖教师党员和学生党员的微信群或QQ群，教师党员在日常学习中可以分享好的学习资料、自己的心得体会、对学生有用的学习方法等。学生党员也可以分享自己的心得体会、疑难困惑、"三会一课"中不清楚的事项、党员发展和转正工作中存在的问题等。还可以根据支部委员、党员、积极分子、申请人建立不同的交流群，目的也是更好的交流。教师党员还可以通过个人微信公众号或微博账号与学生互动，增进彼此沟通。

信息存储平台主要是储存支部的各种资料。无论是教师支部还是学生支部，日常的"三会一课"、集体学习必不可少，申请人谈话、积极分子培养、党员发展、预备党员转正等工作不可或缺。每项工作都需要进行资料的整理和留存，往往教工支部资料完善、形式正确、更新及时，而学生支部存在资料欠缺、内容不全、格式错误等问题。可以通过建立公共邮箱、网络硬盘等形式，教师支部将正确的范本上传，供学生支部进行学习，帮助学生支部党建工作规范化、上水平。学生支部可以上传资料请教师帮忙审核，发现问题，及时整改。

（六）完善共建保障

无论是教师支部还是学生支部，都隶属于同一党委。党委要为师生支部融合共建提供相应的保障。第一，要逐步完善共建制度，将其纳入学院的党建重点工作，从学院内一两个支部的试点逐步进行推广；第二，要将共建成果纳入教师考核体系，对于在共建活动中投入多、有实效的教师要予以表彰并计入年度考核业绩，促使更多教师参与到这项工作中；第三，要定期在党委会议上，对共建的阶段成果进行研究，总结问题，给予支部指导，领导此项工作稳步向前推进；第四，要在活动经费和场地上提供一定的支持和保障，为师生支部共建走出校园、服务社会提供资金支持，避免因经费阻碍发展，确保活动持续深入推进。

参考文献

［1］诸葛竑：《高校师生党支部新型共建机制探究》，载《上饶师范学院学报》2019年第2期。

［2］肖亚乔、薛达：《师生融合：支部共建视角下高校学习型、服务型、创新型党支部建设实践探索》，载《湖北开放职业学院学报》2019年第15期。

［3］王波、章林：《基于"党建+学业"双导师制的高校师生党支部共建的思考》，载《铜陵学院学报》2018年第6期。

［4］郑国辉：《高校师生党支部结对共建的长效机制探讨》，载《教育观察（上旬刊）》2015年第3期。

新时代高校辅导员开展大学生
就业指导工作的路径探析

李婷申

天津科技大学海洋与环境学院

【摘要】高校辅导员处在高校思想政治教育工作和学生管理工作的第一线，既是学生最直接的教育者和管理者也是大学生就业工作最直接的指导老师，对高校做好就业指导工作起着重要的作用。本文从此角度入手，针对新时代国家对高校就业工作提出的相关要求，简要分析目前大学生就业形势，并由此思考高校辅导员在就业指导工作中发挥的作用，通过分析当前背景下高校就业指导工作中的问题得到对相应工作路径探索的思考，为高校辅导员如何创新性开展就业指导工作提供思路，着力解决工作中的痛点和难点。

【关键词】就业指导；辅导员；路径探索

前　言

习近平总书记在党的二十大报告中指出，实施就业优先战略，促进高质量充分就业。这是党中央牢牢把握我国发展的阶段性特征对就业工作作出的重大战略部署。促进高质量充分就业，是推动经济高质量发展的内在要求，是提高人民生活品质的根本举措，是适应我国人口高质量发展的必然选择。可以看出，促进高质量充分就业作为新时代新征程的就业目标，具有新的时代内涵。新时代背景下大学生的就业指导工作需要依靠高校教育来完成，新时代的高校辅导员更需要以将党的二十大精神融入思政课为契机，积极探索大学生就业指导工作的新路径、新方法，以积极的心态应对当前复杂多变的就业形势，带领高校毕业生完成高质量充分就业。

一、新时代背景下大学生就业形势分析

（一）高校毕业生规模屡创新高，就业竞争逐年增加

根据近5年高校毕业生规模增长趋势（图1）可以看出，我国应届大学毕业生平均每年增长80万余人，加之就业市场的紧缩以及往届未就业毕业生的冲击等因素，大学生总体就业形势日趋严峻。尤其是在一些热门行业和热门城市，就业竞争愈发激烈，导致就业压力更为突出。越来越多的人才流入就业市场，知识经济时代的来临促使知识转变为生产力的速度加快，也提升了社会对人才资质与素质水平的要求。

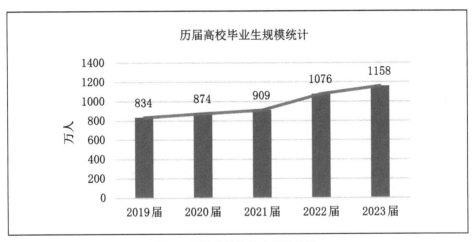

图1　历届高校毕业生规模统计

（二）产业结构调整，大学生就业市场呈现多元化态势

互联网时代背景下，我国产业结构快速调整和变动，许多毕业生所学专业无法跟上时代要求，导致其在毕业之后很难找到与自己专业相匹配的工作。随着我国经济发展和产业结构调整，一些传统产业和行业出现了相对萎缩的态势，而新兴产业和新技术不断涌现。这使得一些传统岗位面临淘汰，而新兴岗位则对多元化、专业化的要求较高。同时，多元化的就业市场也要求高校就业工作向着就业形态多元化的方向发展。灵活就业的兴起，不仅带动了生产模式的变革，也深刻影响着置身其中的每一个个体及相关产业、行业的发展。

（三）就业信息不对称，人才与市场匹配度下降

在新媒体环境下，大学生的就业市场更加可视化，就业资源更为丰富，就业信息更为复杂，为大学生创造了更多的就业途径和就业机遇。新时代互联网技术的飞速发展为大学生就业提供了机遇及挑战：就业信息的"真假难辨"、就业信息的不对称以及信息流对大学生主体就业观念的冲击等。以大数据平台为依托，为学生提供的就业信息往往比较分散，靠大学生自己进行关注和搜集则需要花费大量的时间和精力。一些岗位的招聘信息可能没有被及时公开，或者招聘条件不够透明，抑或是存在虚假宣传等情况，导致大学生在求职选择时缺乏全面的了解，影响了求职的效率和准确性。

二、新时代高校辅导员在学生就业指导中发挥的作用分析

基于以上背景，高校辅导员作为就业指导工作中的末端落实者、学生最直接的管理者，发挥着不可忽视的重要作用。

（一）发挥就业心理辅导的作用

18 岁—25 岁年龄的大学生群体属于成年早期，正处于理想自我和现实自我出现差距，自我观念矛盾亟待调整的关键时期。此时的大学生个体饱含激情，富于理想，却又受到现实中诸多困境的干扰，极易产生极端想法，出现过分自卑或过分自信的状况。在就业选择过程中，大学生个体常常会因一次受挫而否定自己，意志消沉无法自拔，不能及时有效地调整自身状态，从而错失更多的就业机会。针对大学生的上述心理特征，辅导员可以利用心理健康知识和自身成长经历，引导大学生多维度、多视角地看待自己，从中确立科学合理的就业心态，积极应对就业过程，实现成功就业。

（二）发挥就业资源链接的作用

理想的就业状态应该是个人能力与岗位需求之间的有效匹配，优势互补，实现"1+1>2"的结果。从概率的角度讲，通过一次选择获得适合工作岗位的机会较小，必然会经历反复的试验过程，不断试错，才能找到适合自身的职业，可以用函数"理想就业＝｛个人能力，试验机会｝"来表示这一过程。可以看出，提升理想就业概率的关键在于清晰界定自我能力和扩大就业试验机会，两者缺一不可。对于第一点而言，辅导员深入大学生生活，能够准确把握大学生的思想、学习和生活等各方面情况，是大学生清晰界定自我能力的重要参考。对于第二点而言，尽管各高校在学生培养方案中都将实习规定

为必要课程，但因缺少国家对实习接收单位的硬性规定，实习过程的顺利实现常常需要借助各种其他关系，此时辅导员所拥有的同学资源及其他社会关系便能起到一定的补充作用，增加大学生的实习和就业机会。

（三）发挥就业观教育和引导的作用

当高等教育入学率达到15%—50%时，高等教育即进入"大众教育"阶段。在毕业生就业政策与高校扩招政策双重改革的共同推动之下，我国高等教育已经由"精英教育"转变为"大众教育"，这一转变是一场深刻的高等教育制度变迁，其中涉及高考入学、学生培养、就业改革和社会认同等多个方面。但是这种转变最先发生在制度层面，社会成员观念层面的转变还需要一定的过渡时间。这也意味着，"精英教育"观念还将在部分社会成员中存续一段时间，受此影响，部分家长和大学生仍然按"精英教育"标准对待就业选择，这无疑如方枘圆凿，影响到大学生的就业质量。辅导员因毕业不久，熟知高等教育大众化的现实样态，又与大学生群体联系密切，心理距离接近，亲其师信其道，通过辅导员的深入解释，必然能够改变部分大学生对于高等教育的不合理认知，帮助其建立起科学合理的就业态度。

三、新时代背景下大学生就业指导工作面临的问题

（一）就业台账形式化，缺乏协同育人体系

协同育人视角下，大学生就业创业指导工作需协调各方主体的资源与条件，为学生提供全程化系统性的就业创业服务。当前各高校均建立的较为完善的就业协同育人体系，在就业工作的初始阶段根据不同学生的特点和就业意向建立了"一对一"的就业帮扶台账，而在实际工作中，包保责任人随着逐级上调并未真正做到相应的就业指导工作，一些任课教师并未将学生就业指导工作列为自己的工作重点。协同育人体系的建立，更需要的是将就业指导工作列入大学生教育全过程，也不单是高校辅导员单方面的教育责任，应充分发挥体系优势，将大学生就业指导工作细致到各项考评指标中，把"三全育人"的培养理念贯彻落实到大学生培养的每个阶段。

（二）人才供给与市场需求不匹配，迫切需要高校课程设计与改革

高校的课程设置通常有国家建设需要、学科专业特点和传承创新等多方面考虑。但是，随着经济的不断变化和技术的不断进步，市场需求的变化也非常明显。然而，高校的教学体系在面对市场需求变化时却很难有很大的调

整空间。很多大学课程的实践性教学往往无法与市场实际操作相匹配。例如，在市场经济中，纯手工业的比重逐渐减少，而机械自动化、信息技术的运用却越来越广泛。但很多学校的实践性教学仍然停留在手工制作过程中，无法帮助学生掌握必需的技术和知识。基于以上因素，高校培养的人才与市场需求不匹配的问题日趋严重，迫切需要高校课程设计与改革，要将通识教育与专业教育相结合，同时更应加强对本专业就业市场的相关调研，完成人才培养与市场需求的匹配。

（三）大学生求稳意识增强，自我意识缺乏需唤醒

随着高等教育的不断普及，为大学生带来了更多的资源和交流学习的机遇，但也造成一些大学生步入大学校园后迷失方向，难以约束自我的现象出现，间接导致其对个人未来的发展定位不清晰、不准确。经济转型伴随的产业结构的变化和区域经济的协调发展，导致了大学生就业观的转变，加之原生家庭对大学生的引导，越来越多的大学生在就业选择时求稳意识增强，出现了"懒就业、慢就业"的心理。此外，大学生自我意识的缺乏也导致其出现"躺平"、不愿为自己的人生奋斗努力的错误观念。因此，当代大学生要在主动意识、自我意识、竞争意识和适应能力上不断提升自我，要能主动适应社会，在就业选择方面从单一性走向多元化，以适应经济转型和就业形势的变化。

（四）高校辅导员就业指导工作缺乏专业化和系统化

新的就业形势下开展大学生就业指导工作，需要了解国家关于就业的相关政策。但是，因为辅导员本身的工作存在一定局限性，许多刚入职的辅导员没有相关的社会经验、职业规划、时政分析，所以职业指导的维度不宽，分析较浅薄，能帮助学生解决的问题不多，工作中缺乏效能感。由于辅导员工作的特殊性质，在日常工作中缺乏相应的培训和锻炼，也会导致就业指导工作的困难。在新时代背景下大数据的应用方面，部分高校辅导员仅停留在数据搜集和整理方面，缺乏对数据的充分挖掘和深度分析，若对具有特色的高校就业创业数据缺乏分析则损失了数据信息的价值，也会使就业指导工作缺乏针对性。

四、新时代背景下辅导员开展就业指导工作的路径探索

（一）深入开展就业育人工作，引导毕业生树立正确的就业观、择业观

高校辅导员应牢固树立"就业育人"的理念，配合学校要求建设具有各高校特色的全员参与、全方位推动、全要素协同的就业育人系统。加强"三全育人"体系建设，充分利用本科生导师、研究生导师的作用，通过就业相关政策解读会等形式开展主题教育，组织职业生涯规划讲座、就业能力和综合素质培训。引导毕业生树立正确的就业择业观念，找准定位，从实际出发选择职业和工作岗位；同时，增强毕业生的求职择业能力、稳定就业能力和成功创业能力，进而实现充分就业和高质量就业。

（二）充分发挥政策性岗位吸纳作用，做好政策解读工作

配合国家和所属地区优化政策性岗位招录安排，办好"国聘行动"。各高校应积极开展基层就业政策宣讲，组织实施好"特岗计划""专招计划"等基层项目，鼓励学生到地方基层项目就业。在国家政策的宣传过程中，辅导员不能完全依赖文件材料进行解释，而应该深入理解相关政策后以学生能理解的方式进行传达，以激发毕业生的就业信心，使毕业生在面对招聘时有更积极的参与意识。同时，在政策解释过程中，辅导员应时刻关注毕业生的情绪状况，及时指导有负面情绪的毕业生，并充分考虑当地扶持毕业生就业的相关政策，有利于引导其选择更适合自己的岗位。

（三）树立长远眼光，建立长效机制

建立毕业生就业能力和专业能力培养培训与岗位需求相适应、就业与产业相契合的长效机制。建设高质量的就业指导服务体系，深入挖掘就业岗位。全面加强就业指导，健全完善分阶段、全覆盖的大学生职业生涯规划指导体系，深入推进就业育人。加强就业需求跟踪预测，继续依靠大学生全过程培养中所涉及的全体教职工人员挖掘就业岗位。鼓励教学科研岗教师积极对接有科研合作关系的单位，为学生提供相对充足的就业岗位。

（四）优化就业指导工作人员组织架构和体系，不断提升队伍专业化水平

明确高校辅导员的岗位职责，在高校对辅导员的考核过程中，除了日常的基础评估外，还要把从事就业指导工作的积极性和成效纳入考核，使越来越多的辅导员积极加入毕业生就业工作中来。在学校层面，一是邀请就业指导工作的专家，对辅导员开展专项培训。二是给辅导员提供更多平台，鼓励

辅导员参与专业培训，考取相应工作资格证书，不断提升队伍专业化水平。从辅导员自身工作角度，要将就业指导工作与日常思政教育相结合，积极落实国家就业创业优势政策，带领并发动学生将参与"互联网+""大学生创新创业大赛"等比赛的项目落地。建立优质的就业创业实践平台，使就业与创新创业相结合。

结　语

就业是民生之本。解决新时代高校毕业生的就业指导工作重要的是从多角度入手，深入挖掘就业指导工作中的痛点和难点，通过辅导员老师的纽带作用，不断挖掘就业指导工作的突破点和在新时代背景下高校就业指导工作中暴露的新问题。高校辅导员作为末端工作的落实者，更容易实现做实做细的就业指导工作。基于此，在新时代背景下对高校辅导员就业指导工作路径的探索显得尤为重要，本文中对于相关工作路径的探析也将为高校就业指导工作一线人员提供更多思路，着力协助高校完成就业"一把手工程"。

参考文献

［1］廖小慧：《新时代大学生就业指导实践创新路径》，载《人才资源开发》2021 年第 16 期。

［2］庄强、袁冰：《互联网时代大学生就业创业面临的困境与指导策略》，载《就业与保障》2021 年第 9 期。

［3］王江川、汪海营：《新媒体时代大学生就业形势分析与应对》，载《教育观察》2019 年第 31 期。

［4］刘志广：《"互联网+"时代下大学生就业创业研究》，载《创新创业理论研究与实践》2020 年第 18 期。

［5］淳于义龙、孙阿楠：《后疫情时代高校辅导员就业指导工作的思考》，载《大众文艺》2022 年第 16 期。

"三全育人"视角下新时代高校实践基地建设探究

李弘涛

天津科技大学海洋与环境学院

【摘　要】红色教育资源与文化底蕴是大学生开展社会实践的宝贵资源和精神传承，如何更好地利用好红色教育资源，是培育和弘扬社会主义核心价值观、培育优良学风，带领学生在学习中成长，在实践中领悟的重要抓手。新时代高校实践育人工作要更好地推动实践育人改革创新，培养德智体美劳全面发展的社会主义建设者和接班人，打造系统化、规模化、制度化的爱国主义教育实践育人基地。

【关键词】红色教育资源；实践育人；实践基地

前　言

高校实践育人共建基地的建立以传播爱国主义思想，传承红色精神为中心，以传统文化、英雄人物以及理想信念为辅助，以引导学生提升道德品质、厚植爱国情怀、树立远大志向、敢于拼搏奋进、练就过硬本领、引领时代新潮等为主题多层次多角度地开展各类实践活动。引导学生通过自身行动践行社会主义核心价值观，时刻牢记习近平总书记的殷切嘱托，深刻领会习近平新时代中国特色社会主义思想，凝聚起为实现中华民族伟大复兴的中国梦而不懈奋斗的磅礴力量。

一、本科生导师和辅导员在高校实践基地建设中的重要作用

全面落实立德树人根本任务，将学生成长成才贯彻育人全过程是当代高

校管理育人的根本遵循。这里的学习不仅只学习科学文化知识，更重要的是学习社会公德、职业道德、家庭美德、个人品德在内的时代性道德知识，更重要的是高校青年需要在大学期间牢固树立共产主义远大理想。所以高校实践育人基地建设不仅仅是单纯的社会实践，更是院风以及校风建设以及学生未来成长发展的有效提升途径。

本科生导师与辅导员"双导"机制联动，可以有效发挥课堂主渠道与第二课堂联动作用，本科生导师可以将学生专业教育与思想政治引领有机融合，同时辅导员是学生工作第一线与学生接触最为亲密的老师，"双导"协同机制在同向发力中，持续增强学生学习能力、实践能力以及品德修养，引领学生在学思践悟中，不断提升综合素质。引领学生自觉将所学内容转化为助力祖国建设的事迹行动，在"双导"机制协同下将学生培养为堪当民族复兴大任的社会主义合格建设者和可靠接班人。

新时代高校教师和辅导员承担着"养担当民族复兴大任的时代新人""培养德智体美劳全面发展的社会主义建设者和接班人"的历史使命，高校教师不仅肩负着传道授业解惑的专业教育使命，而且还要充分发挥主渠道作用，将学生专业知识培养、科研能力培养以及创新技能培育积极引入学生社会实践中，引领学生将专业知识转化为社会实践的技能。双导协同在实践育人工作和实践育基地的建设中更好地聚焦于塑造人和培养人。

二、新时代高校实践基地建设的方法载体

1. 六个维度

坚持立德树人，不断加强思想政治教育。与实践育人共建单位建设过程中要相互配合，不断强化爱国主义课程建设，构建思想政治理论课程体系、课程教案，并聘共建基地教师和校内教师形成导师库为学生开展思想政治理论课。从"新生教育—行前宣传—实景课堂—精品课程—实践课程—总结提升"六方面着手形成"六项打造"，构建"六维育人课程"。

（1）新生教育：在新生入学之初，结合新生入学教育和军训，为新生进行大学入学后的首场爱国主义教育和国防知识讲解，引导学生充分领悟社会主义核心价值观，并形成正确国家安全观。为今后的实践活动打牢思想基础。

（2）行前宣传：带领学生开展实践教育之前，扎实开展行前舆论引导、行前安全教育、各环节任务安排，提升活动参与感，做到有计划、有学习、

有实践、有总结。

（3）实景课堂：依托学生骨干实岗挂职经验，组建"青年讲解团"，带领学生深入实景参观讲解，带领学生在实景课堂中学习红色文化和红色资源。

（4）精品课程：依托导师库内优秀教师形成的思想政治理论课程体系，依托前期课程学习，进一步巩固加强育人效果，使学生在潜移默化中对马克思主义和习近平新时代中国特色社会主义思想入脑入心。

（5）实践课程：持续发挥"习近平新时代中国特色社会主义基层宣讲团"和"学校志愿者团"等学生组织的骨干引领作用，带领学生持续深入做好实岗挂职、志愿服务、主题团日等活动，不断在实践中领悟理论、收获新知。

（6）总结提升：有计划、有学习、有实践、有总结，形成良性循环的闭合回路。通过各个环节形成合力，不断教育当代大学生锤炼思想修为、热爱伟大祖国、树立远大理想、勇于砥砺奋斗、练就过硬本领、担当时代责任。

2. 五条路径

在实践育人基地建设过程中，要依托实践育人共建基地开展爱国主义教育实践活动，组织学生开展试岗挂职，提前接触社会，步入社会，提高自己的责任感。同时面向全体同学招募志愿者，继续选拔出优秀志愿者为此次实践团队的骨干成员，在工作中落实好人员分工、开展安全教育，并确定活动策划等前期准备安排。可从以下五种实践方式开展活动：

（1）理论学习：组织志愿者定期开展各类理论知识、中华传统文化等的学习，充分学习党的最新理论成果，通过实践基地不断进行拓展总结，为自己的宣讲内容做最充分的准备。

（2）志愿服务：组织成立"志愿者团队"，以点带面，号召并带动身边同学积极参与实践活动，定期到签署协议的实践育人基地开展志愿服务。

（3）实践活动：开展实践活动过程中，可充分结合学校党团支部组织开展以党团教育、生态文明教育以及爱国主义教育为主题的实践教育，利用周末以及节假日的时间，开展社会调查，组织开展实践活动，并且充分利用社会实践活动开展各类社会调查，形成高质量的调查报告。

（4）社区活动：社区是基础，是服务群众的"最后一公里"，在实践基地的建设过程中，要充分将红色文化资源与社区实践活动相结合。引领学生定期参与社区工作和社区建设。

（5）主题活动：在实践育人工作中，还应充分挖掘重大纪念日、重大历史事件中蕴含的爱国主义教育资源，组织开展系列庆祝或纪念活动和群众性主题教育活动。充分运用"七一"党的生日、"八一"建军节、"十一"国庆节等时间节点，广泛深入组织各种纪念活动，唱响主旋律。发挥传统和现代节日的教育功能，大力实施中国传统节日振兴工程，深化"我们的节日"主题活动，开展各具特色的庆祝活动，激发同学的爱国主义和集体主义精神。

3. 四大保障

同时，在实践基地的建设过程中，应该充分明晰各方任务、职责，并从制度建设、课程建设、活动建设、志愿服务等方面深入开展实践育人各项活动。为了保障实践育人活动的有序、持续、健康发展，在实践基地建设过程中应结合实践活动实际，建立详细的管理制度、奖惩制度、安全制度、责任制度。

（1）管理制度：制定相关活动管理细则，引领学生全面发展。同时安排专项负责教师，保证实践基地各项工作的高效有序开展。

（2）奖惩制度：为鼓励学生积极参加实践活动，综合考评实践成果与收获，制定相关优秀实践个人评选与管理办法、优秀实践团队评选与管理办法等细则。

（3）安全制度：为加强学生实践过程安全保障，为学生提供安全稳定的实践环境，在每次活动前开展实践活动安全教育，制定实践育人安全制度。

（4）责任制度：安排实践育人专项负责老师，负责策划、组织、落实实践育人环节的各项工作，制定实践育人指导教师选聘办法等制度，并构建实践育人导师库。

4. 增强学生获得感

（1）加强网络育人和实践育人的有机融合，增强思想政治引领实效，在遵循网络思想政治教育工作普遍规律的基础上，用青言青语、网言网语，围绕实践育人真正让思想政治教育"活"起来。

（2）厚植学生家国情怀。充分利用各个重点时间节点开展各类思政引领活动，引领学生牢固树立正确的世界观、人生观、价值观。

（3）浓厚心理育人氛围。充分将实践育人和心理育人有机融合。在实践过程中围绕自我发展、人际交往、学习生活、情绪管理、危机预防等内容深入开展心理健康知识宣传及普及。充分发挥实践基地心理育人作用，以心理健康月系列活动为契机，依托 525 心理健康月系列活动、针对性开展心理健康特色活动，为学生"强心"。

（4）聚焦学生成长需求，解决每一个学生学习上的后顾之忧。通过实践育人基地作用，不断加强对家庭经济困难学生的感恩、励志、奉献教育。

（5）典型培育，榜样涌现。通过持续增强实践育人建设、学生个人志愿者、志愿服务团队的打造培养，在学生中树立一批先进典型。

（6）细化管理服务，为学生发展保驾护航。引领学生在社会实践中充分掌握就业技能和创业技能，在社会实践中不断培养学生组织能力和表达能力，让学生在社会实践中增长知识才干，让学生以十足的准备奔赴"人生下一站"。

结　语

爱国主义是中华民族的民族心、民族魂，是中华民族最重要的精神财富，是中国人民和中华民族维护民族独立和民族尊严的强大精神动力。爱国主义精神深深植根于中华民族心中，维系着各个民族的团结统一，激励着一代又一代中华儿女为祖国发展繁荣而自强不息、不懈奋斗。

在社会实践基地的建设中，应进一步扩大实践育人影响效应，鼓励更多的同学加入；同时深化重点课程，创新课堂形式，增加吸引力；然后强化重点项目，做好品牌活动，使实践育人各项活动更加专业；最后构建一体化育人体系，以社会实践基地为基础，将高校社会实践活动与中小学研学旅行有机融合，通过教育资源、专业资源的互惠互通，打造精品实践课程和研学实践活动。

参考文献

［1］刘润：《产学合作协同育人导向下校企联合实践基地建设探索》，载《高教学刊》2023 年第 24 期。

［2］谢金涛：《新时代数字化制造产教融合实训基地探索与实践——以天津工业职业学院新时代数字化制造产教融合实训基地为例》，载《科技风》2023 年第 18 期。

［3］尹洁、杨华：《"大思政课"视域下高校实践育人的价值意蕴、现实困境和优化路径》，载《无锡商业职业技术学院学报》2023 年第 3 期。

［4］张超：《大学生社会实践活动存在的问题及对策研究》，载《商丘师范学院学报》

2021 年第 7 期。

　　［5］卢奔宇:《高职院校实践育人过程中第二课堂制度建设》,载《西部素质教育》2022 年第 18 期。

　　［6］张倩:《基于大学生社会实践的红色资源育人功能及其实现》,载《学园》2023 年第 17 期。

　　［7］孟津竹等:《双引领下的社会实践课程思政体系构建与路径探索》,载《高教学刊》2022 年第 23 期。

　　［8］陈木标、陈玄德:《地方性红色文化在高校思想政治教育中的应用——以南路革命文化为例》,载《科学咨询(科技・管理)》2022 年第 8 期。

　　［9］张婧:《以红色文化社会实践为载体培育大学生社会主义核心价值观》,载《中国标准化》2022 年第 4 期。

　　［10］王东红、高雪:《新时代高校管理育人:内涵、特征及优化路径》,载《现代教育管理》2021 年第 11 期。

　　［11］陈小君:《"三全育人"视角下艺术类高校学风建设的研究与实践》,载《湖北开放职业学院学报》2022 年第 6 期。

高校辅导员促进毕业生基层就业实施路径研究

——以天津 X 大学海环学院为例

奚 露

天津科技大学

【摘 要】 基层是建功立业的舞台。现如今，多数高校毕业生存在"慢就业""缓就业"现象，备考研究生、公务员及事业单位的人数居高不下，高校毕业生就业形势严峻复杂。本文以天津 X 大学海环学院大四毕业生为研究对象，调查毕业生基层就业意愿、择业影响因素及存在的就业问题，研究发现毕业生立志到基层就业的人数较少，并且存在就业观念不成熟、就业素养不高、就业心态不强等问题。以问题为导向，从毕业班辅导员做好"宣讲员""勤务员""服务员"的工作，提出促进毕业生基层就业的路径，以期为高校毕业班辅导员开展基层就业指导与服务提供借鉴。

【关键词】 高校辅导员；基层就业；毕业生；实施路径

基层是创新创造的"第一方阵"，是改善民生的"最后一公里"，也是高校毕业生施展才干的舞台。2022 年 5 月印发的《国务院办公厅关于进一步做好高校毕业生等青年就业创业工作的通知》中明确提出，引导和鼓励高校毕业生到基层就业是一项系统工程，要大力支持高校毕业生到基层建功立业，让青春之花绽放在祖国最需要的地方。现如今，多数高校毕业生存在"慢就业""缓就业"现象，备考研究生、公务员及事业单位的人数居多，决心到基层艰苦地区建功立业的毕业生人数则较少。作为毕业班辅导员，如何贯彻落实国家基层就业政策，引导毕业生到西部去、到基层去、到祖国最需要的地方建功立业，让青春在全面建设社会主义现代化国家的火热实践中绽放绚丽之花，值得每一名高校毕业班辅导员深思。在此背景下，本文以天津 X 大学海环学院大四毕业生为研究对象，探析毕业生基层就业意向、择业影响因素及存在的就业问题，从毕业班辅导员促就业的角度破解"就业难"的困境，以期为高校毕业班辅导员开展基层就业工作提供参考。

一、天津 X 大学海环学院毕业生基层就业选择情况

基层就业是高校毕业生就业选择的重要渠道之一，关系其切身利益，更关乎国家经济的发展与稳定。为明确毕业生基层就业意愿，及时掌握学生的基层就业能力和就业过程中面临的问题，以便毕业班辅导员精准开展基层就业指导与服务工作。本文以天津 X 大学海环学院在校大四毕业生为调研对象，通过开展问卷调查对毕业生基层就业情况进行研究，具体情况如下：

（一）调研样本特征分析

本次调研发放问卷 270 份，回收有效问卷 270 份，有效率为 100%。调研样本特征：男生 152 人（占比 56.3%），女生 118 人（占比 43.7%），男女比例约为 1.3∶1。

（二）调研样本基层就业意向分析

通过调研发现，有强烈意愿到基层就业的毕业生仅占比 10%，表示有意愿或可以试试的毕业生占比约 80%，非常不愿意到基层就业的同学占比约为 10%。而占比 80% 的这部分同学就业意愿更倾向于考研（出国）、考公务员或事业单位；不愿意到基层就业的同学也更倾向于选择"稳定、高薪、优越"的岗位。通过分析可知，毕业生主动到基层建功立业的强烈愿望并不高，基层就业观念不强。与之相比，毕业生选择考研（出国）、考公务员/事业单位及大型国企/央企就业的人数较多。

二、调研样本中有基层就业意向的毕业生择业影响因素及问题分析

相关学者研究表明，就业政策、就业观念以及就业能力会影响就业选择，同时也与其家庭经济背景息息相关。在辅导员开展就业工作中，研究有基层就业意愿的毕业生择业影响因素情况，能够进一步发现存在的问题，以便精准开展基层就业指导工作。从就业观念的角度而言，47% 的毕业生对"先就业，后择业"的观念表示赞同；13% 的毕业生表示不赞同，大部分毕业生对"先就业，后择业"的观念持中立态度，而有强烈意愿到基层就业的毕业生仅

占比 10%。同时，大多数毕业生在择业过程中首先考虑经济收入、职业发展前景、职业稳定性、地域分布、兴趣专长等客观条件；与基层就业相比，多数毕业生更加期望能够到北上广深一线城市、收入工资高、环境优越且发展机遇多的地区工作，而决心扎根基层就业的毕业生则较少。从专业发展前景的角度而言，49%的毕业生认为自己所学专业就业前景一般，对自己所学专业的认同感不强；仅有 25%的毕业生认为自己所学专业就业前景十分广阔；约为 35%的毕业生表示对自己所学专业掌握得比较扎实，优先对口专业工作；但大部分毕业生对自己所学专业了解但不够深入。从就业素养的角度而言，40%的毕业生认为自己的就业素养较高，对求职就业技能有较好的了解；但大部分毕业生认为自己的就业素养一般或者较差，对国家的基层就业政策了解不够深入；多数毕业生认为自己在求职就业过程中缺乏就业经验，期望值高且求职渠道有限，核心竞争力不强。从就业心态的角度而言，24%的毕业生有信心能够落实自己的毕业去向，48%的毕业生对自己的竞争力持一般心态；28%的毕业生认为自己缺乏竞争力，对自己高质量落实毕业去向没有信心。

通过调研分析可知，大多数高校毕业生选择考研（出国）、公务员及事业单位的人数居高不下，"求稳、求优"心态明显，自愿到基层艰苦地区就业的毕业生人数极少。在基层就业选择过程中存在以下突出问题：（1）就业观念不成熟，对立志扎根基层建功立业的决心不够。大多数毕业生对基层就业政策了解不深入，认为到基层就业待遇少、发展机会少，而将考研（出国）、公务员及事业单位作为自己毕业去向的首要选择，其次再考虑基层就业、企业等毕业去向；同时在选择基层就业过程中，也更加考虑岗位待遇、工资收入、职业发展等条件，扎根基层、建设祖国的志向不强。（2）基层就业技能及就业素养不高，缺乏核心竞争力。通过调研得知，大多数毕业生对自己所学专业掌握不扎实，对所学专业认同感不足，求职岗位信息搜集、基层面试技巧、简历制作等基本技能不强。（3）就业信心不足，职业规划不清晰，基层就业选择信念不坚定，存在迷茫、焦虑等心态，存在"等、靠、避"等心理。据调查，"95""00"后毕业生在面临择业时往往会受到家人、亲戚、朋友的多方影响，高薪、安稳、社会地位高的工作是长辈们最建议选择的职业岗位，这种社会导向无疑为毕业生求职就业增加了社会性压力。

三、高校辅导员促进毕业生基层就业的实施路径

开展大学生职业生涯规划与指导是高校辅导员的重要工作职责之一，促进毕业生充分就业高质量就业是毕业班辅导员的重要任务。以问题为导向，结合日常就业工作实际，提出毕业班辅导员促进毕业生基层就业的实施路径，具体如下：

（一）做一名"宣讲员"，浓厚基层就业氛围

1. 摸清就业意向，精准建立基层就业台账

毕业生基层就业工作如何开展？高校辅导员摸清就业意愿是关键。在大四学年初，毕业班辅导员可以多次通过就业问卷调查、"一对一"谈心谈话、宿舍走访等方式对毕业生开展基层就业意向调研，动态掌握基层就业群体台账，实施"一人一策"帮扶机制，精准开展基层就业指导与服务。

2. 坚持常态化的基层就业政策宣讲，全面加强基层就业观教育

只有解决学生的就业观念问题，才能更好激发学生扎根基层的热情和决心。基于前期调研结果，80%的毕业生表示愿意或者可以考虑到基层就业，针对此群体，毕业班辅导员须在基层就业政策宣讲上下实功夫、细功夫。辅导员可以通过年级会、主题班会、谈心谈话、学生骨干引领等形式多措并举开展基层就业政策宣讲，引导毕业生"吃透"基层就业文件精神，坚定扎根基层、奉献自我的理想信念。同时多措并举组织毕业生参与"大学生职业发展教育活动月""互联网+基层就业指导公益直播课""毕业生基层就业政策宣讲周"等基层就业活动，大力宣传国家和各地支持高校毕业生基层就业的政策措施，全员全过程鼓励广大毕业生乐于到基层一线、艰苦岗位磨砺成长，找准职业方向，实现自身职业发展。全方位引导毕业生树立"投身西部、扎根基层、到党和国家最需要的地方建功立业"的就业观念，为基层注入青春"活水"。

3. 树立先进典型，强化基层就业榜样力量

毕业生辅导员应充分挖掘校友资源，建立基层就业人才库，选聘一批往届基层就业的毕业生组建宣讲团面向在校学生开展基层就业宣讲，充分发挥榜样示范引领作用；同时依托官方微信公众号、微视频、抖音等"互联网+"平台搭建基层就业宣传矩阵，营造"人人关心基层就业、人人参与基层就业"的良好氛围。

（二）做一名"指导员"，提升学生的基层就业素养

在开展基层就业工作过程中，毕业生辅导员应及时解决有基层就业意愿学生的急难愁盼问题，开展个性化指导与服务，帮助毕业生全面提升就业能力，高效落实基层就业去向。

1. 加强基层就业指导，帮助学生提升就业能力

就业能力又称核心能力或择业技能。在开展就业指导过程中，毕业班辅导员应点对点提升有基层就业意愿学生的创新素养及就业能力，锤炼毕业生决心扎根基层、实现人生价值的意志品质。如开展"基层就业技能训练营""基层就业茶话会""基层就业包联沙龙""基层就业强基计划""基层学长帮扶计划"等就业指导活动，实现对有基层就业意向学生"全覆盖、个性化、一对一、点对点"的就业指导服务。

2. 充分发挥优秀基层校友力量，构建朋辈帮扶机制

通过建立基层就业人才资源库，开展"结对子"基层就业帮扶活动，全过程全方位为基层就业意向学生分享基层就业经验技巧、备考攻略、简历制作等内容，切实为毕业生扎根基层建功立业提供便捷式、管道式服务。

3. 密切联系家长，搭建家校联动平台

毕业班辅导员应充分利用各类平台建立与学生家长的就业沟通机制，打破基层就业疑虑与就业信息壁垒。通过"家校联动促进毕业生基层就业沙龙""毕业生基层就业家长宣讲会"等多种活动形式，向毕业生家长详细介绍国家基层就业政策及基层就业福利待遇，进一步坚定学生的基层就业信念，切实发挥学生家长在引领毕业生基层就业工作上的助力作用。

（三）做一名"勤务员"，提供优质高效的暖心服务

1. 挖掘基层就业资源上要"勤"

毕业班辅导员应积极发动全院教职工力量，依托本科生导师制建立基层就业包保制度，一对一为毕业生提供及时准确的岗位信息资讯；同时充分利用基层就业校友资源建立基层就业人才信息库，构建校友—学院—毕业生"三位一体"促就业帮扶机制，采取"线上+线下""走出去+引进来"等形式分层次、分类别、分行业开展基层就业活动，切实为毕业生基层就业保驾护航。

2. 精准推送基层就业信息上要"勤"

毕业班辅导员应充分利用 24365 大学生就业服务、高校就业信息服务网

等"互联网+云平台"精准向毕业生推送基层就业信息；同时依托官方微信公众号开设"基层就业职讯""三支一扶""西部计划""大学生村官""特岗计划"等基层就业专栏，精准推送基层就业岗位信息，分类别推送毕业生基层就业经验技巧、基层就业备考与指导系列推文，为毕业生获取基层就业信息提供高效便捷的资讯渠道。同时，要充分发挥班级就业信息员队伍帮扶引领作用，发动就业信息员积极挖掘基层就业岗位信息，动态关注基层就业相关活动，为有基层就业意向的同学提供"一站式"服务，确保基层就业信息"流到头"。

3. 基层就业落实跟踪上要"勤"

毕业班辅导员通过挖掘基层就业资源，精准向毕业生提供基层就业指导的同时，应及时跟进了解毕业生基层就业落实情况，关心学生的就业心理变化，及时为毕业生答疑解惑，时时掌握学生就业进展，用心做到基层就业路上"一个都不掉队"。同时为基层就业毕业生签约盖章、打印证书、手续办理、快递邮寄等提供服务，彰显就业工作温度，实现对基层就业学生"点对点、全过程、闭环式"暖心服务。

四、高校辅导员促进毕业生基层就业工作成效

笔者作为天津 N 大学海环学院 2021 届、2022 届本科毕业生辅导员，紧紧围绕立德树人根本任务，将基层就业观教育贯穿到学院就业工作全过程，将引导毕业生基层就业作为毕业生高质量就业的"点金石"。在开展毕业生基层就业工作中，充分扮演好"宣讲员""指导员""勤务员"的角色助力毕业生扎根基层建功立业，用心用情用力开创基层就业工作新局面。

第一，学院基层就业人数逐年增加，基层就业氛围愈加浓厚。近三年，毕业生到基层、到西部、到祖国最需要的地方建功立业的热情持续高涨，涌现出一批以张××、高××、陈××等同学为代表的基层就业先进典型。第二，建立了基层就业人才资源库，依托全程本科生导师制构建了校友—学院—毕业生"三位一体"促就业帮扶机制，创新了基层就业育人载体，营造了"暖心活动时时有，就业指导处处在"的工作格局。第三，形成了"线上线下同步抓，点面结合统筹抓，包保对接精准抓，长效跟踪持久抓"的基层就业指导体系，实现了对有基层就业意愿学生"点对点、个性化、全过程、闭环式"的就业服务体系。

五、总结与启示

毕业生就业关系民生福祉、社会发展与国家未来，国家高度重视毕业生基层就业工作，先后出台了一系列引导毕业生基层就业及促进毕业生基层就业的实施方案，鼓励高校毕业生要志存高远、扎根基层，勇担时代使命，努力成为可堪大用、能担重任的西部建设者，为党、为祖国、为人民多作贡献。作为一名毕业班辅导员：

第一，要提高站位，不折不扣地贯彻落实好国家基层就业政策。高校毕业班辅导员政治站位要高，要始终牢记为党育人、为国育才的初心使命，把引领毕业生基层就业贯穿到学院就业育人全过程、各环节，多措并举宣传国家基层就业政策，多管齐下引领毕业生到西部去、到基层去、到祖国最需要的地方建功立业。

第二，要倾注真情，以时时放心不下的责任感关心毕业生基层就业问题。以毕业生就业"问题""需求"为导向，用心走进学生、用情了解学生、用力帮助学生，把"毕业生找我的事儿当作最紧急的事儿、天大的事儿"来办，及时解决毕业生基层就业路上的急难愁盼问题。

第三，要苦干实干，以咬定青山不放松的决心帮助毕业生到基层建功立业。毕业生辅导员要开动脑筋为毕业生基层就业铺路搭桥。要真心用情全过程当好"宣讲员"，多点发力营造"人人关心基层就业、人人参与基层就业"的浓厚氛围；要凝心聚力全方位当好"指导员"，精准助力毕业生练就过硬就业本领，为扎根基层建功立业提供"点对点、个性化、全过程、闭环式"的就业服务；要全力以赴当好"勤务员"，积极为有基层就业意愿的毕业生排忧解难，力争做到基层就业路上"一个都不掉队"，让青春之花在火热实践中绚丽绽放。

参考文献

[1] 肖亚楠、贺晓青、杨阳：《新时代引导高校毕业生到基层建功立业的"五维一体"工作机制探索与实践》，载《中国大学生就业》2022年第8期。

[2] 李晓静：《大学生基层就业意愿及影响因素研究》，载《海峡科技与产业》2020年第8期。

[3] 周园：《高校大学生基层就业意愿调查研究——以广西高校马克思主义理论专业

硕士研究生为例》，载《广西教育学院学报》2022 年第 1 期。

　　［4］苏娜：《高校辅导员开展大学生就业心理引导教育路径研究》，载《陕西教育（高教）》2022 年第 6 期。

　　［5］吴泳成、蔡冬丹：《乡村振兴战略背景下高校毕业生农村基层就业引导策略研究》，载《湖北成人教育学院学报》2022 年第 3 期。

　　［6］张莎：《大学生"慢就业"群体就业质量提升探析》，载《学校党建与思想教育》2021 年第 8 期。

　　［7］李军、刘海昊：《辅导员应对大学生"慢就业"现象举措研究》，载《北京教育（德育）》2021 年第 6 期。

实践育人视角下高校"123456"支教志愿服务模式优化路径研究

王 严

天津科技大学轻工科学与工程学院

【摘 要】大学生支教志愿服务活动是高校开展思想政治教育的有效方式，也是推动实践育人工作的重要载体。当前，大学生支教志愿服务经过传统支教和"互联网+支教"不同阶段发展，陷入组织动员困境、资源供给困境、机制保障困境。基于实践育人视角，以天津科技大学轻工科学与工程学院"筑梦轻春课堂"公益助学项目构建的"123456"支教志愿服务模式为例，充分挖掘支教志愿服务独特的实践育人价值，提出"四结合"优化路径，全面提升学生个人核心素养，引导学生努力成长为德智体美劳全面发展的社会主义事业建设者和接班人。

【关键词】实践育人；支教；志愿服务；优化路径

2016年7月，中宣部联合中央文明办等部门下发《关于支持和发展志愿服务组织的意见》，要求指导志愿服务组织牢固树立项目意识、品牌意识。2022年共青团中央发布的《高校共青团青年志愿服务工作指引》中指出："青年志愿服务是高校共青团立德树人、实践育人的重要载体，是青年学生服务社会、成长进步的重要方式。"大学生支教志愿服务作为高校青年志愿服务的重要组成部分，对培养学生的社会责任意识和实践本领有着重要价值。

一、大学生支教志愿服务的实践育人困境分析

根据大学生的支教志愿服务活动的发展阶段，可细分为依靠人力进行实地活动的传统线下支教和依托"互联网+"兴起的线上支教；从支教时长来

看，有 1 年—3 年长期支教，还有利用暑期的短期支教。大学生支教志愿服务活动是一项有效解决了乡村教师师资不足、城乡教育资源不均衡的社会实践活动，也是实现实践育人的重要途径，尤其在"互联网＋支教"概念提出之后，成为创新第二课堂形式的重要尝试。因此，有效优化大学生支教志愿服务活动的实践育人路径，着眼于资源整合和机制建设等方面并进行探究，对提高实践育人实效、创新高校思想政治教育形式具有重要现实意义。但目前大学生支教志愿服务也遇到了发展中的困境，具体如下。

1. 组织动员困境

根据支教活动的发起者不同，可将目前国内现行的支教项目分为三类：官方发起和组织的支教项目，如研究生支教团；官方发起与自行组织的支教类社会实践项目，如暑期"三下乡"活动；自发组织并向官方进行报备的公益类支教社团，如各类志愿者协会自行组织或者通过第三方社会公益机构开展的义务支教活动。这三类支教项目的共同点是非营利性的，但在动员过程中都出现了共同困境，活动组织方利益驱动型动员方式凸显，以获得志愿服务时长可加综合测评分数、增加保研得分等标准进行结果化导向动员，导致部分志愿者在参加活动时忽略了志愿服务活动的本质和初心，参与志愿服务活动的利己化动机日益严重，导致实践育人的内部动力不足。

2. 资源供给困境

发起者不同的支教项目有着不同的资源供给方，受到的帮扶力度也存在明显差异。由官方发起和组织的支教项目在经济、制度支持方面优势明显，志愿者在官方组织下进行志愿服务活动，对接的服务对象明确、服务保障较为完善，所接受的培训较为专业。但自行组织的各类支教项目在资源需求上却难以得到满足，主要体现在实践活动地点不固定、活动经费不足、活动后宣传渠道单一等方面。学生在参加支教志愿服务活动过程中，需要得到更多的资源支持，才能够将更多精力投入"支教"活动，提升志愿服务活动效果，达到实践育人目标。资源供给不平衡是支教志愿服务活动面临的外部难题，有效合理的调配各类资源是亟须解决的问题，毕竟实践育人工作的有效推进，需要建立在有效的资源供给之上。在实践育人的工作推进过程中，多是由高校进行主导，进行政策制定与目标设立，但在实现过程中高校不能成为单一参与角色，需要高校与社会共同发力，构建完善的协同育人体系，在共同目标指导下形成行动合力，一起改变目前支教志愿服务活动项目设计零散化、资源整合不到位，实践育人的"校社"外驱力缺位的困境。

3. 机制保障困境

我国大学生支教志愿服务活动从 1994 年开始发展到现在，政府和共青团中央联合颁布了一系列支教政策，鼓励高校大学生投入支教志愿服务活动，走进中西部乡村，助力乡村教育与乡村振兴。在经过将近 30 年的活动探索后，在国家层面形成了较为完善的动员、培训、激励等机制。由官方发起的支教志愿服务项目多是依托共青团中央指导开展，在高校范围内进行组织动员，拥有一套系统的招募、培训、实施机制，但各高校由于实际情况的不同，在具体实施过程中出现了组织保障简单化、评价体系宽泛化、实践育人支撑力不强等现象，由学生社团自发组织的社会实践类或公益类支教志愿服务活动更是因为专业培训不足、奖罚措施不清、经济支持匮乏、活动反馈模糊而导致活动效果不佳，参加支教志愿服务的志愿者流动性大、持续性不强，收获不大，更有甚者会产生失望等负面情绪，影响学生后续参加其他志愿服务活动的积极性。

二、"123456"支教志愿服务模式内涵及项目成果

1. "123456"支教志愿服务模式内涵

"筑梦轻春课堂"公益助学项目以传统支教活动为基础，结合"互联网+"新技术，经过三年疫情进行项目实践，构建"123456"支教志愿服务新模式，打通"学期中"和"假期内"双节点，链接"线上"和"线下"双渠道，使传统支教与"互联网＋支教"相互融合，探索实践育人工作新思路。"123456"支教志愿服务模式的具体工作思路是以"立德树人"为项目宗旨，立足"精准扶贫、精准扶智、精准辅导、精准服务"，坚持自我能力发展与服务他人需求的实践理念，注重学生主体参与，在"助人"同时完成自我核心素养的提升，实现自我价值，使实践育人效果最大化。

"1"指一个宗旨：立德树人。

"2"指两个平台：教辅平台和实习结业平台。经过专业培训、指导以及审核，志愿者老师们已经能够胜任相应的教学任务。社会上有一些家庭并不贫困的学生，也想获得优质的教学辅导。"筑梦轻春课堂"可以作为一个可信赖的平台，连接学生、家长和老师，进行适当有偿教学辅导。另外，在"筑梦轻春课堂"义教平台服务过的教师均已得到过平台的认证，在他们求职的

过程中，平台可以进行适当推荐；或者招聘方可以直接在平台上发布招聘信息，或举办招聘会等，直接接触经过认证的优质人才。通过两个平台盘活就业资源，畅通就业信息渠道，为志愿者提供"兼职"和"就业"双平台。

"3"指三个项目："筑梦云课堂"线上支教、"描绘新蓝天"暑期支教夏令营、"课后辅导员"小课堂。项目涵盖传统线下支教和"互联网+"线上支教，支教志愿服务对象涉及城乡小学和中西部乡村小学，志愿者在正常学期中可走进城乡小学进行实际教学助力"双减"，也可以在线上通过 classin 技术平台为村小学生带去素质类课程；在暑假期间志愿者可到线上对接的乡村小学进行短期支教，开展暑期夏令营，将支教志愿服务从线上延伸到线下。

"4"指四个部门：公益课堂项目设立品宣、教学、财务、后勤四个部门，由团队志愿者负责项目整体运营，涉及活动宣传、与社会公益机构进行对接、教学活动具体实施、团队资金规划使用、跟踪调查志愿者需求等多项工作，让志愿者不仅仅单纯参加支教志愿服务活动，更要深入参与项目运营，为学生提供个人能力发展平台。

"5"指五个机制：招募与储备机制、培训机制、教学机制、激励机制、经验交流机制。在支教志愿服务五个阶段分别设立对应的活动机制，完善各类制度建设，保障项目能够顺利进行。

"6"指六个素养：人文底蕴、科学精神、学会学习、健康生活、责任担当、实践创新。这是本项目的实践育人目标，全面提升学生的核心素养，帮助学生实现个人价值。

2. 项目成果

该项目已经拥有成熟的运行管理经验，每季活动均通过微信平台或现场活动宣讲招募选拔志愿者老师，通过报名—初试—复试—培训—试讲—授课等多项流程确保授课质量；组织志愿者进行教案评比，与对接的乡村小学开展师生线上联谊活动，参与线下对接小学的爱国主义主题教育活动，让师生在轻松愉快的氛围中共享学习知识的快乐；每学期的助学活动结束之后团队组织召开总结交流表彰大会，梳理汇总活动取得的成果及存在的不足，表彰鼓励优秀的志愿者，为下一步活动的顺利开展奠定扎实的基础。

"筑梦轻春课堂"公益助学活动自 2009 年萌芽开始，已成功组织 7 期线上支教、13 期暑期支教夏令营、11 期"课后辅导员"小课堂，得到了全校青年大学生的大力支持和热情参与。此外，经过 13 年的实践，轻工志协团队先后在甘肃、贵州、四川、安徽、山西、河南等 6 个省份的 16 所中小学建立了志愿服务基地，团队 600 余名志愿者，2900 余人次，受助学生达 3800 余人次，提供志愿服务时长约 3.3 万余小时。

该项目不仅仅只关注学生的文化课程，更重要的是组织开展文化体验、素质拓展等活动，真正实现素质教育，让学生们热爱学习，找到学习的方法，从而养成一种学习能力。"筑梦轻春课堂"项目通过搭建平台、促进支教资源和公益项目/机构之间的有效对接、传播教育平等理念与实践、感召更多社会力量参与公益，赋能互联网支教，助力振兴乡村教育发展。

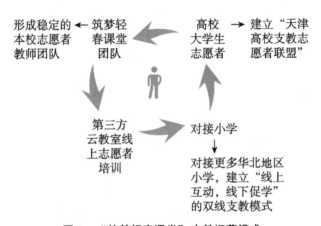

图 1　"筑梦轻春课堂"支教运营模式

三、"123456"支教志愿服务模式的实践育人优化路径分析

"筑梦轻春课堂"公益助学项目通过探索"123456"支教志愿服务模式，最终的实践育人目标就是全面提升学生的核心素养，经过调研分析该模式的实践育人实效性，构建"四结合"优化路径。具体为：

1. 支教志愿服务与价值观教育相结合

当前国际国内形势复杂多变，各种社会思潮风起云涌、相互激荡，物质拜金主义、消费主义、个人利己主义等等对我国当前大学生的三观带来了一定程度上的侵蚀和冲击，目前部分大学生参加活动带有较强的精致利己主义色彩，利益驱动趋向明显。支教志愿服务活动是践行社会主义核心价值观的有效载体，要引导大学生做好社会主义核心价值观的倡导者、传承者、传播者。在对志愿者进行招募和培训过程中融入"三爱"教育、劳动教育等社会主义核心价值观教育，让志愿者在接受价值观教育之后，在对接小学进行支教志愿服务的过程中向学生进行价值观教育输出，完成输入内化、输出显化，激励学生努力成为"有理想 有追求 有担当 有作为 有品质 有修养"的新时代青年。

2. 支教志愿服务与专业教育相结合

对于高校支教志愿服务项目而言，其在服务乡村教育振兴中的质量标准很大程度上取决于高校青年志愿者自身的教学水平。无论是助力城市小学课后"双减"，还是助力乡村小学素质教育，都要求志愿者具备扎实的知识储备和教学技能。鼓励志愿者提升专业素养，以自身专业知识为基础创新支教素质类课程，加入科学小实验等互动游戏，在支教课程中实践专业技能，实现志愿服务活动实践与专业知识学习的双向促进。

3. 支教志愿服务与资助育人相结合

"筑梦轻春课堂"公益助学项目立足"精准扶贫、精准扶智、精准辅导、精准服务"，鼓励在册的家庭经济困难生进行支教志愿服务活动，在接受国家资助的同时以自己的实际行动回馈社会，完成从"自助"到"助人"的升华。在支教过程中注重学生的参与意识，激发学生的服务意识，增强贫困生的责任感和成就感，提升受资助学生的自我认同感。

4. 支教志愿服务与就业指导相结合

参加支教志愿服务的学生以大一和大二年级为主，在进行志愿服务过程中可以与城乡小学、社会爱心企业等多方资源接触，了解更多社会就业信息，并以此为契机在实践中逐步树立职业生涯规划意识，提升个体人力资本，扩充社会资本，调试就业心理准备。通过城乡小学助教老师与志愿者开展"就业茶话会"帮助学生了解基层就业现状，让学生在奉献和服务中孕育基层就业意向。

人是教育的主体，教师既是教育行为的实施者，也是教育行为的承受者，具有双重身份。高校学生是开展教育活动的主体，在校期间以受教育者身份通过课堂学习完成知识输入，而参与实践活动有利于学生运用自己的专业知识和理论储备以教育者身份完成知识输出，通过实践的形式检验受教育成果，实现知行合一，实现个人的全面发展。支教志愿服务活动作为一项实践活动，只有"教"与"育"在实践活动中实现和谐统一，才能实现教育的目的，发挥教育和提升个人核心素养的双重作用。

【参考文献】

[1] 王建民、何鹏：《乡村振兴背景下大学生支教动员机制研究——基于三类典型项目的比较分析》，载《社会建设》2023 年第 2 期。

[2] 林瑶、谭毅：《高校青年云支教的实践育人路径探究》，载《黑龙江教育（理论与实践）》2022 年第 4 期。

[3] 曹杰、姜褚婧一：《融媒体视阈下高职艺术类青年"云"支教活动组织动员力提升路径再思考》，载《公关世界》2023 年第 5 期。

[4] 罗婧：《过程视角下的志愿动机——以青年支教志愿活动为例》，载《青年研究》2019 年第 1 期。

[5] 任德欣、马成胜、郭雅茹：《大学生核心素养框架体系探析》，载《西部素质教育》2023 年第 14 期。

[6] 成尚荣：《实践育人的理论基础、核心要义与基本形态》，载《中国教育学刊》2022 年第 10 期。

[7] 李杭琪：《大学生公益性支教政策执行的效果及其提升对策研究》，武汉工程大学2022 年硕士学位论文。

[8] 郑康：《新时代志愿服务提升实践育人成效的研究》，载《现代职业教育》2023 年第 20 期。

"互联网+教育"：高校思想政治理论课慕课的困境与出路

安园园　周　通

天津科技大学轻工科学与工程学院、

天津科技大学马克思主义学院

【摘要】 慕课作为互联网与传统教育深度融合的产物，极大地推动了教育理念、教学方式、教育体制的变革。由于高校思想政治理论课的学科特殊性，高校思想政治理论课慕课必然面临缺乏教育氛围和环境熏陶、缺乏感染力与在场性、监督体制不健全、不利于教师队伍建设等困境。只有深入挖掘高校思想政治理论课慕课整合优质教育资源和师资力量，促进高校思想政治理论课转型等特点与优势，才能实现高校思想政治理论课与慕课深度融合，从而不断提升和优化思想政治理论教育的有效性。

【关键词】 "互联网+"；高校思想政治理论课；慕课

互联网的强大整合能力极大地改变了传统产业运作模式，互联网对传统教育产生了巨大的革命性的影响。互联网与传统教育行业的融合在消解传统教育中许多难以或无法克服的痛点问题的同时，也挑战了传统教育理念和方法。高校思想政治理论课慕课就是互联网与高校思想政治教育深度融合的产物，新事物的产生必然遇到各方面的阻力，只有正确分析高校思想政治理论课慕课发展中的困境，才能探寻高校思想政治理论课慕课科学的实践路径，从而不断优化和提升高校思想政治教育的实效性。

一、"慕课"的起源及其在中国的发展

慕课即大规模开放在线课程（Massive Open Online Courses, MOOCs），是

互联网与传统教育深度融合的产物，是基于互联网平台的在线课程开发模式。慕课的前身可以追溯到美国犹他大学 David Wiley 教授于 2007 年在 Wiki 发起的《开放教育大纲导论》课程，及加拿大里贾纳大学 Alec Couros 教授开设的网络课程《社会性媒介与开放教育》，前者实现了向世界各地用户分享课程资源，后者实现了由世界各地专家学者远程参与课程教学活动。这两门课程的开设为慕课的诞生奠定了思想基础和技术条件。而慕课这一概念由加拿大学者 Dave Cormier 和 Bryan Alexander 于 2008 年基于联通主义思想的学习模型首次提出，强调规模性、线上性、开放性、共享性的特点。2012 年，慕课在全世界被广泛传播，尤其是哈佛大学、麻省理工学院和斯坦福大学推出的 edX、Udacity、Coursera 成为慕课的三大主流平台后，慕课在全世界范围内迅速吸引了数百万人注册学习，继而大量世界名校迅速跟进并相继加入慕课，掀起了一场网络在线课程的"热潮"。通过不断的发展和优化，时至今日，慕课的模式主要有两种：一种是基于连接主义教学法的慕课模式，一种是基于行为主义教学法的慕课模式。连接主义慕课模式强调非标准化、互动式的自主学习，行为主义慕课模式强调模板化规范化、资源数据化的共享学习。互联网与传统教育相融合的慕课呈现出以下特点：一是学习者规模化，学习人数不受限制。二是优质教育资源整合，优质资源向普通学习者开放共享。三是学习者自主选择性增强，学习者摆脱了时间、地点及内容的限制，可以自由选择学习的方式和内容。四是远程互动及经验交流的便捷性，学习者可以实时在线与不同地区的人交流学习。

慕课在全球范围内的井喷式发展，让苦苦寻觅以现代网络信息技术变革教育的中国教育者们看到了曙光与希望。20 世纪 70 年代末，中国开始兴办广播电视大学，这一举措拉开了利用现代化技术手段开展教育教学的序幕，也为网络在线教育在中国的兴起奠定了一定基础。2013 年 5 月，慕课开始进入国内相关教育研究者的视野，无论是远程教育和教育技术领域的研究者，还是高等教育教学领域的研究者都给予慕课极大的关注度。2013 年 5 月清华大学、北京大学、香港科技大学、香港大学加盟 edX，7 月上海交通大学、复旦大学加入 Coursera 平台。2013 年 10 月，中国大陆首个以高校主导的慕课平台——学堂在线宣布成立。这一平台由清华大学主导建立，并将北京大学、南京大学、浙江大学等国内知名高校纳为合作伙伴。2014 年 5 月，由深圳大学主导，汇聚全国 90 所高校的全国最大的慕课联盟"优课联盟"正式成立。至此，上海课程共享中心、东西部高校课程共享联盟、全国高校优课联盟共同构成了中国慕课联盟的三足鼎立之势。而国内首个思想政治理论课慕课是复旦大学于 2014 年初牵头开设的"思想道德修养与法律基础慕课"，其后清华大学"毛泽东思想概论慕课"于 2015 年先后在国内"学堂在线"和国际 edX 慕课平台上线，这两门慕课拉开了我国高校思想政治理论课慕课的序幕。

二、高校思想政治理论课慕课面临的挑战与困境

慕课的产生对高校思想政治理论课教学产生了深刻的积极影响，为解决教育资源分配问题、高校思想政治教育有效性问题、教育方式与学习方式变革问题提供了现实路径。慕课不仅为学习者提供了终身学习、兴趣学习的渠道，也为教师凭借大数据分析反馈信息，提高自身教学能力提供了平台。但高校思想政治理论课慕课作为一种新的学习与教学方式，其产生与发展必然会遇到诸多挑战与困境。

（1）缺乏人文环境与教育环境的熏陶。世界一流学府对求学者的影响不仅在于其开设了前沿课程、聘请了知名学者，更在于其浓厚的学习氛围与深厚的学术底蕴。这种只有身临其境才能体会得到的氛围与底蕴是传统大学人文精神的积淀与传承，是高校思想政治理论课慕课无法企及和相媲美的。尤其对注重内化于心、外化于行的高校思想政治教育而言，课堂理论和内容固然对受教育者的提升具有重要作用，但校园的人文环境与学习氛围必然对受教育者产生潜移默化的持久影响。另一方面，慕课的学习者众多，但一起学习的学友缺乏语言交流与情感沟通，很难结下深厚的友谊，也不利于学习者之间资源共享和经验交流。对思想政治教育而言，言传不如身教，身教不如境教，境教就是指身边环境的影响，尤其指同学之间的相互影响，身边同学好的行为习惯就是树立的良好榜样，大家便会有意无意地相互学习模仿，从而达到春风化雨润物无声的教化效果。这是思想政治教育慕课所不能做到的。

（2）高校思想政治理论学科的特殊性与慕课开放共享特点的分野。高校思想政治理论学科的特殊性在于思想政治教育不同于知识技能的传授，而是强调对马克思主义理论的灌输，促进大学生科学的世界观、人生观、价值观和良好道德品质的养成，不断巩固和强化马克思主义在高校意识形态中的管理权、话语权和领导权。高校思想政治理论教育的这种特殊性决定了在场性与教师人格魅力的重要作用，这是冰冷、机械的人机互动所难以企及的。慕

课的最大特点就是大规模、开放、在线，推动慕课迅速发展壮大的动因正是慕课的教育开放和资源共享带来的前所未有的教育公平性和可选择性。慕课教育开放和资源共享的特点与一些注重知识传授和技能学习的学科的要求相契合，但思想政治教育强调价值观念和理想信念养成的目标追求与慕课的特点并非一致。正如"工人阶级单靠自身的力量只能形成共联主义的意识，而社会主义意识要由社会民主党从外面灌输到工人运动中去"。单靠大学生的自主性学习马克思主义理论是不现实的也是不可想象的。思想政治理论的学习需要教师循循善诱与谆谆教导，晓之以理、动之以情、导之以行、勉之以恒，而这与慕课"快餐式"的学习方式相左。因此，思想政治理论教育的目标追求与强调感染力、在场性的特点对慕课天然具有一定的排斥性。

（3）学习者的自主性与学习监督问题。高校思想政治理论课慕课在给大学生学习带来便捷性和优质资源共享的同时，也对当代大学生的自主学习能力提出了更高的要求。相较于传统思想政治理论课而言，高校思想政治理论课慕课缺少教师的计划引领和严格管理，对学习计划的制定和学习进度的掌控取决于大学生的自主安排。这一方面既培养了学生自我管理的能力，又保证了学习者优质便捷学习资源的自主选择性，另一方面也考验着学习者的自我控制力和计划执行力。这就导致了另一问题：学习监督问题，即如果学习者的自我控制能力和计划执行能力不足，由谁来监督。目前，途径主要有以下三点：第一，后台监控和大数据分析。后台通过大数据分析学习者的学习进度，通知进度较慢的学习者，从而达到督促学习的目的。但这一方式仅能达到对学习进度的掌控，无法保证学习质量和效果，如有个别学习者为了躲避系统监测，边视频学习边做其他事情，为刷进度而学习，甚至极个别学习者由他人代为刷进度，更有甚者进行有偿刷进度。这也是慕课的"BUG"所在，是高校思想政治理论课慕课的痛点与不足。第二，通过考试督促学习者按进度完成学习计划。但考试这种形式是传统思想政治教育的主要教学手段之一，不能凸显慕课的特点和优势，也无法保证思想政治教育的有效性。第三，进行在线问题式教学，即通过与学习者的在线问答，保证学习者的专注度。这种方式也是思想政治理论课慕课教学中保证思想政治教育有效性较为有效的手段。但这一方式也有其弊端：一方面，问题式教学容易导致教学内容的碎片化，不利于学习者系统掌握理论问题。另一方面，思想政治理论课慕课问题式教学过程中的问题一般都是提前既定的，无法实现教学者与学习者实时的问题互动，而问题本身的指向性和针对性也存在一定商榷之处。

（4）高校思想政治理论课慕课对思想政治教师队伍建设可能产生不利影响。作为高校重要公共课程的思想政治理论课需要大量专业教师参与教学与科研，思想政治理论课慕课的引入直接导致一线教师由台前退居幕后，甚至带来"教师队伍的分化"，思想政治理论课教师转变为慕课的维护者与名校名师的"助教"。这既不利于思想政治理论教师教学技能的训练与提升，也不利于思想政治教学理论的科学研究。尤其是在思想政治教育科研活动和学科建设投入方面，借助思想政治理论课慕课整合优质教育资源的强大能力，用"买和租"代替自身学科建设，忽视甚至放弃自身学科建设与投入，将大大削弱思想政治教育学科的核心竞争力。实际上，由于思想政治理论教育的特殊性，慕课的引入在一定程度上弱化了思想政治教师队伍的建设。一方面，不利于思想政治理论课普通教师和年轻教师的锻炼和成长，另一方面，慕课视频制作和网络管理势必占用思想政治理论课教师的大量精力，无形中增加了教师的工作强度，也会导致思想政治理论课教师重心的偏移。

三、高校思想政治理论课慕课的建设思路与原则

处于探索阶段的高校思想政治理论课慕课，必然遇到诸多挑战与困境，但作为一种新生事物，其存在和发展具有一定的合理性，代表着未来的发展方向。只有正确看待高校思想政治教育工作中的形式创新，合理利用互联网平台，方能不断深化对思想政治教育规律的认识，促进思想政治教育工作与当代大学生思想变化的实际相适应，不断提升和优化思想政治教育的实效性。这就要求不断探寻慕课与高校思想政治理论课的融合机制，最大程度发挥慕课在思想政治理论教学中的积极作用，合理利用好慕课这一新兴教学形式。

（1）以线上教学与线下教学相结合的方式促进高校思想政治理论课由单向灌输向多向互动转变。高校思想政治理论课注重在场性、感染力和感情交流的特点决定了高校思想政治理论课对"面对面"授课方式的依赖性。但这种依赖性也并非说明慕课不可被应用于高校思想政治理论课教学。只要深入挖掘慕课的优势，并用于弥补传统高校思想政治理论课教学模式的弊端，就能够达到提升和优化高校思想政治理论课有效性的良好效果。高校思想政治理论慕课明显的优势就是改变了传统思想政治理论课大班授课单向灌输的弊端，促进教师与学生、学生与学生之间的多向互动。目前，高校思想政治理

论课慕课以线上自主学习与线下见面课相结合的形式为主，线上自主学习可以充分发挥慕课的优势，线下见面课可以在线上理论学习的基础上进行多向互动式学习，从而改变传统授课形式中单向灌输的弊端。在多向互动式学习的过程中，学生可以自由发表观点提出问题，在相互质疑和解惑的过程中，共同提高和进步，在让学生们充分参与教学过程并体会到成就感的同时，真正实现思想政治教育入脑入心。

（2）以慕课整合优质教育资源的强大能力提升高校思想政治理论课教学内容和过程的有效性。整合优质教育资源，尽展名师风采，让普通院校学生可以享受到更好的教育资源，是慕课显著的优势和特点之一，也是高校思想政治理论课慕课迅速壮大的动因之一。正是慕课的这一特点和优势，提升和优化了高校思想政治理论课教育内容和过程的有效性，弥补了传统高校思想政治理论课的弊端和不足。传统高校思想政治教育内容依赖教材，呈现的内容和方式非常有限，知识拓展、社会热点和时事政治信息的反馈更受局限。而慕课运用现代化信息技术手段，整合优质资源，使得内容呈现既源于教材又超越教材，内容更加丰富饱满，方式更加灵活多样，社会热点和时政问题反馈更加及时高效。在教学过程方面，慕课突破了传统教学过程时间和空间的限制，学习者可以根据自身喜好自由选择学习时间和地点，在充分培养学习自主能力的同时，提高学习者对优质资源的消化和吸收。另一方面，借助慕课整合优质教育资源强大能力的"东风"，教师可以节省大量教学过程的准备时间，并集中精力解答学生疑惑，促进师生互动交流，不断提升思想政治教育过程的有效性。

（3）以慕课开放共享的特点提高高校思想政治理论课学生的主体性和学习积极性。传统高校思想政治理论课以教师为主导的讲授形式，决定了教师在思想政治教育中的主导作用和主体地位。近些年来，虽然在教育理念上极力倡导学生的主体性，但囿于传统教育方式，一直难以推广。以开放共享为特点的慕课引入高校思想政治理论课，打开了调动和提高学生主体性之窗。高校思想政治理论课慕课调动和提高学生的主体性主要体现在两方面：一方面，学生既可以自由选择学习的形式和时间，也可以自由掌握学习进度。既可以在手机上学习，也可以在电脑上学习；既可以在周末学习，也可以在工作日学习；既可以今天学习 10 分钟，也可以学习 20 分钟，学习进度和形式取决于学生自身学习计划的制定。另一方面，学生在线上问答环节和见面课上可以畅所欲言发表自身观点，也可以和教师进行深入交流。这种对学习目的性的掌控和学习的自主性、主动性、自由性充分展现了学生的主体地位。正是得益于慕课开放共享性对学生主体性的彰显，学生的学习积极性被极大地调动和提高，学生积极主动参与到教学过程之中。传统高校思想政治理论课学生学习积极性不高，主要是因为教师单向灌输式教学形式压制学生主体性和思想政治理论课注重潜移默化影响学生的枯燥性。而高校思想政治理论课慕课一方面改变了单向灌输式教学方式，多向互动彰显学生主体性；另一方面学生的质疑与解惑，让潜移默化地施加影响的枯燥过程变成赋予成就感与获得感的积极享受过程。

（4）以慕课整合师资力量，促进思想政治理论课教师队伍建设。传统高校思想政治理论课作为一门公共课，修课人数较多，需要大量教师承担教学任务。这种教学形式不但大大增加了教师的工作量，也导致教师一天之内重复讲授相同内容容易产生职业倦怠感。慕课引入高校思想政治理论课为整合优质师资力量，为建设科学完善的思想政治理论课教师队伍格局提供了现实路径。慕课为开展面对面集体大备课，集中精力做好一堂课提供了平台。传统高校思想政治理论课教学中，教师往往会承担多班级、多门课的教学工作，这就导致一方面增加了教师的工作任务量，另一方面课程任务挤压教师科研和备课时间，最终导致难出"精品课"。而慕课可以集中整个教研部甚至整个学院的师资力量，集体备课集中精力推出"精品"。而教师在相互学习和探讨的过程中，不断提高自身备课水平，实现共同进步，最终实现教学与科研的双赢。

（5）以慕课数据搜集与信息分析功能，充分掌握当代大学生思想动态，"因材施教"。高校思想政治理论课慕课的另一特点和优势就是大量数据的搜集与分析处理功能，通过对慕课反馈学生关注的疑难问题及学习进度等的大量数据分析处理，提高高校思想政治理论教育的实效性。第一，可以精准客观地把握大学生的思想动态，依据学生思想变化的实际，开展针对性教学。通过对大学生思想动态的把握，总结思想变化规律，预测其未来发展动向，及时发现学生心理问题，通过心理教师介入疏导等形式，展开个性化教学。第二，通过数据分析，及时调整教学内容与进度，不断提高教学质量。相较于传统教学形式，慕课通过数据分析可以及时捕捉到学习细节，如视频播放进度、回看次数、随堂测试结果等信息的自动分析处理，给教育者提出建议，做出教学内容和方式的调整。第三，通过对大学生评教结果客观准确的分析处理，促进评教体系科学化完善化。传统思想政治理论课教学评价，数据有限，且常常受教育者主观因素影响。慕课可以通过对教学过程的分析和评教结果的处理，客观准确反映教学问题与质量，从而不断提升和优化思想政治教育的有效性。

参考文献

［1］郑勤华、陈丽、林世员：《互联网+教育 中国 MOOCs 建设与发展》，电子工业出版社 2016 年版。

［2］黄明、梁旭、谷晓琳：《大型开放式网络课程 MOOC 概论》，电子工业出版社 2015 年版。

［3］余一凡：《冲突与契合：慕课用于高校思想政治理论课之理念探讨》，载《教育与教学研究》2016 年第 12 期。

［4］《列宁全集》（第 7 卷），人民出版社 2013 年版。

［5］马秋丽：《高校思想政治理论课引入慕课的风险及规避策略探析》，载《思想理论教育导刊》2016 年第 3 期。

"四史"教育融入大学生日常思想政治教育的三个维度*

易晓俊

天津科技大学艺术设计学院

【摘　要】"四史"蕴含着丰富的育人资源，把"四史"教育引向大学生思想政治教育"主阵地"，与日常思想政治教育工作贯通起来，是新时代加强和改进高校思想政治教育工作的一项重要任务。准确把握"四史"教育融入大学生日常思想政治教育的内在逻辑，需要立足"三大规律"，深刻领会融入教育的问题理路；落实"三全育人"，着力明确融入教育的工作思路；坚持"三因"理念，积极拓展融入教育的方法进路。

【关键词】"四史"教育；日常思想政治教育；立德树人

《关于新时代加强和改进思想政治工作的意见》明确了深入开展"四史"教育的重要性，将"四史"教育贯穿高校立德树人全过程和各环节，大学生日常思想政治教育是不可或缺的重要一环。准确把握"四史"教育融入大学生日常思想政治教育的内在逻辑，需要深刻回答"为什么""是什么""怎么办"的关键问题。

一、价值意蕴：把握"三大规律"，领会"为什么融入"的理路

"四史"教育与大学生日常思想政治教育，二者统一于新时代思想政治教育的生动实践，统一于培育时代新人的目标旨归，具有高度的内在契合性。

＊ 基金项目：本文系教育部人文社会科学研究专项任务项目（高校辅导员研究）"'四史'教育融入大学生日常思想政治教育工作研究"（项目批准号：21JDSZ3145）的阶段性研究成果。

做好高校思想政治工作的前提，就是要正确认识和把握好二者的关联，以深化对"三大规律"认识的高度，不断提高育人工作能力和水平。

1. "四史"教育与思想政治工作立德树人的使命追求互联互通

思想政治工作规律的鲜明指向，是落实立德树人根本任务，而落实立德树人根本任务的关键在于不断丰富"思政元素"、扩充教育资源，把育人贯穿思想政治课程教学和日常思想政治教育全过程。加强"四史"教育，是做好立德树人工作的有效途径。

一方面，"四史"中蕴含的丰富思想资源和宝贵精神财富，是"立德"的根本遵循。百年来，中国共产党人用生命、汗水、智慧铸就了坚定理想信念、不怕流血牺牲、矢志民族复兴、勇于自我革命的道德品质和精神特质。这些宝贵的思想财富为当代大学生砥砺品德修为提供了丰厚滋养，对于引导青年学生崇尚永远听党话、坚定跟党走的忠诚大德，心中存公义、万事民为先的无私公德，检身若不及、慎独且慎微的崇高品德具有重大意义。

另一方面，"四史"中记录的伟大奋斗历程和生动实践智慧，是"树人"的重要标尺。党的百年奋斗历程生动记述了中国共产党人如何把我们的国家从山河破碎、一穷二白中"换了人间"，一跃成为世界第二大经济体，开启全面迈向现代化的新征程；如何显著增强我们的人民从站起来、富起来到强起来的历史飞跃中获得的幸福感，开拓对美好生活向往的新境界；如何让我们的民族在赢得独立、实现振兴中创造奇迹，开创伟大复兴的新篇章。要充分用好这些实践创造和伟大成就鼓舞斗志、明确方向，从根本上回答好"怎样培养人"的问题。遵循思想政治工作规律，就是要用好"四史""活教材"，用伟大成就激励人、用伟大精神滋养人、用历史经验启迪人、用历史教训警示人，进而做到立德树人。

2. "四史"教育与教书育人启智润心的目标诉求同向同行

教书育人内在的包含启智和润心两大职能，启智就是要解疑释惑、传授知识，润心则是要以理服人、触动心灵，这与"四史"教育所具有的理论教育与价值教育功能是相通的。

一方面，"四史"中积淀着丰富的历史经验，是学理性、知识性、真理性的统一体。将"四史"融入教育教学，对于启迪大学生理解透"四个自信"、弄清楚"三个为什么"、搞明白"两个确立"，树立正确的历史观，自觉抵制历史虚无主义具有现实意义。

另一方面，"四史"中的革命文化、英雄人物、先进事迹是革命精神的表征和智慧力量的凝结，具有极强的说理性、感染性、启发性，结合史实育人，就是要把道理讲深、讲透、讲活，做到以理服人、润物无声、触动灵魂，引导学生学史明理，从而坚定爱国心、激扬爱国志、触动爱国情。遵循教书育人规律，要善于围绕"四史"做文章，既要有"教"的思想理论深度，又要有"育"的价值情怀温度；不仅要满足学生求知的欲望，还要提升学生修身的觉悟；既可以依托厚重的历史积淀帮助学生形成正确的历史观，还可以透过宏大的历史视野引导学生树立正确的价值观。让学生更好地了解历史，增长见识，内化为深刻的理性认识。

3."四史"教育与学生成长接受特点的内在需求相辅相成

学生的成长发展具有阶段性特征，紧扣学生的接受特点，遵循其内在的成长规律，大学生思想政治教育才有针对性和感染力。当代大学生具有思维观念新、探索劲头足、参与意识强的特点，在信息获取、知识接受、价值认同上偏重参与性、体验性和趣味性强的教育活动，这就对大学生日常思想政治教育工作提出了更高的要求。"四史"教育因其具有的"活""红""热""实"属性，能够很好地满足学生成长发展的需求和期待。第一，"四史"中的"鲜活案例"具有极强的代入感，能够让学生正确认识中国特色和国际比较，增强对中国特色社会主义的道路认同政治认同情感认同。第二，"四史"发展中的社会热点难点问题具有极强的针对性，能够让学生正确认识世界和中国的发展大势，既能答疑释惑，又能明理增信。第三，革命历史人物的英雄事迹具有极强的感召力，能够让学生正确认识时代责任和历史使命，自觉把爱国情、报国志融入祖国改革发展的伟大事业之中、融入人民创造历史的伟大奋斗之中。第四，百年奋斗的艰难历程和历史必然具有极强的说理性，能够让学生正确认识远大抱负和脚踏实地，立鸿鹄志，做新时代的奋斗者。遵循学生成长规律，要把握好"四史"和学生接受特点的契合点，让"四史"教育入情又入理、有意思更有意义。

二、理念内涵：落实"三全育人"，明确"靠什么融入"的思路

立德树人是教育的根本任务，注重在日常工作中强化"四史"教育，要牢牢把握全员全过程全方位育人的价值导向，联动思想政治教育各个主体，统筹学生成长过程各个阶段，嵌入学生生活世界各个方面，推动形成多主体协同、多维度贯通、多场域渗透的育人格局，构建常态化教育机制，通过反复强化、持续推进、点滴浸润，切实提升思想政治教育工作质量和成效。

1. 强化全员育人，依靠多主体协同充实融入力量

教育是一个把育人元素不断向受教育者进行价值"灌输"的过程，需要反复强化才能实现自我内化，达到行为固化。开展"四史"教育要树立多主体的全员育人理念，实现各类主体对"四史"资源的价值解读有效衔接、反复强化、协同发力。一方面，各育人主体要守好一段渠、种好"责任田"。在"四史"教育的重要性日益凸显的背景下，高校思政课教师、专业课教师、党政干部、辅导员、后勤人员等各类主体，不仅要结合独有的育人优势，种好"责任田"，发挥自身在思想政治教育中的作用，而且要把"四史"教育融入教书育人各个环节，管好"自留地"，实现专业课教师重知识传授更重价值引领、思政课教师重理论教学更重实践养成、辅导员重事务工作更重思政教育、管理人员重日常管理更重服务育人，努力形成"人人讲四史，人人要育人"的全员育人校园氛围。

另一方面，各育人主体要强化协同性、建立"共同体"。思想政治教育只有经过内外转化、达到知行合一才能更加深刻。因此，在思想政治理论课教学培养"知"的过程中坚持立足日常实际"行"的锻炼，在日常思想政治教育解决现实问题的基础上增强说理能力，尤为重要。这就要求思想政治理论教学队伍和日常思想政治教育队伍两大群体要协同用力，实现优势互补、互为支撑、同促共进。例如，思想政治理论课教师可以把大学生"四史"教育由课堂教学"主渠道"引向第二课堂"主阵地"，以增强理论说服力和现实解释力；辅导员在日常开展"四史"学习教育活动中，也可以联动思想政治理论课教师进行"大家说理"，从而提高活动的吸引力、增强学生的获得感。

2. 抓好全程育人，依靠多维度贯通整合融入资源

习近平总书记在全国高校思想政治工作会议上指出，要坚持"把思想政治工作贯穿教育教学全过程"，突出强调了"过程教育"对于学生成长成才的重要性。高校开展"四史"教育，不能仅停留在特定时段，局限于思政课堂教学，而要关注学生的成长阶段、思想实际、发展需求，把"四史"所蕴含的"思政元素"与课堂学习各方面相融合、与学业发展各阶段相贯通、与日常生活各环节相衔接，实现从入学到毕业、从课堂到课外、从学习到日常的全过程、长时段、多维度持续推进，确保教育的连续性和常态化。例如，从

课上到课下贯通方面，将校园活动与"四史"教学紧密结合，形成连贯的、持续的教育互动，借助丰富的校园文化活动，实现课上理论熏陶到课下体验升华的过程衔接，推动"四史"教育入脑入心；从学习到日常贯通方面，把"四史"教育元素向学生生活空间延伸，通过宿舍文化节等宣传展示活动，发挥隐形课堂的点滴浸润作用，推动"四史"学习教育走深走实；从入学到毕业贯通方面，把"四史"教育有机融入入学教育、成长发展、毕业择业不同阶段，贯穿迎新活动、专题教育、实践锻炼始末，有针对性地做好学生的思想引领，达到量变质变、循环往复、螺旋上升的教育效果，推动"四史"教育见行见效。

3. 推动全方位育人，依靠多场域渗透突出融入效果

"教育要通过生活才能发出力量而成为真正的教育"，思想政治教育要触及灵魂必须深入受教育者的生活世界。用"四史"教育推动全方位育人，要深刻把握大学生生活世界虚拟与现实交融、校内与校外联通的复杂性，系统推进"四史"教育与校园生活空间、社会实践空间、网上虚拟空间多场域融通，充分发挥日常生活多场域育人的隐性功能，让"四史"资源贴近学生需求、融入学生生活、面向学生实际，全方位渗透进学生的成长空间，营造如空气般无处不在、无时不有的育人情境。例如，在融入校园日常环境方面，以红色资源、革命精神为班级、宿舍命名，用习语金句装点食堂等公共生活空间，发挥"四史"文化资源潜移默化的浸润功能，恰到好处地融入学生日常学习生活；在嵌入社会实践活动方面，依托暑期"三下乡"等实践活动，深入革命老区、历史纪念馆，开展红色研学、实地考察，发挥"四史"实境教育直抵人心的触动功能，以身入境地嵌入学生社会实践锻炼；在渗入网络虚拟空间方面，开发"四史"云课堂、微视频，切实增强"四史"文化在网络社区的话语权和影响力，发挥"四史"宣传教育形塑价值的引领功能，绵绵用力地渗入学生网络思想阵地。

三、实现路径：坚持"三因"理念，构建"怎么样融入"的进路

历史是过去的现实，用过去的现实讲好今天的故事，必须坚持历史叙事与现实观照的统一，用活历史穿透力，增强现实解释力，提升思想引领力。正如习近平总书记所说："做好高校思想政治工作，要因事而化、因时而进、因势而新。"推进"四史"教育融入大学生日常思想政治教育，要深刻领会

"三因"理念，充分利用"事时势"，提升思想政治教育工作的针对性、时代感和吸引力。

1. 坚持因事而化，以史实事理说理，提高化育思想的针对性

事理交融才能把道理讲透彻，"因事而化"做好大学生日常思想政治教育，需要以"四史"丰富事实支撑，融情融理地将百年大党的生动实践，融入学生的思想认知、情感认同和实践行动。一是要用活"事"的资源。要从"四史"中鲜活的"事"着手，讲深史实与事理的内在关系，让学生在了解历史进程、感悟历史成就、把握历史大势中廓清历史虚无主义的迷雾，形塑正确历史观；讲活历史与现实的对照关系，用历史"还原"现实，让学生在感知历史中寻找答案，在释疑解惑中升华思想。二是要用好"化"的方法。从"事件"到"事理"，离不开"化"的运行转变，要善用历史故事阐释和论证事理，构建"以史撑理"的说理路径，达成化育思想、化成行为的目标；要把握学生的接受特点，借助视频、舞台剧等"具象化"方式，把"四史"案例融入学生日常生活，增强"认同教育"的体验感和吸引力。三是要突出"转化"效果。应突出"以史论理、以情感人"的效果转化，把握好叙事与论理的交互关系，避免"空洞说教"，强化"情感共鸣"，激发大学生以知促行的内生动力；要关注"以史论今、以理服人"的效能转化，既要见人见事回应学生的现实需求，又要鞭辟入里解答学生的思想困惑，达到不仅在思想认识上"解惑"，而且在入心践行上"解渴"的育人功效。

2. 坚持因时而进，以时代使命励志，增强日常教育的时代感

时代呼唤担当，青春自当有为。"因时而进"做好大学生日常思想政治教育，需要从"四史"中汲取精神力量，以时代使命砥砺接续奋斗之志：第一，立足世界百年未有之大变局，培养中国特色社会主义事业的信仰者。百年变局引发的世界之变、时代之变和历史之变，对中华民族伟大复兴事业产生深刻影响，唯有保持战略定力，在古今对照、中外比较中正确认识世界和中国发展大势，才能进一步坚定"四个自信"，透过风云变幻的世界局势，坚守"这边独好"的"风景"。第二，把握中华民族伟大复兴战略全局，培养实现民族伟大复兴的担当者。今日中国正前所未有地接近实现民族复兴的伟大梦想，面对难得的人生际遇，要把使命担当教育贯穿立德树人始终，用使命任务激励学生自觉担当时代责任，把自己的奋斗同国家的前途、民族的命运紧密相连，立复兴志，做奋斗者。第三，聚焦中国特色社会主义进入新时代这

一时局,培养走在时代前列的奋进者。新时代标明了我国发展新的历史方位,大学生日常思想政治教育要紧扣这一最大的时代特征,把富含"时代感"的党的创新理论、国家发展成就、人民奋斗故事贯穿、渗透、融入育人全过程,以新时代擘画的宏伟蓝图砥砺奋斗之志,以真实可感的现实图景明晰奋进之行,以时代赋予的历史重任感召广大学生握紧"接力棒",跑出"加速度"。

3. 坚持因势而新,以信息技术赋能,提升思政育人的吸引力

思想政治教育只有适应新的教育形势才更有生命力,"因势而新"做好大学生日常思想政治教育,需要拓展"四史"教育的信息化样态,实现育人工作与信息技术深度融合,以提升吸引力和实效性。第一,线上线下一体推进,占领"四史"教育新媒体阵地。要用好学生的"碎片时间",主动占领网络思想政治教育阵地,牢牢把握网络"四史"教育话语权,将历史揭示的真相和真理全方位投射到网络空间,形成线上线下同频共振的育人局面,使广大学生潜移默化地持续受到"四史"的熏陶。第二,虚实结合统筹联动,打造网上虚拟"四史"资源库。要立足实景历史资源,充分利用信息技术开发数字场馆、仿真课堂、交互体验等虚拟教育资源,实现"四史"教育智慧化、场景化、可视化,让学生置身历史场景中触碰历史、对话历史人物中认知史实、探寻历史进程中领悟真理。第三,学理学趣有机融合,创新互动式"四史"学习方式。要适应信息化时代大学生的多样化需求,运用大数据对学生的学习行为做"精准画像",将优质的云端"四史"资源智能推送给学生,发挥其主观能动性,在自主甄别、学习思辨中强化价值认同。同时要把握学生的认知规律和接受特点,有的放矢地开展互动式、沉浸式、体验式思政教育,把抽象的理论具象化、把枯燥的学习生动化、把静态的资源动态化,用喜闻乐见的方式把道理讲到学生心坎上。

参考文献

[1] 习近平:《习近平在全国高校思想政治工作会议上强调:把思想政治工作贯穿教育教学全过程开创我国高等教育事业发展新局面》,载《人民日报》2016年12月9日。

[2] 陶行知:《陶行知教育文选》,教育科学出版社1981年版。

大思政视域下"心理育人"与"网络育人"体系研究

陈伯玮

天津科技大学

【摘要】随着社会的飞速发展,大学生思想政治教育面临着许多新的挑战和机遇,整体化思维在高校思想政治教育领域中得到高度重视。教育部出台的《高校思想政治工作质量提升工程实施纲要》以"大思政"作为总指导,提出了十大育人体系,其中"心理育人"与"网络育人"作为十大育人体系中的重要内容,对于提高大学生的思想道德素质和心理素质具有重要意义。本文将探讨"心理育人"与"网络育人"在大学生思想政治教育中的内在关联,以期为大学生思想政治教育的科学化发展提供帮助,不断丰富拓展"心理育人和"网络育人"体系。

【关键词】大学生思想政治教育;高等教育;心理育人;网络育人

一、"心育"与"德育"并举

(一)高校思想政治教育为心理育人提供思想保障

高校思想政治教育和心理育人在教育目标上有着广泛的一致性。高校思想政治教育的目标是培养学生正确的世界观、人生观、价值观,而心理育人的目标则是关注学生的心理健康、塑造积极的人生态度,帮助学生解决各种心理问题。这两种教育的最终目的都是促进学生的全面发展,使其成为具有健康人格和良好心理品质的人。在教育内容上,高校思想政治教育主要包括道德教育、法律约束、品质引导、理想信念指引等方面,这些内容与心理育人中的情绪调节、压力应对、人际交往等有着密切的联系。高校思想政治教育可以帮助学生更好地理解和掌握社会规范和道德准则,为心理育人的实施提供良好的社会背景和氛围。同时,心理育人在一定程度上也依赖于高校思想政治教育的指导,帮助学生更好地应对心理问题、增强心理韧性。且高校思想政治教育不仅关注学生的思想观念和道德品质的培养,还关注学生的心理健康和心理发展。在高校思想政治教育中,学生能够掌握正确的世界观、人生观、价值观,培养良好的道德品质和思想素养,这些都能够为学生心理健康的发展提供保障和支持。同时,高校思想政治教育也能够为心理育人提供重要的思想资源和指导方向,帮助学生更好地应对各种心理问题。因此,高校思想政治教育为心理育人提供了思想保障和支持,二者之间的密切配合有助于实现教育目标,促进学生的全面发展。高校思想政治教育通过传递正确的思想和价值观,为心理育人提供正确的思想导向。在心理育人过程中,高校思想政治教育可以帮助学生识别和纠正错误的思想和观念,引导学生树立正确的世界观、人生观和价值观,从而更好地应对生活中的挑战和问题。

立德树人为心理育人确立"德育"的发展基调。立德树人作为新时代我国高等教育的基本任务,是高校人才培育的根本宗旨。高校思想政治教育理论的重要内容之一就是要"坚持立德树人,以德为先"。"人无德,不成器",这寥寥数字充分点明了立德树人的内涵。新时代大学生承担着实现中华民族伟大复兴的光荣使命,这也决定了高校思想政治教育的根本任务就是立德树人。立足新时代,立德树人的重要意义在于对心理育人"德育"功能的实现,这主要是通过教育对象的心理活动的情与行表现出来的。高校思想政治教育通过培养学生的道德意识和公民素质,为心理育人提供坚实的道德基础。良好的道德品质和公民素质是学生全面素质发展的重要组成部分,也是心理育人的重要目标之一。通过高校思想政治教育,可以帮助学生提高道德判断力和行为规范性,增强学生的社会责任感和使命感。

(二)心理育人为高校思想政治教育奠定心理基础

心理的认知过程是思想形成的基础,是个体头脑对于客观世界的加工过程;思想是客观世界反映在人的意识中通过思维活动而产生的结果。通过心理育人,可以帮助学生正确认识自己,提高自我认知和自我调节能力,形成健康的人格结构和良好的行为习惯,从而为思想政治教育引导学生树立正确的价值观和人生观起到基石的作用。进而通过思想政治教育,培养学生的社会主义道德品质和爱国主义精神,使其树立正确的价值观和人生观,有助于培养学生的思想觉悟和政治素养，提高学生的思想觉悟和政治素养，使其更加关注国家和社会的发展，积极参与社会公共事务和国家建设。

心理育人也有利于增强思想政治教育的实效性和针对性。通过心理育人，可以更好地了解学生的内心需求和思想状况，从而针对不同学生的实际情况展开高校思想政治教育，提高教育效果。

高校思想政治教育是一个由外到内的过程，而心理育人则是一个由内到外的过程。心理育人旨在培养学生的心理素质、心理健康和自我调节能力等方面，为高校思想政治教育奠定心理基础。高校思想政治教育则注重培养学生的道德品质、政治素养和世界观，以引导学生树立正确的价值观和人生观。通过加强心理育人和思想政治教育相互联系、相互作用的关系，从而更好地为学生的健康成长和未来发展奠定坚实基础。

二、"互联网"与"高校思政"并行

（一）高校思想政治教育为网络思想政治教育提供思想保障

高校思想政治教育为网络思想政治教育提供了明确的教育方向。高校思想政治教育通常包含了对爱国主义、社会主义、集体主义等价值观的弘扬，这些价值观是高校网络思想政治教育的重要导向，从而以社会主义核心价值观引领网络思想政治教育。在多元化的网络空间中，各种思想、价值观和意识形态相互交融，网络思想政治教育应该以社会主义核心价值观为引领，培养网民的社会主义核心价值观，帮助他们树立正确的世界观、人生观和价值观。以高校思想政治教育为指导，以社会主义核心价值观为引领从而在复杂的网络环境中，明确的价值观引导帮助大学生正确看待和分析网络信息，提高他们的信息鉴别能力。

高校思想政治教育为网络思想政治教育提供了理论基础。高校思想政治教育涉及马克思主义、毛泽东思想、邓小平理论、"三个代表"重要思想、习近平新时代中国特色社会主义思想等丰富的理论体系，这些理论为网络思想政治教育提供了强大的理论基础，从而帮助人们树立正确的网络价值观。由于网络环境的特殊性，人们在网络上的行为容易失范和偏离正确价值观。因此，高校思想政治教育可以帮助人们认识到网络的双重性，树立正确的网络价值观，提高网络道德水平，培养人们的网络素养。网络素养是人们在网络环境下应该具备的素质和能力，包括信息素养、媒体素养和计算机素养等。

高校思想政治教育可以通过培养人们的网络素养，提高人们在网络环境下的信息获取、分析和批判能力，进而在网络思想政治教育过程中，引导大学生正确理解和分析复杂的网络现象，提升他们的网络素养。而且高校思想政治教育还强调了对社会、对他人的责任感和使命感，这为网络思想政治教育提供了重要的道德规范。在虚拟的网络世界中，大学生也需要具备责任感和使命感，以维护网络环境的健康和和谐。

高校思想政治教育为网络思想政治教育提供了教育方法。首先，高校思想政治教育强调以学生为本，注重情感交流和思想引导。这与网络思想政治教育的特点相契合，因为网络环境下的教育同样需要关注个体的情感和思想，通过有效的方法引导人们树立正确的价值观和思想观念。其次，高校思想政治教育强调教育者与受教育者之间的互动。这种互动不仅包括教师与学生之间的交流，还包括学生之间的交流与合作。在网络思想政治教育中，这种互动同样重要，可以通过各种形式的教育活动和交流平台，促进教育者与受教育者之间的有效沟通和交流。思想政治教育还强调了实践性和实效性。它注重将理论知识与实践相结合，通过多样化的教育方式和方法，达到思想政治教育的目的。网络思想政治教育同样需要注重实践性和实效性，通过各种网络平台和工具，创新教育方式和方法，提高教育效果和质量。不仅如此，高校思想政治教育还强调了教育内容的多样性和针对性。它关注不同受教育群体的特点和需求，根据不同群体的实际情况制定有针对性的教育方案。网络思想政治教育同样需要关注不同群体的特点和需求，通过多样化的教育内容和形式，满足不同群体的学习需求和兴趣爱好从而可以有效地提高网络思想政治教育的效果和质量，可以更有效地帮助大学生更好地理解和应用网络知识，提高他们的网络素养。

综上，高校思想政治教育为网络思想政治教育提供了重要的思想保障，它不仅为网络思想政治教育指明了方向，提供了理论基础和道德规范，还提供了丰富多样的教育方法。这使得网络思想政治教育更具针对性和实效性，有利于更好地实现培养社会主义建设者和接班人的教育目标。

（二）网络思想政治教育为高校思想政治教育提高教育效力

网络思想政治教育扩大了高校思想政治教育的覆盖面。网络思想政治教育可以利用互联网的开放性和普及性，将高校思想政治教育的内容和信息传递给更多的人，包括不同地域、不同年龄、不同职业、不同兴趣爱好的人。

不仅如此，网络思想政治教育还可以通过网络多媒体技术，以文字、图片、音频、视频等多种形式呈现教育内容，使教育更为生动、形象、易于理解和记忆，提高了高校思想政治教育的效率和效果。

网络的多样化形式增强了高校思想政治教育的互动性。网络思想政治教育可以利用互联网的交互性和实时性，开展多种形式的互动交流，如在线讨论、网上调查、网上留言等，使教育者和受教育者之间能够更好地沟通和交流，更好地了解受教育者的思想状况和需求，及时调整教育内容和方式，增强思想政治教育的针对性和实效性的同时促进了思想政治教育的多元化发展。网络思想政治教育可以利用互联网的信息丰富性和资源共享性，开展多种形式、多种内容的教育活动，如理论学习、文化交流、社会实践等，使思想政治教育更加多元化、开放化和创新化，激发了受教育者的学习积极性和创造力从而推动了思想政治教育的现代化。

网络思想政治教育是现代化技术手段在思想政治教育领域的具体应用，它不仅提高了高校思想政治教育的效率和质量，也推动了思想政治教育的现代化进程，使高校思想政治教育更加科学化、规范化。

三、"云思政"与"心育"并合

（一）心理健康教育为网络思想政治教育提供精神保障

随着互联网的普及和发展，网络思想政治教育与心理健康的关系日益密切。网络思想政治教育是指在互联网环境下，运用思想政治教育的理论和方法，对学生进行价值观、思想观、道德观等方面的教育，以培养学生的综合素质、推动社会进步。其意义在于：一是引导学生树立正确的价值观和思想观；二是提高学生的道德水平和文明素养；三是培养学生的创新精神和创造力；四是推进社会文明和谐发展。网络思想政治教育的目标包括：引导学生认识和理解社会主义核心价值观；培养学生的社会责任感和公民意识；提高学生的心理素质和社会适应能力；促进学生形成良好的道德品质和思想道德境界。但，唯有学生拥有积极向上的心态和自我调节能力，才可以更好地树立正确的价值观和思想观，提高综合素质。心理健康是衡量一个人全面发展的重要指标，也是网络思想政治教育的重要内容之一。心理健康对于学生的成长和发展具有重要意义，它是学生形成正确价值观和思想观的基础。在网络思想政治教育中，心理健康教育的缺乏会使得学生对思想政治教育产生抵触情绪，难以真正理解和接受相关教育内容。

（二）网络思想政治教育为心理健康教育创造新的路径

网络思想政治教育可以通过网络平台进行心理健康教育的宣传和教育。用网络平台，如校园广播、校园网络平台、校园电视台等，广泛开展大学生的心理健康教育与思想政治教育，使学生更加方便地获取心理健康知识和信息。同时，可以组织各种线上活动，如心理健康知识竞赛、心理健康沙龙、心理主题教育等，从而提高学生的心理健康意识和自我认知能力。

网络思想政治教育可以结合实际组织心理健康教育实践活动。在实践教学中，以思想政治教育理论为指导，以心理健康教育的内容为中心，通过各种网络平台和工具，例如，利用互联网、大数据、人工智能、VR 等技术，丰富课堂教学方法，提高学生的学习积极性。在教学中引发学生的情感共鸣和价值认同，开展形式多样的心理健康教育活动。这些活动还可以包括心理咨询服务、心理测试、心理健康讲座等方式，为学生提供更为个性化的心理健康服务，以帮助学生更好地了解自己的心理状况，增强心理素质。

网络思想政治教育可以利用各种网络社交媒体平台，建立心理健康教育的互动交流平台。例如，可以建立心理健康微信群、QQ 群等，以便学生之间、学生与教师之间进行及时的交流与互动。这些平台不仅可以提供心理咨询服务，还可以开展心理健康知识的宣传和普及工作，从而更好地推进心理健康教育的全面实施。

总之，网络思想政治教育为心理健康教育提供了新的路径和平台。通过拓展教育渠道、组织线上活动、创新教学方法、建立互动交流平台网络思想政治教育可以通过开展各种形式的互动交流活动，促进学生的心理健康发展和自我成长，提高其心理素质和社会适应能力。同时，这也为思想政治教育提供了新的发展方向和思路，推动了教育现代化的进程。

结　语

心理育人和网络育人都是为了提升思想政治教育的效果和质量，是高校思想政治教育的两个重要环节。心理育人主要是通过心理健康教育来培养学生的健康心理和完善人格，而网络育人则是利用网络平台和相关技术，开展各种形式的教育活动，帮助学生树立正确的价值观和思想观。两种有所不同的育人方式，在大学生思想政治教育中相互依存、相互促进。随着互联网的普及和发展，网络已成为大学生思想政治教育的重要平台和载体。同时，心理健康教育也是大学生思想政治教育的重要组成部分，对于培养学生的健康心理和完善人格具有重要意义。因此，在网络育人中，需要充分利用心理育人的理念和方法，关注学生的心理健康和思想状况，帮助学生解决各种问题。而心理育人也需要借助网络平台和相关技术，开展各种形式的心理咨询、心理测试、心理健康教育等活动，更好地推进心理健康教育的全面实施。

总而言之，心理育人和网络育人在大学生思想政治教育中具有密切的内在关联，二者相互依存、相互促进、结合发展。在教育实践中，可以将心理育人和网络育人相结合，形成协同育人格局。在网络育人中可以搭建心理健康教育和思想政治教育的互动交流平台，开展各种形式的心理健康教育活动从而提高高校思想政治教育的效果和质量，从而更好地推进大学生的心理健康和全面发展。

参考文献

［1］杨晓慧：《高等教育"三全育人"：理论意蕴、现实难题与实践路径》，载《中国高等教育》2018 年第 18 期。

［2］吕晓丹、王丽丽、仲璟怡：《围绕立德树人根本任务，探索新时代心理育人与思想政治教育融合机制》，载《智库时代》2020 年第 1 期。

［3］何伟民：《基于"十大育人"构建新时代高校"三全育人"体系》，载《河北广播电视大学学报》2021 年第 3 期。

［4］宋洁宇：《"大思政"视域下高校心理育人质量提升路径研究》，大连海洋大学2023 年硕士学位论文。

［5］秦思璇：《心理健康教育融入高校思想政治教育路径研究》，载《成才之路》2023年第 27 期。

［6］王琴：《"三全"育人背景下高职辅导员心理育人的价值、困境及路径》，载《职业教育（中旬刊）》2023 年第 7 期。

［7］吴伟生：《新时代高校"十大"育人树状模式研究》，载《北京教育（德育）》2022 年第 Z1 期。

依托工作室探究短视频在高校网络思政中的实践路径

刘 通

天津科技大学经济与管理学院

【摘　要】新时代背景下，网络已成为高校开展思政教育的重要阵地和平台。天津科技大学经彩飞扬辅导员工作室（以下简称"工作室"），以短视频为传播媒介，遵循因事而化、因时而进、因势而新的规律，努力创作优秀的网络文化作品。因此，依托经彩飞扬辅导员工作室，探究短视频在高校网络思政中的实践路径，分析短视频为高校思政教育带来的机遇与挑战。

【关键词】短视频；高校；网络思政教育；辅导员工作室

新时代背景下，网络已成为高校开展思政教育重要阵地和平台。2015年，《中共中央宣传部、中共教育部党组关于加强和改进高校宣传思想工作队伍建设的意见》中强调："要着力提升网络运用能力，遵循信息网络规律，把掌握运用微信、微博等新媒体操作技术作为宣传思想工作队伍的必备能力，练就运用'网言网语'参与网络文化建设管理的过硬本领。"[1]这对高校网络思政工作队伍提出了更高要求，高校网络思政工作人员要通过运用网络新媒体使高校思政工作活起来，这充分说明短视频在高校网络思政工作中大有可为。

高校思想政治教育要坚持解决思想问题与实际问题相结合，坚持"三全育人"规律。在创作短视频的过程中，应充分考虑学生在碎片化时间管理的

---

[1]《中共中央宣传部、中共教育部党组关于加强和改进高校宣传思想工作队伍建设的意见》。

氛围中对"有趣有用"的需求，将思想政治理论嵌入"简而精"的视频，达到增强学生用户的黏性，进而提高关注、点赞、转发与评论量。

一、短视频的特点

短视频具有时间短、碎片化传播、交互性强的特点。与以往的文字、图片等方式相比，短视频能够打破传统灌输式和单向式的思想政治教学方式，通过人物的形象演绎和丰富的画面内容，根据同学们所关注的热点拍摄不同的主题和内容，让高校思政教育以"润物细无声"的方式影响学生，在短时间内获得学生群体的关注，让主流价值观深入大学生学习和生活的方方面面，为推送思想政治教育内容提供了便利，有助于高校思政工作队伍对大学生进行多方位、多层次、多角度的意识形态引导，提升思想政治教育质量。

二、工作室定位

工作室是以辅导员为主体并充分依托思政专业课教师、学生、家长、社会力量"五位一体"的创作机制，共同搭建的大学生思想政治教育网络平台，旨在积极探索网络思政教育相关规律，创作优秀网络思政作品与研究成果，满足不同形式、层次以及环境下进行思想政治教育的需求，不断在学生思想理论教育和价值引领、校园文化活动开展、学生日常事务管理中打造网络思政新格局，其模式以及成果具有较高的推广价值和可复制性，对于网络思想政治教育的研究具有一定价值。

工作室聚焦社会、校园微观视角，细分学科领域和网络潮流话，持续增强优质内容供给，注重精耕细作，着力打磨精品。创作的短视频符合传播规律和青年学生口味。工作室以弘扬主流意识，传播社会主义核心价值观为目标，努力做到贴近实际、贴近生活、贴近学生，打造新时代网络思想政治教育新阵地。

工作室成员在长期的工作实践中积累了丰富的思想政治教育工作及教学经验，在坚持原创的基础上，对各种形式的教育作品兼容并收，在抖音和微信视频号上陆续推出了《我说你悟》《定制版科大爱乐之城》《大学生大学四年请假态度变化》、防诈版《挖呀挖》、毕业季主题MV《如愿》等系列作品与栏目，累计获得 5 万+点赞，取得了一定的影响力和媒体支持，充分发挥了网络思政育人的作用。

三、实践路径

（一）精准定位，落实立德树人根本任务，坚持"三因"工作理论

工作室始终坚定正确的政治方向，落实立德树人根本任务，充分利用好新媒体这个主渠道，遵循思想政治工作规律，遵循教书育人规律，遵循学生成长规律，因事而化、因时而进、因势而新。在发布教育内容时，在学生充分参与的基础上牢牢把握话语权，有效引导学生在思想上、政治上、道德上的正确方向，坚持解决思想问题与实际问题相结合，将创新的原动力源源不断地注入大学生思想政治教育工作中，让大学生思想政治教育历久弥新，从而推动网络思想政治教育的创新发展。

把握重要时间节点，全力以赴推动网络思政教育工作取得实效。在 2023 年新学期开学之际，紧跟当时火爆全网的电视剧《狂飙》热度，创作科大版《开学风暴》，浏览量超过 4000+，在学生群体中引起热烈反响，该作品最终也入选"你好天津，你好科大"短视频大赛总决赛优秀奖；为深入贯彻党的二十大提出的新时代强军目标，激发同学们参军报国的热情，特创作征兵宣传视频《青春风华正茂 参军无上光荣》，浏览量达到 4000+，积极推动了学校征兵工作的开展；在清明节前夕，制作《缅怀先烈 致敬英雄》视频，在学生群体中宣传红色历史，传承红色精神；为了做好毕业生教育，创作《大学生大学四年请假态度变化》《如愿》等毕业季系列作品，共收获 1.1 万+赞；为增强同学们的反诈意识，创作防诈版《挖呀挖》，共收获点赞 1.2 万+；在庆祝建党 102 周年专题活动中，推出了天津科技大学少数民族学生版的《火红石榴籽 殷殷团结情》，播放量 1 万+。通过把握重要时间节点，创作上述网络文化作品，加强了与学生的网上互动交流，使网络思政工作能够做到因事而化、因时而进、因势而新，在新形势下取得了高校大学生网络思政工作的实效。

（二）精准评估，建立网络信息员队伍，加强网络舆情研判和引导

工作室为了调查研究走访洞察学生的思想走向，了解当前大学生上网习惯和对网络舆情的态度建立了一支网络舆情监控队伍，以加大对学生网络行为的关注和监督力度，对学生呈现出的思想、心理困扰及时进行疏导，对他

们在学习、生活中遇到的困难主动给予帮助；建立信息反馈机制，加强校园好网民素养教育，及时收集学生对于学校管理、服务等方面的意见、建议，通过学生网络评论员队伍及时了解情况，争取从源头上消除容易产生的网络舆情危机因素。

（三）精准服务，突出少数民族教育特色，构筑民族团结教育同心圆

高等学校承担着为党和国家培养少数民族人才和维护民族团结的重要责任。而对少数民族学生开展思想政治教育及日常管理服务工作，是高校辅导员所肩负的重要使命。工作室所在的经管学院是少数民族学生集中的学院，经管学院是学校少数民族学生最为集中的学院，目前有少数民族学生 501 人，其中新疆少数民族学生 124 人。是学校维稳和统战工作的重点单位。工作室充分动员少数民族学生加入工作室的建设，变学生的被动管理为学生的主动参与。近年来，在工作室的引领下，少数民族学生积极参与到网络思政工作中来，少数民族学生的视频作品均通过工作室平台不断被推送，在庆祝建党 102 周年之际，邀请维吾尔族和哈萨克族同学，倾情出演视频《火红石榴籽殷殷团结情》，在抖音平台一经发布，收获了 1000+ 的点赞，取得了良好的育人效果。

工作室成立了少数民族党史宣讲团，目前已经开展了由新疆维吾尔族、西藏藏族、海南黎族等同学的宣讲，制作宣讲微视频，宣扬优秀中华儿女的事迹，增强各民族学生之间的沟通与交流，使党史学习教育深入各民族学生当中，增强各族同学追求美好生活的信心和决心。

（四）精准供给，突出国际留学生教育特色，促进来华留学生的全面发展

在高等教育国际化水平不断发展进步的新形势下，我国高等教育国际化水平飞速发展，来华国际学生高等教育事业已经进入加速发展与质量提升的新阶段。学院目前是学校留学生群体最为集中的院系，有来自美国、巴基斯坦、印度、韩国、泰国、蒙古国等国家的留学生一百余人。针对这部分群体在异国他乡的孤独感、陌生感以及语言、学习的压力，工作室坚持推送英语、韩语版的"辅导员说"，深受留学生的喜爱。同时，工作室的各种原创作品也都积极地邀请留学生参与，在校庆宣传片制作，原创歌曲《科大之心》的录制上，留学生都积极参与，发挥了很大的作用。工作室所在的经管学院的留学生群体相对集中，有来自韩国、泰国、蒙古国等国家的众多国家语言版"辅导员说"栏目，深受留学生的喜爱。同时，工作室的各种原创作品也都积

极地邀请留学生参与，在校庆宣传片制作和原创歌曲的录制上，留学生积极参与，发挥了重要作用，针对来华留学生特点提供有效的指导和服务，促进来华留学生的全面发展。

（五）精准协同，三全育人特色鲜明，扩大工作室的影响力

高校应在三全育人理念的指导下，积极探索开展大学生思想政治教育工作的有效路径。组建辅导员工作室作为开展大学生思想政治教育工作的一种有效方式，得到了国内不少高校的认可。工作室以辅导员为主体，并充分依托任课教师、学生群体共同开展大学生思想政治教育工作。长期以来，以全员、全过程、全方位育人为特色，工作室推出的主打品牌均是由辅导员、任课教师和学生群体共同完成，任课教师加入辅导员工作室可以实现优势互补，共同指导学生开展科研活动、创新创业、就业等，达到协同育人效果，提升了工作室的影响力。工作室推出"我说你悟"短视频系列作品，由师生倾情出演，把一个个生动的"课程思政"传递给学生，对于工作室的影响力起到了很大的促进作用。

作品名	点赞数	评论数	收藏数	转发数	浏览器
大学生大学四年请假态度变化	11 789	93	25	158	87 987
心若百川皆入海	832	45	17	69	32 987
科大定制版爱乐之城	3168	169	38	246	79 833
你不知道的导系列	822	68	15	120	20 987
我的梦中国梦	789	59	343	1430	45 678
科大定制版爱乐之城2.0	1559	67	18	71	40 899
王家卫方式讲述防诈骗	541	48	10	18	4701
十大歌手复赛第二场	523	70	18	111	31 789
防诈版挖呀挖	12 677	106	18	147	53 456
舞动工作坊成果展—日不落	519	72	13	35	7244
毕业季作品1.0	1116	29	14	14	11 367
高考加油作品1.0	1808	65	12	45	18 767
高考加油作品2.0	561	59	12	39	7601

续表

作品名	点赞数	评论数	收藏数	转发数	浏览器
毕业季作品2.0	562	34	26	82	25 478
宿舍兄弟情深	1054	51	14	72	22 899
庆祝建党102周年专题活动—少数民族舞蹈	1557	52	15	28	8590
总计	39 877	1087	608	2685	500 263

工作室在各个模块中，结合学生关注度比较集中的领域以及学生教育的重点，以喜闻乐见的形式，积极创作网络文化作品。

在"原创网络思政作品部落"中，工作室聚焦禁毒教育、红色教育、安全教育等主题，陆续创作《要独立不要"毒"立》《我的梦，中国梦》《没有人会是一座孤岛》，在学生群体中受到了广泛认可。

经彩飞扬辅导员工作室科研成果丰硕，工作室成员获批省部级课题2项，局级项目6项，校级精品项目2项，发表相关论文10余篇，积累了一定的理论和实践基础。在抖音平台共发布50个作品，共收获粉丝1.4万+，获赞4万+，浏览量突破50万+。创作的作品曾被人民网、全国学校共青团、学习强国、腾讯、搜狐、津滨网等多家媒体转载报道。

四、经验启示

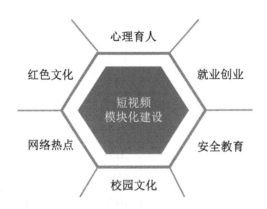

（一）拓宽思政教育空间，夯实"三全育人"体系

以"经彩飞扬辅导员工作室"为载体，搭建网络育人新平台。创新工作

路径，辅导员运用网络新媒体，与学生进行网上互动交流，了解其关心的热点和在学习、生活中遇到的困难，从思政教育视角出发，为学生"量身定制"网络思政教育方案，开展各种专题网络思想教育实践活动，营造网络思想政治学习氛围、创造互动话题，将学生的反馈转化为"生成性"资源，保持网络思政教育创新力。做好对学生的网络素养教育，指导学生在网络平台上正确发表观点、提出见解，提高网络思政教育的实效性。工作室成员在抖音平台创作的防诈版《挖呀挖》，获赞 1.2 万+，为同学们普及了电信安全教育，增强了同学们的防诈意识。通过大学生思想理论教育和价值引领的问题研究，以点带面，让网络成为宣传核心价值观的高地。

此外，工作室坚持以精准指导及个性化服务为核心，科学施策，创作了短视频《始于微光，心怀信仰》，面向学生开展职业生涯规划、就业指导相关的咨询、团体辅导等活动，唤醒学生生涯发展意识，激发学习内驱力，引领学生就业创业；另一方面，工作室结合校内外就业指导导师专长，开展了形式多样的就业指导团体辅导活动，如无领导小组面试模拟、结构化面试模拟、求职形象礼仪等活动。工作室还推出了《让青春在党和人民最需要的地方绽放绚丽之花》和《就业-辅导员大讲堂》等视频公开课，其中《就业-辅导员大讲堂》从职业内容、职业选择、职业观念等方面帮助大学毕业生对职业进行探索与展望，重点讲解简历制作的原则和关键细节，该视频公开课被教育部官方辅导员微信公众号"高校辅导员在线"推送。

（二）紧跟网络热点，创新网络育人形式

工作室在各个模块中，结合学生关注度比较集中的领域以及学生教育的重点，以喜闻乐见的形式，积极创作网络文化作品。

工作室依托少数民族学生特色，促进各民族学生交流融合。工作室依托自身学院少数民族学生优势，整合校内外资源，开展具有工作室特色的工作，重点面向少数民族学生开展政策宣讲，如打造了"石榴籽少数民族党史宣讲团"网络思想政治教育品牌。同时依托工作室平台对少数民族深度辅导、学业指导、经济资助、心理疏导、职业规划等，帮助少数民族学生健康成长成才；面向各民族学生开展民族团结教育，工作室邀请学院少数民族学生制作了《点赞改革开放四十周年》、庆祝建党 102 周年专题活动之《火红石榴籽殷殷团结情》等原创视频引导各民族学生树立正确的理想价值观，促进各民族学生交流交融。

工作室注重打造品牌效应，提升作品质量。作品《不忘初心、牢记使命》十天内在新浪微博浏览量突破 3.7 万次，并被人民网、团中央学校部、津滨网等多家媒体转载报道。作品根据经济与管理学院"忆峥嵘岁月 传红色基因"探寻老兵活动实践小组的同学们对 35 位老兵的采访实录整理完成，相关事迹受到《滨海时报》等媒体的报道。学院师生共同创作的视频作品《大学生大学四年请假态度变化》在抖音平台获赞 1.1 万+，受到同学们的广泛好评和情感共鸣。

《我说你悟》《定制版科大爱乐之城》《大学生大学四年请假态度变化》、防诈版《挖呀挖》、毕业季主题 MV《如愿》等作品在抖音浏览量突破 30+万次，点赞超过 4.5 万+。

（三）把握政治要求，搭建辅导员成长舞台

工作室深刻领会教育是国之大计、党之大计的战略定位，充分认识党中央抓高等教育的深刻政治考量和深远战略眼光，通过网络思政工作的创新开展，建立健全辅导员学习基地，始终坚持用马克思主义中国化时代化的最新成果培育时代新人，教育引导学生坚定不移听党话、跟党走，怀抱梦想又脚踏实地，敢想敢为又善作善成，聚焦辅导员实际工作中的困惑和难题，给予辅导员工作方法和经验的指导，为辅导员提供智力支持和情感支撑，帮助一线辅导员改进工作方法、树立工作信心、保持良好的精神状态。2023 年，由市教育两委、市文物局联合组织的"天津市高校学生讲文物故事短视频大赛"中，工作室成员获得三等奖。

工作室探索分析网络环境中的各种复杂现象，正确评价多元、复杂的传播信息，提升辅导员网络专业素养，注重研究和适应网络新媒体时代教育途径多元化的特点，满足不同形式、不同层次、不同环境下进行思想政治教育的需求，在砥砺交流中相互鞭策、共同成长，从而树立正确的自我教育、自我成长的观念。

五、下一步发展方向

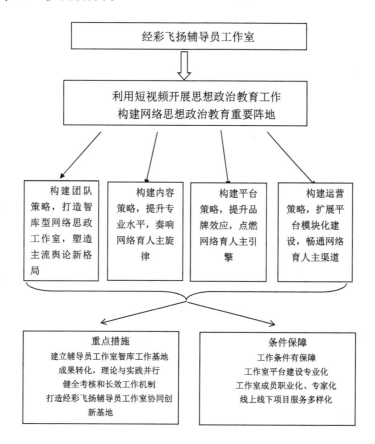

（一）构建团队策略，打造智库型网络思政工作室，塑造主流舆论新格局

在学校、学院的大力支持与指导下，工作室目标要形成以校内学生工作队伍组成的核心团队，校内外专家、学者、MCN 公司专业人士、骨干教师和校友组成的智库团队，服务学生成长成才。同时，工作室积极参加天津市教育两委指导的天津市网络思政名师工作室（培育）立项工作，积极学习新媒体传播规律特点，积累网络视频制作经验。

（二）构建内容策略，提升专业水平，奏响网络育人主旋律

工作室制定专门的工作规定和激励机制，鼓励成员注重实践经验的积累，努力学习思想政治教育的基本理论和相关学科知识，学习先进经验。依托工

作室平台，积极参加网络思政工作培训会，参加相关学科领域学术交流活动，参与校内外思想政治教育课题或项目研究，通过学习交流分享，增强团队的凝聚力和核心竞争力，提升专业水准。

（三）构建平台策略，提升品牌效应，点燃网络育人主引擎

工作室将整合、流通、共享资源，构建全媒体传播格局，打造具有强大引领力、传播力和影响力的校园主流媒体。增强用户忠诚度和黏性，丰富网络文化产品供给传承，按照辅导员的九大工作职责，开通《高校学生成长成才之路》板块，邀请心理、就业、专业教师等方面的专家和教师进驻工作室，提前设计调查问卷，了解学生成长成才中遇到的问题，以短视频的传授方式，帮助学生成长成才。

（四）构建运营策略，扩展平台模块化建设，畅通网络育人主渠道

工作室将认真研究思考校园网络新媒体治理规则，做好网络新媒体的备案、登记、年审、考核等工作，不断提高校园网络思想阵地的综合治理能力和水平。集中宣传效应，形成校园宣传思想工作合力，进一步扩展平台的模块化建设，初步定位是在现有的基础上增加"辅导员之声""成长成才之路""就业创业""辅导员素质能力大赛训练营""原创作品"等模块。着重把平台建设形成集网络技术、网络管理、网络创新创作、网络实事评论、辅导员素养提高等多元化平台，推动校园网络新媒体高质量共建共治共享和健康持续发展。

参考文献

[1]《中共中央宣传部、中共教育部党组关于加强和改进高校宣传思想工作队伍建设的意见》。

[2]《习近平在全国高校思想政治工作会议上强调：把思想政治工作贯穿教育教学全过程开创我国高等教育事业发展新局面》，载《实践（思想理论版）》2017年第2期。

新形势下大学生就业观剖析及培育引导途径

张高鹏

天津科技大学人工智能学院

【摘　要】就业是最基本的民生。由于受经济结构调整、产业结构更迭、高校在校生和毕业生人数逐年攀升等影响，对大学生就业观培育引导造成不利影响。本文具体分析了新形势下大学生就业观的主要特点、出现的主要因素以及培育引导途径，以期为转变大学生就业观以及就业观培育提供理论依据。

【关键词】大学生；就业观；就业观培育；

党的二十大报告提出："就业是最基本的民生。强化就业优先政策，健全就业促进机制，促进高质量充分就业。"目前经济形势向好，但近些年来受到经济结构调整、政策性岗位招考推迟、行业企业用人需求缩减，同时历年毕业人数不断增加等因素的影响，高校毕业生的就业形势依然不容乐观。除此之外，部分高校毕业生仍然坚持传统的就业观点，进一步导致了"慢就业"现象的产生。并且，在一定程度上高校毕业生的就业问题影响着高校对于毕业生就业工作的顺利开展以及社会生产生活秩序的稳定。因此，深入开展高校大学生职业规划与就业创业指导研究，全面准确地把握新形势下大学生的就业观、就业观形成的主要因素以及完善就业观培育引导途径，加强引导大学生就业观点形成，对于破解当前高校毕业生"慢就业"难题，实现高质量充分就业，促进社会和谐稳定，进一步引导大学生积极投身实现中华民族伟大复兴的实践，具有重要意义。

一、新形势下大学生就业观剖析

就业观指的是自然人对于就业问题的根本观点和看法，它决定了自然人的就业行为、就业目标、就业方向及就业价值等。同时，人们的就业观念不是与生俱来、一成不变的，就业观是自然人在社会实践中逐渐形成的。随着社会的发展，人们的就业观也会随之而改变。我国大学生的就业观大体经过了"统包统分""统包统分"向"双向选择"过渡时期、"双向选择"三个时期。高校大学生经过高等教育之后，也会对就业问题产生新看法、新态度，从而形成了大学生就业观，大学生就业观对大学生实现就业具有推动以及向导的作用。经过经济结构调整影响，加之目前"00后"已成为高校在校生和毕业生的主力军，高校大学生的就业观与以往有所不同，主要呈以下几个方面：

（一）就业认知片面化、就业价值取向功利化

受经济的影响，加之高校在校生人数以及毕业生人数逐年攀升，"00后"大学生的就业形势愈发严峻，就业市场遭到极大冲击。

根据中国青年网校园通讯社 2019 年对全国 381 所高校大学生开展问卷调查，结果显示将近九成大学生表示对个人职业发展前景持忧虑状态，五成以上大学生毕业后选择继续深造而非直接工作。高远抽选 10 所高校 3000 名大学生对大学生就业认知情况开展问卷调查，结果显示大学生对于职业规划、就业前景缺乏冷静的思考和认知，在职业认知上缺乏韧劲、自我就业能力存在不足、对就业课程重视程度不够、对国家就业政策和西部就业环境认知存在偏差。以上现象表明，高校大学生仍然在用一成不变的视角来看待就业问题。除此之外，在经济全球化、全球经济发展态势低迷的情况下，大学生的就业正逐步向功利性方向发展，主要表现为大学生在求职就业过程中追求职场发展的稳定性与就近性。在近几年招聘会中，大多数同学关注工作时间、是否加班、薪资以及未来发展空间，并未真正考虑如何工作能够为公司带来效益，展现的功利性往往与各个企业和用人单位的价值文化背道而驰，进一步导致就业率降低。

（二）基层就业意识淡薄、"慢就业"现象严重

近些年来，政府针对高校毕业生先后颁布各项基层就业的优惠政策，目的为宣传引导毕业生选择基层就业，但仍然存在"有业不就"的情况，只有极少数高校毕业生选择到基层就业。并且，许多毕业生为寻求意向岗位而甘愿等待时机，进而出现就业行为拖延现象，即"慢就业"现象。

胡呈桃等通过问卷调查的方式，对湖南某高校进行了基层就业意愿的调

查，结果显示生源地、基层实践经历、就业形势了解程度、基层就业政策了解程度以及父母对于基层就业态度等因素对大学生基层就业意愿具有显著影响。胡月通过对 384 份有效调查问卷数据进行实证分析，结果显示：整体上高校毕业生前往基层就业的意愿并不强烈，主要原因在毕业生自身就业知识和技能水平、家庭社会关系网络、学校和政策支持等方面。关影选取东北师范大学、天津师范大学、廊坊师范学院三所不同层次高校开展问卷调查，通过对 475 份调查问卷进行结果分析表明：部分学生对于基层农村建设的重要性认识不到位、对于基本就业主动性差、服务意识较为薄弱、过于重视基层农村就业所得利益，缺乏精神养成。

蔡振贵通过访谈和问卷调查的形式针对"慢就业"意愿影响的主要因素，结果表明环境因素、家庭因素以及个人因素对于"慢就业"意愿具有显著的影响，主要表现方式为：来自城镇的高校毕业生对就业期望较高，并且社会资本相对较为丰富；部分学生倾向于政策性岗位招考，毕业生毕业后仍在备考公务员，他们认为花多一些时间也是愿意的。

（一）就业趋向务实

社会的经济发展态势以及就业市场环境决定了"00 后"在校大学生以及毕业生就业选择的上限，在一定程度上制约着就业机会的可能性，并且对于当前大学生就业观的养成有着深远的影响。智联招聘在《2022 大学生就业力调研报告》中提出，"00 后"大学生在就业选择上十分务实，五成以上的毕业生会因外部环境因素的变化而相应调整自己的就业期待，不到三成的毕业生的期待在升高。秦静在访谈过程中得出结论，部分文法类专业（法学、汉语言文学）大学生对未来的就业前景保持焦虑的态度，但他们对自己的专业定位有着较为清晰的认识，也在担心自己会因专业能力不足而找不到心仪的工作。

二、新形势下大学生就业观形成的主要因素

（一）经济下行压力、产业经济结构快速更迭

目前，我国社会的主要矛盾已经转变为人民对美好生活的需要和发展不平衡不充分之间的矛盾，因此产生的经济结构调整、产业更迭、人才供需以及国内国际双循环等因素对"00 后"大学生就业观产生了巨大的冲击。

目前，企业订单需求仍显不足，吸纳就业能力仍较弱，劳动力市场招聘

需求下降，为"00后"大学生就业造成了很多劣势，同时"00后"大学生也面临着结构性失业人群的挤压，使得就业求职空间更加狭窄。除此之外，以物联网、人工智能、自动化、大数据等技术手段为代表的工业4.0时代的到来，深刻地影响着人们的生产生活，平台用工、灵活就业的发展为劳动者创造了更多的就业机会。国家发展和改革委员会和人社局也分别颁布了《产业结构指导目录（2019年本）》、中国16种新兴职业。但经过产业结构调整，我们对于劳动力的需求也必将发生变化，这些直接决定着劳动力的流动，劳动力就业的需求，进而影响大学生就业的结构。

（二）人才相对过剩、招聘单位非理性的人才消费

1999年大学开始扩招，2002年高等教育已经走进大众视野，在2022年时高等教育的毛入学率已高达57.8%。在此期间，许多大学生在志愿填报的时候会选择所谓"热门专业"，但教育本身固有滞后性，教育系统反应需要时间，由此导致了"热进冷出"的现象，进而导致过剩的人才无法找到满意的工作，而经过产业迭代升级后的新产业也无法招聘到满意的专业人才，导致高校无法输送高质量的专业人才，最终出现人才相对过剩的现象。

另一方面，用人单位在招聘开始便占据了买方市场的优势地位，在有利地位进行人才消费。当供大于求，他们的有利地位就会更强，比如在一些招聘活动中，用人单位通过设置政治身份、学历水平以及性别偏好等岗位障碍来提高岗位的准入门槛。近年来，出现非理性人才消费的主要原因是高等教育的扩招导致高校毕业生人数激增，但企业数量和企业吸纳就业的能力极其有限，加之前几年疫情对于就业市场的冲击，便使用人单位牢牢占据了优势地位。

（三）就业认知表面化、就业规划不清晰

就业认知直接导致了高校大学生就业目的、就业行为的展现。引发大学生就业认知表面化的原因是多方面的。一方面，大学生的就业观本应随着经济社会发展态势、就业市场以及就业政策导向的变化而相应作出调整，一成不变反受其累，只有快速反应、作出适当调整才有可能发现机遇并抓住机遇。另一方面，当代大学生静止的就业观已不能适应新时代不断发展变化的就业新形势，相反其已经制约和束缚了学生本身的职业发展；学校开设的就业创业相关课程等短期集中的教育模式已无法满足以不确定性为特点的就业市场大时局。

同时，许多高校毕业生对于自身的就业目标并不明晰，对于自身发展并不重视。另外，部分高校对于毕业生就业指导形式化、表面化，导致毕业生在求职时一头雾水。

三、新形势下大学生就业观培育引导途径

（一）加强就业观培育的组织保障

就业观培育是就业工作的重要内容之一。首先，作为高校要切实提高对于就业观培育的引导重视程度，坚持以高校党委为核心，构建党委统一领导，党政齐抓共管，部门协同合作的领导体制和运行机制，建立健全全员全过程全方位育人体系。其次，就业工作队伍建设也是新形势下大学生就业观培育的重要人员保障，也是就业观培育体系实施的主体；一方面，我们要提升就业观培育队伍理论水平，要熟知关于大学生就业创业、基层就业政策，另一方面，我们要优化就业观培育队伍，配齐配强就业指导教师，激发指导教师的工作热情。最后，也要在全社会范围内营造就业优先的氛围，利用政策引导、榜样示范，引导大学生到基层、到西部、到祖国最需要的地方去建功立业。

（二）完善高校就业观培育引导体系

国家始终高度重视高校就业观培育引导工作，先后颁布相关政策文件和指导意见，同时高校就业观培育引导体系对于大学生就业观养成具有直接影响。首先，优化职业规划、就业指导、创业教育三门必修课程的教材选用，优化师资配备，合理规划课时数量，提高就业指导相关课程的授课质量；其次，通过设立教研室，定期开展集体备课、研讨会，定期组织师资培训，开展交流学习、实践访学等方式提高就业教育师资队伍知识储备和专业水平；最后，优化课程设置，充分把握线上授课这一有力武器，将线下授课与线上课程充分结合，实现优势互补，全员、全方位、全过程就业育人。

（三）带动家庭培育引导大学生就业观

良好的家庭氛围和家庭教育对帮助大学生就业起到了很大的作用。首先，家长应根据不断变化的社会发展形势以及就业市场环境适时调整对于子女就业的期望值；其次，父母自身也应通过新闻联播、报纸等渠道不断了解当前就业形势和就业政策，营造良好的家庭就业氛围；最后，父母也应详细了解基层就业相关优惠政策，鼓励子女前往基层就业，给予子女正面的引导。

（四）提高学生自身综合素质，更好应对严峻的就业市场环境

当前，随着经济结构调整、产业结构更迭，对每一位在校大学生和毕业生来讲，每个人的就业前景都存在着很多不确定性。大学生应努力纠正就业认知偏差，认真做好自我就业能力评价，做好职业规划，静下心来耐心做事，同时通过努力学习，夯实专业能力，提升职业竞争力。

结　语

综上所述，青年一代有理想、有担当，国家就有前途，民族就有希望。当代大学生会全程参与到新时代的新任务中。我们应当建立完整、清晰、系统的就业观培育引导途径，使其可以突破客观和主观因素所带来的桎梏。同时，也应从国家、社会、学校等层面加强就业政策宣传、就业专项师资培训、学生就业形势政策教育和就业观培育引导。

参考文献

［1］习近平：《高举中国特色社会主义伟大旗帜 为全面建设社会主义现代化国家而团结奋斗》，载《人民日报》2022 年 10 月 26 日。

［2］张明进：《思想政治教育视域下大学生就业价值取向特点及培育》，载《科教导刊》2023 年第 16 期。

［3］张玥珩：《"00 后"大学生就业观引导研究》，长春工业大学 2023 年硕士学位论文。

［4］李健：《新时代大学生就业观培育优化研究》，东北师范大学 2023 年博士学位论文。

［5］中青网校通社调查：《毕业季！近 9 成大学生担心就业前景，考研和就业你选哪个》，载中国青年网，2019 年 6 月 10 日。

［6］高远：《当代大学生就业认知偏差调查与重塑路径探讨》，载《陕西教育（高教）》2023 年第 8 期。

［7］张文博：《就业导向对大学生就业意识培养的影响研究》，载《湖北开放职业学院学报》2023 年第 4 期。

［8］胡呈桃、莫文尧、欧祖军：《大学生赴基层就业意愿调研》，载《合作经济与科技》2023 年第 19 期。

［9］胡月：《山西省大学毕业生基层就业意愿影响因素研究》，山西财经大学 2023 年硕士学位论文。

［10］关影：《大学生基层农村就业观存在的问题及对策研究》，天津师范大学 2022 年硕士学位论文。

［11］蔡振贵：《高校毕业生"慢就业"意愿影响因素研究》，华东政法大学 2023 年硕士学位论文。

［12］秦静：《"00 后"大学生就业观及培育策略研究》，吉林大学 2023 年硕士学位论文。

［13］李颖：《新时代大学生就业观研究》，河北大学 2022 年博士学位论文。

新时代"三全育人"视域下大学生心理健康教育实效性的路径探索研究

孙 颖

天津科技大学

【摘 要】本文基于 2017 年提出的"三全育人"工作内涵，结合高校心理健康教育工作，分析了当前高校心理健康教育困境：大学生心理健康调适技能不强、求助意愿不积极；高校心理健康工作体系不健全、工作能力欠缺、三全育人落实不到位；社会重视度不够、支持体系欠缺等。提出了提升高校大学生心理健康教育实效性的几条路径，创新工作理念，形成"家—校—社"联合体系。并结合特殊节点，开展形式多样的系列主题活动，以此帮助大学生提升抗挫折能力，塑造积极平和的健康心态，健全个人品格。

【关键词】三全育人；大学生心理健康；心理健康教育

一、三全育人的内涵

"三全育人"是指全面培养学生的思想政治素质、道德品质和科学文化素质的坚持全员、全过程、全方位育人。全员育人指的是高校内包括党政干部、共青团干部以及思想政治理论课教师、哲学社会科学课教师、专兼职辅导员和各级各类职能部门人员全部在内的教职工。这些群体应把立德树人作为教育的根本任务，不断强化自身的育人意识和责任担当，直接或间接地引导学生思想，帮助其树立正确的三观。全过程，指的是把立德树人根本任务贯穿于高校教育教学的全过程中，贯穿于学生从入学到毕业的整个成长和发展过程中，进而形成全方位、可持续的教育机制。全方位是指从校内校外、课内课外、线上线下等多个维度，形成一个齐头并进、相得益彰的综合性、一体化的"大思政"格局。

在全国教育大会上,习近平总书记曾明确提出:"培养什么人,是教育的首要问题。"因此,在建设"三全育人"体系的过程中,高校需要根据新时代的要求,注重学生的全面发展和综合素质的培养,以适应社会发展的需求和挑战。

二、心理健康教育的研究背景

(一)国内研究现状

党的十八大以来,党和国家领导人高度重视全民健康。2016 年 10 月,中共中央、国务院印发了《"健康中国 2030"规划纲要》,确立健康中国发展战略,并制定了中长期发展规划。"健康"不只是身体健康,同时也包括人的内部心理和外界行为一致、和谐,同时与职业要求及社会准则相适应的心理健康。

近年来,大学生心理健康问题现状不容乐观。国内心理健康问题学生每年都呈现出 1%—2% 的增长态势,每 5 人当中就有 1 人患有不同程度的心理健康问题。刘珍娜在《新时代大学生心理健康问题与应对措施研究》中表示新时代大学生心理问题产生的原因呈现多样化趋势。其主要产生原因有环境适应问题、人际交往问题、学业问题等。胡小媛在《新媒体时代大学生心理健康教育实效性研究》中指出,截止到 2020 年 6 月,中国网民规模已经达到 9.4 亿人,并且学生占比达 23.7%。由于当前大学生严重依赖网络,容易受到网络思潮的影响,以及传统的教学模式和心理组织体系难以适应当前学生的需要,因此对新形势下大学生心理健康教育的实效性有严重影响。

(二)国外研究现状

19 世纪末,国外心理健康教育便开始萌芽,发展至今,已经逐步形成了较为成熟的心理健康服务体系。1896 年,威特默(Witmer)建设了第一个心理诊所,主要以儿童为对象,研究和治疗学生在学习和行为上的缺陷。经研究发现,国外大学生的心理状况同样存在较多的问题。截止到 2018 年底,世界卫生组织(WHO)调查了包括美国在内的 8 个国家近 14 000 名大学生发现,超过 35% 的大学生表现出至少患有 1 种健康障碍症状,其中,重度抑郁症、广泛性焦虑症和药物滥用成为最常见的健康问题。

以美国为例,当前,美国的"00 后"正逐步成为主要的大学生群体,这部分人群的行为习惯、心理变化以及成长环境等多方面，拥有与众不同的特征。个人独立能力和社交技能有所下降、习惯于即时满足的成长环境、身心状况受社会文化环境影响较大等都成为其心理健康受到影响的相关因素。

三、心理健康教育困境

（一）从大学生视角

1. 大学生心理健康调节技能不强

进入大学后，有些学生会产生心理问题，主要原因有以下几点：第一，学生身份转变不适应。高中学习压力大，进入大学后不再进行严格监督，存在自我放松现象，对自己的要求逐渐降低；第二，生活环境变化不适应。现在的很多"00后"都是独生子女，过度依赖父母，缺少生活技能。进入大学后，很多事情需要自己独立完成，经常遇到难以解决的困难会给其自信心带来不小的打击。第三，交友、恋爱方面的问题。进入大学后，身边的同学、朋友可能都是来自不同地域，生活习惯不同，难免产生矛盾，但又缺乏化解矛盾的方法、处理恋爱关系的正确手段。第四，家庭环境的影响。学生在个人成长的过程中，可能经历过如父母感情破裂、家庭暴力虐待、身边亲友抑郁去世等负面事件。面对这些问题，有的同学心理健康调节方式单一，运用不合理，这些通常又会不同程度地进一步加重大学生的心理压力。

2. 大学生心理健康知识了解不深

在现实生活中，有自杀倾向的人在自杀之前几乎总是会经历犹豫、痛苦、挣扎、求救和失望等阶段，并可能向同龄人或亲密朋友发出预警或求救信号。然而，由于很多大学生对心理健康知识和心理危机预警知识缺乏了解，很有可能无法鉴别甚至忽略身边同学发出的预警信号，从而错过了拯救生命的机会。

3. 大学生心理求助意愿不积极

在高校调查中，我们发现有的同学性格内向，不愿意与他人主动进行沟通交流，缺乏在公共场合表达自己的勇气；有的同学存在自卑心理，经常会主观认为周围同学看不起自己，对自己指指点点、背后议论自己，最后因为误解导致经常自己独来独往，缺少朋友与知心人。并且随着年龄、年级的提高，心理状态逐渐偏向消极，求助意愿更低。这种被动心理，使得一些危机事件难以被提前干预与转介，最终导致不良后果。

（二）高校视角

1. 高校心理健康教育全过程全员参与不足

当前高校在开展心理健康教育的过程中，主要由心理专项教师和辅导员主导，但目前高校辅导员工作繁忙，在与学生进行深入的交流上缺少充沛的时间与精力。并且，辅导员在心理健康教育能力上缺乏足够的专业性。高校专任教师、专业心理教师、行政管理人员在心理健康教育作用发挥上较少。

2. 高校心理健康教育全过程落实不到位

当前，高校开展心理健康教育过程的主要面向群体多为大一新生和毕业生。对大一新生进行入校心理辅导，帮助其尽快实适应新环境；对毕业生实施心理健康教育，帮助其缓解就业压力和心理问题。这种阶段性的心理健康教育，难以实现高校心理健康教育全过程育人。且面对不同学生的心理问题，难以做到结合学生成长阶段特点和个体心理差异开展工作，导致心理健康教育在全过程落实成效上力度不足。

3. 高校心理健康教育全方位意识不强

一方面，高校心理健康教育课程设置上不合理，专业授课教师较少，为学生传授心理健康知识，教育理论灌输现象严重，教育效果并不理想，缺乏多样的教育形式。另一方面，未能积极发挥心理咨询与心理辅导的作用，一对一谈心谈话和辅导的学生，大多数为具有严重心理问题的学生，而部分心理问题隐蔽、不突出的学生容易被忽略，难以发挥全方位育人的作用，无法有效预防与干预学生心理问题恶化。

（三）从社会视角

1. 社会不良风气影响

大学生正处于世界观、人生观、价值观塑造的重要阶段，不良的社会风气对于大学生的心理健康和成长成才都有重大影响。例如，随着互联网的发展，大学生能够获取多种多样的信息，但是有些信息充斥着拜金主义、享乐主义，有些信息混杂着错误的政治倾向，这些都会对大学生的思想和理想信念产生侵蚀，进而对大学生的心灵造成污染，导致有些学生误入歧途。

2. 社会对于大学生心理健康支持不足

当前社会上还存在着"心理问题不是疾病"的观念，认为孩子会产生心理问题是由于个人或者家庭造成的，与社会无关。患有心理问题的学生们真正想要寻求社会帮助时，会受到一些人的歧视和排斥。因此，越来越多的学生在产生心理问题时，第一想法是选择隐瞒或者自我解决，缺乏有效的支持与帮助。

四、大学生心理健康教育实效性提升路径

（一）健全心理健康教育"全员"育人工作体系

首先，依托学校的心理健康教育与咨询中心，打造专兼职教师工作队伍，为学生提供专业的心理咨询服务。其次，完善"学校—学院—班级—宿舍"四级心理预防及危机干预工作体系，加强对于辅导员、行政管理人员、班干部、宿舍长等人的心理健康知识培训，组成能够"早发现、早干预、早治疗"的有力心理健康服务队伍。最后，加强与学生、学生家长、社会人员的配合，形成"家—校—社"联动机制。学生任课教师、辅导员要与学生经常进行"一对一"谈话，了解学生心理状态，及时反馈给学院、学校心理中心，及时与学生家长进行沟通，并借助社会力量，为心理问题学生提供精神支持与现实帮助。

（二）落实心理健康教育"全过程"育人使命

高校要利用好心理健康教育课程对学生的引导与教育作用。例如，在现实教育过程中，首先要根据不同年级和不同年龄阶段的学生的个人特点，开展普遍性与针对性相结合的教育。如：对大一年级新生来说，面对陌生的大学环境普遍会产生茫然、无助等心绪，作为高校教师，便要以新生入学为契机，对新生加强心理适应教育，帮助其能够平稳度过入学适应期与磨合期。对于大二年级学生来说，此阶段容易受到专业课带来的学习压力、交友产生的情感问题等困扰，因此应结合实际问题，开展抗挫折教育、情感以及人际交往教育等，逐步培养其坚忍不拔的性格和理性处理情感问题的能力。对于大三年级的学生要着重开展职业适应性教育，结合实习和毕业设计等过程，帮助其了解就业形势，摆正就业态度。对于大四年级的学生，要结合考研成绩公布及复试前后、大型招聘会前后（求职高峰期）、毕业资格审核期、毕业离校期等时间节点，给予不同学生群体以及时、适时的指导，帮助其树立自信，积极走向社会。

（三）强化心理健康教育"全方位"育人成效

首先，各高校可通过开展丰富的课外实践活动，帮助学生强化心灵体验，如以班级、小组为单位开展社会实践，让学生体会团结合作的力量，增强自

身面对挫折的勇气和敢于寻求帮助的能力，建立和平、友好、互助的社会关系。其次，各高校应依托自身的心理健康教育与咨询中心，邀请专业性好、能力强的心理专家到校开展相应的心理讲座、组织举办专题沙龙等，借此宣传心理健康知识，逐步提升学生情绪调节能力和适应能力。并且，可结合"开学季""5·25大学生心理健康日"等特殊节点，开展心理漫画展、心理摄影展、心理运动会等系列主题活动，帮助学生关注心理健康。

参考文献

［1］郑江华：《新时代高校落实"三全育人"工作研究》，载《吉林省教育学院学报》2023年第8期。

［2］王天旭：《基于"三全育人"视角的高校后勤服务育人路径研究》，西华大学2021年硕士学位论文。

［3］郑文婷：《新时代高校推进"三全育人"工作的困境与对策研究》，载《吉林农业科技学院学报》2023年第4期。

［4］刘珍娜、程刚、李云飞：《新时代大学生心理健康问题与应对措施研究》，载《职业》2021年第3期。

［5］胡小媛：《新媒体时代大学生心理健康教育实效性研究》，载《山西大同大学学报（自然科学版）》2021年第4期。

［6］秦力维：《莱特纳·威特默的临床心理学研究概论》，载《理论建设》2017年第2期。

［7］孙鹤源：《高职院校学生心理健康教育研究》，载《现代商贸工业》2023年第15期。

［8］张付丽：《"00后"大学生心理健康教育路径探析》，载《大学》2023年第19期。

［9］刘衡：《大学生心理健康问题、成因及对策研究——基于省属某高水平大学调查结果》，载《科学咨询（教育科研）》2023年第7期。

［10］杨雯雯：《"三全育人"视域下高职心理健康教育创新分析》，载《湖北开放职业学院学报》2023年第1期。

［11］杨滐菘：《"全过程育人"视角下大学生心理健康教育的问题与对策》，载《广州广播电视大学学报》2023年第3期。

［12］樊蓉：《学校社会工作介入大学生心理健康教育的路径探索》，载《遵义师范学院学报》2023年第2期。

红色研学旅游文化与大学生思想政治教育深度融合对策研究

侯兆君

天津科技大学

【摘　要】中华民族伟大复兴背景下，高校积极推出"红色研学旅游+大学生思想政治"教育项目，通过红色文化滋润学生身心，不仅是我国对高校思想政治教育改革的根本性要求，也是实现红色文化旅游景区、革命遗址等资源高效利用的关键举措，更是弘扬党的光辉历史和优良传统，引导学生们认识革命先烈、树立理想、完善自我的必要举措。对此，本着对大学生思想意识、价值观念、政治信仰、文化自信等培育目的，先对红色研学旅游文化的内涵进行明确，然后分析红色研学旅游文化对大学生思想政治教育的影响，再分析我国各地高校开展红色研学旅游的现况，最后针对性提出红色研学旅游文化与大学生思想政治教育深度融合措施，提升高校思想政治教育质量。

【关键词】红色文化；研学旅行；大学生；思想政治教育

近年来，党中央、国务院出台了一系列促进红色研学旅行项目建设的政策文件，鼓励全国各地率先开展红色旅游市场开发与建设，聚焦红色研学旅行项目服务于大中小学的思想政治教育，为学校育人工作提供优质的红色文化资源。目前，我国各地正在积极响应党中央的号召，认真落实习近平总书记相关重要讲话精神，地方政府、学校、旅游服务机构、文化部门等协同合作，积极构建适应于学生研学旅行需求的红色旅游景区，增强学生对红色文化学习的体验，整体来看，不少地方在红色研学旅行服务中取得了较好成效。但是，就红色研学旅游与大学生思想政治教育的融合建设而言，目前我国教育领域、文化服务领域等在该方面的实践仍然有待深入与完善。对此，本文顺应我国红色研学旅行的趋势，响应党中央的政策号召，落实习近平总书记的相关讲话精神，进一步探究红色研学旅游文化与大学生思想政治教育的深度融合方式，提出一些新的方法建议，为我国相关领域提供实践参考。

一、红色研学旅游文化的内涵

红色研学旅行主要是指红色旅游中参与红色文化、革命历史、党史知识研究性学习，它是红色教育与红色旅游融合的体现，也是对"读万卷书、行万里路"的诠释。其具体表现形式：学习者以旅游者的身份，有目的地前往当地或全国各地的红色旅游景区、革命遗址、革命纪念馆、革命烈士故居等参与旅游体验活动，通过自主学习、听解说、亲身体验等形式，深度感悟红色文化，将红色基因传承下去。本文所指的红色研学旅游文化就是学生参与红色研学旅游过程中获取的红色文化、革命文化或党史知识等资源，将这些资源与高校思想政治教育有机结合，面向学生的思想、态度、价值观、情感、心理等实施教育，实现红色基因传承。

二、红色研学旅游文化对大学生思想政治教育的影响

（一）有利于丰富思想政治教育的内容与素材

大学生思想政治教育的基本前提是教育资源挖掘与利用，只有提供给教师丰富的课程资源，才可以设计出更加优质的教案，才能够提供给大学生完善的教学服务。但是，以目前高校思想政治课程建设情况来看，超过 73.16% 的高校思想政治课程存在着红色教育、爱国主义教育、艰苦奋斗教育、理想信念教育等资源不足的情况，比如：我国普通本科高校的思想政治课程，超过一半的内容是马克思主义基本原理及法律知识、社会主义现代史等教育，关于红色文化、爱国主义、艰苦奋斗、革命历史等方面的内容较少，许多教师为了改变内容资源短缺的情况，都会通过网络渠道收集与归纳相关资源，但实际效果也十分有限。但是，通过红色研学旅游则可以彻底改变这一情况，红色研学旅游的最大特点就是红色教育、理想信念教育、党史教育、艰苦奋斗教育、革命精神教育、爱国主义教育等方面的资源丰富，且类型众多，并且许多资源与素材都是高校思想政治课本上没有的，通过红色研学旅游可以很好地弥补思想政治课程内容本身的不足，帮助教师汇总与利用更加优质、

丰富的教育资源，为学生提供更加完善、优越的思想政治教育服务，引导大学生身心健康发展。

（二）有利于增强大学生的思想政治学习体验

从高校思想政治课程的特点来讲，其课程内容偏理论，尤其是涉及党史、革命史、马克思主义基本原理等，内容本身更加抽象化、概念化，许多学生对课程知识学习时感到枯燥、生涩、难懂。而且，由于思想政治课程教师受传统教育思想影响，教学模式也偏向于讲解理论知识，课堂实践性不强，就导致学生一味地接受理论知识，出现"死啃课本"现象，缺乏良好的学习体验。但是，红色研学旅游的本质就是让学生走出去，通过前往红色旅游景区、革命遗址、革命纪念馆，以轻松、愉悦的方式对红色文化有关的内容进行了解，这一过程中，学生对知识的体验性可以明显增强，通过休闲体验、场景参观、现场听课等多种形式，完成红色文化主题的思想政治知识学习，例如：前往革命纪念馆旅游参观，学生观看纪念馆里的视频、宣传图文，参与纪念馆里的互动项目等，不仅感受到红色文化学习的趣味，更了解到革命烈士的事迹，学习到与此相关的革命故事与党史知识，达到寓教于学的目的。

（三）有利于激发大学生传承红色文化基因

党的二十大报告中，习近平总书记围绕着"不忘初心、牢记使命""讲好红色故事，传承红色基因"等作出了一系列的指示与论述，强调全国各地开展好红色研学旅行服务，通过研学旅行学会缅怀先烈、铭记红色历史，为培养更多合格的社会主义接班人增添一份力。从客观视角出发，红色研学旅游服务的最终目的就是促进红色基因传承，而大学生是祖国的栋梁，是社会主义的接班人与建设者，大学生能否传承红色文化基因，直接关系中国特色社会主义的长远发展，关乎国家兴衰、民族复兴。因此，认真学习习近平总书记对红色文化、革命文化的重要讲话精神，借助红色研学旅游文化优势，积极组织大学生前往全国各地的红色旅游景区、革命遗址公园、革命烈士纪念馆、党史馆等参观学习，有利于帮助大学生切实了解中国共产党的革命史、奋斗史，了解中国艰苦发展史，激发学生爱国主义精神、民族情感、红色文化自信心，使他们坚定理想信念，爱中国共产党、爱中国人民、爱中国特色社会主义制度，传承红色文化基因，立志成为中华民族伟大复兴的推动者与建设者。

三、红色研学旅游文化与大学生思想政治教育的融合现状

（一）现状分析

根据相关资料统计，我国教育领域对红色研学旅游的关注与实践，主要兴起于2018年以后，虽然2018年以前，我国已经逐步开展了对红色研学旅游的研究，不少教育学者探索了红色研学旅游与大学生思想政治教育结合方法，但是力度相对不高。2018年之后，随着我国颁布一系列的红色研学旅游相关政策文件，引起了广大学者、教育者的重视。目前，全国80%以上的高校都已经开展了红色研学旅游项目。以本校所在地天津市为例，截至2022年12月份，本市有爱国主义教育基地等红色景点93个，其中8个基地被列为国家级爱国主义教育基地，目前有烈士陵园10个，保存着大量的党史资源，可提供给高校进行思想政治教育。本市有革命纪念馆6个，已经具备红色研学旅游服务条件。拥有全国红色旅游精品线名录3个，具备了所有的红色文化教育与体验所需的设施。截至目前，本市大部分普通本科高校和高等职业院校已经实现了对本地红色研学旅游资源运用，其主要运用方式为：（1）学校组织学生前往红色景区、纪念馆等场地进行参观，平均每月参观1次至2次，参观形式主要是集体性。（2）学校鼓励学生利用业余时间自主到红色景区、纪念馆参观体验，本市各大红色景区、纪念馆面向学生提供了门票半票、全免的优惠政策。（3）学校思想政治教育负责，定期组织学生到当地红色景区、纪念馆等参与特定的旅游项目，项目内容主要与课程教育内容相关。截至目前，根据本市各大红色景区、纪念馆等红色研学旅游地的管理方提供的数据资料，当地高校在红色研学旅游参与率达86.16%，资源转化与利用率达60.31%。当地高校对红色研学旅游地的利用，主要集中在市内几个固定知名景点、纪念馆，对本市各辖区的红色研学旅游资源运用率仅30.13%。

（二）存在的主要问题

1. 红色研学旅游资源利用程度不高，文化元素挖掘不深

以天津市为例，目前当地高校虽然对红色研学旅游的参与度较高，但是红色研学旅游资源利用上存在着很明显的片面化、局限性问题，红色研学旅游资源的整体利用率有限。比如：高校立足思想政治教育，教师组织学生参与红色研学旅游时，目的地主要是本市内的红色景区、革命纪念馆等，旅游时间通常是1天至2天。由于红色研学旅游时间短，导致学生们根本没有充

足时间去体验各种项目，无法深度获取红色文化知识、革命知识、党史知识等，更没有时间去深度感悟、体验各种文化元素。也由于研学旅游场地集中在市区内，导致许多高校组织学生红色研学旅行时，反复在同一个景点或基地逗留，学生无法感受到更多的红色文化项目，获取更多的研学旅行体验。也正是由于这些问题存在，导致了目前高校对当地红色研学旅游地的各类文化元素挖掘度不深，整体上呈现出红色研学旅游与学校思想政治教育融合不足、融合无力的问题情形。

2. 缺乏经典红色研学线路，学生体验感与自主参与不足

以当地高校为例，目前红色研学旅游与思想政治教育融合的主要问题就是缺乏经典的红色研学路线，比如：高校思想政治课程教师组织院系学生参加研学旅游时，主要是随意选择路线，或者根据学生们的喜好，临时选择路线。红色研学路线大多以市内为主，或者根本无法形成一个完整的研学路线，整个研学旅游过程出现"走马观花"的情况。由于该问题的存在，就导致学生们学习体验感不足，很多学生对此不感兴趣，缺乏自主参与性。产生这一问题的主要原因是高校开展红色研学旅游项目时，受制于交通不便、路途遥远、资金有限、时间有限等因素，教师组织学生们前去参加研学时，有着诸多顾虑与不便，不得不放弃市外的红色研学旅游。另外，也主要在于当地高校缺少与其他省市高校的合作、联系，缺少高校、旅游机构、政府等多方协同，未共同建立起完整的、跨区域的经典红色研学线路。

3. 研学旅游活动同质化严重，缺少学校特有的活动特色

目前包括本校在内的几所当地高校，已经前后开展红色研学旅游活动 50 次以上，每一所高校都积累了一些经验，并初步形成了较完善的针对红色研学旅游的教育管理机制、活动创设方法。但是，从各个高校的红色研学旅游活动创设内容来看，存在着很明显的同质化现象，一是当地各个高校之间的红色研学旅游活动内容与主题同质化，不少高校相互模仿，甚至直接照抄挪用，缺少学校特有的研学旅游活动形式。二是当地高校与全国其他高校的研学旅游活动存在着极度相似的情况，比如：一些高校思想政治课程教师创设红色研学旅游活动时，从活动计划制定、主题设置、线路制定等，再到活动的具体实施与参与，都是直接参照其他高校的形式开展的，缺少创新性，甚至采用的活动方法与当地的红色资源类型不契合，导致红色研学旅游与思想政治课程目标不对接，教育目的缺失，红色研学旅行的功能被削减。

4. 缺乏思想政治课程特点研究，研学旅行与课程内容不契合

目前，在地方政策鼓励下，不少高校的课程教师纷纷组织学生们开展了红色研学旅行，其中，以人文类、社科类的课程居多，包括：思想政治课程、历史课程、汉语言文学课程、法学课程等。各门课程教师设计红色研学旅行时，其目标出发点基本都是相同的，均围绕着红色文化这一单一主题实施，缺少从所任教的课程本身去定义红色研学旅行的目标、主题，由此导致了课程与研学旅游的内容、目标不契合。例如：高校思想政治课程教师设计红色研学旅行活动时，单纯地围绕着红色文化教育目标实施，整个研学旅游过程都是给学生讲解浅显的红色文化知识、党史等，缺少更深层次的内容解读，缺少从思想政治课程层面对红色研学旅游内容的分类挖掘与转化。

四、红色研学旅游文化与大学生思想政治教育深度融合策略

（一）增加红色研学旅游目的地，组织学生体验更多研学项目

红色研学旅游与大学生思想政治教育的深度融合，基本着手点就是立足对当地红色文化资源的挖掘与利用，通过利用好学校所在地的红色资源，增强大学生对当地革命历史、奋斗历程的了解，增强学生对当地革命烈士、爱国人士的认识。对此，本文建议进一步增加地方红色研学旅游目的地，彻底改变过去红色研学旅游仅局限于市内红色景区、纪念馆、革命遗址等情况，组织学生体验到更多的红色文化项目，获取更多的知识。例如，紧扣"传承红色基因、讲好天津故事"主题，充分利用本地红色资源，精心组织开展红色研学旅行活动，增强思想政治教育的时代性、科学性和实效性，让思政教育"活起来"。一方面，思政课程教师围绕着"讲述当地红色文化故事"这一主题，瞄准对学生德智体美劳核心素养的培养，组织学生前往当地的红色旅游景区，深入本市的下辖区，探寻未曾体验过的革命遗址，通过探寻革命遗址、现场体验各类项目活动，深刻感悟到当时的时代环境下革命斗争的场景，了解到革命战争的不易与艰险，感悟到革命先辈身上表现出的不畏艰险、爱党爱国爱民、民族团结等精神，进而呼唤有志青年忧国忧民、挑战自我、超越自我、挑战极限、奉献社会，时刻将保家卫国、民族复兴放在自己心头，做一名爱国者。通过这一方式，不仅帮助学生掌握到红色文化知识，更可以健全大学生的思想意识、情感理念、价值观念。另一方面，立足于实践，思政课程教师组织学生们下基层，边探寻革命遗址，边传播红色与参与社

会公益活动，以实际行动去诠释艰苦奋斗的精神，教师带领学生积极帮助基层百姓，践行学生身上那种不怕苦、不怕困难、奉献自我、热爱人民等优秀品质。

（二）跨区域、多部门协同合作，共建经典、品牌性红色研学路线

现实情况表明，随着我国红色研学旅行工作的建设，高校思想政治课程开展红色研学旅行活动的重要性、必要性、紧迫性更加明显。为了积极顺应我国红色研学旅行趋势，尽快打造出经典、特色的红色研学旅游项目，使其与大学生思想政治教育连接，需要进一步对当地红色研学路线进行完善，只有完善上层建筑，才能够开展好下层的教育活动。例如：高校方面，以各个院系的思想政治课程教师为代表，代表学校参加本地区的红色研学路线制定工作。与当地政府部门、旅游部门、红色景区及公共服务机构等协同沟通，围绕着高校思想政治教育目的，定制本地区的红色研学旅游路线，一方面，将当地所有的红色资源总结起来，对目标场地进行定位，依照党史教育、革命精神感悟、艰苦奋斗教育、理想信念教育等不同主题，将有关的旅游地点串联起来，形成一个不同教育主题、多元旅游场地的红色研学旅游路线。另外，高校也可以尝试与周边的市（县）合作，建立跨区域的红色研学旅游路线，红色研学旅游路线应与高校思想政治课程连接，在沿线的各个旅游体验点专门设置高校思想政治教育主题板块，并设置专门教育人员，如此实现思政课程教师与社会上教育人员的合力，在开展红色研学旅游时，共同面向大学生实施思想精神教育。

（三）立足思想政治教育目标，创新设计特色化红色研学旅游项目

上文提及，目前红色研学旅游与大学生思想政治结合，已经不是什么新鲜话题，但是如何深度融合仍然是不少高校共同面临的难点。目前，高校的思想政治课程与红色研学旅游融合度不深的主要原因就是思想政治教育目标的丢失，没有根据课程目标有针对性、创新性地设计学校的红色研学旅游项目，从而出现了同质化、形式化等现象。对此，本文重点建议立足思想政治教育目标，根据当地的红色资源特色，建立起学校特有、创新的红色研学旅游项目。例如：首先，明确思想政治教育目标，普通本科院校的思想政治课程目标重点包括了爱国主义教育、党史教育、集体主义教育、文化自信培育、道德素养培养、价值观引导等模块，教师可以依据红色研学旅游项目的资源类型，重点确立起"爱国主义教育""集体主义教育""艰苦奋斗教育""理

想信念教育"四大元素，红色研学旅游活动目标围绕着四大元素实施。其次，创设"访问革命旧址，探寻革命先烈遗迹"的红色研学旅游活动，结合着爱国主义、集体主义、艰苦奋斗教育、理想信念教育的四大模块，将研学旅游路线定位于"天津市革命烈士陵园+平津战役纪念馆+张自忠将军故居+周恩来邓颖超纪念馆"。先是带领学生按照规定的路线，访问研学线路上的地点、教师联合相应机构的管理员，面向学生讲述每一位革命烈士身上的故事，安排学生现场做笔记，提炼出每一位革命烈士身上具备的精神气质、民族情感、爱国情怀等等，学生边倾听革命烈士故事，边思考与继承革命先辈身上的爱国、爱党、爱人民的精神，以及不畏强敌、团队一致、勇敢奋斗的优秀品质。最后，为了进一步增强学生们对革命烈士的了解，形成爱国精神、集体主义、艰苦奋斗精神及远大的理想信念抱负。在每一个沿线点上，组织学生们下基层，亲自访问参加过革命战争的先辈，与革命先辈们进行面对面交流、访谈，切身感悟当年的革命历史场景，向身边优秀的革命先辈学习，请教革命先辈们对晚辈们的嘱托，如：珍惜和平、保家卫国、艰苦奋斗、勇于担当、民族团结等。

（四）加强思想政治课程内容解读，促进红色研学旅游与课程衔接

大学生思想政治教育的主要目的就是通过思想政治教育活动，使受教育者的思想和行为达到所期望的目标，包括树立起正确的政治信仰、远大理想抱负及形成正确的思想意识、价值观、情感态度、品格行为等。其中，政治信仰、理想信念、爱国主义、文化自信等元素均是目前红色研学旅游项目中最突出教育因子。因此，从客观视角出发，红色研学旅游与大学生思想政治教育有着诸多契合之处，本文重点建议高校思政课程教师围绕着思政课程本身内容解读，寻找其与红色研学旅游的契合之处，建立起全新的红色研学旅游课程，达到两者之间的深度融合，例如：立足高校思想政治课程，重点将思想政治课程中的红色文化、革命精神、中国共产党史三大内容板块提炼出来。然后，立足当地的红色资源，聚焦本土红色研学旅游服务的重点，提炼出相应的教育元素，将红色研学旅游的红色文化元素与思想政治课程中的红色文化、革命精神、中国共产党史三大模块连接，定制学校全新的实践性课程，如《思想政治——红色研学旅游》，课程应至少涵盖爱国主义教育、理想信念教育、艰苦奋斗教育、革命精神教育、党史知识等专项模块。通过定制专门的课程，方便后续思政课程教师开展针对性的思想政治教育活动，通过

红色研学旅游，促使学生素质目标的达成。又如，定制出红色研学旅游专项课程基础上，积极采取项目教学法，开展探究式的教学活动，如：以当地某个红色资源与品牌为主题，设置一个探究主题，比如"探寻延安故里，思考延安精神的内涵与表现"，围绕着这一主题，教师组织学生们前往当地的红色景区进行探究，对学生进行分组，让小组成员带着任务寻找、访问、收集有关延安精神的材料，挖掘与思考有关延安精神的历史内容与素材，体验景区内延安精神的文化项目，这一过程中，不仅促进了学生对延安精神的了解，更丰富了学生们的学习体验，训练了他们的学习思维与能力。

（五）完善红色研学旅游评价机制，建立起全新的思政课程评价指标

从大学生思想政治教育视角出发，教、学、评共同组成了完整的教育体系，目前许多高校思想政治课程教师组织学生参加红色研学旅游项目，大多只重视"教"与"学"，忽视了对学生的评价，绝大部分教师开展教学评价时，也主要遵循已有的评价指标，没有依据红色研学旅行的具体目的与主题，做到针对性评价指标、方式的建立。对此，为了从根本上促进红色研学旅游与大学生思想政治教育深度融合，本文也重点建议建立健全红色研学旅游活动专项的评价体系。例如：首先，建立起评价指标，评价指标应包括对学生学习思维、学习成果、素质表现、团队合作能力、学习积极性、表达能力、问题发现能力等指标的综合评价。可从终结性评价、过程性评价两个基本模块出发，将各类评价指标建立起来，形成统一的评价标准，如：红色研学旅游成果（100%）=红色文化知识掌握度（20%）+思想精神提升度（20%）+红色文化自信（20%）+革命基因传承意识（20%）+红色文化践行程度（20%）。红色研学旅游过程（100%）=自主学习能力（20%）+团队合作能力（20%）+问题提出与解决能力（20%）+学习思维表现（20%）+红色文化现场感悟与表达（20%）。其次，完善评价主体，评价主体主要是指对学生学习评价的对象，根据红色研学旅游的基本机制可知，红色研学旅游过程中，教师、研学旅游基地的工作人员（如：党史知识讲解员、旅游项目与内容宣讲员等）等均是对学生实施教育的主要对象，因此，就需要改变过去教学评价仅聚焦于教师自身的情况，建议将思政课程教师、研学旅游基地相关工作人员、政府、社会等作为教育评价主体，形成四位一体的评价体系。思政课程教师应重点面向学生在红色研学旅游活动中的素质表现、学习成果表现等进行评价，研学旅游基地的相关工作人员、政府、社会等主体面向学生的行

为素养、学习思维、学习积极性等进行评价，形成教育评价合力。最后，应重视红色研学旅游评价的内容，围绕着评价内容形成分层评价机制，如：第一层，面向学生探究能力评价。主要评价学生在红色文化、革命精神等探究活动中的思维表现、团队合作能力等。第二层，面向学生的思想意识、价值观念形成及反思能力评价，评价学生在研学旅游活动中的思想进步情况及反思能力。第三层，面向学生的报告撰写能力评价，通过评价学生的红色研学旅游成果报告，检测学生通过研学活动获取到的知识与成果。

结　论

　　总而言之，红色资源是在中国共产党带领广大人民群众艰苦奋斗的革命实践中创造的文化成果，它不仅是中国奋斗史，更是中华儿女们的劳动成果。以高校思想政治教育为基础，借助红色研学旅游资源，组织好大学生前往学校所在地及其他区域的红色旅游景区、革命纪念馆、党史馆、革命遗址等实施参观、学习、体验，不仅有利于将红色基因传承好，弘扬党的光辉历史与优良传统，更有利于增强学生的学习体验。对此，基于红色研学旅游文化与大学生思想政治教育深度融合优势，结合目前我国高校思想政治教育、研学旅行的实际情况，积极打造高校精品、特色的红色研学旅游项目和路线，定制高校思想政治与红色研学旅游相结合的课程，创新开展专项红色研学旅游活动，使学生在轻松、愉悦的环境下学习革命先烈身上不怕苦、不怕艰险、不怕困难的精神品质，形成无私奉献、艰苦奋斗、团结友爱、敢于拼搏、保家卫国、胸怀大局、勇挑重担的优秀精神品质，树立起远大理想与抱负。

参考文献

　　[1] 郑锦龙：《红色革命文化融入大学生日常思想政治教育研究——以榆林学院绥德师范校区为例》，载《湖北开放职业学院学报》2023年第3期。

　　[2] 杨洋：《红色文化传播与高校大学生思想政治教育研究——以山西省地方红色文化资源为例》，载《今传媒》2023年第3期。

　　[3] 苑志慧：《红色文化资源视阈下大学生思想政治教育研究——以四平市为例》，载《知识经济》2022年第7期。

　　[4] 官长春：《红色研学旅行的思想政治教育价值及实现路径研究——以三明市为例》，载《太原城市职业技术学院学报》2020年第1期。

［5］徐蕾、刘家卉：《吉林省红色文化资源融入高校思想政治理论课教学路径研究——以纲要课程为例》，载《湖北开放职业学院学报》2022年第2期。

［6］任云高、冯哲、王倩颖：《基于大学生日常思想政治教育的新模式研究——以苏州科技大学环境学院红色文化调查为例》，载《太原城市职业技术学院学报》2022年第9期。

［7］余维祥：《红色文化融入高校思想政治理论课"5F"实践教学模式研究——以黄冈师范学院为例》，载《黄冈职业技术学院学报》2021年第2期。

［8］康艳琴、李乐平：《论红色旅游资源与大学生思想政治教育的有机融合——以湖南省为例》，载《湖南人文科技学院学报》2023年第2期。

［9］翟晓慧、裴健：《浅析红色旅游资源在高职院校思想政治教育中的作用——以运城师范高等专科学校"我在师专跟党走"为例》，载《文渊（高中版）》2019年第2期。

［10］张岩凯：《红色筑梦之旅双创背景下体育旅游精准扶贫实施路径研究——以福建体育职业技术学院大学生"红色筑梦杨家溪景区"社会实践为例》，载《发明与创新·职业教育》2021年第5期。

［11］魏天达：《新文科背景下高校红色文化育人策略研究——以全国大学生红色旅游创意策划大赛为例》，载《北京教育（高教版）》2020年第9期。

［12］彭晓、房玉东、王海龙：《新时代高校党史学习教育路径创新与实践——以泰山学院旅游学院"红色星期二"学生党建工作品牌创建为例》，载《潍坊工程职业学院学报》2021年第6期。

［13］郭若愚、陈淼：《劳动教育视角下的高校特色文化研学设计——以"晋察冀军红色冀忆"红色研学课程设计为例》，载《情感读本》2023年第2期。

［14］张新华、刘志军：《地方红色旅游资源在高校课程思政建设中的应用研究——以普洱学院为例》，载《警戒线》2023年第9期。

［15］丁唯也：《红色文化嵌入三全育人活动探析——以江苏旅游职业学院"红色走·读"为例》，载《湖北开放职业学院学报》2022年第23期。

［16］刘冬梅：《红色旅游实践在大学生党员党性教育中的价值及其实现——以井冈山革命根据地为例》，载《福建教育学院学报》2018年第4期。

"三全育人"背景下高校大学生就业指导体系的搭建

张 尧

天津科技大学食品科学与工程学院

【摘 要】高校毕业生人数逐年增多,学生就业压力不断加大,高质量就业对于学生而言愈加困难。面对就业,部分学生存在"慢就业"心理等问题,需要针对性的就业指导,帮助学生树立正确就业观,提升职业技能。在此背景下,选取"三全育人"视角,剖析了就业育人开展的工作思路,提出全员、全过程、全方位开展就业育人指导工作的具体建议,旨在帮助学生实现更高质量的充分就业。

【关键词】三全育人;就业指导;体系搭建

一、大学生高质量就业的意义

(一)大学生就业现状

2022 届高校毕业生达 1076 万人,同比增加 167 万人。这是高校毕业生规模首次超过千万,也是近几年增长人数最多的一年。2023 届高校毕业生规模已达 1158 万人,同比增加 82 万人。随着高等教育的普及,大学毕业生人数不断增加,毕业生就业竞争压力不断加大。然而,与毕业生数量相比,就业岗位的增长相对有限,导致大学生就业竞争愈发激烈。近年来,随着经济发展和产业结构调整,新兴产业和新技术不断涌现,部分传统岗位面临淘汰,而新兴岗位多元化、专业化的用人要求不断提高。同时,就业信息不对称使得大学生在求职选择时缺乏全面的了解,影响求职的效率和准确性。就业难问题不断凸显。

（二）大学生高质量就业的意义

就业是民生之本，是经济发展、社会稳定的基本支撑。《教育部关于做好2023届全国普通高校毕业生就业创业工作的通知》中指出，深入推进就业育人，把就业教育、就业引导全面纳入大学生思想政治教育体系。深刻认识高校毕业生就业工作的重大意义，要立足时代要求、革新教育理念，积极推动高校思政工作与就业工作深度融合。高校毕业生高质量就业是高校教学质量发展、学科优势突出的重要体现，能够推动社会发展，建设国家未来。大学生职业生涯教育是高校人才培养的重要环节，是实现高校毕业生高质量就业的重要抓手，也是高校立德树人的重要体现。学生就业指导有利于提高学生对自我的认知度，增强学生对所学专业的认同，提升学生职业选择的成熟度。

二、三全育人的概念及意义

（一）三全育人概念

2016年，习近平总书记在全国高校思想政治工作会议上指出，要坚持把立德树人作为中心环节，把思想政治工作贯穿教育教学全过程，实现全员育人、全过程育人、全方位育人，努力开创我国高等教育事业发展新局面。中共中央、国务院在《关于加强和改进新形势下高校思想政治工作的意见》中指出要坚持全员全过程全方位育人（简称"三全育人"）的要求。全员涵盖高校育人的各类主体，全程涵盖高校育人的全过程，全方位涵盖高校育人的多种途径与有效资源。三全育人概念的提出，为高校落实立德树人的重要目标提供了实践路径。

（二）三全育人对高质量就业工作的指导性意义

近年来，国家关于稳就业、保就业的决策部署要求把做好高校毕业生就业工作作为落实立德树人根本任务的重要环节和"三全育人"的重要内容。以就业育人的温度强化高校毕业生就业工作力度。根据"三全育人"理念体现的就业教育的全员性、全过程性和全方位性，运用整体性思维，调动所有育人力量，利用各资源要素，实现学生求职能力的提升与就业规划的发展。"三全育人"理念是对当下高校人才培养的主体、载体、资源的整合，对大学生就业工作有着重要的指导意义。展开来讲，开展大学生就业能力提升和就业指导服务需要社会、学校、家庭和学生的全员参与。大学生就业指导工作要因时因群体制宜，贯穿学生生涯，全程给予指导。开展就业指导需要多样化的方式，从全方位发力、多平台作战，提高高质量就业率。

三、大学生高质量就业的困境

（一）消极与"慢就业"心理

"慢就业"属于高校毕业生毕业后"暂时性不就业"的一种待定状态，毕业生以再准备一年考研、考公等形式延缓就业。有些学生在进入大学之前对高校及相关专业不熟悉、不了解，考入大学后对专业和所修课程不感兴趣、对大学生活不适应等，导致在毕业之际消极就业。也有部分处于毕业季的学生不会规划时间，认为就业不急，岗位很多，错误地估计了就业形势，过于放松的心态导致学生错过秋季招聘黄金期，而在春季招聘中，岗位数量减少，最终错过就业机会。而近年来，越来越多的学生专注于考公考编，为保留应届生身份，选择暂时性地逃避就业，将所有精力放在考试上，由于考试人数的增加，最终很可能以失败告终，也错过了毕业季以应届生找工作的重要时机，导致最终无法就业。

（二）盲目与从众心理

大学生就业从众心理也是一种缺乏主观能动性的表现。部分学生由于平时极少关注就业政策与动态，不注重收集、筛选企业信息，学生自身独立意识不强，对自我价值的定位和未来职业发展规划还没有明确认识，应聘过程中往往存在同班级、同寝室的学生竞争同一家企业的情况。或不考虑行业发展情况，被动地接受他人建议而就业等现象，导致许多学生错失就业良机。大学生缺少对未来的规划，更易受到他人的影响，跟随他人进行选择。这种现象严重影响了大学生职业生涯规划与就业工作的开展，也是高校需要关注的问题之一。

（三）目标期待过高

大学生在校期间，参加用人单位实际工作岗位锻炼的机会很少，常常会有眼高手低的现象发生。在应聘工作时，无论是面对管理岗位还是专业技术岗位，毕业生感觉自己已经掌握了工作所需技能，试用期间到真正的岗位工作时才发现无论是管理工作中的沟通表达能力、领导力、决策力，还是专技工作中的实操能力均无法达到要求，还需积累更多的理论知识和实践经验，就业期望值与自身能力相去甚远。许多同学在制定就业目标时，将薪资作为自己选择职业或企业的唯一标准；或专注于选择某些固定的岗位，就业视野不开阔。不关注职业的发展前景，忽视了先就业再择业的职业选择，对工作过于挑剔，导致最终错过好的机会。

四、三全育人背景下就业体系的搭建思路

（一）全员发力，强化队伍保障，抓牢主体责任

全员育人强调发挥合力，就业工作的开展离不开就业队伍的强力保障。目前，部分高校的就业队伍建设不充分、不平衡，存在诸多问题，较为明显的是教师发力，但学生关注不足；学工队伍就业保障完善，教工队伍投入度不足；学校就业推动工作热度高，家长对学生的就业思想灌输出现偏差等。而校友资源作为高校就业队伍建设的重点之一，也未能得到充分的整合与利用。

因此，在就业队伍的建设中，要充分调动校内各教工队伍，调动学生参与积极性，联合学生家长以及校友资源、企业资源，实现校内校外的工作合力，建立"社会—学校—家庭—学生"链条式就业体系，实现高质量就业目标。社会层面要以政府为主导，建立各省市各高校的就业队伍，畅通与学校的联系，实现毕业季等多个重要时间点的对接。学校层面要落实就业团队或就业考核责任制，学校做好任务的部署与监督，学院要发挥好学工队伍与教工队伍的合力，广泛动员，将就业目标落实到每一位教师，实现全员参与的良好格局。同时，学校要与校友做好对接，确保校友进校园招聘等工作能够落实，用好校友资源，推动就业工作。家庭层面需要家长加强对学生就业观念的正确引导，为学生就业压力"减负"，从家长的层面配合好学校开展就业工作。学生层面首先自身要认识到就业形势的严峻性，积极参与到社会、学校组织的各项招聘工作中，树立"先就业，再择业"的正确观念。建立同学之间的就业联络，实现学院—年级—班级—个人的就业信息传递。

（二）全过程覆盖，分级分类开展就业教育，贯穿学生生涯

全过程育人强调连续性和贯穿性。就业工作作为毕业年级的重点工作，政策或信息也均向倾斜于毕业班学生，其他年级学生较少能了解或参与到就业指导中。导致许多学生在进入毕业年级后突然接触大量就业信息，无法做出选择，导致就业指导工作效果不佳。尤其是目前的一些职业生涯规划教育或简历大赛等均只向高年级学生开放，低年级学生的就业敏感度低，没有提前定好规划及目标。

因此，全过程、系统性覆盖就业推动显得尤为重要。首先，应从低年级抓起，建立从入学到毕业系统化的就业指导方案，将就业指导课纳入必修科目或者开放选修课程，积极动员学生参与就业指导。针对低年级学生，按照学生的特点与专业开展职业生涯规划辅导，让学生提前思考职业发展与未来，帮助其树立正确的就业观、择业观。其次，应针对不同年级、不同专业、不同特点的学生提供针对性的分类指导，帮助其做好职业定位，熟悉就业流程，练就就业创业技能。最后，应注重为学生提供"菜单式"就业指导服务，关注学生的成长变化，将就业指导贯穿于学生的整个学习生涯，在教学实践、课内课外等多个环节做好就业指导，提升就业指导的动态性。

（三）全方位指导，搭建就业平台，发挥多维作用

全方位育人强调方式的多维性。大学生就业观念及能力的提升，需要学校构建完善的就业指导平台，通过多样化的方式，帮助学生实现就业。目前在就业指导推进的过程中，高校存在诸多问题。第一，校园理论教育与企业实践环节脱节，许多同学鲜有机会获得实习机会，无法提前接触工作环境。第二，校园辅导员或教师长期处于校园工作环境，对社会及行业的动态变化不敏感，在开展就业指导时不够贴合实际，专业性不强。第三，学校缺少提升学生就业实操性的特色活动。第四，就业指导一体化平台的搭建不够完善，目前许多高校在数字化、信息化就业信息与指导平台的搭建上存在不足。

因此，全方位就业指导强调从多个方面共同发力：一是要注重校企合作，用好校友资源，引导学生积极走进企业，熟悉工作流程，将专业知识用于实践，这是就业指导中最重要的一步。二是要为教工队伍、学工队伍做好专业培训，提升就业工作的专业性。三是要办好特色活动，让学生在参与中获得就业技能。四要搭建好信息化就业指导体系，有针对性地帮助学生进行职业规划和就业规划。

五、三全育人背景下就业体系的搭建路径

（一）汇集合力，发挥全员优势推动就业

1. 建立就业工作队伍，责任落实到人

将就业工作专题列入学校及学院日常会议议题，由学院定期向学校汇报就业率情况，学院内部由学工牵头，定期向各专业团队汇报就业情况，互通有无，形成合力。制定就业工作奖励激励办法，将教师推荐就业纳入绩效奖

励分配，形成学校党委引领，学院领导班子落实，教工学工队伍通力合作的协同就业育人机制。将就业的细项落实到每一个就业团队的负责人或者学工教师，邀请每年超额完成任务的队伍或教师作为典型，分享就业工作推动经验。

2. 教师发挥专长，多方面促就业

辅导员深入学生中，关注学生就业工作的困惑，定期走进宿舍，或通过召开班级会议、年级会议等方式，与同学们交流就业问题，及时排忧解难。专业教师发挥课堂授课优势，将专业相关的就业方向及前景在授课的过程中传递给学生，可以通过翻转课堂等方式让学生认识了解相关企业。就业指导办专业教师定期走进各学院，分享就业政策；并邀请校友走进校园，召开宣讲会或完成校企合作。心理教师及辅导员也应关注学生心理问题，开动育心育德"双引擎"。毕业生面临学业和就业的双重压力，更易产生各种就业心理问题，这也是造成"慢就业"的重要原因之一。这就要求专职心理教师与辅导员在就业育人工作中主动作为，经常与毕业生谈心谈话，在开展就业指导的同时融入思想政治教育元素与心理疏导内容，将人文关怀与就业服务结合起来。

3. 家庭学生联动，主动出击不等待

学生作为就业工作的主体，在学习生涯中应该树立好正确的就业观念，有一个长远的职业发展目标，积极参加各项就业活动，多方面获取信息，积极参与企业实习，将就业这根弦时刻悬在心中。家庭作为学生就业过程的后备保障，也应了解与孩子所学专业相关的就业市场，主动获取信息，并与孩子分享，共同针对孩子的职业生涯选择进行讨论，保障孩子就业不盲目、不从众，与学校开展的工作形成联动，共同助力学生就业。

（二）润物无声，全过程连续性开展就业工作

1. 开展分级指导，注重工作衔接

就业要注重全覆盖性，针对不同年级的学生要推出不同内容的特色课程以及指导方案。低年级学生要注重引领与启发，中年级学生注重落实实践，毕业班学生注重职业能力及技能提升。针对新生要做好启蒙教育，引导学生在爱国教育、志愿服务、社会实践中树立正确的择业观念，通过具体案例引发学生对于自身职业生涯的思考。中年级学生有一定的专业基础后，引导其将课堂知识与实习实践相结合，在具体的实践项目中感悟专业内容，完善职

业规划。对于毕业班学生，要通过活动、会议、讲座、比赛等方式，拓宽其信息获取渠道，提升职业选择敏感性。

2. 注重思政引领，落实实践指导

从思政课堂到课堂思政，就业观念的正确树立离不开教师的引导，将课堂思政与就业育人相结合，将就业内容、就业观念融入专业课程的教授过程中，在专业理论的讲解中，融入就业实践指导。在整个学生生涯，通过多门专业课的课堂思政教育，帮助学生树立一个正确的择业观。实践实习引导同样应贯穿学生的大学生活，专业内容的学习需要实践来验证，通过带领各年级学生走进企业观摩，推荐学生实习岗位，邀请企业进校园开展特色活动等方式，让学生在每个阶段都参与到实践的过程中，帮助其更好地走进职场。

3. 突出指导针对性，方法多样化

对于不同专业的学生，应该在就业指导过程中有所侧重，例如经管类文科类专业的学生，应在日常多通过活动、实习实践等方式开展就业指导。而理工科类的学生，由于有实验等事项，可以通过企业进校园，或者将实验内容与就业工作相结合的方式，帮助学生了解就业信息。针对少数民族、建档立卡的学生，应设立"一对一"或"一对多"帮扶就业政策，由辅导员或专业教师作为帮扶人员，在整个就业过程中提供针对性就业指导。对于毕业班的学生，在从进入毕业季到毕业的整个过程，要全过程提供针对性的就业指导。对于缓就业、慢就业的学生采取谈心谈话、校友共育、"送岗到人、送人到企"的精细化就业服务模式。

（三）遵循规律，全方位多样化落实就业指导

1. 整合多方资源，举办特色活动

学校应善于利用多方资源，为学生营造就业的良好氛围。邀请杰出校友走进校园，开展就业创业讲座，让学生了解校友故事，有助于促进校园形成积极就业的良好氛围。定期举办毕业生座谈会，可以通过参会学生反馈的问题，开展就业宣传与指导，针对性地解答双选会、招聘会开展情况，就业过程面试签约注意事项等问题，对毕业生进行全面指导。邀请专业机构教师，组织简历大赛、面试模拟大赛、创新创业大赛等活动，以赛促学、以赛代练，让学生从活动中真正有所收获，提升自身职业技能。

2. 推动信息化建设，畅通沟通联系

建立高校自身的就业信息网，从简历制作、招聘信息获取、岗位投递、

企业签约等整个就业过程实现信息化、网络化。同时在条件允许的情况下，还可以进一步推动精准就业建设。例如，推出企业岗位检索、公考网、地方人才网多平台快捷入口等，通过多种渠道向学生精准推送信息。建立就业信息网沟通机制，便捷辅导员—班级就业联络员—学生的就业信息传递，通过网站的建设，让学生获取更加简单、便捷的就业服务。

3. 完善校企校地合作，开展就业培训

在高校现有就业渠道的基础上，通过联合各地的政府、人才服务中心、重点对口企业，开拓就业市场。对于重点企业，应采取"引进来"和"走出去"相结合的办法。既要谈用人招聘事宜，也要建立合作关系，搭建实习基地，争取实现专业实习与就业岗位人才推荐的合作。同时，通过聘请企业领导作为校外导师，或者邀请其来校宣讲，为学生传授企业工作经验，帮助他们了解用人单位的人才标准和审核流程。同时也可以为辅导员及专业教师开展培训活动，针对行业发展、就业情况等开展有效指导，便于老师们为学生开展就业指导工作。

参考文献

［1］王翔：《三全育人视角下的高校大学生慢就业》，载《山西财经大学学报》2022年第 S2 期。

［2］郭琦：《辅导员助力就业育人"最后一公里"》，载《中国社会科学报》2023 年5 月 22 日。

［3］赵婷、魏书妍：《"三全育人"理念下的大学生就业体系构建——以西部地区某高校电气工程学院为例》，载《学园》2023 年第 20 期。

［4］高海洋：《"三全育人"视域下大学生高质量就业路径探析》，载《吉林农业科技学院学报》2022 年第 3 期。

［5］朱景凡、肖斌文：《"三全育人"理念下高校就业引导工作的路径探析》，载《中国大学生就业》2020 年第 22 期。

新时代劳动教育与高校实践育人
相融合的路径研究

刘春宇

天津科技大学食品科学与工程学院

【摘　要】加强劳动教育是新时代培养全面发展大学生的重要环节，劳动教育与高校实践育人在载体需求上具有相通性，且都具有鲜明的实践性和专业性。高校应通过构建劳动教育学习平台，推动学生树立马克思主义劳动观；创新劳动教育实践体系，着力打造"1+N"劳动教育特色实践活动；培育劳动教育专业特色，切实发挥党建领航实践育人品牌，努力探索将劳动教育与实践育人相融合的有效路径，形成育人合力，促进培养德智体美劳全面发展的高校人才。

【关键词】劳动教育；实践育人；高等院校

习近平总书记在全国教育大会上强调要"培养德智体美劳全面发展的社会主义建设者和可靠接班人"，加快推进教育现代化、建设教育强国、办好人民满意的教育，将"劳动教育"放入学生培养目标中。2020 年 3 月，《中共中央、国务院关于全面加强新时代大中小学劳动教育的意见》作出重要部署，要"全面构建体现时代特征的劳动教育体系"，在学生中广泛开展劳动教育，并指出要"紧密结合经济社会发展变化和学生生活实际，积极探索具有中国特色的劳动教育模式，创新体制机制，注重教育实效，实现知行合一，促进学生形成正确的世界观、人生观、价值观"。作为新时代大学生人才培养目标的重要组成部分，高校劳动教育是落实立德树人根本任务不可或缺的环节。高校实践育人随着时代发展内容类型更加多元、认识程度更加深入，推进了高等教育的发展，在人才培养过程中作出了重要贡献，取得了显著成效。但当前高校大学生存在对劳动价值认识不清、劳动情感淡薄、劳动意志不强、劳动追求功利等问题，高校劳动教育存在劳动教育与专业实践融合形式单一、部分劳动实践活动盲目开展等问题。立足新时期高校学生人才培养的工作目标，将高校劳动教育与实践育人相融合，切实发挥劳动教育与实践育人的价值内涵，为促进培养德智体美劳全面发展的更高水平人才提供强有力的保障。

一、新时代高校劳动教育的价值意蕴

新时代背景下，加强高校劳动教育有利于完善中国特色社会主义教育体系，为塑造时代新人指明前进方向。当前，高校亟须加强劳动教育，以塑造大学生崇尚劳动的认知、增进大学生热爱劳动的情感、强化大学生辛勤劳动的意志和涵养大学生诚实劳动的习惯。

（一）劳动教育是坚定大学生理想信念的重要基石

铸魂理想信念是落实立德树人根本任务的中心环节，筑牢劳动教育基石对大学生坚定理想信念具有重要意义。在党的教育方针、意见中，多次强调部署加强高校劳动教育，通过劳动教育与实践活动融合有利于推动大学生形成正确的劳动价值观、养成良好的劳动习惯；同时，通过劳动模范讲座、宣讲工匠精神等实践活动有利于大学生深入学习中国共产党带领人民群众艰苦奋斗的历史，从而引导学生坚定理想信念投身中国特色社会主义的伟大实践，用劳动铸就中华民族伟大复兴。

（二）劳动教育是拓展大学生实践路径的重要渠道

习近平总书记指出："道不可坐论，德不能空谈。于实处用力，从知行合一上下功夫，核心价值观才能内化为人们的精神追求，外化为人们的自觉行动。"对于新时代大学生而言，通过志愿服务、校园文化活动、"三下乡"等形式各样的实践活动与劳动教育相融合，在实践中认识劳动工具、学习劳动工具的使用方法、灵活掌握劳动技巧，并在实践中发现问题、提出问题、解决问题，始终将劳动教育与社会实践、思想政治教育相结合，从而形成"学习技能—应用强化—探求内涵"的良性循环。

（三）劳动教育是促进大学生全面发展的重要手段

2020年9月习近平总书记在教育文化卫生体育领域专家代表座谈会上的讲话中强调，要"广泛开展劳动教育，发展素质教育，推进教育公平，促进学生德智体美劳全面发展，培养学生爱国情怀、社会责任感、创新精神、实践能力"。大学生在校期间参加校内义务劳动，学习劳动教育知识，掌握劳动教育技能，有助于从思想上引导大学生形成正确的劳动观念，从行动上认识和了解社会各行各业的需要，回应新时代对劳动的新要求，克服片面劳动，构建和谐的劳动关系，走向体面劳动，进而实现大学生的全面发展。

二、新时代高校劳动教育与实践育人相融合的切入点

新时代劳动教育如何与高校实践育人相融合，是高校提升育人效果亟须解决的课题之一。只有深入挖掘劳动教育和高效实践育人各自的特点和优势，从劳动教育与实践育人的共同特征和主要特色切入，不断丰富融合形式、拓展融合领域、完善融合机制，推进劳动教育与实践育人两者有机融合。

（一）实践性是劳动教育与实践育人的共同特征

实践是认识的基础，是检验真理的标准。从实践性角度切入，将劳动教育与实践育人相融合可以从三个方面发挥各自优势。首先，劳动实践融入学生一站式社区，打通学生劳动实践"最后一公里"，从而获得更好的实践体验、达到更好的教育效果。其次，拓展劳动实践的形式，将热爱劳动、崇尚劳动的元素以多样的形式渗透至各种丰富多彩的思政活动中，探索劳动实践的新模式。最后，挖掘具有代表性的劳动实践类社团，由社团指导老师监督和指导将劳动实践元素融入社团活动，在活动中营造热爱劳动、崇尚劳动的氛围。

（二）专业性是劳动教育与实践育人的鲜明特色

劳动教育与实践育人的核心都是将理论知识转化为实践行为，两种相辅相成、相互融合。在实践教学过程中，教学科研岗教师传授专业知识，学生从理论角度出发，通过亲身劳作，将理论知识应用于实践活动，在实践中运用和验证专业知识、发展理论。高校学生也应积极参与生产实习实践，在专业技术人员指导下使用劳动设备、掌握劳动设备操作规范，促进学生将理论知识与实习实践相融合，深入思考如何为企业解决生产中的难题，促进大学生专业性人才培养质量的提升。

三、新时代高校劳动教育融入实践育人体系的路径探析

高校要积极发挥育人主阵地的作用功能，紧扣以培育和践行马克思主义

劳动价值观为核心，深入推进新时代大学生价值观培育框架体系，搭建劳动教育学习平台、创新劳动教育实践体系、培育劳动教育品牌特色，形成线上、线下结合，校内、校外开展的立体化协同教育模式，推动劳动教育融入实践育人体系。

（一）构建劳动教育学习平台，推动学生树立马克思主义劳动观

推动高校根据时代的要求、学校特点出台"加强新时代大学生劳动教育实施方案"，成立劳动教育领导小组，系统规划实施劳动教育，加强劳动教育学习平台建设，推动学生树立马克思主义劳动观。通过开设劳动讲坛，聘任校内外劳动模范、专业教授、青年教师等担任讲坛导师，阐释工匠精神、劳动精神、劳模精神，加强学生的马克思主义劳动观的精神引领，推动全体教师形成正确的劳动教育认知，提升组织开展劳动教育的能力与素养。

（二）创新劳动教育实践体系，形成"1+N"劳动教育特色实践活动

挖掘各专业学科课程中的劳动教育元素与资源，加强劳动教育的学科渗透，不断创新劳动教育实践体系，以劳动教育为一个中心，推动构建"劳动教育+党建引领""劳动教育+思政教育""劳动教育+心理健康教育""劳动教育+校园文化""劳动教育+专业课程""劳动教育+创新创业""劳动教育+志愿服务""劳动教育+社会实践"等"1+N"劳动教育模式，着力强化劳动教育实践教学环节，为大学生提供特色化劳动教育实践锻炼机会。

在"劳动教育+党建领航"中充分发挥党思想领导行动的作用，打造党建引领劳育品牌。将校内义务劳动实践活动融入党支部、团支部、班集体建设，设立党员、团员劳动育人先锋岗，常态化组织主题班会、主题党日、主题团日活动，加强劳动意识教育。开展"劳动教育+思政教育"实践活动，将劳动精神的培育融入爱国主义教育、集体主义教育、感恩教育、道德教育等思想政治教育，结合清明节、青年节、端午节、感恩节等时间节点，通过开展"粽享温情"包粽子、制作月饼等实践活动，着力培养大学生正确的价值观、道德观和世界观。充分利用大学生"5·25"心理健康活动月开展手绘、编织等"劳动教育+心理健康教育"活动，将心理健康教育与手工劳动有机融合，增强劳动教育实践活动的趣味性。在"劳动教育+校园文化"活动中，将劳动习惯劳动品质的养成教育融入校园文化建设，结合植树节、学雷锋纪念日、五一劳动节、农民丰收节等时间节点，开展丰富的劳动主题教育活动。同时，结合学科特点打造品牌活动，以食品科学与工程学科为例，通过甜品节大赛、

食品创新创意大赛、食品科普进校园等校园文化活动不断增强学生劳动技能。针对高年级学生通过"劳动教育+专业课程"开展实践实习，以"专业引导+见习实习"为教学模式，通过生物化学、食品工艺学等实验课专业引导，校企联动共建实习基地等方式，增强学生职业认同感和劳动自豪感，培育不断探索、精益求精的工匠精神和爱岗敬业的劳动态度。引导、指导学生参加大学生"挑战杯""互联网+"等创新创业比赛，以多种多样劳动实践活动、创新创业活动为活动载体，以"劳动教育+创新创业"增加劳动选择多样性，充分利用创新创业资源开展劳动实践。加强志愿服务，提升劳动品质，将"劳动教育+志愿服务"相结合，以"在服务中学习，在学习中服务"为理念，结合专业特点，定期开展校内外公益服务性、专业性劳动，加强学生在乡村振兴、专业劳动技能等方面的培训，培养学生热爱劳动意识与乐于奉献精神。

（三）培育劳动教育专业特色，发挥党建领航劳育品牌

培育劳动专业特色实践活动，切实发挥专业优势，着力打造新工科劳动教育实践品牌。引导学生特别是研究生充分发挥"专业属性"特长，组建"新时代·实践行""三下乡"暑期社会实践团队开展乡村科技帮扶，不断增强学生贡献社会、为了社会、关心社会的社会责任感。同时，坚持以学促行，助力科技兴农。依托专业教师、"小平科创团队"食品创新工坊社团，普及全校师生，通过指导学生参加"挑战杯""互联网+"等比赛，促进专业服务、创新创业教育以及校企间的产学研用合作。最后，充分发挥党思想领导行动作用，打造党建引领劳育品牌。将劳动教育融入党支部、团支部、班集体建设，设立党员、团员劳动育人先锋岗，常态化组织主题班会、主题党日、主题团日活动，加强劳动意识教育。

新时代背景下，面对劳动生产的新形势、新挑战、新目标，高校应在开展劳动教育的过程中充分发挥实践育人的优势，结合学生特点、专业特色等打造高校劳动教育特色实践活动，将劳动教育与高校实践育人有机融合，积极促进大学生劳动价值观的认知，增进大学生热爱劳动的情感，锻炼大学生劳动技能的养成，为构建全员、全程、全方位"三全"育人格局作出贡献，为培养新时代"德智体美劳"全面发展的高等教育人才提供有力支撑。

参考文献

［1］苏洁主编：《中国共产党高校思想政治教育发展史》，人民出版社 2021 年版。

［2］苏洁主编：《中国共产党高校思想政治教育发展史》，人民出版社 2021 年版。

［3］习近平：《在教育文化卫生体育领域专家代表座谈会上的讲话》，载《人民日报》2020 年 9 月 23 日。

［4］刘璐：《新时代高校劳动育人与思想政治教育相融合的路径探究》，载《高校辅导员》2021 年第 3 期。

［5］吴富旺、潘荣增、黄月威：《劳动教育与专业实践的融合探析——以佛山科学技术学院食品专业为例》，载《高教论坛》2022 年第 10 期。

［6］郭云飞、李姣、金铭钰：《高职院校"劳动教育+"协同育人模式实践研究——以张家口职业技术学院为例》，载《张家口职业技术学院学报》2022 年第 4 期。

"从严治团"背景下共青团干部的
培养和评价机制研究

宋开贺

天津工业大学

【摘　要】党旗所指就是团旗所向，进入新时代，习近平总书记高度重视共青团建设，强调共青团的所有工作，归结到一点，就是要当好党的助手和后备军，要在团员标准要求上严起来，宁可少一点，也要好一点。新时代对高校学生团干部培养提出了更高的要求，在"从严治团"背景下，加强高校共青团干部培养具有重要意义。

【关键词】新时代、从严治团、团干部培养

一、"从严治团"背景下加强高校共青团干部培养具有重要意义

1. 有利于培养党的助手和后备军，发挥榜样引领作用

中国共产主义青年团是中国共产党领导的先进青年组成的群团组织，共青团为党培养、输送了大批新生力量和工作骨干，也是党的助手和后备军，是党联系青年的重要桥梁纽带。而共青团干部是团组织内部的主心骨力量，在团组织发展与管理中始终承担着不可忽视的重要作用。旗帜引领方向，一个完善的团干部体系有助于共青团集体文化的形成，每一名共青团干部就是一面旗帜，为我们共青团基层组织指引正确的前进方向，从而有利于引导团员同志们树立强大的共青团形象，是共青团能够从根本上转化为共同体的核心引领力量。因此，培养一批有责任、有担当、能力强、会管理的团干部有助于更好地在共青团内部发挥榜样引领作用。

2. 有利于提升团的基层队伍建设，提升组织领导能力

共青团干部是基层团组织的主要负责人，是联系团组织成员团委组织的桥梁和纽带。加强高校共青团干部培养，通过团干部及时反应组织内青年的思想动态、学习生活情况、心理状态和个人发展情况，有利于上级组织及时了解，快速反应并制定切实可行的相关政策。团干部能够通过其自身优秀的组织能力和号召力，在学生中树立威信，团结身边广大的青年大学生，及时有效地宣传和解读相关政策，扩大团组织的影响力，不使团员成为一盘散沙，进而形成良好的学风和校风。让高校团委了解基层团支部、了解基层团组织学生，更让学生了解学校学院、关心学校学院的发展以及社会的进步，从而有利于更进一步培养爱党爱国、求学乐业的新时代大学生。

3. 有利于提高团的自身发展质量，强化团员能力素养

不同于中学阶段，在校大学生大部分是青年团员，强调自身能力的培养，要求掌握较高的自我学习、自我照顾和自我约束的能力，这是走向社会的必备技能。大学生团干部是学生开展自我教育、自我管理、自我服务、自我监督的组织者、实施者和引导者。优秀的团干部，能够根据团组织安排，结合团组织特色，积极主动开展多元化的团员活动，加强团员之间的沟通与交流，促使团员各方面能力得到锻炼与发展，强化团员能力素养，以引导学生成长成为一名德智体美劳全面发展的社会主义接班人。

二、新时代高校共青团干部培养过程中存在的问题与不足

1. 个别高校共青团干部政治理论水平较低，思想政治素养匮乏

一方面部分团干部的履职动机不纯，带着为了评奖评优、为了顺利入党、为了顺利毕业等"私利"目的担任共青团干部，重功利轻思想，没有端正自己的想法。另一方面政治素养匮乏，不能够系统有效地学习党和团的基础知识，继承和发扬党和团的光荣传统，未能起到良好的带头作用，自身修养不够高，没有过硬的政治素质和良好的理想信念。

2. 个别高校共青团干部缺乏团队意识，个人主义意识泛滥

一方面共青团干部作为团组织的负责人，协助老师开展各项工作，与老师接触较多，在此过程中部分团干部潜移默化中会有一种身份优越感，平时工作中以命令的口吻说话，缺乏团队意识，爱摆官架子。另一方面部分团干部个人主义意识泛滥，缺乏团队意识，在获得评奖评优等消息时，不会想着

第一时间通知广大青年团员，而是会抢占先机。长此以往，会造成共青团干部德行缺失，团员青年越来越远离组织，团干部失去团员的支持，不利于团组织更好地组织、开展有意义的活动，不利于共青团的团结。

3. 个别高校共青团干部个人综合能力不足，自主意识和创新意识欠缺

有些共青团干部做工作、组织团员内部活动，往往根据上一届或者上几届团干部的经验，按部就班，不去创新工作思路，不去开动脑筋，与时俱进地策划、组织、开展共青团系列活动。还有部分团干部认为自己仅仅担任一年的团干部，前有前人经验，后有新任接班，做工作只求过得去，不求做得出色、出彩，开展活动不思进取、畏首畏尾，缺少长远规划、自主意识和创新意识，长此以往不利于共青团向上向好发展。

4. 个别高校共青团干部考核和评价机制有所欠缺

习近平总书记对共青团干部作过明确的指示，全面从严治团是开放的，不是封闭的，需要全体青年甚至全社会的参与监督；是主动的，不是被动的，归根结底要发扬自我革命精神。一般情况下，团干部都是在团组织要求下开展工作，但是每个人的思维方式、认知能力存在差异，完成工作的认真程度有所区别。有的共青团干部工作环环相扣、质量高效率高，有的团干部则是漏洞百出，工作情况并不乐观。由于高校共青团对团干部的考核和评价机制有所欠缺，对于工作能力不足的团干部不会直接淘汰，对表现较好的团干部也没有奖励机制，致使每次交代完工作，共青团干部没有较强的责任感，工作应付。这在一定程度上会对共青团工作开展、向心力的构建造成一定的负面影响。

三、"从严治团"背景下以"四坚持，四强化"模式加强高校共青团干部培养和评价

1. 坚持政治建团，强化团干部政治素养与理论水平

共青团干部作为共青团组织的主要负责人，是青年大学生的表率，有着思想引领的重要职责。加强政治建团，需要强化共青团干部政治素养，提高理论水平。首先，学校党委加强对校团委、院团委、基层团支部的系列培训，深入学习习近平总书记系列重要讲话精神，系统学习党的十九大、十九届六中全会精神，把社会主义核心价值观的理念入脑入心，增强团干部的理论水

新时代高校学生骨干培养与党团班级建设工作理论与实践（2023-2024）

平和思想觉悟。其次，平时开展工作，优先顾及团干部的感受，维护团员青年的利益，加强对团干部的培养。只有自身政治觉悟，理论水平得到提高，才能让团组织内部的青年信服，才能更好地发挥大学生团干部的先锋模范带头作用、才能在政治立场与思想上做到无懈可击 。

2. 坚持思想立团，强化团干部自我修养与道德境界

打铁还需自身硬，思想是行动的基础。作为团的干部应强化思想引领，努力提升自我修养和道德境界。首先，团干部要牢记自己的身份，自己先是一名共青团员然后才是一名共青团学生干部，在开展工作时，应避免居高临下的态度，思想行动上要随和，懂得方式方法，应以一种热情亲切的姿态与团员青年交流，安排布置工作；其次，应该加强自我修养，把"小我"融入"大我"，个人利益与集体利益面前，应该学会做选择，先集体利益后个人利益，时刻以组织内的团员利益为先，这样更能获得大家的认可和支持，能够让广大团员团结凝聚在一起。最后，共青团干部应该时刻提醒自己立足岗位职责，尽心尽力完成上级组织布置的任务，要全心全意为团员青年服务，做到为团员青年办实事、解难题。

3. 坚持固本兴团，强化团干部选拔程序与评价机制

强化团干部选拔程序和评价机制，更加全面地发挥学生团干部的引领作用。一方面，建设团干部储备库，吸纳学习成绩优异、工作认真负责、思想积极进取的同学加入团干部储备库。对库内成员进行培养教育、组织考核、吸纳任用，以此来强化团干部的队伍建设。另一方面，建立团干部人员档案，加强对任期内团干部的考核与管理，将团干部学习情况、工作积极性、密切联系团员情况、表彰与处分情况列入考核范围，以此作为共青团内部评奖评优、任免的重要依据。建立大学生团干部档案管理制度，能够让各位共青团干部毕业后的发展变成学校的一种资源，更加激励着一批批团员青年向其看齐，争做优秀团员青年，争做优秀共青团学生干部，使共青团组织向上向好发展。

4. 坚持改革强团，强化团干部工作能力与服务意识

团干部要在团组织中起到良好的模范带头作用，其自身的能力决定其工作能否顺利开展。实践是检验真理的唯一标准，为更好地强化高校共青团干部作用的发挥，需要加强对团干部工作能力的培养，动手实践，让团干部策划、组织共青团内部活动，从实践中锻炼自身的工作能力。坚持改革强团，增强团干部的服务意识，创建服务型团组织。团组织由广大团员组成，团干

部是由团员集体选拔出来的团组织的临时管理负责人，团干部的权利来自广大团员，团干部的职责与使命是为广大团员服务。时刻不忘团干部的职责与使命，才能够得到更多团员的支持与拥护。

结　语

在从严治团背景下，青年团干部的培养是改革与发展的首要任务，只有青年团干部队伍建设好，共青团改革和建设才能事半功倍，才能充分发挥共青团党的助手和后备军的作用。本文针对当前高校青年学生团干部培养中面临的问题及挑战，提出"四坚持，四强化"模式，旨在从政治建团、思想立团、固本兴团、改革强团四个方面切实提升高校青年学生团干部培养水平。引导加强团员之间的沟通与交流，促使团员各方面能力得到锻炼与发展，强化团员能力素养，以引导学生成长成为一名德智体美劳全面发展的社会主义接班人。

参考文献

［1］习近平：《把思想政治工作贯穿教育教学全过程　开创我国高等教育事业发展新局面》，载《人民日报》2016 年 12 月 9 日。

［2］习近平：《立志做党光荣传统和优良作风的忠实传人 在新时代新征程中奋勇争先建功立业》，载《人民日报》2021 年 3 月 2 日。

［3］习近平：《在纪念五四运动 100 周年大会上的讲话》，载《人民日报》2019 年 5 月1 日。

［4］许莹莹：《新时期高校创新创业教育质量提升路径探析——基于浙江省 34 所普通高校示范性创业学院的调查研究》，载《世界教育信息》2020 年第 4 期。

［5］倪金花：《论我国高校研究型辅导员队伍的建设》，复旦大学 2008 年硕士学位论文。

［6］高敏、袁源：《基于心理测验的大一学生干部选拔工作优化研究》，载《思想政治教育研究》2018 年第 5 期。

［7］任白剑、张海蓉、郑秀垟：《高校学生干部培养现状研究——基于"领导力五力模型"理论》，载《科技经济导刊》2019 年第 3 期。

［8］张立：《党建新形势下高校学生共青团工作创新与改进途径探索》，载《产业与科技论坛》2017 年第 22 期。

［9］张露露：《浅析如何加强思想引导，摆正大学生团干部的心态》，载《赤子（中旬）》2013 年第 10 期。

党对共青团组织建设的历史经验启示

孙立东

天津工业大学

【摘　要】 中国共产主义青年团作为中国共产党的助手和后备军，始终坚持中国共产党的领导、坚信共产主义理想信念、坚守投身民族复兴之路、坚定扎根心系广大青年。总结党对共青团组织建设的历史成就和经验启示，共青团应坚持为党育人，办好青年思想进步的政治学校；自觉担当尽责，凝聚青年永久奋斗的先锋力量；心系广大青年，筑牢共产党与青年的桥梁纽带；勇于自我革命，打造听党话跟党走的先进组织。

【关键词】 共青团；组织建设；高等院校

中国共产主义青年团在中国共产党的领导下奋发有为，砥砺前行，通过总结共青团基层组织的基本经验，分析党对共青团组织建设的发展历程和历史过程，寻求共青团组织建设经验启示，为凝聚青春力量、推进团组织改革、团结青年、服务青年。

一、党对共青团组织建设的历史经验

在中国共产党的领导下，共青团成立百年来的组织建设取得诸多成就，对共青团未来组织建设发展产生重大的历史作用，百年来的历史经验为共青团的组织建设提供宝贵实践经验。

（一）始终坚持中国共产党的领导

共青团的成立与发展离不开中国共产党的领导、指导和关怀。共青团的诞生是以反帝反封建为革命纲领，以马克思列宁主义为信仰，以团结引领广大先进青年投身中华民族伟大复兴为己任。

共青团早期组织是中国共产党早期组织成立后的重要活动和工作之一，"1920 年 8 月，上海社会主义青年团在陈独秀、陈望道等于上海成立的共产主义小组指派下成立；1920 年 10 月北京社会主义青年团在李大钊的直接指导下建设成立，湖南青年团在毛泽东的带领下成立，毛泽东担任团书记；1920 年 8 月至 1922 年 5 月，在中国共产党的领导下共青团实现由地方组织到全国组织的建设"。

共青团正式成立后，立即组织广大青年参与到第一次工人运动，受当时条件的局限，党团的一些工作很难划分，从事的工作基本相同，共青团更侧重于学生运动，同时存在界限不清"第二党"的情况，为此共青团进一步缩小团员年龄，从组织建设上解决"第二党"问题。团的第三次全国代表大会上改用共产主义为自己命名，在当时的历史背景下，此举直观、深刻地表明共青团坚定不移地走共产主义的决心。

共青团落实党中央要求，积极探索改革，到团的十二大后，共青团的体制改革由实验阶段进入全面推进的迅速发展阶段，进一步明确社会职能、理顺党团关系，更好地发挥社会功能、改革团的组织制度，克服行政化，形成充满活力的运行机制。

（二）始终坚信共产主义理想信念

五四运动前，广大进步青年为改变落后现状，积极探索各种救国主张和方略，经历了五四运动的洗礼后，广大青年幡然醒悟，开启寻找根本出路，随着俄国十月革命的胜利，共产主义成为广大先进青年的理想选择。

国共合作后的内战时期，革命形势日益恶化，受蒋介石等国民党右派叛变革命、陈独秀等党内右倾机会主义的双重影响下，党团立于危难之际，面对严峻考验，共青团坚守共产主义信念，亮明共产主义身份，改名中国共产主义青年团，坚定不移听党话跟党走，做中国共产党的忠实可靠助手。

（三）始终坚守投身民族复兴之路

新中国成立后，共青团带领广大青年积极投身于祖国的经济复苏建设，在此过程中涌现出一个又一个模范代表，在全国掀起一股股学习热潮。"在此期间，共青团发挥生力军作用，带领团员青年成立青年突击队、青年节约队、青年监督岗、青年志愿垦荒队、农村青年生产队、青年扫盲队等青年生产组织"，共青团用团的独立活动形式，为国家经济建设贡献青春力量，充分发挥团员青年的突击作用。

党的十二大以后，改革开放全面开展，工作热情一度高涨。团中央号召动员组织广大团员青年关心重点建设，支援重点建设，争当突击手，共青团带领团员青年积极投身经济建设和改革事业活动，用实际行动践行共产主义初心，打造一支举足轻重的生力军和突击队。

迈步新世纪，全国各族人民为全面建设小康社会而共同努力，共青团在党的领导下，围绕中心、服务大局，带领广大团员青年建功立业。"脱贫攻坚""非典""新冠""乡村振兴"等重大事情中，团员青年踊跃报名，奋战一线。共青团深入推进青年志愿者行动，在脱贫攻坚、生态文明、乡村振兴等领域持续传承志愿精神。

二、建团百年来团组织建设的经验启示

习近平总书记指出："共青团要增强引领力、组织力、服务力，团结带领广大团员青年成长为有理想、敢担当、能吃苦、肯奋斗的新时代好青年，用青春的能动力和创造力激荡起民族复兴的澎湃春潮，用青春的智慧和汗水打拼出一个更加美好的中国！"百年来共青团组织建设的历史既是宝贵经验，也为未来高校共青团的发展指明方向。

（一）坚持为党育人，办好青年思想进步的政治学校

共青团以实现共产主义为根本目标，以培养社会主义合格建设者和接班人为根本任务，肩负着培养学生、引领学生的育人使命。

1. 政治上强化理论武装，坚定青年的理想信念

基础不牢，地动山摇，理论学习是青年学生树立正确价值观的重要基础。习近平总书记要求青年："新时代的广大共青团员，要做理想远大、信念坚定的模范，带头学习马克思主义理论，树立共产主义远大理想和中国特色社会主义共同理想，自觉践行社会主义核心价值观，大力弘扬爱国主义精神……"共青团应努力打造优秀思想理论教育课程，积极组织青年的理论学习，使广大青年增强文化自信，善于思辨，在大是大非面前能够敏锐观察、深入思考、清醒认识，用敏锐的眼光观察社会，用清醒的头脑思考人生。

2. 思想上高举光辉旗帜，坚守青年的初心使命

百年来，中国在党的带领下，发生翻天覆地的变化，取得的众多成就赢得世界瞩目。党的初心使命是为人民谋幸福，为民族谋复兴，共青团在党的带领下，赓续红色血脉，在不同时期以青年的方式努力践行着初心使命，充

分发挥共青团突击队力量，为实现使命不懈奋斗。青年团应高举党的伟大旗帜，发扬井冈山等优良传统精神，引领青年在精神中感悟信念、汲取奋发力量，使青年在实践中践行青春使命。

3. 行动上发扬优良作风，尊重青年的时代特点

共青团应了解新时代青年特点，问需青年需求，与青年打成一片，做青年的知心人、贴心人、引路人，结合青年特点，拓展培育阵地，丰富实践生活，创新育人载体，帮助青年规划美好蓝图。

（二）自觉担当尽责，凝聚青年永久奋斗的先锋力量

无奋斗不青春，在百年团史中，无数青年接续奋斗，从"我年轻我先上"到"强国有我，请党放心"，一句句青春誓言，展现当代青年的青春模样。

1. 铸牢政治品格，担当使命任务

共青团干部要不断提升自身的政治素养，提高政治水平，落实担当使命，团结广大青年，凝聚青春力量。要严以律己，严以修身，通过言传身教影响青年、引领青年。

2. 团结引领青年，爱国志愿青春

白衣天使、抗疫大白、戍边英模等，广大团员青年将"实现中华民族伟大复兴"为己任，无惧无畏、积极奉献，用实际行动践行着"党有号召，团有行动"。共青团应将广大团员青年紧紧团结在一起，带领青年勇立潮头，争当追梦人。要引领青年将个人前途与祖国命运牢牢绑在一起，将"小我"融入"大我"，到祖国和人民最需要的地方去。

（三）心系广大青年，筑牢共产党与青年的桥梁纽带

共青团应心系青年，团结青年，服务青年，发挥好纽带作用，将青年与党紧密相连。

1. 树牢服务意识，巩固政治责任

高校共青团是连接党和青年的重要纽带，既要落实好党对青年的要求和关怀，又要做好党的助手，团结好广大青年，将团员青年的需求和思想告知党。共青团应树牢服务青年的思想意识，问需青年，帮助青年，引领青年，从生活、学习、思想上帮助青年树立远大理想，树立正确人生观和价值观。充分发挥好桥梁纽带作用，使党和团员青年紧紧地联在一起，将团员青年紧紧团结在党的周围。

2. 主动干事创业，关心关爱青年

习近平总书记指出："要千方百计为青年办实事、解难事，主动想青年之所想、急青年之所急，充分依托党赋予的资源和渠道，为青年提供实实在在的帮助，让广大青年真切感受到党的关爱就在身边、关怀就在眼前！"共青团应主动担当作为，落实党对青年工作的宗旨，尊重青年、服务青年、帮助青年，应主动到基层中去，了解青年的特点和需求，维护青年的切身权益，关心关爱青年，用行动积极调动青年参与祖国建设的积极性和主动性。

（四）勇于自我革命，打造听党话跟党走的先进组织

百年来共青团主要经历了四个时期，在每个时期都积极团结青年围绕在党的领导下，为适应社会的发展不断的改革。当前，面对新的历史机遇，共青团应继续勇于自我完善、自我革新、自我提高，在自我革命中淬炼成长，勇立潮头。

1. 聚焦目标方向，全面推动改革

高校共青团各级组织应坚持和党的全面领导，坚决贯彻习近平总书记重要讲话及指示批示精神，坚决落实党重要的决策部署，始终跟党中央保持高度一致。共青团应牢牢把握"政治性、先进性、群众性"的目标方向，跟紧时代步伐，推进改革走深走实，主动干事作为，带领青年走在时代前列，完善团组织管理机制，优化管理模式，激发团组织服务活力。

2. 探索思路模式，巩固统一战线

迈步新时代，两个百年任务交汇之际，随着青年成长环境、生活条件的大幅提升，当代青年涌现出新特点，共青团应主动把握新时代青年特点，积极探索团组织建设的新思路，打造团组织建设的新模式，适应时代的发展需求。同时共青团应组织好青年组织，强化基层爱国主义教育，培养青年爱国主义精神，增强社会主义认同感，巩固爱国统一战线。

3. 全面从严治团，强化组织建设

共青团应全面学习从严治党的优秀经验，强化团组织自身建设，完善团组织基层体系，整顿软弱涣散团组织，建设充满活力，昂扬向上的共青团。同时各基层团组织应严格落实党建带团建制度要求，重点打造组织体系建设，激活自身政治功能，团结广大青年紧密围绕在党的身边，充分发挥好党的助手和后备军作用。

参考文献

［1］江西省团校共青团理论研究中心、江西共青团和青年工作理论研究会编：《共青团章程汇编：共青团早期临时章程至共青团十八大章程》，江西人民出版社 2018 年版。

［2］李玉琦主编：《中国共青团史稿》，中国青年出版社 2010 年版。

［3］习近平：《在庆祝中国共产主义青年团成立 100 周年大会上的讲话》，载《人民日报》2022 年 5 月 11 日。

浅析大数据时代高校网络思想政治教育的价值与实现路径

贾 磊

天津商业大学

【摘 要】大数据作为互联网技术在新时代的"典型标签",为高校网络思想政治教育提供了全新的发展机遇,当然也提出了更大的挑战。全新时代背景下,广大高校必须进一步增强对网络思政教育工作的重视,辩证性地思考大数据技术的应用逻辑及价值,对大数据的形式、本质全面了解,结合高校学生的思想动态以及学习发展需要,将大数据技术对网络思想政治教育工作的促进价值体现出来,积极探索大数据时代高校网络思想政治教育的实现路径,为高校学生的全面发展保驾护航。基于此,笔者结合自身相关工作经历,对大数据时代高校网络思想政治教育的价值及实现路径相关话题进行探讨,希望能够为进一步优化高校网络思想政治教育环境,提升网络思政教育成效起到抛砖引玉之功效。

【关键词】大数据;网络教育;思想政治教育

前 言

高校作为高素质人才培养的"主战场",发挥高校育人优势,既要在提升学生社会适应力、专业水平方面苦下功夫,同时还需要在助力学生树立先进正确的思想政治观念方面倾注更多精力。只有依托正确的世界观、价值观才能更好地支撑其未来发展之路。促进这一教育目标的达成,要求广大高校进一步提升思想政治教育工作的广度及深度。伴随着大数据时代的全面到来,各大高校也积极展开网络思想政治教育活动,突出网络载体优势,依托网络信息技术有序展开网络思想政治教育工作，试图找寻网络思政教育与传统思政教育的结合点，线上线下联动，拓宽思政教育范围，助力学生成长成才。

一、大数据时代高校网络思想政治教育的展开价值

（一）社会层面的价值

立足于社会层面探讨大数据时代高校网络思想政治教育的展开价值。社会大环境的高质量发展需要建设者、推动者的强大助攻。高校学生作为社会主义建设事业的接班人，自然也是未来社会高速前进的核心推动力。学生的思想政治观念对祖国未来的发展产生直接影响。高校学生身处大数据时代，能够接触到的信息内容相当丰富，信息获取途径也越来越多，但是所接触到的信息内容良莠不齐，往往会影响其思想观念以及个人行为。多元思想的发展是提升高校学生综合素养的前提基础，但多元思想的发展又离不开主流思想的支撑。网络思想政治教育是助力主流思想价值观建设工作有序推进的关键。

（二）政治层面的价值

立足于政治层面探讨大数据时代高校网络思想政治教育的展开价值。大数据时代背景下，高校方面思政教育工作的展开对校方及教师提出了明确要求，要求他们高度重视意识形态的安全性，并将其摆在首要位置。高校学生正处于三观树立的关键期，辨识能力有待提高，网络世界对他们而言并没有精准的边际，这就需要教师发挥自身的指导优势，助力学生了解网络意识形态。大数据时代背景下网络意识形态的安全性得不到保障，会造成各种思想观出现在网络世界并对大学生的意识形态产生直接影响，甚至部分学生出现了与社会发展主流意识形态相悖的思想观念。高校思政教师必须意识到问题的严肃性，突出网络思政教育优势，助力学生树立正确三观，维系社会稳定，实现健康发展。

（三）个人层面的价值

大数据时代背景下高效展开网络思政教育，有助于高校学生个人综合能力的提升，助力学生成长为对国家、对社会有用的人才，同时充分体现其个人价值，当然这些目标实现的前提是学生对个人价值实现的现实意义全面了解，发挥其个人主观能动性，探索个人价值和社会价值的平衡点。高校思政教师应当本着为学生全面健康发展高度负责的态度，全面了解学生的个体发展特征，以网络思想政治教育工作作为切入点，为学生个人价值保驾护航。

二、大数据时代高校网络思想政治教育的实现路径

（一）依托大数据技术，拓展网络思政教育"时空域"

突出大数据时代优势，助力高校网络思政教育工作高效、有序的展开。需要充分利用大数据技术手段，探索拓展网络思政教育"时空域"的路径。这里的"时空域"即高校网络思政教育展开的时间和空间，同时也作为教师与高校学生互动沟通的重要前提。"无限性""实时性""丰富性"作为大数据的典型特征，使得高校网络思政教育时空域的功能愈发丰富，促进教育活动朝着非线性、立体化方向转变，也将教育活动的渗透性价值体现得淋漓尽致。依托大数据技术，高校"三全育人"改革工作有序推进，网络作为关键育人场域，在育人全过程当中渗透大数据技术，既可以通过数据流精准掌握教育教学活动的动态，对比分析数据了解教育教学规律，掌握学生思想动态，确保思政教育工作"有的放矢"，把"育人"活动与学生的成长成才联系起来，突出网络思政教育"润物细无声"的优势，助力学生健康发展、全面成才。高校方面还可以将大数据技术应用到网络育人环境的营造过程中，在大数据技术的支撑下，将思政教育覆盖教育对象的日常生活。

（二）应用大数据技术，提升网络思政教育内容精准性

高效运用大数据技术手段，进一步提升网络思政教育内容的精准性。依托网络环境展开的思政教育活动虽然发展迅速、便捷，但也暴露出缺乏针对性、精准性不足的"短板"。突出大数据技术优势，助力网络思政教育活动打破发展"瓶颈"。根据党的二十大报告当中的相关要求，进一步做好互联网内容建设工作，打造网络综合治理体系，净化网络空间。网络文化建设作为新时期中国特色社会主义文化建设的重要内容。以内容输送作为切入点，突出大数据技术优势，充分体现内容供给的精准性。高校展开网络思政教育工作，充分依托大数据技术手段全面了解高校学生的思想、道德、心理等的发展实况，保障所构建的数据库精准到人，整合、精练海量数据资源，助力思政教育活动针对性推进。充分利用学生学习生活类大数据，例如食堂消费情况、出入校规律、图书借阅情况、社团活动参与情况等，明白学生所需要的信息类别，让学生感受到被尊重、被关心，规避信息传递"石沉大海"的尴尬境况。同时还需要考虑到大学生群体对图像化信息感兴趣的特征，充分体现大数据可视化优势，使得其产生情感层面的共鸣，获得更佳的现实体验。

（三）打造多维度教育平台，提升思政教育全面性

多维度教育平台是支撑思政教育全面展开的关键。因此广大高校需要在打造多维度教育平台方面倾注更多精力，确保教育载体的丰富性是保障思政教育资源供需平衡的关键路径，同时也是调动学生接受思政教育主观能动性的关键之举。校方依托网络信息技术，整合当代大学生的个性特征及发展需要，积极搭建能够真正服务于学生生活、学习的网络平台，将这一平台作为网络思政教育的"核心战场"。例如，设置心理指导模块、就业扶持与指导模块、思政教育模块等，更好地契合高校学生个性化学习发展需要，为高校思想政治教育工作的创新展开提供强大助力。此外，高校方面还需要将网络教育资源合理利用起来，将更加丰富、全面的学习资源提供给学生，保障网络思想政治教育内容不单纯局限于教材内容，依托微博、公众号等网络平台的互联网+教育优势，积极接受思想政治教育主流媒体平台的丰富教育内容，线上线下联合教学，让学生有机会接触更多的教育者以及教学模式，助力其思维的高效拓展，同时也使得网络思想政治教育活动的展开质量在潜移默化中得到提升。

（四）丰富教育内容，拓宽思政教育深度

高校思想政治教育工作者合理利用大数据分析技术，掌握学生发展动态，了解学生真实需求，在此基础上精心筛选能够润养学生心灵，充实其思想的优质教育内容。首先，筛选科学性、引导性且契合社会主流思想、坚持正确政治立场的教育内容；其次，在筛选思政教育内容时，还需要把握好灵活性准则，结合大数据技术了解的高校学生的审美喜好，从海量教育资源当中甄选出独具趣味、新颖十足的信息内容，以此达到点燃学生学习热情，调动其学习主观能动性的目的。高校在展开网络思想政治教育工作的过程中，需要牢牢把握好习近平新时代中国特色社会主义思想内涵，以校风建设、榜样梳理等角度出发，积极推进相关主题教育活动，包括爱国主义教育、理想信念教育、民族团结教育、校园安全教育等。联系学生日常展开主题教育活动，通过视频等方式渗透思想政治教育。还可以邀请校外名师参与到核心课程线上教学活动中，让学生感受名师风采，理顺知识重点，营造积极良好的学习风气，让学生自觉约束自身的言行，学会辨别是非美丑，做到严以律己，砥砺前行。

（五）强调教师队伍建设，助力学生成长发展

教师作为学生成长发展道路上的引导者，教师的综合素养直接影响网络

思想政治教育工作成效。大数据时代进一步提升高校网络思想政治教育工作质量，必须高度重视教师队伍建设工作，打造高精尖思想政治教育团队，助力高校网络思想政治教育工作高效展开。校方定期组织思想政治教育工作者接受专业培训，定期组织展开理论知识培训及实践操作培训，特别是对一些思政老教师，更需要着重加强网络教育技能培训工作，突出其理论基础知识扎实的优势，提升理论知识传播成效。同时思想政治教育工作者还需要进一步提升责任意识，深刻意识到大数据时代高校网络思想政治教育面临的机遇与挑战，重视理论知识学习及实践技能培训，熟悉把握大数据时代背景下的育人要求，有针对性地补足不足，充实完善自我，努力提升自身的跨学科知识及网络教学能力，更好地服务于高校学生，为学生答疑解惑，突出网络思想政治教育优势，不断提升网络思想政治教育成效。

结　语

综上所述，大数据时代背景下，广大高校必须把网络思想政治教育工作摆在核心位置，想方设法激发学生成长发展内生动力。突出大数据技术优势，全方位把握好学生思想发展动态，了解学生学习发展需要，明确网络思想教育工作大方向。全面遵循教育树人规律、思想政治教育工作规律、高校学生成长发展规律，为学生解答疑惑，帮助学生化解生活、学习难题，扎实提升网络思想政治教育成效，为高校学生的全面健康发展保驾护航，也为社会主义建设事业的蓬勃发展提供强大的人才助力。

参考文献

[1] 李玲：《论大数据时代高校网络思想政治教育创新》，载《学校党建与思想教育》2021 年第 19 期。

[2] 杨雪、阮谦：《大数据时代高校网络思想政治教育的价值维度与实现方式分析》，载《中文科技期刊数据库（全文版）社会科学》2022 年第 2 期。

[3] 韩旭芳：《大数据背景下高校网络思想政治教育路径研究》，载《女报》2023 年第 2 期。

[4] 张楠：《大数据时代高校思政教育信息化探索——评〈互联网时代高校思政课翻转课堂的理论与实践〉》，载《科技管理研究》2021 年第 3 期。

支部引领视角下毕业生党员作用发挥路径研究

李 慧

天津商业大学

【摘 要】 高校毕业生党员是从大学生群体中选拔出来的先进分子，是毕业生中的榜样群体，在发展时间线中所涵盖的日常志愿服务、学业帮扶、就业引领等方面均有良好的表现。然而，毕业生党员在先锋模范作用发挥实效方面存在诸多问题。在毕业这一人生转折点，如何引导毕业生党员增强身份认同感、荣誉感，更好地发挥先锋模范作用，成为当前应予以关注的重要课题。本文从高等院校毕业生党员作用发挥的现实困境出发，从内外因进行探析，对在支部引领下如何充分发挥毕业生党员模范带头作用进行研究，进而提出有效路径。

【关键词】 支部引领；毕业生党员；先锋模范作用

高校基层党建工作承担着立德树人的重要使命，而毕业生党员这一群体，在其迈入社会的过渡期，探寻和激发其发挥先锋模范作用，针对其现存困境提出可行路径，对院校以及其自身发展都具有重要意义。

一、引领作用发挥的现实困境

（一）党员自身层面

1. 将党日活动视为完成任务，作用发挥不显著

对于"三会一课"、集中学习、党日活动等，多数党员同志能将其列入个人日程，亦能按时参与组织生活、志愿服务、帮扶活动等，但将支部组织的此类活动视为被动完成任务，活动开展效果不能达到预期。能在大学入党的学生相较于其他学生固然是优秀的，但积极作表率、发挥模范先锋作用的总

是为数不多的日常积极的个别党员，群体存在"带头者热情、中间者跟随、后进者找借口不作为"的怪象。

2. 侧重处理个人事务，支部工作不重视

步入大四年级，实习、就业、考研、考公等人生抉择性问题接踵而至，毕业生党员日常忙于个人事务，奔波于校外鲜少露面，有时甚至联系不到，当支部组织开展志愿服务等活动时，部分党员不管事情轻重缓急，第一反应是因个人事务不可抽身，支部工作在其眼中，可有可无甚至逐渐被视为阻碍个人发展、占用个人时间的累赘。

（二）教育管理层面

1. 相关奖惩机制欠缺，支部组织力不足

在高校从严治党的背景下，支部"三会一课"等组织制度严格落实，但面对毕业生党员因就业择业等各种因素无法到场参加支部活动而请假时，支部多予以准假；部分党员确因面试、考试等原因无法到场；部分党员则并非因特殊原因，而是为了不参加而请假，支部虽已指导其利用其他时间完成相关学习等内容，但在此过程中缺乏刚性鼓励机制和惩处措施，致使党员对自我要求不高，支部整体组织力不足。

2. 发挥作用路径有限，活动吸引力不足

高校日常举办大型活动均需要志愿服务人员，尤其在诸如新生入学季、毕业季等重要时间节点，对志愿者需求较大，学生党员作为学生中素质较高的群体，义不容辞成为志愿服务的一股积极力量。但此类志愿服务活动的特点为时间较短、频次有限且较固定，只有需要时才会召集，且不仅限于经验丰富的毕业生党员，造成毕业生党员队伍资源的浪费。

二、困境存在的内外因探析

（一）思想觉悟不到位

学生党员是学生群体中的佼佼者，相比同龄人各方面均体现出较高的素质，但存在着入党时间不长的客观事实，特别是步入毕业年级时，同步面临诸多人生选择，容易出现迷茫心态，加之由于实习、就业、考研考公等各类考试的因素，其在校时间并不长，党性教育和党性锻炼的时间和机会有限，个人思想觉悟得不到及时提升。部分党员潜在的"一朝入党、任务完成"的错误思想暴露出来，思想上的本末倒置使得其在入党后思想上出现滑坡，当今时代是信息高速传播的时代，在一定程度上易造成学生党员关注点繁杂，进而影响个人思想意识，致使党性和思想觉悟参差不齐，难于同等管理。

（二）对党员身份认识不足

当前，高校发展学生党员要求越来越严格，年满18周岁后可向党组织递交入党申请书，6个月后经团支部推优、党员推荐成为入党积极分子，再经过至少1年的培养考察，被推选为发展对象，因此，学生党员多在大二大三年级发展，尚无考研就业的压力，因而在未到毕业年级时，刚刚被接收为预备党员，能够积极参与学校组织的各项活动。大学阶段正是青少年价值观形成的关键期，当逐步升至毕业年级，成为毕业生党员时，反而仅以短期目标为全部，不愿将精力从备考中转移。过于看重学生成绩和就业，尤其是党员普遍为成绩优异的学生，部分毕业生党员个人认识不到位，角色认知不足，使其对党员身份有所淡化，将个人等同于普通学生、其他群众，存在将学习列为"生涯"的片面化认知从而忽视了自己党员身份。

（三）支部考虑党员压力疏于管理

高校因其特殊性，学生党员人数多、体量大，为方便管理，学院基层党委所设置的支部数量较多，加之由学生党员作为支部书记的弊端逐步显现，支部书记多由辅导员担任。就业工作作为高校的重点工作，推动职责亦在辅导员，这就造成了辅导员一方面需要引导和支持毕业生党员借助实习、考试等机会尽早落实就业，另一方面又需要毕业生党员作为支部内较为成熟的学生党员发挥应有的先锋模范作用，这就存在因党建为就业让步而导致的支部组织力不强等问题。

（四）支部活动较为狭隘，缺乏集思广益的创新

一方面，学生党支部的活动通常按照高校每月下发的工作计划而开展，且多为集中学习、学习研讨等，局限于支部内，较为狭隘，支部引领的功能性不强；另一方面，活动的布置往往不能结合毕业生党员的实际问题，忽视了头脑风暴的优势，未能从毕业生党员自身角度出发探讨实效性，开展活动的方式较为单一，固有的缺乏吸引力的活动本身无法调动毕业生党员的积极性。

三、支部引领下发挥先锋模范作用的有效路径

当前，党建与业务深度融合，高校党建处于十分重要的地位，而高校的

业务则集中体现于对学生的主流价值引领、思想政治教育与党史学习教育、学业规划、就业指导等。因此，结合毕业生党员先锋作用发挥的现实困境以及其内外因分析，突出各支部引领的属性和竞争机制，可从以下几个方面探索毕业生党员发挥先锋模范作用的可行路径。

（一）主流价值观引领，坚守入党初心

在升入毕业年级初期，开展系列主题座谈活动，由支部书记率先垂范，回顾个人入党历程、心态变化等，带领重温入党申请书、入党谈话、入党誓词，并以一年为期限，制定先锋模范作用发挥的清单，涵盖学业分享、职业规划分享等，举行签名仪式，并浅谈日后在工作岗位上或深造中如何完成既定规划，号召学生党员肩负母校寄托，踏上征程，牢记校训，形成一项对过去的留念、亦是对未来的期盼和寄托的固有仪式，以此引导其提升个人思想觉悟，贡献出应有的力量。

（二）加强主题教育学习，强化身份意识

在日常对党员的教育管理中加强主题教育以及党史学习等，引导毕业生党员增强党员意识，坚定理想信念，以"共产党平时看得出来、困难时刻站得出来、生死关头豁得出来"为标尺，发展成基本素质俱全的合格党员。策划"红歌、红课"等红色主题赛，如微党课比赛、红歌比赛、红色故事比赛、征文比赛、党务知识竞赛等多种活动，进行参与式、启发式、交互式的深入教育；巩固理论和实践双重学习成果，打破有形课堂的限制，积极引导学生党员在主角体验中实现学习自觉性，提升党性修养。以党史教育为契机，将党史学习入脑、入心，并自行准备一节相关党课，以榜样人物为原型围绕历史故事展开，面向低年级入党积极分子讲授党课，在备课及讲述过程中不仅可以从此过程中在思想和心灵上得到洗礼，而且可以课后在整个支部内进行感悟交流，更为低年级学生做好入党教育拓宽渠道，打好基础。

（三）形成"自我教育、自我管理"机制，筑牢管理根基

作为学生，学业成绩始终是重要衡量标准，并受到学生的重视，基于此，在学生群体中，构建学生党员—学生入党积极分子—学生群众互助互促体系，引导其不断学习，锤炼过硬本领，并应上升至与祖国现代化建设共命运的高度，不断使其知识得到充实和更新，逐步成长为本职工作的骨干和行家。党员升入大四年级，正值新生开学，在此时间点及时开展入学教育和入党教育，正确认识所学课程，部分难度较大课程的学习方法，树立正确的学习观，在

学业上给予充分的引导帮扶，特别是对学业预警学生予以关注并进行帮扶，个性制定相应学习计划，按照"确定目标—制定计划—追踪修正—继续推进—完成目标"的路径，并定期向支部汇报帮扶情况，对于帮扶情况良好的"结对子"组合予以表扬。围绕学风建设，从根本强化学习动机，进而促进组织纪律性，潜移默化催生其对品行和成绩的更高要求；成立优秀学生党员宣讲团，不断发挥学生骨干的示范和激励作用，通过学习成绩、考研率、证书通过率、第二课堂之竞赛参与情况以及获奖情况，激励和调动低年级学生的积极性，培养积极向上的斗志，构建党建和学风建设良性循环机制。

（四）开展丰富的专题系列活动，密切群众联系

针对支部活动形式单一的问题，打开思路，拓宽渠道，结合毕业生党员力所能及的范围，展开系列作用发挥的探索。

（1）借助群众基础好这一优势，广泛深入同学中间，围绕职业规划、就业选择，纵向对支部内低年级党员的职业规划进行分享、横向同年级间对就业经历和动态进行点评，并了解身边同学的就业心理和状况，结合模拟面试、简历制作等，毕业生党员现身说法，合理定位就业期望值，以个人经历引导身边同学以健康积极的心态处理就业问题和压力，帮助提升就业能力，进而提高应届毕业生就业质量。已落实就业的毕业生党员作为骨干力量，着力帮助收集就业信息，从协助学校的角度，充当好就业联络员角色，搭建好沟通桥梁，将各种信息有针对性地使未落实工作的同学有效接收。

（2）围绕入党教育，传递心声，以支部为单位，组织毕业生党员为下届预备党员及入党积极分子手写寄语，讲出心声，做好传承，讲述入党后以实际行动做出了哪些贡献，有了哪些变化，取得了何种进步，目前对人生有何影响，以及对准备入党的学生有何建议和意见，切实深化朋辈理想信念教育。

（3）围绕文明素质教育，毕业季的文明离校工作是高校在特定阶段学生工作的重要组成部分。因毕业时段的特殊性，以及心理压抑、复杂情感等各因素的存在，高校中存在部分学生熬夜聚众酗酒、哄闹、毁坏校园设施、斗殴等情节恶劣的违反校纪校规甚至法律的行为，鉴于毕业生党员在学生中有威信、影响大，班级、宿舍有监督，以毕业生党员为文明行为的楷模，影响带动身边同学开展利于自身发展的活动，消除不文明离校行为，带头以良好的精神状态迈好步入社会的第一步。

结　语

毕业生党员因其自身的综合素质具有优势，通过可行的路径分析，激发和唤醒其党员主人翁意识，以标准高、要求严、节奏稳的作风，带动毕业年级及低年级学生展现出当代大学生应有的风采，同时锤炼自身党性，催生出回望初心、坚守真心、锤炼匠心、愉悦身心的优秀党员，以点带面提升院系整体能力和水平，形成毕业生党员发挥作用的长效机制，真正助力其充分发挥先锋模范作用的实现。

参考文献

[1] 孙倩倩：《新时代高校毕业生党员教育问题探究——以安徽省 F 高校为例》，载《产业与科技论坛》2021 年第 6 期。

[2] 蔡炼丹：《高校毕业生党员教育管理现状及提升对策研究》，华东政法大学 2022 年硕士学位论文。

[3] 姚瑶：《"党建+"模式下就业发展新路经研究》，载《教育教学论坛》2017 年第 49 期。

[4] 周辉、张欣鹏：《高校学生党建与学风建设良性循环机制的构建》，载《高教论坛》2017 年第 9 期。

高校共青团开展党的统一战线宣传教育工作路径探析

——从基层团委工作实际展开探讨

王　畅

天津商业大学法学院

【摘　要】新时代，世界百年未有之大变局加速演进，中华民族伟大复兴进入关键时期，加强党的统一战线建设具有重要的现实意义。本文从加强广大青年学生党的统一战线思想意识教育出发，对当前青年学生对党的统一战线的认识进行了调研。致力于发挥共青团对青年学生的思想引领作用，通过党的统一战线主题宣讲、制作知识题库、参观红色教育基地等多种形式，加强统一战线教育，让更多的青年成为党的统一战线理论宣讲员，广泛凝聚共识。

【关键词】青年；共青团；高校统一战线

一、研究背景与意义

1. 背景

2022 年中央统战工作会议中，习近平总书记明确指出："统一战线是党克敌制胜、执政兴国的重要法宝，是团结海内外全体中华儿女实现中华民族伟大复兴的重要法宝，必须长期坚持。"党的二十大报告中 5 处提及"统一战线"、27 处提及"团结"，并强调人心是最大的政治，统一战线是凝聚人心、汇聚力量的强大法宝。新时代，世界百年未有之大变局加速演进，中华民族伟大复兴进入关键时期，我国正经历着历史上最为广泛而深刻的社会变革，在复杂国际局势的影响下，如何面对各种思想浪潮的冲击，加强党组织思想政治引领，广泛凝聚共识，需要被多方研究和探讨。

青年大学生正处在思想和心理上的半成熟期，思想意识更容易受到各种思潮的影响，尤其是在互联网的作用下，其更容易受到不良思想文化的腐蚀，增加了高校统战工作思想引领、政治吸纳的难度。除此之外，高校学生政治参与热情高、表达诉求意愿强，但鉴别力不强，容易受到敌对势力的诱导，尤其是在网络言论等方面，容易受到不良言论的诱导，在网络上传播不良言论，甚至引发犯罪，造成不良社会影响。因此，如何引导高校青年群众形成正确的思想意识形态，凝聚广大青年共识值得被不断探讨和研究。

2. 理论价值与实践价值

通过文献检索发现，共青团统战工作的研究多集中于带动青联、学联组织高扬爱国主义、社会主义旗帜，不断巩固和扩大青年爱国统一战线方面，对如何加强共青团员统一战线教育，发挥团员在号召青年群众方面的积极作用研究较少，研究基础仍然相对薄弱。

本研究拟在文献检索、问卷调查的基础上打造"党建带团建、团建聚青年"的高校共青团统战工作路径，针对共青团统一战线建设设计主题团课，通过党员宣讲党的统一战线等多种形式加强团员思想教育，帮助更多的团员形成统战意识，并就如何发挥青年团员在高校统一战线工作以及社会层面统一战线中的重要作用开展专题探讨，形成工作方案，真正使党的统战思想深入每一名团员的内心，让团成为党宣传工作的先锋队，加强党的统一战线建设。

二、研究方法及对象

课题采用文献研究及问卷调查相结合的方式，面向高校青年团员和群众共发放了 433 份问卷，对当代大学生对统一战线的认识、所在高校共青团统一战线教育开展情况及个人对统一战线做过哪些努力等方面进行了调查。

三、问卷调查结果及分析

1. 对统一战线的认识

18.94% 的调查对象认为对党的统一战线很了解；54.27% 的同学认为对党的统一战线大致了解，仅有 4.16% 的同学认为完全不了解，综上，同学们普遍认为自己对于党的统一战线有一定程度的认识，并能有比较全面的了解。且同学们学习到党的统一战线相关知识的渠道非常广泛，并且在电视、报纸、网络、共青团教育方面均能够获取。其中，通过网络了解党的统一战线的同学人数最多，报纸最少。

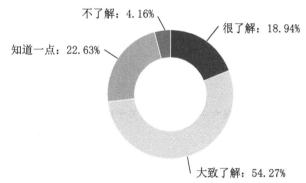

图1　你对统一战线了解吗？

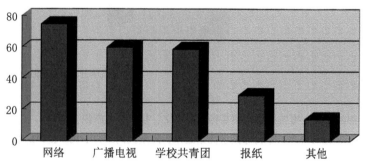

图2　你是通过什么途径了解统一战线的相关信息的？（多选）

2. 通过党的统一战线知识点对学生的认知开展调查

问卷选取了3道党的统一战线试题对学生对统一战线的认识进行了检测。3道题目的正确率分别为73.68%、32.79%、88.45%，平均正确率为64.79%。其中试题："团的十九大报告指出'要高扬爱国主义、社会主义旗帜，坚持一致性和多样性统一，把海内外中华青年紧密团结起来，形成共同致力于民族复兴的生动局面'。"正确率最低，仅为32.79%，另外两题对爱国统一战线、中华民族共同体意识考察的试题正确率明显提升。可以看出，学生对广泛宣传的内容具有一定程度的认识，但对党的统一战线整体认识是不深入的，并不会关注相关内容的时事。

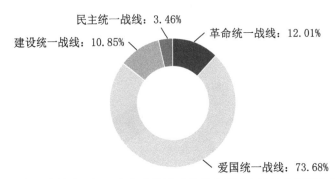

图3 1981年，党的十一届六中全会通过《关于建国以来党的若干历史问题的决议》，把新时期统一战线正式定名为____

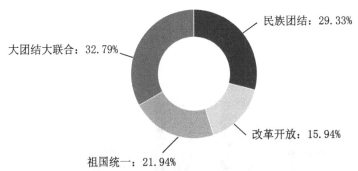

图4 团的十九大报告指出"要高扬爱国主义、社会主义旗帜，坚持____，坚持一致性和多样性统一，把海内外中华青年紧密团结起来，形成共同致力于民族复兴的生动局面"

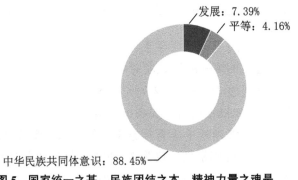

图5 国家统一之基、民族团结之本、精神力量之魂是____

通过对比分析可以看出，学生对自己对统一战线的认识是不客观的，评价是不全面的。具体分析后可以发现，认为自己对统一战线很了解的同学有82人，三道知识检测题中的正确率分别为75.61%、39.02%、87.80%，认为自己对党的统一战线大致了解的同学有235人，三题中的正确率分别为74.89%、35.32%、90.64%，可以看出，两类群体对于党的统一战线的认识水平并没有明显差别，且与其他群体的差异也并不明显。因此，较多的学生对党的统一战线并没有形成准确全面的认识，加强高校共青团统一战线宣传教育力度十分有必要。

3. 高校统一战线工作开展情况

学生普遍认为学校宣传党的统一战线力度较大或偶尔会开展党的统一战线宣传工作，其中，54.5%的学生认为学校经常开展党的统一战线宣传，40.42%的学生认为学校偶尔会开展，仅有5.08%的学生认为学校从来没有宣传过党的统一战线。因此，高校在一定程度上宣传了党的统一战线，但是学生的接受程度不一致。

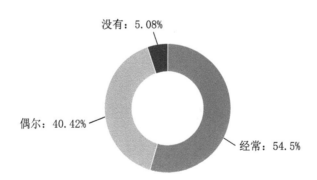

图6　贵校宣传统一战线的力度如何?

4. 青年党员、团员对高校共青团统一战线工作的认知

学生党员、团员普遍认为自己能够了解共青团开展统一战线工作的作用和意义，所在团组织开展过党的统一战线主题团课等内容。但在与学生进行访谈的过程中也发现，学生对党的统一战线的重要性认识仍不足，不能够自主获取党的统一战线相关知识，且在实际工作中也可以发现，学生参加主题团课的积极性不高，基层团支部的组织号召力不够，很大影响了主题团课对于高校青年的思想教育意义。

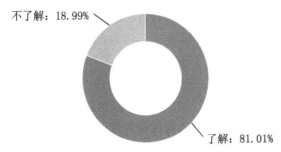

图7 你对共青团开展统一战线工作的作用和意义了解吗?

在对青年党员、团员对党的统一战线宣传是否思考或实际做过努力方面，83.68%的学生思考过如何为宣传党的统一战线做出努力，但只有59.94%的学生付诸实践，宣传过党的统一战线。因此，可以看出青年党员、团员在党组织、团组织的教育下，能够认识到党的统一战线的重要性，并且较多学生有自主宣传党的方针路线政策的意识，但在付出实际行动方面，人数则大为缩减，行动力不强，需要在思想转化为行动上下功夫。

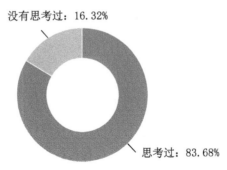

图8 作为一名共青团员，你有思考过如何为扩大统一战线做出努力吗?

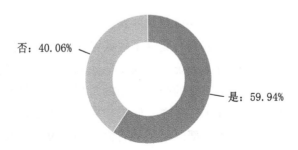

图9 你是否宣传过统一战线

5. 青年群众对高校共青团统一战线工作的认知

通过调查可以发现，高校中的青年群众普遍认为高校共青团开展过党的统一战线宣传教育工作，且有43.75%的同学认为高校共青团在党的统一战线工作中发挥了很大作用，50%的学生认为发挥了一定的作用，仅有很少的一部分认为基本没有发挥作用或完全没有发挥作用；54.17%的青年群众认为基层团组织开展的党的统一战线宣传教育对其有一定的帮助，且有38.54%的学生认为帮助很大，只有极少一部分的学生认为没有帮助。说明基层团组织开展的党的统一战线宣传教育工作受到了青年群众群体的认可，对宣传党的方针路线政策起到了积极作用。

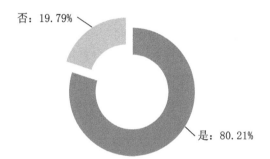

否：19.79%
是：80.21%

图 10　贵校的基层团组织是否开展过统一战线宣传教育

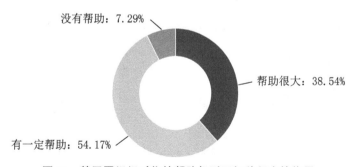

没有帮助：7.29%
帮助很大：38.54%
有一定帮助：54.17%

图 11　基层团组织对你的帮助起到了何种程度的作用

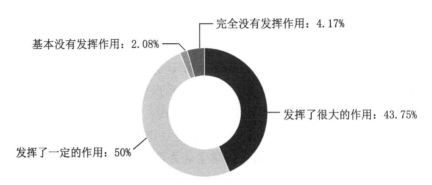

图 12　你认为高校共青团是否在统一战线工作中发挥了作用

在了解是何种原因限制了青年群众对于党的统一战线的认识时，57.29%的学生选择了"学习压力大，无闲暇时间"，36.46%的学生认为没有学习氛围，还有较少一部分学生选择了学校未组织过系统的宣传等其他原因。从中，我们可以看出学生没有将时间放在统一战线知识的学习上是导致青年群众对党的统一战线认识不全面的主要原因，没有形成良好的学习氛围，也在很大程度上影响了学生的学习自主性。

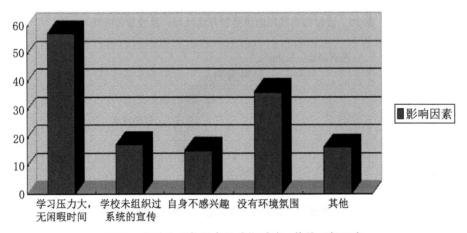

图 13　你认为哪些因素导致你对统一战线了解不多

在回答高校共青团在高校统一战线工作中发挥作用不足的原因时，55.56%的同学认为是因为没有选择适合青年特点的原因，46.3%的学生认为营造的氛围不够，凝聚力不够及没有朋辈帮扶也占了一定的比例。因此，选择适合青年特点的教育方式是现阶段高校共青团开展党的统一战线宣传教育工作需要注意的重点，使用适合青年特点的教育方式形成良好的教育氛围是我们工作的重要方向。

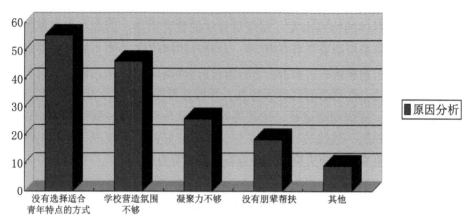

图14 你认为高校共青团在统一战线工作中发挥作用不足的原因

为了维护社会团结稳定，学生均表示愿意搞好和别人的关系、主动帮助别人、自觉参加团组织关于党的统一战线的相关活动、向更多的人宣传党的统一战线，也可以看出当代青年愿意从个人角度维护社会的团结稳定，为社会和谐贡献自己的力量。

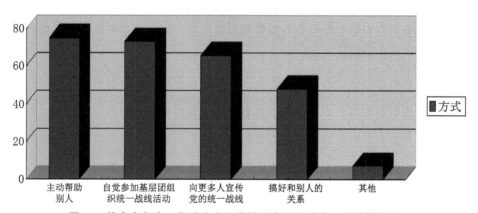

图15 从个人角度，你认为为了维护社会团结稳定，你能做些什么

四、高校共青团开展党的统一战线宣传教育工作路径探析

通过问卷分析及日常工作中对青年团员及群众的访谈我们可以发现高校青年对党的统一战线的认识程度有待加强、高校共青团统一战线宣传教育工作需要从青年群体的特点出发，加强对青年的教育引导。因此，本文根据调研结果及对日常基层团委工作的梳理，为提升团组织党的统一战线宣传教育工作力度，调动青年团员、群众宣传党的统一战线的积极性，提出了高校统一战线工作路径，针对新时代青年特点，开展共青团党的统一战线教育工作，并为青年团员、群众创造途径，让其能够参与宣传党的统一战线工作，以期增强青年对党的统一战线的认识和了解，营造良好的学习氛围，让党的统一战线理念引导更多的青年人向党组织靠拢。具体做法如下：

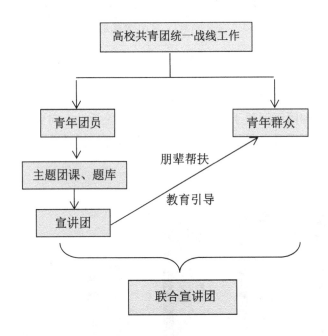

图 16　高校共青团统一战线工作路径分析图

1. 开展党的统一战线主题宣讲

设计"统一战线的内涵及重要意义""我党历史上的五次统一战线""他和统一战线的故事""从共青团看党的统一战线""凝聚思想共识，发挥青年

力量"五份党的统一战线宣讲提纲及相应 PPT。在内容的选取上主要考虑首先要帮助青年认识党的统一战线，其次从学习先进人物的优秀事迹中深入体会到宣传党的统一战线的重要性，再次从自己所在的团组织看共青团在党的统一战线中的重要作用，最后能够加入宣传党的统一战线的队伍中来。以期通过开展系统的理论学习帮助高校青年形成对党的统一战线的全面认识。

2. 制作党的统一战线主题题库

在调研的过程中我们可以发现，青年学生对党的统一战线相关理论知识学习不够深入、扎实，没有良好的理论知识积累，且通过对网络上党的统一战线知识题库的梳理发现，题库大多为试题堆砌，在学习的过程中内容较为凌乱。因此，研究选取"我党历史上的五次统一战线"这一角度，通过对不同历史时期的介绍配以试题，让青年学生可以更好地了解不同时期党的统一战线的特点，以期更加深入地了解新时代党的统一战线的特点和重要性，通过开展知识竞赛号召更多的青年学生在开展理论学习的基础上宣讲党的统一战线理论。

3. 参观学习红色教育基地

为夯实党史学习教育基础，进一步推进党的统一战线学习教育入脑入心，在党的统一战线学习教育中，大力弘扬红色传统、传承红色基因，赓续共产党人精神血脉，以现场感、体验感的教育形式，前往天津市杨柳青石家大院等"统一战线教育实践基地"红色教育基地参观学习，激励广大青年继承和发扬党的光荣传统，传承红色革命精神，坚定理想信念。

4. 成立党的统一战线理论宣讲团

为引导广大青年学生全面领会党的统一战线理论精神，选拔优秀学生党员、团员组建党的统一战线理论学生宣讲团，从青年视角出发，以青年人的语言面向更多的青年学生展开宣讲，使党的统一战线理论精神深入青年内心，吸纳更多的学生群众加入党的统一战线理论宣讲中来。在宣讲团成立后，将充分发挥网络媒体优势，以线上线下相结合的方式，走出校园，面向社会群体全方位、立体化拓展宣传覆盖面，广泛开展宣讲，让更多的青年以实际行动学习宣传党的统一战线理论精神，让更多的社会群体了解党的统一战线工作的重要性，自觉拥护党的领导。

参考文献

［1］王璐璐：《为中华民族伟大复兴汇聚磅礴青春力量》，载《中国青年报》2023 年 6 月 5 日。

［2］丁俊萍、王晨：《共青团担任党的助手百年历程和历史经验》，载《三峡大学学报（人文社会科学版）》2023 年第 1 期。

［3］赵强、王英豪：《百年来共青团团员先进性的历史演进与基本经验》，载《青年学报》2022 年第 3 期。

［4］叶子鹏、杨翔飞：《共青团青年统战工作：百年演进、现实张力与功能新塑》，载《统一战线学研究》2022 年第 3 期。

［5］丁若浩：《〈中国青年（1939-1941）〉与青年爱国统一战线建设》，载《河北青年管理干部学院学报》2021 年第 4 期。

中华优秀传统文化在思想政治教育中的运用探索

闫　寒

天津商业大学经济学院

【摘　要】随着经济全球化的发展，"文化全球化"这一伪命题甚嚣尘上。中华优秀传统文化是长期发展积累而来的，具有不可复制和无可替代的特点。思想政治教育作为教育中最重要的一环，在教育过程中深入挖掘中华优秀传统文化教育资源，使得两者互补发展，是提高国家文化自信的重要支撑。本文阐述了当下传统文化融入思想政治教育的必要性，分析了目前阶段思想政治教育现状，提供了将优秀传统文化中融入思想政治教育的有效路径，以期提升传统文化在思想政治教育中的育人价值。

【关键词】思想政治教育；中华优秀传统文化；文化自信；育人价值

习近平总书记多次寄语当代青年，青年兴则国家兴，青年强则国家强。青年一代肩负着国家的希望，民族的未来，是实现中华民族伟大复兴的中国梦的生力军。在新时代，如何展现青年良好的精神风貌、提升青年的综合素质，是我们国家当下教育的重点和要点。不可否认，在当下这个开放包容的时期，我们的部分青年受到了一些不良文化的侵蚀，这就要求我们充分利用思想政治教育这一重要手段，教育引导青年一代坚定理想信念、树立正确的世界观、人生观和价值观。中华民族几千年形成了博大精深的优秀传统文化，为思想政治教育提供了深厚力量，新时代加强和改进思想政治教育创新探索，将中华优秀传统文化融入思想政治教育，是弘扬和传承传统文化、提升学生整体素质的重要途径。

一、优秀传统文化融入思想政治教育的必要性

在思想政治教育中运用中华优秀传统文化既有机遇，亦有挑战。既与时

代和社会的发展休戚相关，也与思想政治教育学科本身发展相关。

1. 满足思想政治教育本身的客观要求，需要融入优秀传统文化

思想政治教育，是根据社会和国家的发展需要，对受教育者进行思想水平、文化素质、价值理念和道德观念的一种教育，使青年一代各方面素质符合社会的发展，顺应时代的变迁，以期提升他们的道德素质，帮助形成正确的世界观、人生观和价值观。究其本身，一方面是要通过教育，使优秀的道德、文化、思想得以传承与发扬，而中华优秀传统文化，是中华文明形成的重要基石，是中华民族历经五千年形成的道德传承、优秀文化思想、精神观念形态的总体，蕴含了中华民族的思想和精神。另一方面是要通过思想政治教育培养具有高尚的道德品行、严格的规矩意识等一系列品格的社会主义合格建设者和可靠接班人，中华优秀传统文化在中华民族的漫长发展历程中，积淀了始终产生深刻影响并对现代中国经济社会发展起着至关重要的道德规范和准则，是当代青年培育和践行社会主义核心价值观不可或缺的行为准则。因此，将优秀传统文化融入思想政治教育，既发挥了传统文化的价值，又达到了思想政治教育的效果，两者相辅相成、相得益彰。

2. 新时代教育、文化强国建设，需要融入中华优秀传统文化

新时代赋予教育方式新的要求，也为人才培养指明了方向。习近平总书记在全国教育大会上指出，"我国是中国共产党领导的社会主义国家，这就决定了我们的教育必须把培养社会主义建设者和接班人作为根本任务，培养一代又一代拥护中国共产党领导和我国社会主义制度、立志为中国特色社会主义奋斗终身的有用人才。"同时深刻指出教育要围绕培养什么人，怎样培养人这一根本问题，落实立德树人的根本目标，加快推进教育现代化，建设社会主义教育强国。这个根本问题中，培养什么人是教育首先要回答的问题，也是人才培养的首要方向，我们要培养又红又专的社会主义合格建设者和可靠接班人，从这个培养方向上，不难看出党和国家对我们的教育提出了非常明确的目标要求，一是明确人才培养目标，要培养"又红又专"的人才，二是明确教育使命，要培养社会主义人才。新的历史机遇为我们的思想政治工作提出了新的要求，将中华优秀传统文化融入思想政治教育中，提升人才培养能力，建设教育强国是大势所趋。

文化是一个国家、一个民族赖以生存、发展的内在源泉，在当前教育内涵式的发展态势下，两条腿走路给了我们新的启示，从而"软硬兼施"也将

成为教育领域发展的主流方向，一方面是着重提升学生基本技能，这是硬实力；另一方面是提高学生综合人文素养，这是软实力。这从一定程度上把"以文育人、以文化人"摆在了更重要的位置。中华民族有着五千多年的悠久历史，不仅铸就了光辉灿烂的民族文化，也给我们提供了许多文化育人资源。学校作为重要的育人阵地，在提高国家文化软实力中起着基础性作用，这就要求我们必须把中华优秀传统文化融入学生日常思想政治工作，凝聚良好的校园文化氛围，才能完成落实国家文化自信、建设新时代文化强国的目标要求。

3. 顺应中国特色社会主义新时代的发展，需要融入优秀传统文化

党的十九大报告指出"中国特色社会主义进入新时代"，当代中国正处于近代以来最好的发展时期，新时代需要广大青年学生坚定政治立场，提升道德素养，以良好的精神面貌投身祖国改革发展的大潮。这个过程，就需要充分发挥中国精神。那么什么是中国精神？习近平总书记指出："实现中国梦必须弘扬中国精神。这就是以爱国主义为核心的民族精神，以改革创新为核心的时代精神。"而以爱国主义为核心的民族精神，正是中华民族在漫长的历史进程中形成并积淀于中国人民心中的巨大力量，形成了中国特色的文化、文明和精神。传统文化不仅给我们留下了书法、绘画、诗词等有形的宝贵财富，更传给我们一种精神，一种无形的资产。无论时代如何发展、社会如何变迁，中国精神至今未变。新时代中国的发展离不开成千上万个拥有中国精神的人，因此，更需要我们去深刻领会优秀文化中蕴含的精神，将优秀的传统文化融入思想政治教育，助推新时代学生为实现中国梦而不懈奋斗。

二、当前思想政治教育现状

1. 比成绩多，看品格少，思政课价值不高

思想政治教育的成果是长期的、无形的，而科研成绩等指标却能反映一个学校的教学水平、师资水平等，因此从个别学校来看，他们更重视的是学生的成绩而轻视道德品质的养成，从学生身上来看，他们更重视的也是自身成绩而忽略文化素养培养，换句话说：在整体重视成绩的社会大环境下，学生有多么高尚的品格显得不那么重要，反而更重要的是有多高的分数，因为这才是评价优劣的首要标准。将优秀传统文化融入思政课的目的一方面是弘扬优秀传统文化，另一方面则是通过传统文化的养成性、趣味性，吸引学生主动接受教育，充分发挥思政课的价值，培养学生的良好品格。

2. 画重点多，谈素养少，思政课缺乏人文性

传统文化源于中国古代劳动人民的生活经验，其中蕴含着丰富的人文思想，只有将传统文化与思政课程有机结合，才能凸显思政课的"随风潜入夜"的隐性教育功能。但是目前部分学校的思想政治理论课无形中成为"划重点"的课程，即使教学内容涉及传统文化，老师着重讲的和学生认真听的都是考试考什么、怎么考，课堂上传递和表达的都是这个知识点怎么背诵，记住了王羲之的《兰亭集序》，却没有将目光停留在"书圣"潇洒飘逸的字体上；背诵了范仲淹的《滕王阁序》，却没能留出时间体会他"忧国忧民"的家国情怀；甚至背了唐诗几十上百首，却从未深刻领会其中蕴含的道理，未能理解作者通过诗词传递出来的或愁，或思，或喜，或悲的情感。

3. 讲理论多，做实践少，思政课程缺乏吸引力

一方面，"老师教学生学、老师说学生听、老师讲学生记"的课堂模式仍在继续，老师们将自己的备课内容灌输给学生，学生被动地接受知识，对于自己从未接触感受过的文化也好，文明也罢，枯燥的教学方式和内容很容易让他们产生逆反心理，不仅达不到思想政治教育的效果，甚至可能适得其反。另一方面，老师只是去讲我们要怎样培养爱国精神，却没有带学生去升一次国旗，看一次阅兵；只是去讲怎么孝敬父母和老人，却没有鼓励学生去敬老院亲身志愿服务；只是去讲王羲之的字的结构，却没有要求学生课下去练习、模仿，只停留在说教、灌输阶段的思想政治教育是局限的，也是最没有说服力的，很难去激发学生的学习兴趣，更谈不上培养思想道德品质和精神。

三、将优秀传统文化中融入思想政治教育的有效路径

1. 落实以文育人，充分利用新媒体展示传播优秀传统文化

网络新媒体给我们提供了前所未有的便利，我们要充分利用新媒体、新技术，使其成为传播传统文化的主要载体。《中国汉字听写大会》《中国成语大会》《中国诗词大会》等电视节目就发挥了很好的思想政治教育作用，通过对汉字、成语、诗词等知识的比拼及赏析，带动全民重温传统文化之美，感受优秀传统文化的魅力，从古人的智慧和情怀中汲取营养，涵养心灵。而学校作为学生成长、生活的主要场所，也是优秀传统文化最直接、最有效的推广场所，将民族文化内涵融入校园文化建设，营造优秀传统文化的学习和弘扬氛围，时刻熏陶和感染着学生，在潜移默化中塑造学生高尚的人格。

2. 丰富教育内容，促进传统文化创新性发展

当代的"00后"甚至"05后"，对于传统文化的感知和感受可能微乎其微，而创新的、发展的、丰富的文化传授显得至关重要。"一带一路"作为一个热门话题，与当年"张骞出使西域"密不可分，这堂"丝绸之路"的课程涵盖从古至今的开拓、完善和发展，不仅丰富了优秀传统文化的内涵，也与目前国家的发展紧密相关；一堂书法课程，可以从"王羲之的入木三分"到现在的"书法机器人"，可以增加"书法比赛"的课程模块，让学生在优秀传统文化的体验中潜移默化；"经典咏流传"节目用"和诗以歌"的形式将传统诗词经典与现代流行相融合，在注重节目时代化表达的同时，也深度挖掘了诗词背后的内涵，将传统文化的创新发展体现得淋漓尽致，而我们的音乐课程完全可以借鉴，相信这些课程下来，学生都能受益匪浅。

3. 提升教师素质，打造传统文化的品牌思政课

做好思想政治教育，还要发挥好思想政治理论课的主渠道作用。弘扬传统文化，一方面要讲清楚中华优秀传统文化的历史渊源、发展脉络、基本走向，因此需要每一名思政课教师具备深厚的文化功底，可以聘请相关领域的专家对思政课教师进行定期培训和指导，打造一支高素质、高水平的教师队伍，为传道、授业、解惑提供足够的理论支撑；另一方面，教师的传道能力也需要进一步提升。在教师自己深入学习和掌握的基础上，需要运用生动的语言、灵活的授课方式，带给学生一堂生动的传统文化思政课程。例如思政课教师岳松，注重"笑果"更注重"效果"，他利用先进的"配方"，将最新的时事热点与中华优秀传统文化相结合，开展思想政治教育活动，利用段子、故事等趣味性的授课形式阐述理论、宣讲政策，将思政课上的"低头族"变为"抬头族"，鼓励学生们积极投身祖国建设，以青春之"小我"成就祖国之"大我"。

4. 挖掘思政资源，引导积极参加实践活动

充分挖掘中华优秀传统文化中的思想政治教育资源，使学生走出课堂，走入社会，引导学生参加绘画比赛、书法比赛、朗诵比赛，小到学校组织的传统文化比赛活动，大到鼓励他们走出学校、走出省市、走向全国的《中国诗词大会》，在优秀传统文化的竞技中学习、感受、体味、深化古典文化、古典诗词的魅力，让无形的文化、有形的实践活动陶冶他们的情操；同时，文化体现的是精神，凝练的是品质，带领学生去社会上做一些志愿服务，让学

生在社会实践的过程中培养热爱国家、尊敬师长、孝敬老人、乐于助人等高尚的品德和修养。

结　语

中华优秀传统文化是中华民族的突出优势，是我们最深厚的文化软实力。新时代这一历史方位，不论是思想政治理论教育本身的客观需求，还是教育、文化强国的内生动力需要，都证明将优秀传统文化融入思想政治教育是一项重要而紧迫的战略任务，尤其面临当前优秀传统文化与思想政治教育理论课结合不充分，不能有效发挥思想政治教育价值，不能充分挖掘优秀传统文化的现状，我们应该从学校、课程、教师等多个方面入手，灵活运用新媒体、新技术，丰富课程内容打造专业的教师队伍，营造良好的思政课程氛围，让优秀传统文化借助思想政治理论教育的平台不断发扬光大，让思想政治理论教育在传统文化精神的辅助下发挥更大的育人价值。

参考文献

[1] 李琳：《大学生思想政治教育与社会主义核心价值观培育——评〈大学生思想政治教育：实践与探索〉》，载《领导科学》2019 年第 20 期。

[2] 刘西华：《现代文化冲击下传统文化对"90 后"大学生的影响》，载《科技信息》2013 年第 6 期。

[3] 孟祥伟、王卉卉、王天乙：《浅谈新时代的师德观——学习习近平总书记在全国教育大会上的讲话》，载《才智》2019 年第 17 期。

[4] 陈永福：《"四个全面"战略布局下高等教育综合改革研究》，福建师范大学 2016 博士学位论文。

[5] 王伟光：《当代中国马克思主义的最新理论成果—习近平新时代中国特色社会主义思想学习体会》，载《中国社会科学》2017 年第 12 期。

[6] 王让新：《弘扬中国人民的伟大精神 书写新时代的史诗传奇》，载《成都日报》2019 年 10 月 9 日。

[7] 蒋婷婷：《文化类电视综艺节目的创意与传播研究》，曲阜师范大学 2016 年硕士学位论文。

新征程下研究生党团班一体化建设模式新探索

——以天津商业大学马克思主义学院 2021 级研究生班为例

张　晶

天津商业大学

【摘　要】研究生党支部、团支部、班级一体化建设是发挥研究生主体作用的有效途径，是新征程下马克思主义中国化时代化在研究生管理工作中的具体表现，本文以天津商业大学马克思主义学院 2021 级研究生班为研究对象，通过实践探索总结归纳梳理相关经验，探索党、团、班共建路径新模式，探索党支部引领，团支部主导，班委会执行的一体化工作机制，提升党团班级活动的丰富性，进一步提高研究生人才培养质量。

【关键词】研究生；党团班一体化；思想政治教育

一、研究生党团班一体化建设的背景和意义

1. 研究生党团班一体化建设时代背景

党的二十大报告指出："全党要把青年工作作为战略性工作来抓，用党的科学理论武装青年，用党的初心使命感召青年，做青年朋友的知心人、青年工作的热心人、青年群众的引路人。"这一论断为新征程做好青年工作指明了前进方向、提供了根本遵循。马克思主义学院是学习研究宣传马克思主义的重要阵地，对推动马克思主义理论研究和建设发挥着关键作用，研究生阶段党支部、团支部及班集体是高校中最常见、最基础的三种组织形式，党团班协同建设是高校思想政治教育改革实践中立足人才培养根本，因时而进、因事而化的育人创新举措。天津商业大学马克思主义学院注重充分发挥学生党员的思想引领作用及模范带头作用，引导团支部和班级规范化建设，进而提

升党团班组织的凝聚力、战斗力、影响力。

2. 研究生党团班一体化建设现实困境

高校研究生群体存在思想相对成熟、独立意识强，生源年龄结构差异较大，导师负责制下的课题组管理等特征，研究生的培养普遍存在着重科研、轻思想，重学习、轻教育，重智育、轻德育等问题，近年来，党和国家高度重视意识形态的建设和发展，马克思主义理论类专业人才急缺，成了抢手的热门专业。这种时代背景下，跨学院跨学科报考该专业的同学占比非常高，很多同学专业学科基础较为薄弱，理论基础不扎实。同时导师制下的研究生管理模式，导师对研究生学业要求高，这在很大程度上使同学忙于个人专业学习，对集体工作与事务不关心、不热心，导致集体活动开展相对较难。

调查发现，党团班三位一体的组织模式在现实中有着职责不明确、制度不全、管理混乱、功能重叠等问题，部分研究生党团班之间存在缺乏交流、工作流程开展不规范、结果公示不透明等情况，导致部分同学对学生干部队伍信任度降低，参与率下降，不愿意甚至抗拒参加集体活动，进而响应班级团结和整体工作开展。

3. 研究生党团班一体化建设重要意义

高校研究生思想政治教育的重要地位日益凸显，党团班组织建设作为研究生思想政治教育的重要手段，基于研究生的具体特点与时代要求，马克思主义学院将研究生党支部建在班上，以党建带团建，以团建促班建，在队伍建设、培养管理、学习活动、作用发挥等方面全面实施一体化，工作取得良好效果。

（1）党团班集体为研究生成长成才搭建优质平台。以丰富的校园文化活动和社会实践为载体，着力提升学生综合素质。通过党支部、团支部开展丰富的主题教育活动、引导同学们确立正确的理想和信念，通过开展社会实践活动和志愿服务活动，在社会大课堂中增长本领，通过教学技能大赛、微党课大赛等专业学科竞赛活动，提升专业技能。

（2）党团班集体为研究生日常生活提供系统支持。党支部、团支部和班集体通过举办特色文体活动，丰富广大研究生课余文化生活，开展有益身心发展的趣味性活动，可以帮助他们从精神、心理和生活上获得支持和陪伴，为研究生培养健康的性格和人格打牢基础。

（3）党团班集体为研究生学习科研创造良好氛围。创建优良班风、营造浓厚的学风，有助于提高学生学习热情，营造比学赶帮超的竞争氛围，通过小组学习、科研团队等形式可以很好地培养研究生的合作精神和责任意识，帮助同学们完善知识结构，增强适应能力，全面发展自己。

二、研究生党团班一体化建设路径新探索

1. 研究生党团班一体化建设工作基础

（1）抓队伍建设，促能力提升。严格干部选拔，学院致力于建立一支勤政、高效、务实的学生干部队伍，制定严格的学生干部选拔制度和程序，积极推进学生干部团队建设，充分发挥研究生群体自我管理、自我监督、自我服务、自我教育的工作模式。常态化开展学生干部能力培训，围绕如何精简学生干部、提升工作效率，开展有针对性、系统化的思想教育和业务训练。学生队伍一体化召开工作例会、组织开展技能培训和日常思想教育，实行党务、团务和班务融合机制，将学生干部队伍建设从组织管理层面进行大胆突破和创新，强化学生干部队伍工作协同性。

（2）抓制度建设，促机制优化。制定清晰的工作计划，协调组织的工作资源和力量，一起解决工作中的问题并达成共同的目标，制定清晰具体、可行可测的工作任务。建立健全班级工作管理制度，包括学生干部培养制度、班级议事制度、学生管理制度等，让各项工作运行有章可循，让党团班学生干部和班级同学清楚了解工作目标，把每个人的作用发挥充分体现在工作目标里，进一步激发大家工作积极性，明确自身工作职责，增强班级归属感和荣誉感。

（3）抓优势资源，促工作完善。以党建引领强化班团建设，激发研究生主体动力，拓展集成优质资源，真正发挥"党班团"协同联动的辐射带动作用，在实践中优化体系建设、创新工作方法、丰富活动形式，推进学生工作走深走实。充分发挥党支部引领作用和战斗堡垒作用，积极开展送教下乡、理论宣讲、志愿服务等形式多样的活动，团支部实践中积极发挥团员管理和教育职能，班级同学积极配合、大胆尝试、创新性发展，充分发挥优质资源配置作用。

2. 研究生党团班一体化建设实施路径

学院始终以思想育人为先导，以文化育人为基础，以实践育人为重点。通过创建青马工程培训班、组建模拟政协协会、实施大学生骨干实践锻炼等

方式，积极探索大学生人才培养的新模式、新途径，实现党团班工作同向同行同步。

（1）思想建设一体化。强化党团班思想政治育人主体的作用，不论是党支部、团支部还是班集体都应该充分发挥思想政治育人的重要作用，深入党团班开展理想信念教育、道德情操教育，通过实施大学生骨干"青年马克思主义者培养工程"培训班选拔造就优秀青年马克思主义者，提升团学思想引领力和组织力；充分发挥学生主动性，多种形式多种教育学生提高政治站位，坚定政治立场，强化政治认同，有效引导学生真学、真懂、真信、真用马克思主义；理顺各组织交流机制，不同组织之间建立有效沟通交流机制，主动弱化反复重叠工作，及时补齐短板工作和空白工作，达到优势互补。

（2）学风建设一体化。学院高度重视学风建设，立足实际，突出重点，充分发挥广大学生的积极性、主动性和创造性，扎实推进学风建设工作蓬勃开展。优秀党员带动团员形成互动学习机制，班内组建学习小组，将读书报告会、学习经验分享会、读书沙龙活动等融入党日活动和团日活动中，团支部将党的二十大专题学习和"青年大学习"等内容以知识竞赛的形式呈现，促进专业内外知识共同提升，提高同学们增强专业学习信心，明确学业目标，激发学习积极性与主动性。

（3）工作机制一体化。为了更好地发挥校园文化的育人功能，党团班联合开展的突出学生特点和需求的校园文化活动，学院以党支部为核心，以党团班共同体为主体，结合学科、专业特点，突出习近平新时代中国特色社会主义思想的指导地位。以党支部为主体，全体同学递交入党申请书，截至目前全班已100%发展为党员，全员参加党章知识竞赛，团支部全员报名参加"青马工程"培养，全员报名学校"知行"理论宣讲团并参与党的二十大宣讲视频的录制，党团班工作机制一体化整体推进，全部同学得到全面成长与进步。

（4）活动组织一体化。学院积极搭建班团集体成员有效互动的平台和载体，突出专业特色，丰富校园文化生活。聚焦党建带团建，积极加强基层党组织的宣传教育引导，帮助党员、团员学习政治理论，党团联合开展活动，共同赴周恩来邓颖超纪念馆和平津战役纪念馆参观学习，开展红色教育。坚持团建抓创新，团支部积极开展"三下乡"社会实践活动和理论宣讲活动，强化理论宣讲水平，集体参加宣讲技能培训、集体打磨课件、参加集体备课会，开展线上线下宣讲共计 50 余场。强化班建促发展，班级打造"就业力提升"项目，组织开展"简历制作大赛""职业生涯规划大赛"、开展"教师技能大赛"等，全面提升学生就业技能。

3. 研究生党团班一体化建设创新机制

（1）理顺组织关系。推行党支部、团支部与班级一体化运行机制，充分发挥团支部作用，实行班长兼任团支部副书记的制度。党支部充分发挥战斗堡垒作用；团支部充分发挥团员青年教育作用；班集体增强凝聚力，开展班级学习、学生管理的作用。有效增强党团组织衔接，团组织推优是党员发展的首要环节，严把党员发展政治关，将发展党员重心前移，党支部做好党员发展、转正关键环节，各个工作步骤形成有效闭环。同时，完善班团工作决策机制，包括评奖评优、资助扶困、人选推荐等重要事宜公开透明，理顺各个关键步骤和重要环节。

（2）抓好教育管理。学院始终聚焦思想引领始终把理想信念教育放在首位。常态化抓好团员理论武装，以自主性学习和集中式管理为主要形式，不断增强党员党性修养，增强团员先进性，落实团的组织生活制度，强化担当作为，注重作用发挥，不断提升思想引领组织力和战斗力。学生党支部及时成立党员先锋服务队，党员带动积极分子与团员志愿排班，开展理论宣讲、志愿服务活动，努力做到知行合一。

（3）推进制度建设。学院根据《中国共产党章程》《中国共产党发展党员工作细则》《普通高等学校基层组织工作条例》等规章文件要求，根据学科实际情况，坚持操作性与有效性结合、定性与定量结合的原则，将党团评议、群众评议、日常表现、学业成绩、专业证书、创新能力、奖励荣誉等内容融入评优评奖，纳入个人思想实践学分认定，进一步增强学生学习工作积极性和主动性，激发学生为班级建设发展献计献策的积极性和主动性。

（4）创新活动形式。随着网络时代社会的快速发展，学院创新工作思路，充分利用网络新媒体组织开展丰富多彩的活动，通过组织开展青年大学习充分激发团员青年灵活自主学习热情，党支部通过录制宣讲思政微视频，充分调动同学们积极宣传党的创新理论的积极性，班集体通过线上开展红歌合唱的形式，献礼建党 100 周年，学生充分发挥主观能动性和创造力一起设计、一起商议集体活动，创新工作思路和方法，提升集体吸引力凝聚力和战斗力。

三、研究生党团班一体化建设工作成效

经过两年尝试和探索，天津商业大学马克思主义学院大力推进党团班一体化建设，助力青年工作提高效率、提升效能、提增效益，青年工作不断向好，集体凝聚力不断增强。

1. 促进人才培养，打造一群全面发展的学生

学院积极促进同学们全面成长成才，学生教育管理成效大幅提升，截止到2022年5月，全班26人全员发展为党员，党员发展质量进一步提升。党员的先锋模范作用进一步加强，团员青年凝聚力号召力进一步加强，学生参与志愿服务全覆盖，参与率达100%，学生积极参加校内外各类学科竞赛活动，获校级以上奖励87人次，参加校外返家乡实习和杨帆计划社会实践15人次，打造了一批全面发展的高素质学生队伍。

2. 聚焦队伍发展，建设一支高素质骨干队伍

通过开展一系列扎实有效的活动，一大批党员标杆和学生榜样脱颖而出，在校内外产生了广泛的影响，班级学生担任各级各类学生组织干部人数占75.6%，学生干部在各类竞赛活动中争先创优，为学院学校赢得十余项集体荣誉。2021级研究生党支部获学校创最佳党日活动称号和学院先进党支部称号，2021级团支部获天津市活力团支部和全国活力团支部称号；2021级班集体获学校先进班集体称号。

3. 助力学院发展，树立一批优质品牌活动

党团班一体化建设下，打造了一批优质品牌特色活动，产生了广泛影响。2021级班组成的"知行"理论宣讲团，广泛开展理论宣讲和志愿服务活动，积极参加"千马廿行"活动与清华大学在内的20余所马克思主义学院联学联讲党的二十大精神活动，活动产生广泛影响。宣讲团参加天津市基层理论宣讲活动，进入市级复赛阶段；2022年班级学生组建"星火青运铭初心"实践团获全国重点理论实践团称号；2022年班级学生参加天津市"新时代·习近平新时代中国特色社会主义思想基层宣讲实践行"，获天津市先进集体标兵称号。

结　语

在新形势下开创研究生培养的新局面，马克思主义学院将会继续深化理

论学习、加强活动创新、强化制度建设，探讨党团班协同运行机制，党为引领，团为中坚，班为基础，推动党建工作与共青团和班级工作同频共振，持续推进党团班育人链条相衔接、相贯通，引领广大研究生不忘初心跟党走，团结引领广大研究生群体，全方位提升研究生群体的综合素养，凝聚起推动高质量发展的磅礴力量。

参考文献

［1］李香云、胡庆：《高校党团班一体化育人实践探索》，载《中国共青团》2021 年第 21 期。

［2］赵壮：《新形势下研究生"党团班群"协同管理模式探究——以福建农林大学植物保护学院为例》，载《高校后勤研究》2022 年第 7 期。

［3］何秋霞：《大思政背景下高校"党—团—班"一体化建设研究》，载《现代交际》2021 年第 13 期。

基于数据挖掘的大学生热点问题分析研究

——以 B 站平台为例

倪道安

天津职业大学　旅游管理学院

【摘　要】 本文采用数据挖掘的方法，以 B 站平台为例，对大学生关注的社会热点问题进行了文本数据分析研究。研究选取了近一年的视频数据进行标题关注度、主题和情感分析，从词频、词云图、关系网以及情感多方面进行研究。结果表明，学生对于国际政治和社会问题的关注度较高，同时提出相应的网络对策，以提高大学生网络思政教育的效果。

【关键词】 大学生；社会热点；数据挖掘；文本挖掘

引　言

随着互联网时代的到来，社会热点问题的传播速度和影响力都得到了显著提升，对大学生的思想观念、行为方式、价值观念等都产生了深远的影响。首先，社会热点问题往往涉及重大的价值观念问题，如道德、伦理、权利、自由等，这些问题对大学生的人生观、价值观产生重要影响。其次，社会热点问题往往引发人们的强烈情感反应，大学生在面对热点事件时，往往会表现出不同的行为方式，如抵制、抗议、支持等，这些行为方式会影响大学生的行为准则和社会责任感。最后，社会热点问题还可能引发大学生的心理健康问题，如焦虑、恐惧、愤怒等负面情绪，大学生在面对热点事件时，往往需要面对这些情绪的挑战，这可能会对大学生的心理健康产生一定的影响。因此，数据挖掘技术可以帮助我们深入挖掘大学生对热点问题的关注度，从而更好地理解大学生的思想政治状况。通过对大学生在 B 站平台上的资讯板块，可以了解大学生对社会热点问题的关注程度、主题和态度，进而分析出大学生在思想政治方面的积极和消极影响，还可以帮助我们发现大学生在思想政治方面存在的问题和不足，为加强大学生思想政治教育提供有力支持。

一、社会热点相关概念

（一）社会热点概念

社会热点是指在社会中引起广泛关注、参与讨论、激起民众情绪，引发强烈反响的事件或话题。这些事件或话题通常具有时效性、复杂性、广泛性、敏感性、多变性和影响力等特征。

（二）社会热点问题分类

社会热点可以按照不同的分类方式进行归类。以下是一些常见的分类方式：

（1）按照事件性质分类：社会热点可以分为政治热点、经济热点、文化热点、社会事件等不同类型。

（2）按照事件范围分类：社会热点可以分为国际热点、国内热点、地方热点等不同范围。

（3）按照时间分类：社会热点可以分为近期热点、历史热点等不同时间段。

（4）按照议题分类：社会热点可以分为环保热点、教育热点、医疗热点、就业热点等不同议题。

以上是社会热点的一些常见分类方式，不同的分类方式可以更好地帮助我们理解和把握社会热点的本质特征和发展趋势。本文主要的选择是按照事件性质分类，但在实际生活中，有些社会热点问题是相互关联的，将它们进行分类只是为了更好地了解和研究这些问题。

二、社会热点问题对大学生网络思想政治教育的影响

社会热点问题对大学生网络思想政治教育有重要影响。大学生关注社会热点话题，通过网络获取和分享相关信息，了解社会动态和时事热点。社会热点问题也是大学生思想政治教育的重要内容，可以增强他们的政治意识、社会责任感和公民意识，促进思想政治教育。社会热点问题也是大学生网络

思想政治教育的重要载体之一，通过网络平台开展相关教育和宣传活动，引导大学生正确看待和处理社会热点问题，增强他们的思想政治素质和道德观念。社会热点问题往往具有复杂性和多样性，需要大学生具备正确的价值观和思维方式才能正确看待和处理。通过网络思想政治教育，可以帮助大学生正确看待和处理社会热点问题，避免被错误信息和观点误导。

此外，社会热点问题还可能引发大学生的情绪波动和思想碰撞，促使他们对社会问题进行深入思考和探讨，从而提高他们的思维能力和创新能力。然而，社会热点问题也可能对大学生产生消极影响，比如引发焦虑、恐惧、愤怒等负面情绪，甚至导致一些极端行为的发生。因此，通过对 B 站资讯社会热点视频的主题进行分析，可以更加深入地了解社会热点问题对大学生网络思想的影响。

三、大学生对热点问题文本分析

大学生对热点问题的关注程度因个体差异和环境因素等多种因素而异，但总体来说，大学生对热点问题的关注程度较高。本文通过数据挖掘技术，利用网络平台获取客观数据，主要是选择哔哩哔哩网站平台（B 站），目前根据 B 站 2023 年 6 月发布的财报显示 2023 年第一季度，B 站日均活跃用户健康增长，达 9370 万，月均活跃用户数达 3.15 亿。据 QuestMobile 的统计数据，截至 2022 年底，B 站近 82% 的用户是 Z 世代用户，大多数是中学生和大学生，是生长在互联网下的一代人。从年龄占比来看，哔哩哔哩使用人群多数集中在 30 岁以下，也就是 90 后与 00 后用户占比高达 78.67%，其中 18 岁—24 岁以下用户占比 60.28%，25 岁—30 岁用户占比为 16.71%。用户平均年龄 22.8 岁，是大学生浓度最高的内容社区。因此，选取 B 站作为网络研究平台，所反映的社会热点问题观点能够深入了解年轻一代的思想态度和价值观，为大学生网络思政教育提供更精准的指导，也为类似网络平台的社会热点问题研究提供宝贵经验与启示。

（一）数据采集预处理

1. 数据采集

将选取 B 站的资讯热点板块作为研究对象，通过对该板块内的国内外热点问题进行关注度分析，以探究用户对于不同类型话题的关注程度。主要选取近一年的资讯内容，利用数据挖掘技术进行采集和整理数据，以获取更加全面和准确的信息。

数据收集截止时间是 2023 年 8 月 3 日，收集 2022 年 7 月至 2023 年 7 月每个月播放数量排名前 30 的视频数据，共收集视频数据 390 条，利用数据技术，获取数据的标题、标签、播放量、评论数、转发量等相关信息。

2. 数据预处理

本文主要采用文本数据分析法，根据数据统计对 390 条视频进行清洗预处理，因为网络数据爬虫获取数据比较粗糙，需要进行预处理，包括去错别字、处理缺失值等，确保数据的准确性和完整性。最终处理数据字数为 34 733 个字，有效条数为 390 条，总词数为 15 878 个，特征词数为 4181 个；针对以上数据进行分类汇总、情感分析、词频、词云图以及网络关联等相关分析，目的是更好地了解文本数据中关键词的分布和情感倾向，以便进行后续的分析和应用。

（二）数据处理分析

对收集的 390 条视频数据进行清洗和预处理，通过文本挖掘技术，对视频标题和标签描述进行关键词提取，识别出涉及社会热点问题的关键词和主题。根据播放量进行排序，排名第一的是"二舅"——这个视频播放量达到了 10 237 000 次，同时播放量超过 100 万的视频有 292 条，占总体视频的 74.87%，也充分说明大学生对社会热点问题的关注度。

（1）标题关注度分析。根据数据统计从标题、标签的词频绘制词云图，图1 和图 2 可以看出中国、美国、俄罗斯、国际、外交、军事、法国等词汇被频繁提及，凸显出大学生对于国际政治、外交事务、媒体报道等领域比较关注。此外，观察、社会、美国、俄罗斯、学生、网友等词汇也出现频率较高，与大学生关注的社会问题、教育问题、学生群体等相关。从词云图中可以看出，大学生对于国际政治关注度较高，同时也反映了大学生对于媒体报道和学生群体的关注程度。具体而言，国际政治和外交事务是大学生关注的热点领域，这可能与当前国际形势和国内外关系密切相关。此外，媒体报道和学生群体也是大学生关注的重要领域，这可能与大学生自身的身份认同和社会责任感有关。总体来说，数据反映了大学生对于国际政治关注度较高，同时也反映了大学生对于媒体报道和学生群体的关注程度。

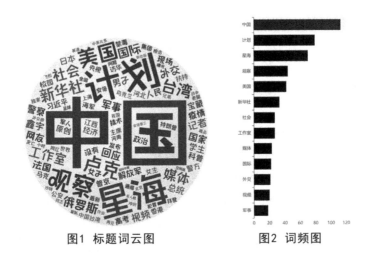

图1 标题词云图　　　　　　　图2 词频图

（2）主题分类分析。利用文本挖掘技术对 390 条视频标题和标签进行主题分类研究，这些视频主要涉及政治、经济、文化和社会事件等多个方面。根据数据分析，政治热点占比最高，达到了 74.56%，其次是文化热点，占比为 13.94%，社会事件占比为 6.27%，经济热点占比为 5.23%。这表明在 B 站上，政治热点是最受关注的社会热点之一，同时文化、社会和经济热点也受到了一定程度的关注。这些数据也反映了 B 站用户对社会热点话题的关注和讨论的特点。根据事件性质分类也是帮助我们理解和把握社会热点的本质特征和发展趋势，但在实际生活中，有些社会热点问题是相互关联的如图 3 所示。

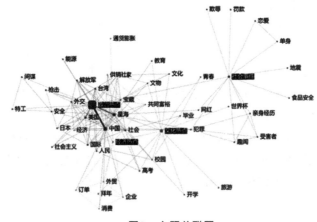

图3　主题关联网

（3）标题情感分析。根据视频标题的情感倾向分析结果，可以看出该视频标题的情感倾向较为复杂。其中，正面情感所占比例为32.82%，中性情感所占比例为21.54%，负面情感所占比例为45.64%。对数据进行分词，对关键词进行词频统计，绘制正面和负面的词云图。

图4　主题情感

图5　负面词云图

图6　正面词云图

根据占比图和情感分布词云图，可以看出负面情感所占比例为45.64%，这表明大学生在观看新闻热点视频时，更容易受到负面情绪的影响。对于正面词汇的标题，它们通常涉及积极向上的主题，如"人民""经济""宝藏""扶持""技术""最新""成功""科学""统一""和解""东风""发展""真实"等，这些词汇能够激发大学生的积极情绪，增强他们的自信心和自豪感。而对于负面词汇的标题，它们通常涉及负面的主题，如"犯罪""死亡""问题""冲突""流浪""事故""霸气""暴雨""为什么""病毒""投诉""取消""抗议""悲剧""造谣""地震"等，这些词汇可能会使大学生感到担忧和忧虑，对社会问题和不良现象产生不满和反感，从而更加关注社会问题和公共事务，积极参与社会治理和改善，提高社会责任感和公民意识。

因此，B站新闻热点视频标题情感分析结果对大学生的影响有积极的和消极的两个方面。正面情感的标题可以激励和鼓舞大学生，增强其社会责任感和公民意识，而负面情感的标题可以引起大学生的关注和反思，促使其积极参与社会治理和改善。

五、社会热点主题分析的大学生网络思政教育的策略

通过对社会热点主题的分析，可以帮助大学生了解社会发展动态、掌握

时事政治知识、增强社会责任感和公民意识，从而提高他们的思想政治素质和道德水平。

（一）关注社会热点，提高学生的社会参与度

首先，根据对 B 站的研究结果，学生更多倾向是政治热点问题，学校可以提供多样化的信息来源，使学生能够全面了解社会热点事件，包括新闻报道、社交媒体、专业网站等。同时，可以鼓励学生自主搜索和筛选信息，培养他们的信息素养和批判思维能力。其次，高校组织讲座和研讨会，邀请专家学者和行业人士分享他们的观点和经验，让学生了解更多的信息和知识。此外，可以邀请一些社会公益组织和志愿者团体，让学生了解社会公益事业的重要性，并鼓励他们积极参与。再次，开展调查研究，鼓励学生参与社会调查和研究，了解社会热点事件的背景、原因和影响，提高学生的社会责任感和公民意识。可以通过课堂教学和课外实践相结合的方式，让学生在实践中了解社会热点问题，并提出解决方案。复次，引导学生关注社会问题，如贫困、环境污染、教育不公等，培养学生的社会责任感和公民意识。可以通过课堂讨论、社会实践和社会调查等方式，让学生了解社会问题的根源和解决方案，并激发他们的参与热情。最后，引导学生参与社会公益活动，如志愿服务、慈善捐赠等，让学生了解社会热点问题的实际情况，同时提高学生的社会责任感和公民意识。可以组织学生参加社会公益组织或志愿者团体，让他们亲身体验社会热点问题的解决过程，并从中获得成就感和社会认同感。

（二）加强网络素养教育，助力学生全面发展

首先，加强网络素养教育。社会热点主题也常常涉及一些负面问题，如网络暴力、虚假信息、隐私泄露等。在网络思政教育中，引导学生认识这些负面影响的存在，让他们学会辨别真假信息，提高自己的网络素养，避免被负面信息误导。在网络时代，网络素养教育已经成为大学生必备的一项基本素质。因此，高校可以通过开设网络素养课程、举办网络安全培训等方式，引导学生提高网络素养。其次，加强网络道德教育。网络道德教育是指通过培养学生的网络道德意识，引导他们正确使用网络、尊重他人、保护自己的合法权益等。高校可以通过开展网络道德教育活动、组织学生参与网络公益活动等方式，引导学生树立正确的网络道德观念。再次，加强网络舆情引导。网络舆情引导是指通过引导学生正确看待网络舆情、辨别真假信息，提高对网络信息的辨别能力和应对能力等。高校可以通过开设网络舆情引导课程、

组织学生参与网络舆情引导实践等方式，引导学生正确应对网络舆情。最后，加强网络文化传承。网络文化是当代社会不可或缺的一部分，高校可以通过开设网络文化课程、组织学生参与网络文化活动等方式，引导学生了解和传承网络文化，提高他们的网络文化素养。

（三）树立正确价值观，培养健康的人生观

社会热点主题往往具有争议性和复杂性，不同的人有不同的看法和立场。在网络思政教育中，可以引导学生理性分析和客观评价，尊重不同的观点，避免盲从和情绪化。社会热点主题是引导学生进行价值观教育的重要素材，它可以帮助学生树立正确的价值观念，提高他们的社会责任感和公民素质。在分析社会热点主题时，我们应该注重引导学生正确看待事件的正面和负面影响，让他们了解不同的观点和立场，从而培养他们的思辨能力和判断能力。同时，我们应该注重引导学生关注社会热点问题，了解社会发展的趋势和方向，从而更好地适应社会变化和发展。在价值观教育中，我们应该注重培养学生的道德观念和社会责任感，引导他们树立正确的人生目标和价值观，并通过实践和体验，让他们真正理解和认同这些价值观念。

最后，要通过网络思政教育引导学生树立正确的价值观和人生观。社会热点主题的背后，往往反映出一些深层次的价值观和人生观问题，如道德、人性、人生追求等。在网络思政教育中，可以引导学生认识到这些问题的重要性，引导他们树立正确的价值观和人生观，做一个有担当、有良知、有责任感的新时代青年。

参考文献

［1］樊艳丽：《基于社会热点问题的高校思想政治教育探析》，载《山西高等学校社会科学学报》2013 年第 9 期。

［2］《哔哩哔哩 2022 第四季度及全年财报》，载 https://www.bilibili.com/read/cv22228729？from＝search&spm_ id_ from＝333.337.0.0，最后访问日期：2023 年 9 月 17 日。

［3］陈何捷、陈峰：《网络热点事件与大学生价值观》，在《山西财经大学学报》2023 年第 A1 期。

［4］桑田：《基于社会热点问题在高校思政教育工作中的实践研究》，载《湖北开放职业学院报》2023 年第 10 期。

［5］龙婷、李芳、吴海晶：《基于社会热点关注倾向的大学生思想政治教育路径研

究——以重庆市某高校为例》，载《科学咨询（科技·管理）》2020 年第 27 期。

　　［6］王奔奔：《社会热点问题对大学生思想政治教育影响及对策研究》，河北师范大学 2022 年硕士学位论文。

　　［7］曹正、王天崇、徐鸿涛：《网络热点事件对大学生社会心态的影响及引导策略》，载《新闻研究导刊》2022 年第 19 期。

　　［8］吕淑珍：《社会热点事件舆情引导下的思想政治教育教学研究》，载《佳木斯职业学院学报》2023 年第 4 期。

五育并举　N维共建

——构建新时代高校文化育人同心圆

杨雪松

天津财经大学

【摘　要】宣传思想文化工作事关党的前途命运，事关国家长治久安，事关民族凝聚力和向心力，是一项极端重要的工作。为落实习近平总书记重要讲话精神，以立德树人为圆心，构建新时代高校文化育人创新体系尤为重要，文化育人作为高校思想政治教育的重要组成部分，引领新时代青年珍惜时代、担负使命，挺膺担当，努力成为德智体美劳全面发展的社会主义建设者和接班人成为高校落实立德树人根本任务的重要实现途径。

【关键词】文化育人；五育并举；立德树人

习近平总书记指出，我们"要坚持教育优先发展、科技自立自强、人才引领驱动，加快建设教育强国、科技强国、人才强国，坚持为党育人、为国育才，全面提高人才自主培养质量，着力造就拔尖创新人才，聚天下英才而用之"。为提升青年学生的思想水平、政治觉悟、道德品质和文化素养，高校应探索建立以立德树人为圆心，通过学生骨干培养、校园文化活动、社会实践、科研创新、志愿服务等多维度共建文化育人同心圆，营造具有高校特色、主题鲜明、感染力极强的校园文化氛围，同心圆建设还要在大学文化的传承与创新中助力学校校风学风建设，充分发挥文化育人塑人功能，积累丰硕成果，形成独特文化育人体系。

一、以立德树人为圆心 打造文化育人同心圆的重要性

1. 注重顶层设计，制好同频共振"施工图"

习近平总书记指出"要坚持把立德树人作为中心环节，把思想政治工作贯穿教育教学全过程"，新时代青年大学生是高校思想政治教育的主要对象，立德树人目标的实现，离不开顶层设计的具体目标和具体项目实施，高校可通过市校院三级青马学校，分类别、分层级培养学生骨干，通过理论学习、研讨沙龙、社会调研、实践锻炼和志愿服务等多种渠道加强学生骨干培养。通过举办学生骨干培训、科研骨干培训、学生社团骨干培训等多种培训形式，以点带面，培养学生树立共同精神理想和目标追求，在潜移默化中引导学生树立正确价值观，将学生的思想和行动统一到学校发展的整体目标上来。同时通过顶层设计，将第一课堂与第二课堂有机结合，将专业知识教育与素质教育有机结合，将学校领导、专业教师、辅导员、后勤保障人员、行政人员、校外导师、学生本身纳入学校文化育人体系，确保高校文化育人工作能够顺利开展，真正形成全员全程全方位育人的"三全育人"体系。

2. 注重以上率下，签好同源共流"任务书"

习近平总书记历来重视调查研究，多次强调"要在全党大兴调查研究之风"，始终把调查研究这个"传家宝"作为"谋事之基、成事之道"。高校要主动发起调研，并通过调查研究，将大学文化教育主动融入学校"大思政"工作格局，打造文化育人共同体。面向教师做好高校师德师风建设，开展"追寻大师足迹"优秀教师评选、我最喜欢的专业课等活动，面向学生做好职业生涯规划、心理健康教育、社会实践调研、学生骨干培养、围绕乡村振兴战略、习近平新时代中国特色社会主义思想基层宣讲、京津冀协同战略、生态文明、习近平法治思想和理论普及宣讲、党史学习教育、乡村振兴促进、发展成就观察、民族团结等开展主题教育，构建"思政教育—师德师风—学科发展—学生成长"相统一的特色文化育人模式，注重成果转化，真正将所学所想融入祖国现代化建设中去，提升文化育人成效。

3. 注重高速高质，建好同心共力"同心圆"

高质量发展是全面建设社会主义现代化国家的首要任务，在校园文化育人的工作中，也要紧紧围绕培养担当民族复兴大任的时代新人，要进一步做好学生思想引领、素质拓展、权益服务、组织提升等重点工作，推动各项改

革举措落细落小落实。用好红色资源，传承好红色基因，把红色江山世世代代传下去，面向师生开展红色主题教育，依托专业特色，将党史学习与校史学习、专业学习有机结合，师生共创优秀思政课、师生同唱红色革命歌曲，在潜移默化中开展爱国主义教育，激励引导广大师生爱党爱国爱社会主义。同时，随着高校文化育人同心圆的构建，能够帮助广大师生自发地提升思想道德品质，提高思想道德实践水平，帮助师生在实践中磨炼意志品质、坚定红色信仰。

二、以铸魂立心为方向，打造文化育人同心圆意义

1. 丰富文化活动内容，加强文化活动平台建设

不断创新活动内容与形式，吸引更多学生参与，努力搭建文化活动有机载体，科学规划、凝练内涵、突出特色，打造具有高校特色的高质量文化育人品牌活动，增加学生文化自信，用中国特色社会主义文化充实师生内心，让师生在第一课堂接受理论文化的洗礼，在第二课堂将理论学习运用到实际生活中，接受文化浸润，让师生不断在学习和活动中提高内涵和品位，在润物无声中接受文化育人体系的培养和熏陶。打造思政辩论赛、校园文化节、大学生科技月、开学季、毕业季系列活动等，为师生搭建展现自我的平台，组织传统文化进校园、中华经典诵读、参观红色展馆等活动，为师生提供接近文化、享受文化的场域，举办校园文化原创作品征集评比活动，激发广大师生爱校荣校热情，讴歌新时代、将校园文化通过原创文学、音乐、话剧、微电影等形式广泛传播，让师生在校园讲好中国故事、学校故事，使师生不断提高科学和人文精神，提高文化品位和艺术修养。

2. 创新传播途径，扩展校园文化工作阵地

新时代高校文化育人体系的建立，应该将新媒体与传统文化艺术形式相结合，整合资源，扩展校园文化工作阵地，在高校文化育人同心圆中加入新媒体至关重要的一环，动态监测全校师生网络主阵地，打造校园网络主流文化安全环境，加强网络思想引领，帮助青年学生坚定理想信念，不受现今网络"泛娱乐化"影响，创新思政教育方式，利用网络平台走进大学生学习生活，用学生喜欢的方式，引导学生享受网络，增强学生探索文化的兴趣，发挥新媒体方便灵活新颖的特点和优势，设计创作更多让大学生从内容到形式都喜闻乐见、易于接受的校园文化作品，活动作品剪辑、MV制作等，将新媒

体技术融入一二课堂教学，坚定文化自信的重要抓手，维护网络意识形态安全，牵头抵制各种社会不良思潮和价值观念的渗透，引导学生在网络中能够正确辨别真伪，在信息大爆炸的时代，能够取其精华去其糟粕，坚定社会主义文化自信，真正达到以文化人、以文育人效果。

三、以凝心聚力为目标 绘制文化育人同心圆途径

（1）打造特色文化育人环境。文化育人同心圆的构建，需要将无处不在的校园文化内容，深入挖掘整合，营造良好氛围，从学校的教风、学风等方面，提炼有价值、有特色的因素，向外部展示学校的文化内容和精神内涵，形成一套有深意、有创意、有辨识度的视觉识别系统，统一的校园视觉能够给学生以归属感，通过设立校园景观、校门造型、校园雕塑等，让学生在潜移默化中对母校留下深刻记忆，让校园文化深入人心。

（2）凝练特色学校育人精神。校训是一个学校的育人理念引领，学校精神是一个学院育人理念的指向，校歌是学校文化形成的隐形载体，这些都是从学校的专业特色、育人理念、新时代对青年的精神要求中提炼而成，也承载着学校对学生未来的期许，在学校隐形载体的引领下，凝心聚力，让学生每次回忆起母校，都能使学校的育人精神再次对学生进行精神洗礼，同时通过内在文化凝聚学校形象，提升学校在公众中的认可度和影响力，引领学校内涵发展，进而提高学校的核心实力。

（3）形成五育并举品牌项目。校园文化活动在师生的校园学习生活中有着举足轻重的作用，充分挖掘学校历史和办学传统，建造校史文化馆，发挥校史、校友在文化育人的独特作用，发展独特校园文化，打造德智体美劳五育并举文化特色，并形成主题鲜明、受师生喜爱的品牌活动，提升文化育人品位，引导学生自觉践行社会主义核心价值观，勇担新时代赋予青年学生的历史使命。

（4）积极占领线上宣传主阵地。在文化育人同心圆绘制的过程中，网络队伍建设起到至关重要的作用，为高校育人渠道提供了新方式、新机遇、新挑战，在校园文化构建过程中，需要建立一支政治素质高、业务能力强的网络工作队伍，唱响昂扬向上的正气之歌，为校园文化繁荣稳定发展保驾护航。紧紧围绕立德树人根本任务，主动设计形式多样和深受学生喜爱的活动，举办短视频、网文征集等活动，让学生通过日常创作，展现新时代大学生精神

风貌，根据学生喜爱的文化多样化和信息化的文化活动，建设好本校网络平台，让学生亲自参与亲自设计亲自实践本学校网络服务平台，同时与上级单位、其他高校积极联动，开展市校院三级网络宣传骨干培训，在严格执行"三审三校"审核制度基础上，结合学校特色、学生组织特色、社团特色，发挥新媒体宣传平台优势，构建校园文化宣传矩阵。

（5）探索创新文化传播新模式。文化育人同心圆绘制，还需建立健全相关人才竞争制度和激励机制，为同学们提供广阔平台，让各类人才，都能够在其位、尽其职、显其智，创造良好的内外环境，在人才的培养、激励方面不断创新，自觉用中华优秀传统文化、革命文化、社会主义先进文化培根铸魂、启智润心，让同学们在丰富和繁荣的课外文化生活中，开阔眼界、增长知识、锻炼能力，营造健康向上的校园文化氛围。为校园原创歌曲、原创话剧等提供展示平台，打造校园文化新符号，营造浓厚校园文化氛围，创新传统文化进校园形式，让学生真正了解传统文化，爱上传统文化，主动传播传统文化，实现传统文化与校园文化相融合。

结语

高校要继续将多种文化以新方式融入青年人的学习生活，为实现立德树人目标提供有力文化支撑。继续完善系统设计，构建文化育人格局，弘扬中华优秀传统文化、红色革命文化、社会主义先进文化，繁荣学校特色校园文化，将文化育人融入人才培养全过程，将小我融入大我，健全文化育人体系，利用校庆的契机，继续挖掘高校大师精神，加强校史文化传播，继续打造红色文化育人文化载体。创新育人形式，提高文化育人实效，让师生在调研中感悟文化之美，在实践中增强文化自信，用传统文化滋养青春心灵，用实践创新描绘青春底色，用校园活动绽放青春之花。

参考文献

［1］习近平：《高举中国特色社会主义伟大旗帜 为全面建设社会主义现代化国家而团结奋斗——在中国共产党第二十次全国代表大会上的报告》，载《党建》2022 年第 11 期。

［2］习近平：《习近平谈治国理政》，线装书局 2022 年版。

［3］程刚：《新时代高校文化育人途径探析》，载《思想理论教育导刊》2018 年第 10 期。

［4］张茜、宁克强：《新媒体时代高校文化育人功能的实现路径探析》，载《党史博采》2023 年第 10 期。

［5］徐超、杨翠苹：《〈微时代〉背景下高校文化育人的路径探讨》，载《智库时代》2023 年第 5 期。

以指导教师为主导的 PDCA 循环工作法
在高校新媒体社团中运用实践及思考

——以天津财经大学学工部青年新媒体中心为例

张泽楠　王　晴

天津财经大学

【摘　要】当今时代，"05 后"开始大批量进入高校校园，这意味着高校网络思政教育工作对象和高校新媒体平台运营团队在年龄层次、性格特征、媒体素养等方面都与以往发生了根本性的变化。本文从高校新媒体社团运行现状和面临的困境入手，探讨指导教师主导的 PDCA 循环工作法应用在高校新媒体社团中的可行性和在天津财经大学学工部青年新媒体中心的实践效果。

【关键词】网络育人；学生骨干；新媒体社团；PDCA 循环工作法

习近平总书记在全国高校思想政治工作会议上强调："要用新媒体新技术使工作活起来。"全国各省、各高校已然在若干年的探索实践中将新媒体技术深度应用、融合到了传统的思政工作中。自 2005 年中国大学生在线网站开通、2007 年易班成立、2012 年微信公众平台上线，随之而来的是校园号、微信公众号、"青梨派"账号井喷式发展，如今进入稳定发展、精细化品牌打造的阶段，高校网络思想政治教育的融媒体矩阵打造格局已现。从平台阵地的角度看，微博、微信等依然是当前新媒体传播场域中的重要阵地，而抖音、小红书等图片、视频类平台也成为新的热点传播场域。

2023 年，"05 后"正式大批量踏入高校校园，出生于"博客元年"的学生是在互联网高速发展的时代中成长起来的一代。同时，这一批学生的高中时代与"疫情大考"时段重合，这意味着高校网络思政教育工作对象和高校新媒体平台运营团队的年龄层次、性格特征、媒体素养等方面都与以往发生了根本性的变化。可以说，高校网络育人工作进入了一个全新时代。校级新媒体平台的受众对象和运营团队都将逐渐迭代为"05后"这批新生力量，新媒体社团的工作运行模式也亟待调整。

一、高校新媒体社团运行现状及面临困境

（一）顶层设计更加科学，制度日趋完善

习近平总书记强调，要正确处理安全和发展、开放和自主、管理和服务的关系，不断提高对互联网规律的把握能力、对网络舆论的引导能力、对信息化发展的驾驭能力、对网络安全的保障能力，把网络强国建设不断推向前进。各高校陆续发布《"三审三校"管理办法》《多级审校工作制度》等规章制度，进一步落实网络意识形态工作责任制，强化高校校园媒体信息发布、审核工作的规范化、制度化，确保内容发布准确、及时、安全、有效。辅以文本检测平台，对发布内容进行政治性审查、风险识别和差错校对。完备的高校新媒体运营"防呆机制"，为高校新媒体社团的健康发展划定了"安全区"，为其提供了划定一定范围、遵照一定流程、恪守一定规范的发挥空间。

但与此同时，行政管理属性的附加，较难为学生层面认知所理解；思政内容比重的增加也让常作为受教育者的学生难以顺利转换角色。它似乎与"校园社团"这一概念中所常联想派生出的"兴趣导向""自由度高"等关键词相悖。引导新媒体社团成员认知、理解并落实繁复的制度，甚至掌握主动识别、规避风险的新媒体素养，抑或主动探索有内涵有深度的思政教育内容创作，对学生来说相对困难，工作意识仍须指导教师着力主导养成。

（二）平台涉足更加丰富，形式日渐多样

"多媒体"这一概念在计算机科学学科领域中由来已久，在当代各新媒体平台衍生出若干呈现方式的创新组合的"多媒体"形态，真正称得上百花齐放。从传播阵地上来看，微博、微信仍是"第一梯队"的主流阵地，抖音、视频号、B站、小红书等高校学生群体的"新流向"平台也逐步建立起了校园官号阵地，真正形成了"校园新媒体矩阵"。从内容形式上来看，涵盖文、图、声、像，对运营的学生团队的涉猎技能、制作水平提出了更高的要求。

就常规的发展趋势而言，每当一个新平台走入公众视野，在经历过网友的初代内容创作和市场的检验与转向后，如果广为青年学生所关注，高校便会开始考虑涉足该平台，以更适合该平台网络传播形式的方式，打造"思政

味"和"平台味"并具的官方账号。这对新媒体学生团队坚定思政教育出发点的"本心"和迎合网络热点的"网感"要求都较高，其中的平衡把握需要相当精准的拿捏，才能游刃有余地打造出真正受广大学生喜爱的平台。

（三）内容建设更加丰满，数量日益饱和

当运营主持者和平台受众对媒体作品的要求超出仅纪实、宣发的期待范畴，内容建设的内涵和外延也相应变得更加丰满。同时，各单位组织对宣传这项工作的强烈意识和浓厚氛围都直接促进了内容建设中稿件数量的急剧增加。高校新媒体社团运维的多为校级、院级、部门官方微信平台，新闻稿件和通知公告为主流；除新闻稿件和通知公告外，多数平台会辅以学生社团自筹的自选题来充实平台内容、丰富内容调性、扩大受众范围。不管是传统的新闻稿件和通知公告，还是自筹的自选题，"宣传"工作的最终追求仍是吸引读者的眼球。手绘、动画、互动特效、音频朗读等形式，已经开始配合着传统的文字、图片、视频开始走入大家的视野。

作品的精彩程度理所当然取决于选题本身的立意高深程度、形式的创新程度、制作的精良程度。当前数量多、形式多、要求高的高质量作品打造诉求，终回归于学生团队的工作水平和工作量。日渐繁重的课业压力、考学和就业的难度提升，逐渐让部分学生开始将更多精力放在"务实化"和"即时满足"的个人发展上，社团工作上放置的精力和时间有被压缩的趋势。加之作品质量要求高，有时超出学生已掌握的技能，学生团队易产生畏难、懈怠、退缩的情绪和心理。

二、指导教师主导的 PDCA 循环工作法应用在高校新媒体社团中的可行性探讨

PDCA 循环工作法是全面质量管理的思想基础和方法依据。PDCA 循环是指计划（Plan）、执行（Do）、检查（Check）、处理（Action）循环式的流程，此流程可以有效保证项目质量，被广泛应用于工业制造流程管理中，也是企业管理各项工作的一般规律。其中，计划是指对现状问题进行分析，明确原因和特点，根据问题制定措施和方法；执行是指根据既定计划，设计具体操作方法，随后根据计划进行具体运作；检查是指对计划落实情况进行检查，强化评估效果；处理是指对整个流程进行总结、分析，对于成功案例和经验

进行分析，以此制定标准和规范，对于错误问题进行分析，综合经验，对于潜在性问题进行预测和识别，以便在下一个 PDCA 循环中进行处理。以上实践过程可以在反复进行中不断优化计划、流程，以此形成一种循环往复、不断上升和发展的模式。该工作法应用于高校新媒体社团管理，可大大提升工作规范性和流程性。

指导教师主导则具体体现在 PDCA 循环各环节推进的决策中。为确保高校新媒体社团工作成效，指导教师须全流程参与进 PDCA 循环，成为工作步骤推进的决策者，对社团工作节奏、质量、时效进行实时把关，并即时发现其中存在的问题，在其他并行的循环和下一个循环中予以规避或预处理。

（一）完备的计划（P）为"纲"

要承担起为完备的计划进行把关的角色，指导教师比起学生的优势在于更加明确教育的重要时点、经验丰富，能够提前一阶段就着手安排工作。指导教师的主导功能，体现在设置议题和论证评估这两个环节——议题设置即提前提出下一阶段社团工作围绕的重点；论证评估即设定"规定动作"和"自选动作"的底线和上限，明确工作方向和边界。

（二）闭环的执行（D）为"要"

"落实是一切工作的生命线。"新闻宣传工作的时效性特征要求工作的落实必须迅速且准确。指导教师须在工作落实过程中把握进程，对推进执行的各个分环节进行决策，及时协调资源，确保按节奏正常推进。

（三）分层的检查（C）为"基"

检查与监督不单指对社团运维平台发布内容的"三审三校"，还包括对整个实施效果、工作方法的整体评价。指导教师应成为分层次的监督检查制度的设计者——明确社团内各级学生干部的分工和角色，制定工作汇报——反馈的机制。

（四）有效的处理（A）为"魂"

作为一个 PDCA 循环的最后一步，处理意味着对工作全过程的回顾和总结，同时，处理环节也在很多情况下延伸成为下一个 PDCA 循环的开端。指导教师作为把控一个循环全流程的主导者，进行总结和分析相较于学生具有更加全面的视野和格局。

PDCA 循环工作法在新媒体社团中施行，将能够保障新媒体社团运转的有序、高效，确保新媒体宣传工作做到"快""准""全"。具体有以下两个优势。一是，可以规范工作流程，将任务拆分为若干阶段，在科学的推进方式下进行，尽量减少沟通中的信息衰减及其可能产生的作品成果不达标，以致返工的情况出现；二是，可以提升工作效率，让工作的开展能够时时在老师的监督下进行，方向不会出现偏差，节奏不会拖延或者被打乱。

三、指导教师主导的 PDCA 循环工作法应用实践效果

天津财经大学学工部青年新媒体中心共划分为三个站点，每一站点设置高级编审、中级编审、初级编审、见习编审四个级别。并行的工作推进制度有三个：项目制、轮值制和结对制。

（一）项目制下的 PDCA 循环

项目制，即团队同一站点成员可因某一专项任务而打破原有分组，临时成队，完成任务即解散的工作制度。该制度下，学生组队后可就该特定任务工作目标、成员近期时间安排、个人特长选拔出项目负责人，负责人组织讨论、与指导老师沟通后制定工作计划（P 阶段）；而后分工执行、汇总整合（D 阶段）；负责人、指导教师依次审核成果（C 阶段）；负责人、指导教师共同决议工作成果可以基本定稿进入下一审核轮次或者重新调整计划（A 阶段）进入新一循环。

（二）轮值制下的 PDCA 循环

轮值制，即在既定的平台运营维护目标下，将相对大型、完整的任务按时间分割为若干部分，分配至当日轮值的社团成员或组。该制度的施行，较好地规避了任务分配不均的矛盾。但弊端是，有时工作的完成存在"割裂"情况。社团成员常常仅负担 PDCA 循环当中的某一个环节而不知全貌，造成交接中产生信息衰减。如，某一活动于 a 日进行，学生 1 前去拍照，学生 2 完成撰稿任务；a+1 日轮值学生 3 接到照片和新闻稿后因未去活动现场，仅对拿到的素材进行"消化"后完成排版，容易出现错漏。该制度可通过强化 PDCA 循环工作法，改进为：设定某一稿件内容事发当天轮值的学生及指导老师为统筹 PDCA 循环进行的角色，以保障循环的正常进行。

（三）结对制下的 PDCA 循环

结对制，即天津财经大学学工部青年新媒体中心所实行的站点间以组为单位联盟的制度。站点之间以中级编审为组长的小组需与其他站点的小组结

成对子，发挥各特长，定期共同完成自选题作品。作品作为结对组的共同成果，可于天津财经大学学工部青年新媒体中心所运营的合适的平台上发布，也可以团队名义报名参与相关新媒体类比赛。结对制运行模式下，PDCA 循环起始于结对的两组组长（即二位中级编审）与指导教师，而后同项目制下施行的 PDCA 循环，完成既定目标。

四、进一步思考

（一）培训体系设计的"重"与"轻"

对于新媒体学生社团来说，数字媒体技能的高门槛要求学生花费不小的精力投入在学习技术上。同时，对于新媒体账号内容运营的工作任务来说，新媒体学生社团具备宣传工作素养和意识同样重要。有限的培训时间和课程中，意识培养与技能教授的比重设置一直以来是个难题。这一问题其实映照的是对新媒体社团中学生骨干的"技法"与"意识"的轻重关系。技法有余，意识不足，学生团队的作品便常常流于形式、浮于表面，难以准确切入、深入思政教育范畴；意识有余，技法不足，学生便会在策划构想后又苦于不掌握相应技能而无法落地执行。培养体系设计上，如何提升效率、根据作品产出的需求精准供给培训内容，是在新媒体社团学生骨干队伍培养工作中，需要在实践中继续摸索的。

（二）教师浸入程度的"深"与"浅"

教师到底应主导到如何程度？日常行政工作与社团建设工作精力应如何分配？内容创作中是否应由指导教师"事无巨细"地把关审核、纠偏指向？这一问题究其根本也许是社团定位问题。更偏向兴趣类社团的新媒体团队，成员常常出于个人或组织意愿主动、自发地寻找"工作契机"；更偏向学校官方职能取向的社团，工作开展中常以指导教师的工作意志为转移。前者学生积极性高，但边界难以把握；后者往往依赖于指导教师的较高人格魅力和教育引导能力，社团学生才能够紧紧围绕在主流工作核心周围。所以教师浸入程度的深浅之间，应把握好维护学生积极性与保障工作按部就班开展的度。

（三）制度施行中的"收"与"放"

工作循环过程实施中可能出现很多突发状况——新闻热点过时或发生反转；执行过程中突然收到新的要求；多个 PDCA 循环工作同时进行中学生难

以兼顾。PDCA 循环中的任意一环都有可能在任意时间被客观情况打断并需要重新开启一个新循环。这对指导教师和新媒体社团随机应变的能力要求较高，循环的操作流程上也需要简化和优化——如扁平化的汇报机制、灵活变更循环步骤的机制等。如此方能应对新媒体工作的不确定性和多变性。

参考文献

［1］李铁军：《新时代高校新媒体运营现状、困境与策略研究》，载《传媒》2022 年第 17 期。

［2］王刻铭：《PDCA 循环模型在高校实验室安全文化建设中的应用与探索》，载《化工时刊》2023 年第 4 期。

新时代高校学生党支部建设质量提升策略与实践研究

——以党支部"外创内建"创新路径的探索为例

王　晴　张泽楠

天津财经大学

【摘　要】学生党支部是党在高校学生中的战斗堡垒，是开展思想政治教育工作的重要阵地。高校在推进立德树人根本任务开展的过程中，需注重高校学生党支部建设质量，探索提升支部建设质量的有效途径。本文在阐述新时代高校学生党支部建设质量提升意义的基础上，以"外创内建"路径为例，提出提升高校学生党支部建设质量的策略。

【关键词】高校；学生党支部；外创内建

党的二十大对全面从严治党作出重要部署，对标彻底自我革命精神的要求，高校要以刀刃向内的勇气加强基层党组织现代化治理。学生党支部作为高校的基层党组织，也作为开展思想政治教育的重要阵地，在激发学生创造力、凝聚力、战斗力等方面发挥着重要作用，因此，加强学生党支部建设对于高校落实立德树人根本任务有着重大意义。在新时代背景下，高校应从实际出发，加强学生党支部建设质量，致力于打造学生党员知行合一、学做合一新格局，筑牢理想信念根基，坚定不移跟党走。

一、新时代提升高校学生党支部建设质量的意义

（一）落实全面从严治党要求

高校学生党支部在建设过程中要坚持党的全面领导，结合实际开展工作，

将工作落实、落细，发挥出学生党支部的战斗堡垒作用。在实际工作中，结合学生的特点，将党建工作与思政工作进一步结合，提升学生党员的关注度和参与度，激发学生创造力，发挥党员的先锋模范作用，进一步推动高校落实立德树人根本任务。

（二）促进学生党员全面发展

高校学生党员是优秀学生群体的代表，是学生学习的榜样，学生党员的全面发展关系着全体学生发展的方向。提升学生党支部的建设质量，对学生党员严格要求，有利于将学生党员培养成有理想、敢担当、能吃苦、肯奋斗的新时代好青年，从而进一步发挥党员的辐射作用，促进全体学生的成长成才。

（三）提升党支部凝聚力和战斗力

通过提升高校学生党支部的建设质量，带动党员提升自身素质，坚定政治方向，树立正确的世界观、人生观、价值观，抵御错误思想，坚定不移地听党话、跟党走。增强党员的党性修养，将党员培养成平常时候看得出来、关键时刻站得出来、危急关头豁得出来的优秀青年党员。

二、高校学生党支部"外创内建"创新路径探索

"外创内建"路径严格按照新时代高校党建示范创建和质量创优工作建设标准的总体要求，立足于动员、引领、服务学生等功能，以内外结合共建的模式助力支部综合发展。"外创"即对外以联群众、联企业、联社区为依托，以创建教育品牌、就业品牌、服务品牌为目标，采取"三联三创"的整体举措加强同支部外部的共建；"内建"即对内以搭建综合展示平台、学习提升平台、党员管理平台、宣传服务平台为主线，采取"搭建党建四平台"的整体举措加强支部内部建设。

（一）外创——"三联三创"

1. 联群众，创教育品牌

高校学生党支部需秉承"思想与实践并进"的发展理念，巩固学生"为人民服务"的意识和责任。

校内，为学生党员设立"模范岗"，将其分为"学习模范""志愿模范""科研模范"等，鼓励党员充分发挥自身优势特长与校内学生建立并深入开展联系。支部与学生群众的联系基于"团支部—宿舍—学生"三个层面：党支

部密切联系团支部，党支部委员会密切联系团支部委员会，帮助其做好新入党积极分子推优工作、老入党积极分子管理工作、团员思想工作；支部老师走访宿舍，深入关心学生的学习生活状况与思想动态；学生党员实施"党员责任区+网格化管理"制度，将团支部学生分为若干小组，为每一名党员分配责任区。支部党员不断发挥党员模范作用，带动身边同学共同进步。

校外，与社区建立共建协议，鼓励学生党员走进社区开展深入交流，有针对性地为独居老人开展志愿服务，例如入户陪伴独居老人、帮助老人使用电子设备等，也可与老党员交流党史心得，从老一辈同志处寻找新角度、新内容，传承红色基因，赓续红色血脉。

2. 联企业，创就业品牌

支部搭建校企集合服务平台，将就业创业融入支部建设中，在开展党建工作时，将就业指导、职业发展教育等内容纳入对党员的培养教育之中。

线上，积极推进云课堂、云招聘、云签约、云指导，邀请已就业原支部党员、优秀校友以及就业指导老师、企业 HR 开展"云上就业指导"系列活动，充分利用企业微信、钉钉、微信公众号等平台，打造线上系列就业指导与服务举措，切实提高毕业生就业能力，引领高年级就业方向，导航低年级职业规划，精细化做好就业服务，形成企业、毕业生、校友一体的云上就业指导服务体系，做到"云上"对接有实效、"线上"服务更细致。

线下，充分利用学校、企业资源，以"党建+就业"为思路指引联系优质企业，组织学生建成就业意向团，深入企业了解企业文化和事迹招聘需求；联系企业 HR 开展模拟面试，模拟无领导小组讨论，增强同学们的求职优势；从校友、学校、企业推荐等各渠道联系企业提供实习岗位，为同学们就业保驾护航。

3. 联社区，创服务品牌

将"党建"落实到"实践"之中，在"强化志愿服务意识""创新志愿服务体系""增强志愿服务效果"三个方面发力。

树立志愿服务模范，强化志愿服务意识。与社区内支部共建，开展资源互享模式下的志愿服务优势相互融合、资源相互整合、人员相互配合，实现支部之间"1+1>2"的效果。例如，支部党员可深入社区投身志愿服务，进行"倡导生态文明，共迎绿色社区"志愿服务活动，进一步贯彻落实"绿水青山就是金山银山"的发展理念；在党日活动中，定期表彰长期投身志愿服务的党员同志，号召更多学生向投身志愿服务的党员看齐，进一步强化支部党员服务意识，调动党员服务积极性与主动性。

创新志愿服务模式，健全志愿服务体系。为促进"党建+志愿服务活动"紧密融合，推进"党建+志愿服务活动"常态化运行，支部需在加强志愿活动常态化运行的基础上提升志愿服务活动品质，扩大志愿服务受众范围，拓展更多能常态化、需求高的新志愿服务项目，使青年学生踏踏实实开展志愿服务活动，开开心心接受社会实践教育，锻炼吃苦耐劳的品质，强化学生党员的责任、使命和担当，提升青年学生主人翁意识，从而开启服务、传播文明、增长见识、汇聚力量，实现党建活动和志愿服务项目相互融会贯通和协同发展。

弘扬志愿服务精神，增强志愿服务效果。支部将"服务种类多、服务次数多、服务程度深"作为服务标语，弘扬奉献、友爱、互助、进步的志愿精神，引导鼓励支部党员全方位、立体化投身志愿服务之中。

积极搭建志愿服务平台，与各级各类科技馆、博物馆、企事业单位、乡村街道签订共建协议，定期为共建单位进行志愿宣讲。组建青年宣讲团，为宣讲团成员进行前期培训与指导，充分发挥学生宣讲团成员自身特长，让带着对马克思主义的信仰、对中国特色社会主义的信念、对中华民族伟大复兴中国梦的信心，以学生喜闻乐见的话语体系在共建单位进行党史宣讲，将党史知识故事化、生动化、形象化地传递出去。

（二）内建——搭建党建四平台

1. 搭建综合展示平台，严抓学生党员发展

在发展党员工作中，需坚持做好制度的设计和强化，按照合格党员的要求确定入党积极分子、重点发展对象的选拔标准，除了考虑到学生学习成绩和社会实践表现外，还重点关注入党积极分子在思想认识上的情况，确保思想成熟后再发展，做到入党积极分子、重点发展对象和学生党员都能够"党性强、成绩好、作风正"，起到模范带头作用。每一个环节严格把关遵守"三严"制度：严格把控时间节点，严格依照"推优—发展—转正"工作流程，严格要求发展对象思想的纯洁性，高质量、高标准、高要求完成党员的发展工作。

通过建立入党积极分子考核评价管理机、群众调查、动态管理等机制督促和激励学生不断进步、保证考核结果的客观公正、根据实际表现调整培养

考察计划。

每学年至少筹备开展一次"以问题为导向的辩论式支部学习会"，通过微信公众平台、调查问卷等线上线下结合的方式搜集入党积极分子、发展对象、支部党员在政治理论学习、理想信念确立、模范作用发挥、时事热点研判等方面遇到的各种问题，支部书记在学习会上针对热点问题进行回答辩论，有针对性地解决学生在党课学习和支部学习过程中存在的问题及心中疑惑。

2. 搭建学习提升平台，助推党员提升素质

支部在已有的学习基础上，以"领学—互学—共学—自学"作为学习基点，从"实践基础上的理论创新—理论基础上的实践创新"两大角度出发，并重理论与实践学习，在学习的"前—中—后"三个阶段设立完善的学习机制与多样的学习方法。

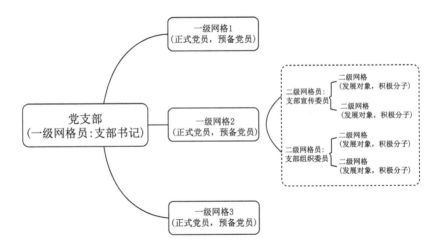

首先，将管理网格分为两个等级，一级网格由多个二级网格组成，由党支部书记担任一级网格员，各支部党员为一级网格成员，由支部委员担任二级网格员，管理发展对象以及入党积极分子为二级网格成员，网格员负责学生"网格化"管理的协调处理工作，并配合党支部组织党建宣传、培养考察等工作。

其次，在工作过程中，网格员从成员学习、思想、服务等多方面对学生党员、预备党员、发展对象、积极分子进行分类，为后续党建工作的开展奠

定基础；通过群众收集学生的学习、生活等信息，并以此为据考查学生的入党积极性，通过二级网格考察入党积极分子的工作能力和思想觉悟，并加强入党积极分子与培养联系人之间的联系，做到全方位了解入党积极分子的真实想法和思想觉悟，进而提高学生党员的培养效果；通过开展宣传校园精神、党员精神等活动，充分发挥网格的作用，扩大党支部组织的号召力和影响力。

3. 搭建作用发挥平台，引领党员争做模范

党支部为学生党员搭建"争优"平台，定期评选优秀学生党员、十佳党员、党员示范寝室等，树立学生身边的榜样，促进学生党员相互学习、自我督促、向先进看齐，有效改善少部分党员入党前后两个样、先锋模范意识不足等问题。另外，支部致力于根据党员反馈的各项情况，做好学生的思想引领与舆论引导工作，维护校园稳定；同时，支部党员定期收集同学的诉求并及时向老师与学院反映，切实维护学生的正当权益。通过这一系列措施，为支部党员提供更多锤炼自己的机会与平台，充分发挥先锋模范作用。

4. 搭建宣传服务平台，促进党建转化成果

为了适应网络时代的要求，党支部应建立线上线下、联手共建、资源共享、多渠道、多途径的网络宣传机制。创新主题党日活动资源整合形式，建立先进典型、优秀事迹、新型主题党日案例数据库，并通过微信群、微信公众平台及其他校园网宣平台进行宣传，让党员群众可以突破时间和空间的限制，尤其是外出实习的党员及海外党员可以随时随地参与到党支部的学习当中来，这也有助于加强党支部党员管理，从而提升支部的党建工作效率；持续优化微信公众平台等新媒体平台，紧扣时代脉搏，创新宣传手段，创新以H5、视频、手绘图等新颖宣传形式，以更有趣、更丰富为目标，充分发挥网宣平台引导更多同学积极了解党，深入学习党，做到心向党、追随党。

"外创内建"创新路径一方面加强与支部外部的联系，联群众、联企业、联社区，加强与社会各界的联系，拓宽全方位育人渠道，另一方面加强支部内部的规范化建设，搭建党建四平台，持续发力，不断提升支部活力和战斗力，助力高校学生党支部综合发展。

参考文献

［1］李洪涛：《高校学生党支部建设质量提升的现实路径探索》，载《秦智》2023 年第 8 期。

［2］王维、杨晓琴：《以"三联三创"为路径，探索全国样板支部培育创建工作——以云南城市建设职业学院为例》，载《领导科学论坛》2020 年第 17 期。

［3］李杨阳：《高校基层党组织党建品牌建设实践研究》，载《秦智》2023 年第 9 期。

［4］陈华、何林智：《新媒体时代高校学生党支部作用发挥长效机制构建研究》，载《湖北开放职业学院学报》2023 年第 9 期。

风险与重塑:"人工智能+"与高校意识形态安全研究

安　琪

天津财经大学

【摘　要】党的二十大报告强调,要"牢牢掌握党对意识形态工作领导权⋯⋯巩固壮大奋进新时代的主流思想舆论"。意识形态直接关系"举什么旗""走什么路"的根本问题,具有极端重要的思想引领作用和力量凝聚作用。因此,积极探究"人工智能+"大环境下出现的意识形态风险及其原理,寻求防范策略,正确处理立德树人与技术更新、育人感性与工具理性、自主学习与算法推荐之间的关系,才能有效寻求"人工智能+"背景下高校意识形态安全工作的优化路径。

【关键词】人工智能;意识形态安全;思想政治教育

一、意识形态研究综述与"人工智能+"的多重释义

1. 意识形态研究综述

"意识形态"一词最早由法国哲学家特拉西提出,他试图将这种"观念科学"建立成为一门新兴学科但并未成功。之后,马克思将"意识形态"一词定义为:在一定历史时期内,个人或群体对世界及社会所持有的各种见解及观点的总和。经济基础决定上层建筑,他和恩格斯强调意识形态的上层建筑属性。因此,在现代观念上,意识形态被特指为"一组相对稳定的价值观念"。

意识形态作为马克思主义研究的重点课题之一,也是我党长期以来放在重要位置的工作之一。其本质上是统治阶级的思想,直接关系"举什么旗"

"走什么路"的根本问题，具有极端重要的思想引领和力量凝聚作用。党的十八大以来，以习近平同志为核心的党中央提出要大力加强意识形态建设，习近平总书记指出："能否做好意识形态工作，事关党的前途命运。"直到党的二十大报告再次提出，要"建设具有强大凝聚力和引领力的社会意识形态"。因此，必须做好意识形态建设工作，把握意识形态斗争的话语权、主动权。

2. "人工智能+"的多重释义

人工智能（AI）概念由约翰·麦卡锡于1956年首次提出，并将其定义为"制造智能机器的科学与工程"。自诞生之日起它经历了起步、应用、深度发展等数个进化阶段，被定义为一种基于认知科学发展起来的、人机环境系统交互关联的知识集成。作为一门技术科学，它的核心技术主要包括深度学习、语言自动处理、强算力及数据挖掘等，应用领域也随时间推移愈发广泛。

2024年《政府工作报告》中首次提到开展"人工智能+"行动，深入推进人工智能等研发应用。同年，全国两会的许多代表委员也纷纷高度关注人工智能的发展问题。可见，人工智能在飞速发展的同时也给国家安全带来新的挑战与风险，引发新的思考。因此，关于人工智能及核心技术在意识形态领域的审视包含了多重释义。除了定义什么是人工智能、为什么要关注人工智能外，其作用机理在意识形态领域的研究也变得极为重要。一方面，从整体出发，人工智能的信息搜集、用户画像标签化、精准信息推送冲击着意识形态的形成与发展，不断提升着意识形态传播的力度、精度和效度；另一方面，从局部出发，其算法的高效匹配及推荐引发了多重风险，可见"人工智能+"发展利弊参半。

从发展前景来看，由于人工智能的发展方向归根结底还是以人的意志为转移，在人与人工智能二者和谐共生的同时，我国高校必须坚持以马克思主义为指导的社会主义意识形态。当前，人工智能在大思政环境下的参与度持续走高，其大数据、深度学习和强算力等典型特征为高校意识形态安全工作的开展带来新的契机。但随着人工智能生成技术的使用门槛不断降低，也带来了包括主体性落寞、核心价值消解、去中心化等在内的意识形态安全威胁及挑战。由此可见，借助人工智能精准把握主流意识形态的话语权及发展趋势是落实总体国家安全观的必然要求。

二、"人工智能+"在高校意识形态工作中的应用研究

一种意识形态是否能成为主流意识形态，其关键在于是否能被具备意识形态领导权的社会主流群体所认可。我们的高校是党领导下的高校，是中国特色社会主义高校，其发展的内驱力来自不断创新发展的马克思主义理论与中国特色社会主义实践，外驱力则来自技术、工具的不断革新等辅助手段。因此，我们必须让影响意识形态传播的人工智能技术为我们所用。而人工智能可以为思政课教学、思政状况调研、思潮舆情及舆论发声提供精准、个性、高效的技术支持。

首先，"人工智能+"背景下，时间空间壁垒被打破，不断增强着高校发挥思想政治教育及意识形态引导的时效性及体验感。通过不断探索新的教育教学规律和学生成长成才规律，运用大数据及其强算力打造的网络课程进驻多个线上平台，真正实现了高校传播意识形态工作的因时而进，因事而化，因势而新。其次，人工智能的强算力通过对用户画像的精准分析与研判，全方位、多维度关注着学生群体的思想政治动态，为高校意识形态安全工作的开展尽早谋划，做到关口前移，未雨绸缪。最后，人工智能加速了数字化、扁平化、社交化的网络媒体平台，其影响力也在不断增加，更好的聚焦社会思潮及舆论舆情的实时监测，监测力度不断提升，价值引领发声的及时性和传播引导力也随着精准施策在不断跟进。因此，伴随人工智能技术的不断完善，高校主流媒体平台形成了个性化的精准供给、资讯推送、信息发布及政策解读，面向高校的意识形态安全监测力度及引导力度正在不断增强。

三、"人工智能+"底层逻辑的不断重塑给高校意识形态安全带来的风险挑战

随着"人工智能+"的不断发展与底层逻辑的不断重塑，"强人工智能"时代势不可挡，高校主流意识形态安全不断重塑并迎来冲击，其风险点主要出在以下三方面：

1. 人工智能技术异化，导致人的主体性落寞

当前，人工智能迅猛发展下的科技手段在一定程度上弥补了由于人类劳动力缺陷及生理局限带来的不足。随之而来的是技术异化导致的风险与挑战，

科学技术被异化，错误定位为"无所不能"的存在，越来越多人对工具理性极端推崇，人脑逐渐沦为了次级工具，这与社会主义制度下思想政治教育工作中重视人、培养人和实现人的全面发展的观点是相悖的，更是与不断发挥主观能动性背道而驰。

首先，对人工智能的过度依赖将减少当代大学生对目标的渴望与实现之间的张力；其次，大学生将被大量碎片化或娱乐化的高流量信息所填充，信息的完整性和逻辑性不复存在，深层思考能力逐渐被消解；最后，过度依赖人工智能获取看似迅速且清晰的思考结果，就好比"精神鸦片"腐蚀我国大学生的主体信息处理能力，长远来看掣肘我国掌握人工智能进一步发展与使用的主动权。

2. 人工智能算法霸权与单向传播，编制受众信息茧房

在人工智能运行模式下，其意识形态性主要表现为算法操纵，即运用算法在人们无意识的情况下对其思维、言论等进行控制，通过获取、筛选、处理用户数据信息生成新的用户偏好，以此来预测并控制用户的选择与行为。这意味着人工智能可以投用户所好，通过用户画像，提供与其兴趣相关的针对性信息。这将会导致除主体独立思考能力不断弱化外，主体思维认知范畴也将被迫固化。即"信息茧房"效应、"过滤气泡"效应及"回音室"效应，这将导致当代大学生沉溺于自我信息选择之中，加剧圈层分化，导致极端、偏执观点的出现并深陷其中，持续下去将影响主流意识形态的凝聚力、团结力、向心力和引导力，威胁主流意识形态传播。一旦需要发声时可能出现集体"失声"的现象，长此以往将削弱主流意识形态安全，甚至出现观点极化的可能。

3. 人工智能输出失真消解核心价值，"去中心化"挤压主流意识形态

当前，国内国际形势风云巨变，西方敌对势力的无孔不入和运用多种新型技术手段的意识形态渗透，不断考验着高校意识形态安全的防范与治理。

首先，人工智能输出主要依靠大数据，但大数据本身的真实性与客观性无法保证，信息被深度伪造后将会造成虚假信息的传播。同时，科学技术较发达国家相比落后国家利用人工智能获取信息的能力更强，时效性也更高。《美国的霸权霸道霸凌及其危害》白皮书指出：美国凭借其人工智能技术方面优势，维护自身霸权地位。可见人工智能在意识形态领域输出信息的真实性及可靠性值得商榷。其次，西方敌对势力不断鼓吹"西方先进模式"及子虚

乌有的"西方民主"，以维护其自身利益为目的黑化我国社会主义制度优势，编排渲染"中国威胁论"，并将此类错误的意识形态向信息鉴别能力欠缺的高校师生不断渗透，以挑唆高校内部不同主体矛盾，甚至企图用金钱或名誉去动摇高校师生理想信念及打消其政治认同。最后，由于人工智能的输出失真，传播主体与传播受体之间的平衡被打破，多重声音出现，立场观点复杂多变，多元思想及矛盾愈发凸显，交流理性基础逐渐丧失。除了主流媒体对于主流意识形态的引导外，"去中心化"催生出的多重话语权，对于中国特色社会主义国家政治治理的话语民主性、主流价值观的凝聚力、意识形态共识的合理引导都产生了风险与挑战。

四、人工智能+视阈下维护高校意识形态安全的应对机制

"人工智能+"背景下人工智能技术作为一把双刃剑，为我国高校思想政治教育带来了机会也面临着实时更新的风险挑战。因此，如何正确处理立德树人与技术更新之间的关系、正确处理育人感性与工具理性之间的关系、正确处理自主学习与算法推荐之间的关系，是最终实现抢占人工智能领域制高点，更好地巩固意识形态阵地与维护意识形态安全是当前工作的重中之重。

1. 正确处理立德树人与技术更新之间的关系

"人工智能+"开启时代新征程，作为社会主义高校，要深入贯彻落实党的二十大精神及其教育方针，落实立德树人的根本任务。人工智能技术也应成为推进社会主义制度下思想政治教育不断发展的有力手段，以实现维护高校意识形态安全和人工智能技术协同运作。因此，要明确技术支持的更新及其发展方向。意识形态的教化与濡化是思想政治教育的根本，而实现人的发展和社会进步则是思想政治教育的重要过程之一。人工智能时代维护意识形态安全不是将二者融合成为一项新的活动，更不是将意识形态安全生成吸收合并到"人工智能+"中去最终导致其丧失应有的立场与独立性，而是要育人为本，落实立德树人的根本任务，充分利用不断优化的人工智能技术优势，发挥其快速感知及获取需求的能力，营造合适的氛围及支持环境，创设意识形态安全形成必需的服务和供给，最终实现高校思想政治教育的价值追求。在意识形态安全的发展历程中，所有手段都应为其所用，人工智能不断突破的技术优势更是维护意识形态安全不可或缺的因素之一。可以预料到在"人工智能+"不断发展的大背景下，伴随智能程度的不断提升突破，技术上赋能

意识形态安全的程度也将达到现阶段不可企及的高度，但无论其如何发展，都要处理好二者之间的相关性，不能"本""用"倒置。

2. 正确处理育人感性与工具理性之间的关系

马克思主义理论中提到要高度关注"现实的人"，意识形态虽然独立存在于每个个体之中，但从"人工智能+"的角度来看，意识形态也能通过算法技术使其有迹可循，从一定程度上来说，数据的强算法甚至比人自身更了解自己，更能挖掘其自身不被发现的潜能，完成人类想完成但还未实现的事情。在"人工智能+"大背景下的工具理性化可以感知到：一是客观存在；二是我们对这些客观存在的理解和归纳。但我们通过感知所获得的经验和思考是我们作为人的"感受力"，这是人工智能的"理性化"无法取代的。所以生而为人，利用洞察力，发挥想象力，强化感受力才是我们相比人工智能技术的优势所在。比如在思政课教学中以情感人、以理服人，在社会实践中言传身教、情境体验，在困难生工作中精准帮扶、授之以渔，在党团活动中行为践履，人文关怀，在意识形态安全积极利用人工智能的过程中，在大思政环境下，倾注和投入更多的情感关怀，才能引导高校学生树立正确价值观维护当下的意识形态安全。

3. 正确处理自主学习与算法推荐之间的关系

"人工智能+"时代下，主动提出一个好问题比解决一个新问题更重要，同理，信息带给我们的启发和思考，比信息本身更为重要。人工智能使信息的精准获取变得更为便利，但算法推荐的信息固守、传播偏好和价值失衡等弊端容易打击大学生自主学习的积极性，进而使其应对西方意识形态渗透及消解意识形态权威性的独立思考的能力丧失。当越来越多学生在接触新鲜知识时首先想到的不是思考而是习惯性被动等待算法推荐后的信息灌输，算法推荐伴随思考变浅，个体过度依赖答案，让渡思考的过程及权利，主体性慢慢消失，这些本就是西方不良思潮对我国核心意识形态形成打压的后果。更多时候除了算法能给予的答案外，得到答案的过程更为重要，信息与人脑之间碰撞出的思维火花更是难能可贵。因此，人工智能作为帮助我们提升工作与效率的产物，是辅助但非主导、是拓展但非替代、是彼此成就但非放弃思考。因此，只有加强个体自主学习的能力，增强引导个体自我效能感、自主方略调节及信息辨识的能力，才能有意识地避免由算法用户偏好导致的过度推荐和智能遮蔽，才能时刻提醒高校师生坚守舆论阵地，掌握舆论场中的主动权和主导权，切实维护好我国高校的意识形态安全。

参考文献

［1］王媚、刘永志：《互联网人工智能技术应用的意识形态安全风险分析》，载《燕山大学学报（哲学社会科学版）》2022 年第 2 期。

［2］曹洪军、孔晶晶：《人工智能赋能网络意识形态安全的逻辑探赜》，载《理论周刊》2023 年第 9 期。

［3］黄日涵、姚浩龙：《"再塑造"与"高风险"：生成式人工智能对舆论安全的影响》，载《情报杂志》2024 年第 1 期。

［4］何晓颖：《论 ChatGPT 的意识形态属性》，载《山西高等学校社会科学学报》2023 年第 12 期。

［5］李博瑞、蒋晓俊：《新时代高校网络意识形态安全治理的现实困囿与优化路径》，载《山西高等学校社会科学学报》2024 年第 3 期。

［6］谢波、曹亚男：《生成式人工智能意识形态安全风险探析》，载《国家安全研究》2024 年第 1 期。

［7］邢鹏飞、李生：《生成式人工智能引发意识形态的逻辑原理、内涵表征及防控策略》，载《中共云南省委党校学报》2024 年第 1 期。

［8］解苗：《国内"人工智能与意识形态"研究综述》，载《实事求是》2022 年第 3 期。

［9］杨仁财：《人工智能赋能高校思想政治教育的挑战与应对》，载《国家教育行政学院学报》2020 年第 5 期。

［10］梁晓波：《认知安全：国家安全的新域基石》，载《国防科技》2024 年第 2 期。

［11］李建彬等：《人工智能安全综述》，载《中国信息安全》2023 年第 5 期。

习近平新时代中国特色
社会主义思想"青年化"阐释研究

刘汉川

天津财经大学

【摘　要】青年工作是事关中华民族伟大复兴和党的事业薪火相传的战略性工作。围绕习近平新时达中国特色社会主义思想"青年化"阐释的"三重"逻辑,即生成逻辑—进阶逻辑—实践逻辑,加强阐释的主体、客体、内容、场域、制度五个方面建设,回答好"谁来阐释""向谁阐释""阐释什么""如何阐释""阐释如何"这一难题,确保理论阐释的每一环节青年均"在场—入场—立场—主场",达到"认知—认同—信仰—实践"的目的,最终武装广大青年、赢得广大青年,为中华民族伟大复兴事业培养源源不断的青年力量。

【关键字】新思想;青年化;高等院校

党的二十大报告指出:"全党要把青年工作作为战略性工作来抓,用党的科学理论武装青年,用党的初心使感召青年,做青年朋友的知心人、青年工作的热心人、青年群体的引路人。"习近平新时代中国特色社会主义思想的"青年化"阐释是用党的科学理论武装青年的有效路径,关乎党武装青年、凝聚青年、赢得青年的实践问题,关涉马克思主义中国化、时代化、大众化的理论问题,关系中华民族伟大复兴、中国特色社会主义事业后继有人的现实问题。

一、习近平新时代中国特色社会主义思想的"青年化"阐释的重要意义

新思想的"青年化"阐释是确保中国特色社会主义事业后继有人的客观

需要。青年是国家和民族的希望，关乎中国特色社会主义事业是否能薪火相传。也是促进马克思主义大众化的时代需要，如何有效链接科学理论与青年需求的双向互动、落地生根、开花结果，培育高度认同并忠实实践该理论的历史主体，是需要回答的理论问题。当前，意识形态领域的斗争复杂激烈。青年正处于价值观塑形的关键时期，迫切需要用党的创新理论武装青年头脑，挤压资本主义意识形态的生存空间，维护国家政治安全和社会安全。同时，党的理论教育本质是一个"以理服人""以理化人"的过程，用习近平新时代中国特色社会主义思想武装青年符合思想政治教育的本质要求，将理论阐释的重点与青年的所思所忧所盼结合起来，与青年工作的热点难点堵点结合起来，助力青年在与时代同行、与国家同频中成长成才，促进高校思想政治教育的高质量发展。

二、习近平新时代中国特色社会主义思想的"青年化"阐释的生成逻辑

"习近平新时代中国特色社会主义思想的'青年化'阐释"作为一个合成概念，由"习近平新时代中国特色社会主义思想""青年化""阐释"三部分构成。

"习近平新时代中国特色社会主义思想"是当代中国马克思主义、二十一世纪马克思主义，是中华文化和中国精神的时代精华。新时代党和国家事业之所以取得历史性成就、发生历史性变革，最根本的原因在于有习近平新时代中国特色社会主义思想科学指引，是实现中华民族伟大复兴的行动指南。

"青年化"具有二阶性，包括"化"青年与青年"化"两个过程，青年"化"是指青年群体将他们的思维活力、创新精神和不断进步的态度融入党的创新理论，确保党的创新理论能够葆有时代性和活力。"化"青年是指通过采用与青年群体特征相符合、易于青年接受的方法，引导和培养青年的价值观念和世界观，推动青年发展与国家发展的同向同行。这是党的科学理论与青年群体互构逻辑的核心议题，青年化是前置环节和前提基础，化青年是进阶举措和必然归宿，二者是辩证统一的关系。

"阐释"作为传播学与教育学领域的重要概念，包含思想传播与教化的过程环节。"党的理论创新每前进一步，理论武装就必须要跟进一步。"阐释作为理论武装的重要内容，能够增强理论传达的准确性和可理解性，提升思想传播的作用与效果，这是一个完整党的理论传播与实践的过程。

三、习近平新时代中国特色社会主义思想的"青年化"阐释的进阶逻辑

运用习近平新时代中国特色社会主义思想对青年进行武装、教育和引领，要在理论认同的基础上，深刻理解把握其本质要义，进行实现情感和行为的认同，因此，为进一步了解青年对习近平新时代中国特色社会主义思想"青年化"阐释的认知情况，作者前期已在天津市多所高校和社区开展问卷调查、深度访谈、实践考察、走访交流，对"青年化"阐释情况展开一线调研，掌握一手资料。通过对调研数据的实证分析和定性分析，在青年学生群体中存在"了解但不能深入理解""重视但不能主动学习""理论的抽象与现实的形象存在差距"等现实困境，具体可分为以下五类问题：阐释主体专业性不强、阐释受众覆盖面不广、阐释内容精准化不够、阐释话语接地气不足、阐释效果常态化不实。

习近平新时代中国特色社会主义思想的青年化阐释必须把握分层递进、螺旋上升的内在机理，明晰青年化阐释的目标层级。基于此，其进阶逻辑应围绕以下主线展开：立足"大思政"的学科范畴，按照"知—情—意—行"的认知顺序，加强新思想"入耳—入脑—入心—入行"的依次推进，确保理论阐释每一环节青年均"在场—入场—立场—主场"，达到"认知—认同—信仰—实践"的最终目的。

四、习近平新时代中国特色社会主义思想的"青年化"阐释的实践逻辑

习近平新时代中国特色社会主义思想的"青年化"阐释作为持续发展中的复合性前沿理论课题和与时俱进的重大实践议题，应确保习近平新时代中国特色社会主义思想这一党的创新理论与青年工作经由"青年化"的阐释媒介达到理念契合、实践同向的理想效果。通过明确习近平新时代中国特色社会主义思想"青年化"阐释研究的方向与论域，深化其基础问题研究、拓展其数字化实践研究、聚焦青年群体阐释的角色研究，以更加精准深刻的思想认识做好新时代青年的价值引领工作，提供更具前瞻性和可行性的理论助力和实践指导，是新时代高校思想政治工作者的重要责任与使命。

围绕阐释过程的五个维度"谁来阐释""向谁阐释""阐释什么""如何阐释""阐释如何"，通过五位一体的实践逻辑主线与现实实践的五个困境一

一对应，拟从阐释主体、客体、内容、场域、制度等五个方面明确实践的具体思路和方向：主体向度针对"阐释主体专业性不强"，注重多元主体，实现多方协同；客体向度针对"阐释受众覆盖面不广"，精准分层分类，实现群体聚焦；内容向度针对"阐释内容精准化不够"，强化话语转化，实现要素赋能；场域向度针对"阐释话语接地气不足"，突出育人质效，实现渠道创新；制度向度针对"阐释效果常态化不实"，注重顶层设计，实现常态长效。

（一）主体向度兼容"青年讲"，激发青年化阐释的多元活力

（1）拓展阐释主体"广度"。新思想的内涵极为丰富和深刻，受众群体存在广泛性、多样性和差异性特点，在具体施行过程中必然需要多元主体参与，整合社会各领域资源，协调校际校内育人力量，构建复合式理论武装主体。一是发挥思政课教师课堂教学的主渠道作用，在形式上摆脱抽象理论概念化、程式化的约束，改变传统式的说教或居高临下的思想工作方式，结合中国化风格和时代化特征，注重图文并茂、互动体验、深入浅出、娓娓道来。二是邀请党政领导、学术大家、"五老"人员站上讲台，发挥理论育人第二课堂主阵地作用，结合专业背景、工作领域和成长经历，从理论、体会、成就、成长、作为等不同方面，按照青年喜欢的、青年听得懂的、青年听得进去的话语和方式对青年进行阐释，引起受众深层次的理论思考。三是发挥青年学生的生力军作用，通过朋辈群体间同质性特点带来的极强相互影响效应，做到青年人讲给青年人听，在观念自我重塑中形成更为牢固的思想共识，推动党的创新理论生根发芽。

（2）提升阐释主体的"厚度"。要注重提升青年化阐释队伍的本领和素养，特别是其专业能力和理想信念进行强化提升，强化其专业化的理论素养、阐释本领和宣介技巧，让有信仰的人讲信仰，让有信仰的人阐释信仰。以天津财经大学大学生习近平新时代中国特色社会主义思想研究会为例，社团坚持"每天一次理论自学、每周一次学习例会、每两周一次成果展示、每月一次理论讲堂、每年一次研究成果征集"，练好自身理论武装基本功。同时聘请学校马克思主义学院47位优秀专任教师担任社团理论导师，常态化深入指导社团加强对最新理论成果的研究、阐释及运用，坚守马克思主义信仰、厚植思想理论根基，成为青年学子理论学习的排头兵。

（二）客体向度立好"青年志"，做好青年化阐释的群体聚焦

新思想的阐释需要有"使用实践力量的人"以及思想"一经掌握群众，

也会变成物质力量"，因此思想理论转化的关键在于能否针对不同的青年群体实现阐释宣传的层次性，阐释说服的针对性以及阐释交往的互动性，将抽象的学理转化为日常生活的逻辑。

（1）把握学生在传统理论阐释过程中的客体地位与发挥学生理论研习主观能动性间的矛盾，掌握其突出的异质性、广域度、差异化及层次化特点，探索教学主体客体互换问题，形成学生担纲主讲创新型升级迭代，对习近平新时代中国特色社会主义思想的核心价值层、理论层、方法论层和制度实践层进行阐释，确保青年群体掌握其核心要义。

（2）以互联网为代表的信息技术重塑着青年群体的时代特征，根据青年群体的受教育背景、兴趣爱好、理论掌握水平和学习能力，针对不同青年群体采取不同的话语方式，着力破解学生面对艰深晦涩理论的学习畏难情绪，充分结合"00后""05后"学生群体接受知识的偏好与特点，使其兼具理论深意与学习趣味，实现党的创新理论与青年群体需求的有效链接。

（三）内容向度讲好"青年话"，优化青年化阐释的要素赋能

（1）习近平新时代中国特色社会主义思想的世界观和方法与马克思主义的世界观和方法论是一脉相承的，融通中国共产党人的理论与实践，兼通中国当代基本国情与中华优秀传统文化，因此要对"体系化"内容进行"元素化"解析，依托大学生本科阶段的《习近平新时代中国特色社会主义思想概论》、硕士研究生阶段的《新时代中国特色社会主义理论与实践》两门思政课，对其经济、政治、法治、生态文明、宣传文化、外交、军事、反腐倡廉等不同方面，除了从阐释文本上整体性和系统性地把握其精神要义和理论内涵外，还应该注重提供实践类的内容供给、青年喜闻乐见的视听作品等，沉浸式感受思想的魅力、理论的伟力。

（2）党的十八大以来，习近平总书记高度重视党的青年工作，发表了一系列重要论述，推动形成了一系列权威性、标志性的理论成果。例如《论党的青年工作》《朋友——习近平与贾大山交往纪事》等论著和篇目，通过对这些作品的精读、诵读、演绎等，输出成各具特色的正向、正面、正气的生动精神产品，持续优化阐释的多样性和通俗性，实现新思想在青年群体中的广泛传播。

（3）一个时代拥有一个时代的表达方式，内容的话语表达既要"上接天线"还要"下接地气"，确保不偏离习近平新时代中国特色社会主义思想的精

神要义的同时，做到用"青言青语""网言网语""萌言萌语"表述"党言党语"，增强话语表达的吸引力、感染力和"烟火气""人情味儿"。

（四）场域向度凸显"青年味"，拓展青年化阐释的渠道创新

（1）联通"课内+课外"。第一，引导育人力量"下沉"。培育专业知识学习与思政素养形成的双链条育人体系，以课堂教学专业性引导课外实践的理论性科学性，以研学成果实操性反哺课堂教学生动性。第二，形成育人资源"外溢"。结合习近平总书记多次视察天津重要讲话精神和考察足迹，发挥学校人文社科优势，将红色场馆、街道社区、企业单位等社会资源转化为思政育人资源，做到开门办思政。第三，实现育人效果"贯通"。打破传统理论阐释模式的时间和空间维度，实现新质思政育人模式上下共振、全员参与、全面覆盖的新局面，让广大学生在实践锻炼中加深理论认识、情感认同、使命认可，强化青年学生担当精神和创新创造的内生动力。

（2）联动"线上+线下"。一方面，要充分利用好互联网，积极拓展理论阐释的传播空间，延伸理论阐释的叙事触角，用"青言青语"讲好党的故事。一是要加强主流媒体的导向和旗帜作用。二是要适应分众化、差异化传播趋势，打造多维交互的学习教育共同体。另一方面，通过对习近平新时代中国特色社会主义思想进行立体直观的"学、讲、研、走、诵、演、画"等多种形式，打造"I"上党课、理论宣讲团、城市走读团、经典诵读、调查研究、话剧展示、真人秀、文化体验课等多个理论育人品牌，用少年朝气活灵活现地学习演绎理论，做到形式活泼与内容严肃相统一，理论高度与实践厚度相统一，载体创新与育人效果相统一，做到有共鸣、能共情、达共识。

（五）制度向度答好"青年题"，实现青年化阐释的常态长效

建立从顶层设计到评价反馈在回归顶层设计的实践闭环体系，推进党的创新理论青年化阐释的螺旋上升。一是构建"先学一步、学深一步"的理论武装机制。将习近平总书记的最新讲话、指示批示精神等第一时间融入第一第二课堂。二是构建科学合理的评价反馈机制。精心设计科学的评价指标体系，主要包括主题立意、内容设计、话语表达、传播方式和阐释效果等五大一级指标，涵盖主体、方式、内容、载体、形式等各考核点，建立集全面性、时效性、价值性于一体的效果衡量标准，及时检验理论传播和实践活动效果，对优良典型进行总结推广，对薄弱环节进行优化改善。三是构建制度化的保障机制，包括阐释队伍的配备、培训以及经费支持等，确保阐释队伍的作用

发挥能够做到绵绵用力、久久为功，确保新思想的学习阐释运用能够入脑入心、见行见效。

参考文献

［1］习近平：《高举中国特色社会主义伟大旗帜　为全面建设社会主义现代化国家而团结奋斗——在中国共产党第二十次全国代表大会上的报告》，人民出版社 2022 年版。

［2］中共中央文献研究室、中央档案馆编著：《建党以来重要文献选编》，中央文献出版社 2011 年版。

［3］中共中央宣传部：《习近平新时代中国特色社会主义思想学习纲要（2023 年版）》，学习出版社、人民出版社 2023 年版。

［4］冯刚主编：《思想政治教育研究热点年度发布 2023》，团结出版社 2024 年版。

［5］韩喜平：《用党的科学理论武装青年》，载《红旗文稿》2023 年第 2 期。

［6］刘建军、赵姗：《论新时代党的青年工作观——学习党的二十大报告关于新时代青年工作的重要论述》，载《青年学报》2023 年第 1 期。

［7］冯刚：《青年永远是党和国家事业的希望与未来》，载《思想政治教育研究》2021 年第 4 期。

［8］谭建光：《中国式现代化与青年"社群"的发展——兼谈党的二十大精神引领新兴青年群体成长》，载《北京青年研究》2023 年第 1 期。

［9］佘双好、苗露露：《新时代十年党的青年工作的历史性发展》，载《青年学报》2022 年第 5 期。

"三全育人"视域下高校依托班级开展思想政治教育的路径探索

信 鑫

天津财经大学

【摘 要】 2017 年在中共中央、国务院印发的《关于加强和改进新形势下高校思想政治工作的意见》中首次提出了"三全育人"理念,即在加强和改进思想政治工作中要坚持全员、全过程、全方位育人。班级作为高校最基础的管理组织,是开展思政教育的重要阵地。本文在"三全育人"视域下探索依托班级开展思想政治教育工作的有效方法,通过管理育人、组织育人、文化育人等六个方面打破育人对象、育人时间和育人空间的局限性,提升高校思想政治教育工作水平。

【关键词】 三全育人;班级;思想政治教育

高校作为开展青年学生思想政治教育的主要阵地,不断提升思政教育质量是高校贯彻党的教育方针、落实立德树人根本任务的重要手段。班级作为高校最基础的管理单元,是大学生在学校实现自我教育、自我管理、自我服务的主要组织载体。《中共中央、国务院关于进一步加强和改进大学生思想政治教育的意见》明确指出要依托班级、社团等组织形式,开展大学生思想政治教育。以基层班集体为切入点开展思想政治教育,既是当前高校班级建设的突破口,也是能够使高校学生思想政治教育落到实处的有效途径,实现由点到面的辐射作用,推动思想政治教育质量的全面提升。新时期,国内外形势多变,高校班级思想政治教育面临新机遇的同时也面临严峻的挑战。

一、依托班级开展思想政治教育存在的困境

目前,高校班级人数平均在 30 人至 40 人左右,基本是同年级同专业的学生，学生之间互相熟悉。以班级为单元开展思想政治教育，管理范围小，可针对性强，可及时地掌握每个学生的思想动态。但部分高校在班级建设方面存在班导师角色缺失、班级缺乏凝聚力等问题，直接影响思想政治教育的效果。

（1）班导师角色缺失。目前，各高校普遍是由各学院的辅导员负责学生的日常管理，部分学校为了统一管理，缩小了班导师的职责范围，学生也习惯与辅导员的沟通交流，这使得班导师的角色在学生管理层级中被弱化。而且在"三全育人"的背景下，为实现全员育人的现实诉求，高校聘请专业教师担任班导师，专业教师可以为学生提供专业上的指导帮助，但在学生日常管理中心经验不足、招法不多，在班级建设中出现有心无力、手足无措的情况，很难在班级思想政治教育方面取得实质性成效。

（2）班级内部氛围松散，缺乏班级凝聚力。目前，高校在校大学生大多为"00后"，普遍表现出个性突出、自我意识强烈的特点，在日常的生活、学习中更多地关注和重视个人表现、个人发展和个人价值的实现，集体意识淡薄，缺乏集体荣誉感，对班级开展的思想政治教育活动热情不高、被动参与，造成班级整体的氛围松散、低迷。

（3）班干部的能动性发挥不充分。班干部作为班导师、辅导员与学生之间的联络员，发挥沟通的桥梁作用，帮助班导师和辅导员及时掌握班级内学生的情况，承担管理班级的责任，班干部的能动性直接影响到班级建设。然而，部分高校也存在班干部队伍建设的问题，学生担任班干部的初衷带有功利性，缺乏为同学们服务的意识，自身管理能力不足，责任心不强，在日常学习和活动中不能发挥模范带头作用，对在班级内开展思想政治教育造成了一定阻力。

二、依托班级开展思想政治教育的路径探索

（一）汇聚全员育人大能量

1. 以管理育人为基础，提升班级育人质量

管理育人是高校育人主体依托管理制度、借助管理手段，对学生开展思想政治教育，实现育人目标的动态过程。因此依托班级开展思想政治教育时，我们要在育人的主体和载体上下功夫。

（1）明确班导师的职责，发挥班导师的引领作用。首先，班导师作为班

级工作的组织者、班级建设的指导者，是学生教育管理工作的重要力量。一方面，高校应高度重视班导师队伍建设，强化班导师队伍在学生思想政治教育工作中的重要作用。通过组织集中业务培训、定期考核的方式让班导师充分认识并明确自身职责，坚持立德树人的根本任务，指导班导师提升班级建设和学生教育的各项能力和水平。通过老带新的方式，让有经验的班导师与年轻班导师多交流学习，共同进步。另一方面，班导师要注重个人能力提升，掌握资助、心理、就业、安全管理、专业教育等与学生学习生活息息相关的方方面面，积极主动地开展班级管理、学生教育和学业指导等各项工作。其次，要加强与学院辅导员、专业教师之间的联系，全面了解学生在第一课堂和第二课堂的表现，实现学生信息对称，以便掌握学生的整体情况。同时，要熟悉班级内每个学生的情况，通过经常性的谈心谈话时刻关注班内学生思想动态，及时发现并解决学生在学习、生活中遇到的困难，了解学生心理状态，进行适当的正向干预引导，以此拉近与学生之间的距离，让思想政治教育起到润物无声的效果。

（2）强化班干部的选拔和培养机制。班干部作为班级学生的代表，其行为在学生中会形成效仿和带头作用，直接影响班级建设的整体水平。作为班导师和辅导员与班内学生之间的联络员，是帮助老师深入及时地了解班内学生情况、及时向班内学生传达学校通知安排的重要沟通桥梁，因此班干部的选拔和培养是促进班级顺利开展思想政治教育活动的关键因素。首先，在班干部的选拔上，班导师和辅导员要对班内学生的各方面表现有一定了解，重点关注班内学生的心理健康情况，鼓励有热情、逻辑性强、有执行力的学生积极参加班干部竞选，组织班内同学进行民主选举投票产生他们心中合格的班干部，经综合考量后，任命在学业、活动参与、人际交往等各方面有突出表现的学生担任班干部。其次，在班干部的培养方面，班导师要高标准严要求加强对班干部的统一管理，充分发挥班干部在班级建设中的火车头作用，教育引导班干部加强自身修养，增强学习本领，积极主动投入班级建设，增强在班级学生群体中的认同感和感召力，充分发挥好班干部在学生中的榜样力量，带动班内学生营造崇德尚学的良好班风。此外，明确班干部的职责，安排阶段性的班级管理任务，定期召开会议与班干部共同沟通解决班级建设中存在的问题，避免产生班导师和学生之间出现断层式管理。

（3）建立完善班级的管理制度。高校班级管理要有的放矢，将学校及学院规范管理的严格要求和春风化雨的教育方式相结合。在引导学生遵守校规校纪的同时，也要立足学生需求，在规范学生行为的同时维护学生权利，制定适合本班级的班务公开制度、量化考核细则、晚自习制度、宿舍评比标准等。

2. 以组织育人为主线，搭建班级育人体系

要充分认识班级组织建设对于学生价值观塑造的重要意义，要充分发挥学院党团支部对班级的引领带动作用，学校思想政治工作重点要与班级党员、团员的思想政治教育相联系，从学校层面统筹设计推进班级的主题党团日活动，从思想政治教育的高度把握好活动方向、选好活动的主题，设计好活动内容，开展形式多样、贴近学生生活实际的班级活动。组织开展先进班集体、先进团支部的评选活动，在全校班级中树立典型，形成比学赶超的良好氛围；从班级层面，在落实学校组织的班级活动时要结合班级学生实际的特点，以厚植爱国主义精神、赓续红色血脉、弘扬社会主义核心价值观、党史学习教育为主线，让教育性和趣味性融为一体，注重活动总结和思想引领，力求让学生在活动中得到思想启发和收获。利用五四青年节、国庆节等重要的时间节点召开理想信念教育主题班会及参观活动，帮助学生树立正确的价值观，让学生真正在活动中有所思、有所悟。

（二）构建全过程育人大格局

1. 以文化育人为先导，优化班级育人环境

班级作为学生成长成才的主阵地，班级文化是班内学生价值观、理想信念、学习氛围、行为习惯等集合的外在表现。一个班级在成立之初，往往会形成独具风格的班级文化，而班级文化的形成，也是思想政治教育不断发挥作用从而促进班级学生价值观形成的过程。在三全育人视域下，高校班级文化建设是一项长期、系统地工程，需要在育人主体、育人时间和育人空间上形成有效的循环互动，汇集多元育人力量，有效衔接育人过程，积极拓展育人方位。用三全育人理念引领高校班级文化建设，通过班级文化建设推动三全育人的创新发展。

（1）特色文化融入班级建设。班导师和班干部要充分发挥班级组织的功能性，要结合学生成长特点分阶段开展班级文化建设，大一入学做好新生开学教育，以大学生活适应为主，帮助班级学生养成良好的学习生活习惯，营造良好的班风学风；大二鼓励班级学生参加各类兴趣活动和比赛，激发学生

潜力,帮助其开阔视野,提升综合能力;大三以实习实践为主,提升学生创新能力,引导学生明确未来发展方向;大四做好毕业生感恩教育和就业指导,通过不同阶段的班级文化建设内容,有目标地实现不同阶段的思政教育任务。

(2)红色资源融入班级建设。习近平总书记在中国共产党第二十次全国代表大会上明确指出要用好红色资源,深入开展社会主义核心价值观宣传教育,深化爱国主义、集体主义、社会主义教育。这为开展班级文化建设指明了方向,要将红色资源融入班级文化建设。一是要讲好红色故事。在班级内征集红色故事,形成红色资源库,将班内同学对红色故事的理解和领悟,通过组建红色故事宣讲团的形式进行思想输出,组织宣讲员进课堂、进宿舍、进党团支部进行红色故事宣讲,增强人人、事事、时时、处处潜移默化的育人感染力。二是要用好红色文化。以班级主题班会、党团支部会等形式开展红色思想引领,加强党史学习教育、爱国主义教育。将育人阵地从校园内转移到校园外,深入挖掘天津红色文化育人资源开展红色文化熏陶,例如利用周末、寒暑假组织班内学生走出校门感悟天津红色文化,前往五大道、张学良故居、周恩来邓颖超纪念馆等地参观,在实景体验中见证历史兴衰和爱国志士的革命精神,汲取红色养分,厚植爱国情怀。

(3)传统文化融入班级建设。中华传统文化是经过长时间历史发展和变革中逐渐积累的物质财富和精神财富,将中华优秀传统文化融入高校的班级建设中,不仅能够丰富班级文化内容,也能增强传统文化教育的实效性。可以在班级内开展以《中国共产党党史》《习近平谈治国理政》《习近平与大学生朋友们》等为参考书目的书法或诵读比赛、传统文化知识竞赛等活动,在活动中增强班级学生传承弘扬中华优秀传统文化的责任感和使命感;也可利用传统节日、纪念日等重要时间节点,在班级内开展主题活动,例如在劳动节,组织班级学生以宿舍为单位打造传统文化风格宿舍;在端午节,可以组织班级同学一起包香包、做青团;在中秋节,组织班内同学一同赏月,在轻松愉快的活动氛围中让同学们感悟传统文化的力量。

2. 以实践育人为重点,拓宽班级育人途径

班级学生具有相对一致的课后时间,在班级文化氛围的影响下具有相对趋同的价值取向,因此,立足于班级搭建实践育人体系,不仅能够增强实践活动开展效果,对于深化素质教育,培养全面发展时代新人也有十分重要的意义。深化"第二课堂"的育人功能,以"第二课堂成绩单"建设为抓手,

依托班级开展社会调研、公益活动、志愿服务、勤工助学等社会实践活动。将社会实践活动与专业学习结合起来，组织班级学生在每学期初制定本学期参加社会实践活动的计划，在学期末对在实践活动中累计时长超过 4 周的同学予以表彰，邀请班级内在实践活动中有突出贡献的学生进行经验分享，激发学生参与实践活动的自觉性和积极性，在班级内掀起参与实践活动的热潮。

（1）围绕中心，服务大局。以班级为单位组织学生开展社会实践活动时要突出活动主题与校史校情相结合、与国家建设相契合、与疫情防控等社会热点相融合。鼓励班级学生组队参与暑期"三下乡"实践活动、"青春心向党"新时代实践行系列实践活动，利用周末参与服务中小学课后服务活动、劳动教育、为老志愿服务活动、新疆支教活动等，引导班级学生将个人实践与实现中华民族复兴的"中国梦"相结合，将践行社会主义核心价值观融入社会发展、学生成长中。

（2）形成合力，促进发展。借助校企合作、学院与社区共建平台，在班级内及时分享实践资源，为学生创造参加实习和实践活动的条件，邀请科研专家、优秀毕业生代表进入班级开展讲座、沙龙和经验分享，加强实践过程指导，提升学生社会实践实效性。

（三）拓展全方位育人大发展

1. 以网络育人为抓手，创新班级育人模式

在互联网占据信息传播主导地位的今天，网络已经成为高校开展思想政治教育的重要载体之一。将班级作为网络育人的阵地，能够更直接了解学生的主体意识和表达意愿，如今，学生对于网络的黏性增加，他们的日常学习生活已经与网络深度融合。依托网络开展云思政，即打破了育人空间的局限性，生动直观的教育内容也让学生好理解、易接受。

（1）搭建班级网络育人平台。通过建立班级 QQ 群、微信群进行班级内的信息统计和日常通知发布，畅通班级内的沟通交流渠道，便于班干部和班导师及时掌握学生的思想动态；结合班级特色创建班级微信公众号平台，内容上要结合学生生活实际，既要在感性上吸引学生，又要在理性上说服学生。可以通过公众号对学校、学院内十佳学生和典型事迹进行宣传，发挥身边榜样力量，引起学生的情感联结；结合学生的浏览习惯，通过图、文、影、音相结合的模式分享社会热点、国情国史等内容例如在党史宣传教育中使用"一图读懂"的形式，快速吸引学生的注意力，使内容潜移默化进入学生的认

知结构中，引起学生的价值认同，从而增强思政教育的传播力和实效性。

（2）建立班级网络宣传队伍。坚持用青年声音传播正能量，建立由班级宣传委员、入党积极分子、班级志愿者组成的网络宣传队伍，邀请经验丰富的新媒体领域的负责老师统一进行专业培训，统一思想，让宣传员明确自身的职责和工作内容，以社会主义核心价值观为引领，及时搜集班级内学生关注的社会热点和学校焦点问题，借助班级的 QQ 群、微信群敢于发声、勇于发声，发正能量声音，在班级内营造健康、积极的网络舆论环境。

2. 以心理育人为契机，助力班级育人实效

心理育人是高校思想政治教育的重要内容，以班级为单位开展心理健康教育活动能够全面覆盖教育对象，有效促进班内学生心理素质的提升。

（1）培养学生骨干团队，充分发挥朋辈互助的影响力。建立健全"自助、互助、成长"的朋辈帮扶机制，充分发挥班级心理委员、班长、团支部书记等班级骨干作用，确保班级骨干经过心理健康专业技能培训后能够了解掌握大学生日常心理问题的具体表现、特点以及应对方式，在日常与班级同学的沟通交流中能够迅速识别到有心理问题倾向的同学，并及时上报班导师，并积极引导班级同学寻求专业的心理帮助。

（2）借助各类载体，以活动促教育。借助心理主题班会、心理委员专题培训广泛普及专业的心理健康知识、常见的情绪管理和压力管理的方法等，增强班内学生的抗压能力，促进自我认知；在班级内开展心理团辅活动，例如"大风吹""抓手指"等，在亲身参与和互动体验中，帮助学生认识到心理健康的重要性，引导学生学会正确地表达情绪、合理地释放压力，增进班级学生对自我的了解，促进班级同学间的相互了解，培养班内学生的合作意识和沟通协调能力，形成良好的班级氛围。

加强学生思想政治教育对高校来说是一项长期且艰巨的工作任务，只有将思想政治教育的切入点变小、变细，让学生将小我融入班级的大我、从小家到大家再到国家，才能推进学校实现立德树人的根本任务，才能让思想政治教育变得生动有效。通过挖掘班级的育人条件，以育人对象、育人时间、育人空间为导向，从管理育人、组织育人、文化育人、实践育人、网络育人和心理育人入手，精准施策，依托班级开展丰富多样的活动，让思想政治教育真正在班级建设中占据主导地位，贯穿班级建设的全过程，实现学校思想政治教育的高质量发展。

参考文献

［1］程银：《新媒体时代高校学生党员在引领班级学风建设方面的作用探析》，载《经济研究导刊》2021 年第 2 期。

［2］刘震：《加强班集体建设落实"立德树人"根本任务》，载《中国冶金教育》2021 年第 1 期。

［3］姜阿珊：《新形势下高校班级管理与班干部队伍建设的思考》，载《产业科技创新》2020 年第 15 期。

［4］赵曦：《论高校班级文化建设困境及其创新路径》，载《佳木斯职业学院学报》2021 年第 3 期。

［5］王小芳：《互联网环境下的班级建设和文化育人模式探索》，载《智库时代》2020 年第 6 期。

［6］苟小媛、谷照亮：《"三全育人"视域下的高校班级文化建设研究》，载《锦州医科大学学报（社会科学版）》2022 年第 4 期。

［7］靳青：《中国传统文化在班级文化建设中的路径研究》，载《戏剧之家》2017 年第 23 期。

［8］牛芳芳、张立志：《论高校班级文化建设及其与"三全育人"的契合》，载《北京城市学院学报》2021 年第 1 期。

［9］《中共中央、国务院关于进一步加强和改进大学生思想政治教育的意见》。

青年在推进中国式现代化中的地位作用

赵　爽

天津财经大学

【摘　要】党的二十大提出要以中国式现代化全面推进中华民族伟大复兴，再次强调要将青年工作作为战略性工作来抓。青年作为推动历史发展和社会进步的重要动能，其成长特点和内生需要与推进中国式现代化的本质要求高度契合。为实现以中国式现代化全面推进中华民族伟大复兴的宏伟目标，立足青年和青年工作的视角来看，就要从整体上牢牢把握青年群体对推进中国式现代化的地位作用，并分析其在助力实践进程、筑牢物质基础和凝聚精神力量等方面的具体体现。

【关键词】中国式现代化；青年工作；时代新人

习近平总书记在党的二十大报告中强调："中国共产党的中心任务就是团结带领全国各族人民全面建成社会主义现代化强国、实现第二个百年奋斗目标，以中国式现代化全面推进中华民族伟大复兴。"这是一项伟大而艰巨的事业，前途光明，任重道远。

青年是整个社会中最积极、最有生气的力量。党的十八大以来，以习近平同志为核心的党中央高度重视、亲切关怀青年一代，全方位加强党对青年工作的领导，推动新时代青年工作取得历史性成就、发生历史性变革。习近平总书记在党的二十大报告中再次强调要把青年工作作为战略性工作来抓。

向着以中国式现代化全面推进中华民族伟大复兴的宏伟目标坚定迈进，立足于青年和青年工作来看，既要整体把握青年这一群体对推进中国式现代化的地位作用，又要将党和国家的中心任务与青年和青年工作进行对接。同时要抓住重点，紧紧立足为党抓好后继有人这个根本大计，坚持教育优先发展、科技自立自强、人才引领驱动。

一、青年助力中国式现代化的实践进程

人民群众是历史的创造者和社会历史发展的动力，青年则是推动历史发展和社会进步的重要动能。青年的命运，从来都同时代紧密相连。习近平总书记在纪念五四运动 100 周年大会上的讲话中指出："自古英雄出少年。"他用一系列青年英雄的事例指出青年在中国革命、建设、改革等不同时期所发挥的生力军作用。

鸦片战争以后，中国沦为半殖民地半封建社会，"国家蒙辱、人民蒙难、文明蒙尘"的劫难与命运，唤醒了一大批先进的有志青年。中国青年的觉醒，点燃了中华民族伟大复兴的希望之光。五四运动拉开了新民主主义革命的序幕，促进了马克思主义在中国的传播，中国青年作为一股不可替代的重要力量登上历史舞台，伴随了中国追梦现代化的全进程。

在过去的一百多年里，在党带领全国人民团结奋斗的辉煌征程上，一代代中国青年矢志奋斗、奋勇拼搏。新民主主义革命时期，中国青年踊跃参加党领导的革命武装，用热血青春开展反帝反封建运动，在伟大斗争中冲锋陷阵；社会主义革命和建设时期，中国青年在中华民族有史以来最为广泛而深刻的社会变革的大背景中，如火如荼地投身祖国事业发展的各个领域，为祖国建设挥洒青春力量；改革开放和社会主义现代化建设新时期，中国青年在现代化建设的各行各业奋勇争先、革故鼎新、为建设四化扎实打拼；中国特色社会主义进入新时代，中国青年在平凡岗位上奋斗奉献、在急难险重任务中冲锋在前、在基层一线经受磨砺、在创新创业中走在前列。在党和人民最需要的地方建功立业。

习近平总书记强调："无论过去、现在还是未来，中国青年始终是实现中华民族伟大复兴的先锋力量！"中国青年始终与时代主题同频共振。青年的力量使中国从一个"追逐现代化的落后者"一步步闯为"世界现代化的新选择"，不断推进中国式现代化的实践进程。

而时代也赋予一代代青年人不同的人生际遇和机缘。无论是挽救民族危亡还是投身祖国建设，无论是争做改革闯将还是勇担创新脊梁，青年的主体意识和国家认同感，都在国家"现代化"进程的推进中不断释放和凝聚。新时代新征程，中国式现代化的推进更是赋予了青年新的使命任务，为中国青

年在建设社会主义现代化国家伟大征程中展现聪明才干、释放创新创造活力提供了广阔的舞台和空间。新时代中国青年的人生奋斗的黄金期与实现中华民族伟大复兴的中国梦和全面建设社会主义现代化国家的宏伟进程完全契合，青年一代既是时代的剧中人，更是时代的剧作者。中国式现代化的历史进程需要一代代青年的接续创造和奋斗，在以中国式现代化全面推进中华民族伟大复兴的新征程上，未来属于青年，希望寄予青年。

二、青年筑牢中国式现代化的物质基础

中国式现代化的本质要求中很重要的一点就是要实现高质量发展。习近平总书记在党的二十大报告中深刻指出："高质量发展是全面建设社会主义现代化国家的首要任务。发展是党执政兴国的第一要务。没有坚实的物质技术基础，就不可能全面建成社会主义现代化强国。"推动高质量发展，是遵循经济发展规律、保持经济持续健康发展的必然要求，是适应我国社会主要矛盾变化、解决发展不平衡不充分问题的必然要求，是有效防范化解各种重大风险挑战、以中国式现代化全面推进中华民族伟大复兴的必然要求。

从主要国家现代化历程看，持续推进工业化进程、保持经济持续增长是实现现代化的物质基础。从各国实践来看，全球现代化的共同特征集中表现在生产力的高度发达上，没有哪一个国家是在人民生活贫困的情况下实现现代化的。因此，党始终将"发展"作为执政兴国的第一要务。改革开放以来，我国经济快速发展，取得了举世瞩目的发展成就，但我国人均国内生产总值同发达国家相比差距仍然较大，经济实力、科技实力、人力资本水平、产业基础能力和现代化程度等同世界先进水平相比还有距离，全面建成社会主义现代化强国需要更为坚实的物质技术基础。

当前，世界正经历百年未有之大变局，新一轮科技革命和产业变革加速推进，人类社会面临许多前所未有的挑战。新征程上，必须坚持"创新是引领发展的第一动力"，不断解放和发展社会生产力，实现经济由大到强的新跃升。而人的解放是社会发展中的最有创造性的力量和最活跃的因素，国际上科技和人才竞争也愈发激烈，未来的国际竞争，很大程度上是青年一代的竞争。青年人才已经成为衡量国家综合国力和国际竞争力的重要因素。中共中央、国务院印发的《中长期青年发展规划（2016—2025 年）》明确指出"青年是国家经济社会发展的生力军和中坚力量"，这一提法充分肯定了青年一代

在社会发展中的主力军作用，集中体现了党对新时代青年地位作用的价值判断。

"十三五"期间，我国重大科技创新成果不断涌现，很多前沿领域进入并跑乃至领跑的阶段。在这个过程中，很多青年个人和团队完成了从"生力军"到"主力军"的转变。从应对新冠肺炎疫情到筑梦"一带一路"，从刷新中国 5G 技术到追梦航空航天事业，再到多个国家重点实验室创新团队，一批批青年人才用行动凝聚科技力量，以拼搏激发创新梦想。从跨越星辰大海，到探索未知奥秘，从通信工程、机械制造，到语言文字、哲学艺术，越来越多的"90后""00后"在各科研领域一展所长，展现出了新时代中国青年该有的样子。

全面建设社会主义现代化国家，教育是基础，科技是关键，人才是根本。党的二十大报告明确指出："教育、科技、人才是全面建设社会主义现代化国家的基础性、战略性支撑。"推动高质量发展，必须坚持科技是第一生产力、人才是第一资源、创新是第一动力。青年人才是国家战略人才力量的源头活水，要以科技创新为支点，以青年人才的培养和聚集为重要路径和依托，不断激发青年人才的奋斗热情和创造活力，攻克高质量发展中的靶心问题。

三、青年凝聚中国式现代化的精神力量

中国式现代化是涵盖了人口规模巨大、全体人民共同富裕、物质文明和精神文明相协调、人与自然和谐共生、走和平发展道路等五个方面重要特征的现代化。

以中国式现代化全面推进中华民族伟大复兴，需要青年坚定信心、凝聚共识，必须坚定"四个自信"，坚持对马克思主义的信仰、对中国特色社会主义的信念，不断筑牢理想信念。青年一代，是思维活跃有活力的群体，也是最能凝聚起国家认同感和政治认同感的群体，更是正处在个人人生黄金期的群体，他们对中国式现代化的认知和态度会影响宏伟目标的实现进程。正如习近平总书记强调的："青年一代有理想、有担当，国家就有前途，民族就有希望。"

以中国式现代化全面推进中华民族伟大复兴，需要青年坚定不移听党话、跟党走，用科学理论武装自己。青年一代应该树立共产主义远大理想和中国特色社会主义共同理想，学懂弄通马克思主义理论，只有深入领悟"中国共

产党为什么能，中国特色社会主义为什么好，归根到底是马克思主义行，是中国化时代化的马克思主义行"，才能从理想信念上不断坚定，才能以更加积极的历史担当和创造精神为发展马克思主义作出新的贡献。要用马克思主义科学的世界观和系统的方法论感召和指引青年，用党的科学理论加强对青年的政治引领，用习近平新时代中国特色社会主义思想的强大真理力量，指导青年在实践中认识世界和改造世界。

以中国式现代化全面推进中华民族伟大复兴，需要青年做社会主义核心价值观的坚定信仰者、积极传播者、模范践行者。党的二十大报告提出了"广泛践行社会主义核心价值观"的重要论述，而青年的价值观决定着未来整个社会的价值取向，要以社会主义核心价值观滋养青年，引导青年争做堪当民族复兴重任的时代新人。中国青年广泛践行社会主义核心价值观，首先要传承中华优秀传统文化，激发投身中华民族伟大复兴的精神力量，因为中华民族的优秀传统文化塑造了海内外中华儿女的历史记忆和身份认同。中国青年广泛践行社会主义核心价值观，要立足于中国式现代化的奋斗实践，不断汲取智慧，树立起刻骨铭心的民族自信，形成独立自主的精神世界，树立自信自强的人生观和价值观。

以中国式现代化全面推进中华民族伟大复兴，需要青年不断坚定文化自信，发扬斗争精神，让个人的成长与党和国家的发展同频共振。青年是推动历史发展和社会进步的重要力量，更是坚定文化自信的关键主体。当前，在文化的多元流变中，用文化自信涵养民族自信心和斗争精神，识别与抵制西方极端势力渗透和错误文化思潮的冲击，坚守社会主义先进文化立场，在斗争中维护国家尊严和核心利益，进而不断拓展国际视野，不断厚植家国情怀。

青年是祖国的未来，民族的希望。中国梦是历史的、现实的，也是未来的；是广大人民的，更是青年一代的。新时代中国青年迎来了实现抱负、施展才华的难得机遇，也担负着民族复兴的重任。中国式现代化建设的本质要求，与青年一代的成长特点和内生需求高度契合。重视青年群体、抓好青年工作对推进中国式现代化建设至关重要。关怀信任青年、优先青年发展、依靠青年力量是实现中国式现代化的重要举措。

习近平总书记在 2023 年新年贺词中深刻指出，"明天的中国，希望寄予青年。青年兴则国家兴，中国发展要靠广大青年挺膺担当。"广大青年定要厚植家国情怀、涵养进取品格，以奋斗姿态激扬青春，不负时代，不负华年。

参考文献

［1］习近平：《论党的青年工作》，中央文献出版社 2022 年版。

［2］习近平：《高举中国特色社会主义伟大旗帜　为全面建设社会主义现代化国家而团结奋斗》，载《人民日报》2022 年 10 月 26 日。

［3］习近平：《在纪念五四运动 100 周年大会上的讲话》，载《人民日报》2019 年 5 月 1 日。

［4］习近平：《国家主席习近平发表二〇二三年新年贺词》，载《人民日报》2022 年 1 月 1 日。

［5］何立峰：《高质量发展是全面建设社会主义现代化国家的首要任务》，载《人民日报》2022 年 11 月 4 日。

［6］《党的二十大报告学习辅导百问》编写组编著：《党的二十大报告学习辅导百问》，党建读物出版社、学习出版社 2022 年版。

［7］赵婀娜：《在科研创新中谱写青春之歌》，载《人民日报》2022 年 5 月 11 日。

［8］胡守敏、王习明：《青年是坚定文化自信的关键主体》，载《红旗文稿》2019 年第 16 期。

立德树人视域下高校学生干部队伍建设策略探析

韩一彤

天津财经大学

【摘　要】 立德树人是高等教育的价值目标和时代使命，其核心目的在于培养德、智、体、美、劳全面发展的社会主义建设者和接班人。高校学生干部作为学校与广大学子间的沟通桥梁与情感纽带，在教育教学和日常管理中发挥着重要作用，更是高校思想政治教育工作中不可或缺的一环。围绕立德树人根本任务，必须着力加强高校学生干部队伍的建设工作，通过精细化管理学生干部的选拔、培养以及考核等各个环节，促进学生干部健康成长，进而提升高校思想政治工作实效。

【关键词】 立德树人；高校学生干部；队伍建设

高校学生干部是大学生群体的骨干和精英，在学校各项事务中都发挥着举足轻重的作用，是实现高校学生自我管理、自我教育、自我服务、自我监督的关键力量。但当前，高校学生干部的培养与管理面临诸多挑战，如选拔机制不够科学、培训体系有待完善、评价机制尚不健全等，不仅制约了学生个人的成长发展，同时也为学校思政工作的效能提升带来了负面影响。因此，高校亟须加强学生干部队伍建设，通过构建科学的选拔机制、完善的培训体系以及全面的评价机制，打造一支思想坚定、能力出众的学生干部队伍。这样不仅能推动学生工作的高效执行，更能显著提升高校思想政治工作的质量与成效。

一、高校学生干部队伍建设的重要意义

（一）增强学生干部政治素养的必然要求

良好的政治素养是学生干部不可或缺的核心素质，学生干部必须坚守正

确的政治方向，持有坚定的政治立场，并展现出敏锐的政治洞察力和辨别能力。加强高校学生干部队伍建设，一方面，将有助于深化学生干部思想认识，充实政治理论知识，提升政治觉悟和道德品德修养，帮助学生深刻理解党的路线、方针和政策，从而稳固思想基础，增强精神力量；另一方面，有助于增强学生的责任感和使命感，增进服务同学的思想自觉和行动自觉，在面对困难和挑战时，坚实的思想基础将成为攻坚克难的动力源泉，激励学生勇往直前，促进良性循环发展。

（二）提升学生干部能力素质的实际需求

学生干部在工作中应展现出强大的影响力、号召力和执行力，积极发挥模范带头作用，成为学生中的榜样，引领同学共同进步。首先，学生干部自身需要具备较强的学习能力，具有强烈的自主学习意识，保持积极进取的心态，成为学生效仿的对象。其次，学生干部需要具备较强的工作能力，以及出色的组织协调能力和团队协作精神，在遭遇难题和挑战时，能够挺身而出，勇于承担责任，有效地整合和管理各类资源，积极探寻解决问题的途径和方法，从而保障各项任务和活动的顺利推进。最后，学生干部需要具备较强的亲和力，能够耐心倾听同学的想法和需求，增强团队的黏合力、凝聚力和向心力，赢得同学们的尊重和支持，更好履行职责。

（三）实现学生"四自教育"的内在需要

"自我管理、自我教育、自我服务、自我监督"是发挥学生主人翁意识的有效手段，高校学生干部在实现"四自教育"的过程中发挥着重要作用。学生干部联结着学校和学生两个主体，具有双重视角。身处学生群体，学生干部能更深入地洞察和理解学生群体的真实需求，通过日常的交流和互动，学生干部可以直接掌握学生的思想动态、学习困惑和生活需求，与同学们建立紧密的联系，是重要的学生信息员，同时将学生们的意见和需求反馈给学校。另外，学生干部作为老师的助手，对于学校、学院的政策信息理解得更加透彻，有助于帮助其他同学详细了解学校的管理理念，化解潜在矛盾，增进学生的认同感和归属感，营造和谐的校园环境。

二、高校学生干部队伍建设的现状

（一）选拔方式不科学

学生干部的选拔是高校学生干部队伍建设的基础，选拔结果直接决定了学生干部队伍的整体素质，深刻影响着校园文化活动的顺利开展。然而，部分高校在这一环节上缺乏科学性和规范性，一定程度上限制了学生干部的角色发挥。一方面，在选拔标准方面，部分高校存在着"重才不重德"的问题，过于看重语言表达、沟通协调或其他方面的能力，而忽视了对其思想政治状况和道德品质的考察，导致选拔出的个别学生干部在思想观念上存在问题，如精致利己主义、功利主义、官僚主义等情况，缺乏服务奉献精神，只是把学生干部身份作为评奖评优、求职择业的"加分项"，遇到困难就逃避退缩，对学生工作造成不良影响。另一方面，单一的选拔方式也限制了人才挖掘，很多高校在学生干部选拔上，或采用竞选模式，包括笔试面试、初选复选等环节，或由辅导员直接任命，虽然这些方式能够推选出具有一定能力和群众基础的学生干部，但过于单一的选拔方式可能限制了更多有潜力却缺乏展示机会的人才，造成人才流失。

（二）培养体系不完善

学生干部的培养教育和日常管理，作为高校学生干部队伍建设的过程环节，发挥着举足轻重的作用。高校学生干部培养的缺失，将直接对学生干部的综合素养及领导能力产生不良影响，这种影响会进一步波及整个学生组织，降低其工作效率，破坏组织氛围。一是缺乏系统性的培养规划，培养目标不明确，缺乏连贯性和实操性，导致学生干部在接受培训时难以形成完整的知识体系，无法有效提升自身能力素质。二是培养内容过于单一，多数高校的学生干部培养会以讲座或培训的形式开展，内容偏重理论和说教，缺乏基于工作实践的案例支撑，操作性和复制性差，无法满足学生干部在实际工作中的需求，无法帮助他们有效应对各种挑战，导致培训效果欠佳。三是培养缺乏创新性，较少引入创新性的工作思路和工作方法，停留在套用前人的工作成果层面，不能充分调动学生的主动性和积极性。后续教育管理发力不足，导致学生干部成长发展放缓，在繁忙的工作压力下，学生干部往往会产生倦怠心理，缺乏归属感，甚至会出现主动放弃学生干部身份的现象。

（三）评价机制不健全

高校学生干部的评价机制应当紧密结合工作实际，充分考量其任职以来的学生工作成果。然而，部分高校对学生干部的评价机制不够健全，淘汰和退出机制不够完善，学生干部留任后往往就会干足整个任期，使得部分学生干部放松了对自身的要求，对于服务同学产生懈怠心理，对于牺牲个人时间表示抗拒，进而影响工作进度，甚至在一定范围内形成不良风气。一是考核标准不明确，学生干部的工作内容比较繁杂，难以逐一量化确定指标，而模糊笼统的考核标准难以准确衡量学生干部的工作表现和能力。二是考核方式单一，以述职评议的方式进行考核，会过于依赖定期的书面报告或简单的评分，难以全面了解学生干部的工作实际情况和成效。三是缺乏反馈机制，不能及时向学生干部传达考核结果，对于表现突出的方面不能及时激励，会导致学生缺乏长期坚持的动力；对于表现有欠缺的方面不能及时指出，学生干部就难以了解自己的不足，也难以有针对性地进行改进。

三、加强高校学生干部队伍建设的实践路径

（一）优化人才选拔

在高校学生干部的选拔环节中，必须坚持公正透明，把好选人用人"入口关"。一是明确选拔标准，严把"政治关"，将政治过硬摆在首位，将思想素质高、道德修养好的学生纳入考量范围，选拔的过程本身也是教育的重要一环，可以在学生群体中树立榜样标杆，引导形成正确的价值取向，通过改进选拔机制，可以有效地遏制学生干部的功利化倾向。二是优化选拔流程，选拔程序应规范化、程序化，提高选拔的公开透明度。在推荐申报阶段，一方面要鼓励有意愿加入学生干部队伍的同学进行自我推荐，同时辅导员也要在平时的学生活动中主动发掘有潜能的学生。在选拔过程中，要坚持民主集中相结合的原则，要广泛听取班委会和各类学生组织既有学生干部的意见建议，充分了解其日常思想状况和行为表现。在考察环节，在评估参选学生的学业成绩、领导才能、组织协调、沟通技巧的基础上，更应当着重考察服务奉献意识和团队协作精神。三是强化监督反馈机制，选拔结果要在一定范围内进行公示，建立有效的反馈和监督机制，及时处理和解决问题，确保选拔的公正性和透明度。

（二）强化培养体系

高校必须充分重视学生干部培养工作，摒弃"重使用、轻培养"的错误人才观念，把学生干部的全过程培养摆在突出位置。一是要制定详细周密的培养方案，以提高学生干部必备的核心素养为培训目标，按照专业年级、学生工作方向分类分层制定培养计划。尤其要充分发挥青年马克思主义者培养工程在引导学生干部树立正确价值观方面的重要作用，帮助学生筑牢思想根

基，锤炼能力素质，扎实工作作风。二是细化培养内容，丰富培养形式，一方面，可以根据学生的成长需求有针对性地开展专题培训，邀请工作经验丰富的往届学生骨干进行经验分享，另一方面，可以组织学生骨干分小组进行交流研讨，碰撞思维火花，增进情感交流。三是创新学生干部的培养形式，积极发扬和增强学生的创新精神与创新意识，着重提高学生的实践动手能力和创新创造能力，挖掘各种切入点，发挥学生的主观能动性。在互联网高速发展的社会背景下，要引导学生干部学好用好新技术新方法，巧妙运用"两微一端"重要平台媒介，提高工作效率，达到事半功倍的良好成效。

（三）健全评价机制

构建并完善科学有效的考核评价体系，对于高校学生干部队伍的建设至关重要。既是对学生任职期间工作的全面复盘，帮助学生补足短板，也能够查找学生干部队伍培养环节存在的潜在问题，对于后续教育管理起到积极作用。一是要明确考核评价的目标和原则，考核评价的目标是促进学生干部的全面发展和能力提升，不是简单的优劣评判，要确保每个学生干部都能得到客观、准确的评价。二是要完善考核评价内容，在道德品质方面，要考查学生干部是否具备良好的品德修养，能否做到诚实守信、尊敬师长、真诚待人等；在工作能力方面，要评估学生干部在实际工作中的表现，是否能够组织各项活动顺利开展，与其他部门协调合作，有条理地解决突发状况，获得师生广泛认可；在勤勉尽责方面，要重点考查学生干部是否能够始终保持高涨的工作热情，认真负责、积极主动地完成工作任务，对于一些有难度的工作不推诿不退缩。三是要坚持自评与他评相结合的评价方式，同时结合定量与定性两种评价手段。既要进行定量评价，如通过打分、评级等方式对学生干部进行量化评估，也要进行定性评价，通过谈心谈话多方了解，对学生干部的特点、优势和不足进行全面评估和概括总结。

在落实立德树人根本任务的时代背景下，高校应深刻理解并认识到学生干部队伍建设的重要性。为此，高校需全面把握学生干部选拔、培养和评价等各个环节，打造一支政治立场坚定、综合素质过关、群众基础扎实的学生干部队伍，在广大学生群体中树立榜样标杆，营造风清气正、积极向上的成长环境，培养有理想、敢担当、能吃苦、肯奋斗的新时代好青年。

参考文献

［1］穆圣涛、孙晓莉：《"五育并举"视域下高校学生干部队伍建设策略探析》，载《辽宁经济职业技术学院·辽宁经济管理干部学院学报》2024年第2期。

［2］冯宏图、高莹、徐绘：《新时代高校学生干部队伍存在的问题及解决对策——以榆林学院为例》，载《榆林学院学报》2023年第6期。

［3］李真、杨树：《高校学生干部领导力培养的"三力模型"》，载《秦智》2024年第2期。

"专创融合"视域下大数据人才培养模式探究

——基于"专创一体化"工作室建设

王雪纯　李兴华

天津财经大学

【摘　要】"专创融合"是高等院校深化创新创业教育的重要途径，是新时期高等教育人才培养改革的全新模式。围绕数据人才创新创业教育的实施困境，以专创融合为视角，阐述"专创融合"视域下大数据人才培养策略，探索"专业＋创业"融合式大数据人才培养模式。

【关键词】专创融合；大数据人才培养；专创一体化

一、研究背景

在 2015 年《国务院办公厅关于深化高等学校创新创业教育改革的实施意见》中明确提出，各高校要根据创新创业教育的目标要求进行专创融合即"双创"教育与专业教育之间的有效融合。当前专创融合研究已经成为我国"双创"教育研究的热点。

卢卓、吴春尚指出目前专创融合存在诸多缺陷和不足，如教育工作者对双创教育认知不到位而造成专创融合理念与认知存在差距，以及目前的实践实训平台难以满足培养创新创业型高技术技能人才的需求。

倪向丽对创新创业教育和专业教育的教育理念及目标的异同点进行深入分析，指出"双创"教育需要以专业教育作为基础，不能与专业教育割裂开来独立实施。曹蕾、蒋学强指出创新创业实验室是教育改革实施的末梢单元，并从"专创融合"的视角提出了基于 PBL 的创新创业实验室发展框架。彭华涛、朱滔设计出"双一流"建设背景下专创深度融合的师生同创模式、开放式模式以及"孵化器+"模式。

大数据专业是数字经济时代的产物，它与创新创业人才培养的内在需求是一致的。大数据人才要有较强的沟通协调能力、学习能力及推动能力、善于执行和监控，有较强的组织和责任意识，还需要强大的逻辑思维能力、归纳演绎能力帮助理解业务，并且能快速学习全新领域的商业模式和生态，这些能力也同时是双创人才所必须具备的。但王元卓、隋京言指出在培养大数据人才上却面临一系列问题，缺乏系统化、规范化的大数据教材，缺乏系统性的课程体系和内容，缺乏专业的师资力量，缺乏配套的教学实验资源和实践教学环境，缺乏完善的大数据教学生态系统等。

二、专创融合实施困境

（一）"专创融合"课程设置与实际脱节

"专创融合"作为一种综合性的课程设置，旨在培养学生的创新思维和实践能力。然而，实际情况中存在着课程设置与实际需求之间的脱节问题。解决"专创融合"课程设置与实际脱节的问题能够增强教育的实用性和针对性。当前社会对创新创业人才的需求日益增长，而传统的课程设置往往无法满足这种需求。研究并调整"专创融合"课程设置，使其更加贴合实际需求，能培养出更多与行业接轨的创新型人才，提升教育的实效性。

（二）"专创融合"课程师资力量不足

"专创融合"课程的师资力量对于提供高质量的教育和指导至关重要。但是，高校中的专业教师和创新创业实践教师大多没有实际创业经验，对最新行业发展动态了解不足，因此，当前"专创融合"课程的高校教师难以满足学生对创新创业的实际需求。立足大数据人才成长特点和发展需要，专业教师和创新创业教师需要根据时代发展提升专业技能和教学方法，提高课程教学的质量和效果，确保学生能够得到与时俱进的教育和有效的学习支持，优化学习体验和学习成果。

综上所述，解决"专创融合"课程设置与实际脱节以及师资力量与实际需求脱节的问题具有重要意义。通过研究和解决这些问题，能够提升教育的实用性、针对性和教学质量，培养出更多与社会需求紧密结合的创新型人才。

三、利用专创一体化工作室探索大数据人才培养模式

专创一体化工作室是系统性融合专业教育和创新创业教育的探索，从队伍建设、制度建设、校企合作等角度搭建大数据人才培养的平台保障。

（一）搭建专创一体化工作队伍

由专业队伍、行业队伍、思想政治工作队伍和朋辈队伍构成多元化工作团队，为提高大数据专业学生专业水平、强化创新素养、培养创业意识筑牢队伍保障。

1. 专业队伍夯实学生专业能力

针对当前专业教师普遍存在产业、行业实践经验匮乏、知识结构相对扁平化、创新创业指导能力不强等问题，通过严格选聘一批具有交叉学科知识、精于创新创业项目研究、赛事指导经验丰富的骨干教师，组建一支专兼结合、能力过硬、互补共济的创新创业师资队伍。吸纳创新创业指导教师、管理类专业教师作为创业顾问，为学生的创新创业项目提供实际操作和管理发展的指导；从大数据行业单位中选聘校外专业导师，从学科应用、专业实践的角度提供创新思路，校外专业导师具备整合资源指导项目的能力，不仅能够帮助学生打磨创业项目、实施创业计划，还能够激发、调动学生的参与热情。工作室同步引入生涯规划指导教师、心理辅导教师，为大数据方向学生提供全周期的职业生涯规划指导、服务和心理疏导，为学生勇敢探索生涯保驾护航。

2. 行业队伍强化学生专业应用能力

工作室利用地域优势，通过企业走访，广泛邀请各创业服务中心负责人、数据统计行业专家、创业精英、知名企业家、高管等组成行业队伍，为学生定期讲授专业导论、创业经验、职业发展等课程。另外，行业队伍具有真实的行业数据、市场研究项目、实习岗位等资源，能够给学生提供深入企业、走进社会开展实践锻炼的机会，推动学生走出"象牙塔"，走进社会真看、真做，强化其专业应用能力，拓展专业思维和眼界，为创新创业奠定良好基础。

3. 思政队伍整合资源建平台

思政工作队伍包括就业创业专职辅导员、年级主任和班导师，是日常与学生接触最多、了解学生较为全面的教师队伍，同时他们对于学生在专业学习情况、创新创业意愿、职业发展偏好等方面有更综合的了解，清晰地知道

学生不同发展阶段需要何种指导和帮助，能够为学生提供对应的平台支持和资源帮助。

4. 朋辈队伍服务学生共成长

为助力学生更全面、深入了解大学生创新创业与学科竞赛相关情况，进一步培养学生创新思维和创业意识，发挥优秀青年学生朋辈影响力和号召力，工作室将在创新创业项目及竞赛中表现优秀的学生、学院职业发展队伍、大学生科技协会纳入朋辈工作队伍中来，一方面服务学生开展各类创新创业项目及参加专业竞赛，另一方面，通过创业讲堂、主题沙龙、集体分享等方式，朋辈队伍传递全面的创新创业实践经验，为学生们提供面对困境的方法和借鉴，同时为创新创业教育提供更加灵活、多样、及时的补充。

朋辈队伍中另一个非常重要的组成是优秀校友。深入挖掘并合理利用校友资源能够显著提高创新创业教育质量，通过校友成长经历分享，学生可以从真实的创业案例中学习了解最实用、最具体的创业经验，避免学生开展"空中楼阁式"的理想化创业。工作室逐步梳理、整合并建立毕业3年、5年、10年、30年的校友数据库，计划举办创业论坛，邀请成功创业的校友来校参加讲坛，讲述创业经历，为学生答疑解惑。

（二）建立专创一体化工作室运行制度

以立德树人为根本任务，以三全育人为宗旨，以专业教育+创新创业教育为依托，遵循大数据专业学生成长规律，探索学生发展需求，开展科学、个性、系统的创新创业指导和教育，为保障工作室运行顺利，建立种子库进出机制、奖励激励机制、保障机制、教师培训机制等。

1. 建立学生培养进出机制

建立创新创业"种子"培育库，包括创新类、创业类、其他就业类（含基层就业、参军入伍等），根据学生在大一年级的表现和个人发展偏好进行选拔入库。其中创新类选拔专业知识基础扎实、科研兴趣浓厚、专业竞赛参与度高的学生入库，创业类选拔具有一定创业思路、具有创业兴趣的学生入库，两类"种子"库人才入库后将建立学生的初期创新创业画像，形成人才数据库，为后续出库做对比反馈，以优化培养模式和计划。

种子库培育。根据划分"种子"培育库的不同类别，从工作队伍中遴选出对应的专业导师、行业导师、思政导师及朋辈导师，搭配形成本类别的导师梯度队伍，有针对性地为大数据专业人才创造实践锻炼机会，对其项目提供个性化指导。

人才培养成果输出。经过2年—3年的培养锻炼，种子库中的学生通过参加各类学科竞赛、创新创业项目、实习实践训练等，将具备较强的专业素养和创新能力，成为富有创新精神并勇于投身实践的创新创业人才，能够以较强的竞争力获得更好的发展机会。种子库中的学生输出后将进入校友数据库，为下一批种子库人才培养提供经验和资源"沃土"，形成良性循环。

2. 建立奖励激励制度

厚植鼓励、激励的双创文化，完善激励机制。建立创新创业素质学分积累与转化制度，设立创新创业奖学金，全力支持数据专业人才创新创业；注重竞赛牵引，持续激发学生创新创业热情，为学生提供更多历练机会和实践舞台，重点孵化培育一批优质创新创业项目，达到"以赛促学、以创促创"的良性循环；支持科创社团发展，举办创新创业讲座论坛，开展各类主题活动，加大创新创业精神宣传，发掘并宣传创新创业先进典型，努力营造敢为人先、宽容失败的氛围环境。

3. 搭建创新创业支持保障平台

第一，加强第一课堂、第二课堂协同推进，实现专业教育与创新创业教育的融合，通过引进校外优质创新创业教育资源充实创新创业专家导师队伍，提升创新创业教育师资水平。第二，建立创客空间和创新创业实习实训中心，为学生创新创业技能提升搭建训练平台，发挥创客教育功能，为学生开展专业双创活动提供空间氛围、项目训练、技术导师和资金支持，引领学生基于专业知识和技术开展创新创业实践活动。第三，积极构建多层次创新创业教育模式，坚持以赛促教、以赛促学，鼓励支持学生参与科研活动、学科竞赛、创业比赛和创业基地建设，提供项目路演、资源对接、成果转化、创业辅导等基础创新创业服务，同时细化竞赛种子库培育计划，重点从学院层面开展创新创业大赛、专业技能大赛，发现、精进、孵化创新创业的可塑项目，强化训练学生的创新创业思维与能力，催生优秀项目和成果，推动学生在与全国高校学生同台竞技中获得累累硕果。

4. 实施专创一体、理实一体的教师培训机制

大学生创新创业教育要求专业教师既要有精深的专业能力，又要有较好的市场意识和丰富的实践经验，向外引进行业队伍的同时也要向内开展专创一体的教师培训。提升专业教师的创新创业教育意识，坚持理论与实践并重，

是打造产教融合、专创融合型师资队伍的核心。一方面，可以结合教师专业开展专项培训，围绕"互联网+""挑战杯"等国家级赛事指导开展"双创"实操培训。另一方面，借助企业挂职、跟岗访学、项目合作、学术论坛和案例教学等形式，促进学科教师和企业家双向交流、互学互助，推动教师在项目训练、产品开发、成果转化、技术服务中提升创新创业指导能力。

（三）建立校—企—地协同育人格局

创新创业教育不仅要从师资、课程等方面补短板、提质量，更要构建政校、校校、校企、校地合作的协同育人模式，实现创新创业教育与社会发展同频共振。工作室积极推动与创新创业服务中心、重点企业、行业协会签订战略合作协议，在产教研融合、人才联合培养、资源支持方面达成共识。

在深化产教研融合方面，战略合作协议充分考虑人才培养与企业需求相契合、创新创业教育与区域经济特色相融合，意在推动教育链、人才链、创新链与产业链、价值链有机衔接，建立"产学研"协同创新渠道，与特色产业园区、产业头部企业进行联合创新，推进科技成果产业化。

在人才联合培养方面，健全联合培养人才制度，与有关部门、科研院所、行业企业联合制定紧缺人才的培养目标和培养方案，推动各单位全方位参与应用型人才培养的过程，共同保障人才培养条件和资源平台，评价人才培养质量并输送到对应岗位从事专业工作。同时，积极选送优秀教师到行业接受培训，聘请企业优秀人才担任校外专业导师，打通"专创融合"的教师队伍的互动互用、动态均衡通道。

在支持体系方面，强化双方共享共建。聚合政府、社会等各类优质资源，共建创业孵化空间和创新创业实践基地，提升专业成果利用率和转化率，实现多方资源的共享整合、多元主体的协同合作和各类创新要素的交融互动，为学生创业团队提供完善的综合服务，形成政策资金支持、法律制度保障、技术成果转移和应用等一体化创新创业支持链。

结　语

"专创一体化"工作室探索组建复合型专创融合工作队伍，形成种子进出库培育、奖励激励等机制，搭建创新创业支持保障平台，通过校企、校地合作拓展大数据人才的实践广度和深度，促进大数据人才在校内夯实专业知识，学习创新创业基本原理，在校外深入社会、企业实践中展开实际操作和项目开发，全面提升大数据专业人才综合素质。

参考文献

［1］卢卓、吴春尚：《专创融合改革的理论逻辑、现实困境及突围路径》，载《教育与职业》2020 年第 19 期。

［2］倪向丽：《高校"专创融合"教育教学体系的构建与探索——以财务管理专业为例》，载《云南大学学报（自然科学版）》2020 年第 S1 期。

［3］曹蕾、蒋学强：《"专创融合"视角下创新创业实验室发展路径实践与探索》，载《实验技术与管理》2020 年第 8 期。

［4］彭华涛、朱滔：《"双一流"建设背景下专创深度融合模式及路径研究》，载《高等工程教育研究》2021 年第 1 期。

［5］王元卓、隋京言：《新工科背景下的大数据专业建设与人才培养》，载《中国大学教学》2018 年第 12 期。

"五育"并举下"身心韧性"融入大学生思想政治教育的策略研究

唐晓羽

天津财经大学

【摘　要】随着社会的发展，教育领域越来越重视学生的综合发展，如何通过"五育"融合发展，在帮助学生提升思想认知的同时强化心理和身体素质，使其在后续学习工作生活中，以积极心态面对和实现个人追求，是当下大学生思政教育工作的焦点问题。鉴于此情况，本文将重点围绕"五育"并举下大学生"身心韧性"提升的策略开展分析，先阐述大学生群体的"身心韧性"现状和"身心韧性"融入新时代大学生思想政治教育的必要性，并在此基础上提出了"身心韧性"融入新时代大学生思想政治教育的实践路径，针对性提出"五育"并举下如何"内外联动"，多维度、立体化、全方位开展育人工作。

【关键词】"五育"并举；身心韧性；大学生思想政治教育；"脆脆鲨"型学生

引　言

习近平总书记在党的二十大报告中明确指出："教育是国之大计、党之大计。培养什么人、怎样培养人、为谁培养人是教育的根本问题。育人的根本在于立德。全面贯彻党的教育方针，落实立德树人根本任务，培养德智体美劳全面发展的社会主义建设者和接班人。"这是以习近平同志为核心的党中央对新时代教育事业的总体战略部署。在五育并举的教育理念下，加强对学生"身心韧性"的培养塑造，使学生拥有面对挑战和逆境时的心理弹性和适应能力,对培养健康向上、理性平和、自信自强的新时代大学生具有积极作用,有利于深入落实大学生思想政治教育工作的要求,助力学生树立正确世界观、人生观与价值观,促进学生德智体美劳全面发展。

随着社会的发展,教育领域越来越重视学生的全面发展,"五育"并举在大学生思想政治教育中心理健康素养的提升尤为重要。同时,已有研究表明,"身心韧性"能够帮助个体有效应对压力、挫折等逆境,并帮助其快速恢复心理与生理机能。鉴于此,本文重点分析了大学生群体的身心韧性现状及其思想政治教育中身体素质与心理功能的发挥情况,进而阐明了"身心韧性"融入新时代大学生思想政治教育的必要性,并在此基础上提出了"身心韧性"融入新时代大学生思想政治教育的实践路径,以期将"身心韧性"有的放矢地应用于大学生思想政治教育实践中,为探索能够切实加强新时代高校思想政治教育的科学性、针对性和有效性,促进"立德树人""多维度、立体化、全方位育人"教育目标的实现提供可行性参考。

一、大学生群体的身心韧性现状分析

大学生正处于人生的特殊阶段,可能会面临着学业、就业、人际交往等多重压力,很多大学生在步入大学校园后对未来的发展感到迷茫,不清晰,想努力却找不到方向带来的压力,性格内向不善于对外沟通带来的情绪错杂难释放,外部环境快速迭代和激励竞争环境为现今青年带来的"心理脆弱"与"身体脆皮"。在心理与生理相互影响之下,导致了学生在心理与生理上的双重脆弱,成为人们口中的"脆脆鲨"型学生。

(一)心理压力大

当前大学生遇到了许多我们之前从未遇到的难题和困难,如保研、考研、就业竞争压力大,使得拥有一个好成绩作为好发展的敲门砖,成为当下"孔乙己脱不掉的长衫",而学生过高的自我期望与社会期望,可能会进一步引发内心的冲突和压力,从而导致学生容易出现情绪波动大、焦虑、失眠等问题,长此以往会削弱学生的自信心和自我价值感,影响他们对未来的积极展望,较大的精神压力也会对学生的心理和身体健康造成一定威胁。

(二)外部适应危机

从高中到大学的过渡,不仅是学习生活环境的变化,更是自我管理、自我调节、自我提升的过程,面对新的社交圈子和新的生活环境,许多学生会存在外部适应危机的状况。一方面，当前大量学生来自独生子女家庭，长辈较为宠爱，成长环境较为安逸，独立生活的经验不足，平日缺乏适量的体育和生活经历的锻炼。另一方面，学生还没有真正适应大学综合能力培养的环境，将学习成绩作为衡量自己大学获得感和成就感的唯一评价指标。这种单一的评价体系忽视了个人兴趣、社交能力、创新思维等其他重要能力的培养，导致学生在面对多元化的大学生活时感到迷茫和不适应。

（三）生活习惯不健康

大学生刚刚离开管理严格的高中，开始了环境宽松、主要依靠自我管理的大学生活。严格的作息管理骤然消失后，学生们在学习、生活上难免有一些"放纵"的时候，饮食不规律、生活方式不健康等为身心健康埋下了隐患。在学业压力和家庭期望的双重影响下，学生往往将大部分时间和精力投入学习，忽视了体育锻炼和生活经历的积累。这不仅影响了他们的身体健康，也限制了对他们社会适应能力的培养。

因此，在"五育"并举的教育理念下，提高新时代大学生的"身心韧性"对于学生的成长和发展具有十分重要的意义，其对大学生思想政治教育功能发挥的影响值得深入探讨。面对此类"脆脆鲨"型学生，本文接下来将重点破解以下几个关键问题：（1）如何帮助学生完善内部支持系统，搭建学习、生活、实践相统一的自我评价体系？（2）如何增强学生"身心韧性"，帮助学生树立正确观念，做好学习生涯规划和生活规划？（3）如何做好"五育"并举形成育人合力，助力学生成长成才？

二、"身心韧性"融入大学生思想政治教育的路径

在五育并举的教育理念下，"身心韧性"是指学生在德、智、体、美、劳五个方面均衡发展的同时，形成面对挑战和逆境时的心理弹性和适应能力，强调个体在逆境中的成长和学习。大学生"身心韧性"的提升作为大学生思想政治教育工作的重要组成部分，需要坚持育心育身与育德相结合，努力运用多种策略，确保能够为大学生创造一个更加健康、和谐、积极的成长环境，使学生实现个人人生价值的同时将"小我"融入"大我"，把个人的理想追求融入国家和民族的事业。

（一）倾听关注，互联互通

遵循大学生心理发展的客观规律，以教育教学、实践活动、咨询服务、

预防干预、成长服务为基础,搭建"五位一体"的心理健康服务体系,着力培育学生理性平和、乐观向上的健康心态,从而促进学生心理健康素质、身体健康素质与思想道德素质、科学文化素质协调发展。定期开展心理健康筛查和院班宿舍日常管理,及时发现并解决学生的身心健康问题,加强对特殊学生管理,做好分类管理和指导工作。经常与学生交流生活学习状态,帮助学生舒缓情绪、剖析状态。同时,建立帮扶"网",与学生的父母、室友、班内学生骨干沟通了解学生细致情况。针对"脆脆鲨"型学生的个性化情况,建立分类指导档案,定下全员携手、共同帮扶的方案,从学业、交友、运动等方面帮助很多学生重塑自信、健康生活。同时,邀请就业课和专业课老师帮助更多学生根据当前需求和所学专业做好学业规划,分解长期目标,减轻身心压力。在此基础上,还需保证"周周有联系、月月有见面、时时有回应",引导学生要学会合理调适,如与人倾诉、慢跑,若心理压力较大且难以缓解需要帮助学生寻求心理咨询师的帮助,及时排解不良情绪。

(二)以体强心,良性循环

运动能促进身体内多巴胺和内啡肽等神经递质的分泌,从而改善人的情绪状态,缓解焦虑和抑郁等心理问题。因此,在日常生活中,要鼓励学生认真上好学校的每堂体育课程,积极参加学院组织的"21天习惯养成计划之课外锻炼打卡"、荧光夜跑等活动,培养良好的生活作息习惯,提高学生自身身心保健能力;同时,依托心理健康协会等学生组织开展学生积极心理品质培育工程活动,打造"心理文化节"育人品牌,通过为学生定制团体辅导、沙盘体验、音乐放松、情绪宣泄、春季游园会、心理沙龙等多项体验活动,推送线上媒体普及心理健康和体育锻炼的知识文章通过参与丰富多彩的校园文化活动,摆脱"脆皮""脆心",增强"身心韧性",一方面提升学生身体素质,另一方面提升其心理适应能力和抗压能力。很多学生也通过体育锻炼的方式,找到了纾解内心压力和负面情绪的途径。同时,适量的运动也进一步改善了学生的睡眠质量,夜晚的思虑和失眠减少,白天的精力和效率提升,形成了良好的双向互动循环。

(三)实践服务,充盈内心

复原力理论认为个体的韧性是可以通过学习和实践来提高的,教育者应设计相关的课程和活动,帮助学生增强心理韧性。因此,在开展大学生日常思想政治教育的过程中,需要引导更多学生"走下网络、走出寝室、走向社会"，积极参与各类社会实践活动。依托学校搭建的各类志愿服务平台，支持学生参加"一起云支教""安定医院志愿服务""大中小运动会志愿服务""夏季达沃斯志愿服务"等大型活动传递爱心的力量；响应"我和我求学的城市"活动要求，坚持"走出去"的工作思想，组织学生前往中共天津历史纪念馆、北方局旧址纪念馆、觉悟社纪念馆、平津战役纪念馆、周恩来邓颖超纪念馆、大沽口炮台遗址博物馆、天津博物馆、天津艺术馆等，打卡红色展馆和文化展馆，深入了解党史和天津的文化风貌，让红色基因、革命薪火代代传承。同时，组织学生前往社区开展环境整治和普法宣传活动，连线乡村帮扶干部，助力乡村振兴与生态文明建设。丰富多彩的二课堂活动充实了很多学生的大学生活，也让学生在社会实践中历练了身心，在实践与思考中逐步认识自我、接纳自我，减少精神内耗，真正做到"皮不脆、心不脆"。

（四）思想引领，立志成才

班杜拉的社会认知理论强调观察学习和模仿的重要性，教育者可以通过树立榜样，让学生观察和模仿坚韧的行为和态度。同时，积极心理学强调个体的优势和潜能，教育者可以通过强化学生的优势和积极品质，促进其身心韧性的发展。对此，学校可以通过组织各类培训交流活动，形成"横纵交错、由点及面"的立体培养模式，纵向上本科生与研究生学生党支部共建、横向上不同专业学生互通互助，既为学生提供专业学科纵深化学习研讨的机会，也为学生提供横向跨专业交流启迪科研梦想的平台，同时依托交流合作平台将党政热点、思想教育融入日常，设立志愿服务先锋岗，让学生在"学"与"行"中真正提高自身政治素养，培养爱国主义情怀。很多学生在其中也获益匪浅，逐步坚定入党初心与决心，面对挑战时也能够保持积极的心态，培养了身心韧性。同时，以"党建+就业"为工作抓手，实施"追梦"计划，带领学生先后走访多家企业、邀请优秀校友回校座谈、签订合作框架协议及人才培养合作协议，进一步深化全流程人才培养，助力学生追逐创新创业梦想，用心用情服务学生成长发展需要。

三、"身心韧性"融入大学生思想政治教育的创新探索

通过近年来的日常工作实际，本人深刻体会到开展大学生日常思想政治教育工作必须"抓在经常、爱在平常"，当前大学生以"00后"为主体，他们的思想活跃、思虑较多，主体意识、参与意识强，对实现人生发展和人生

价值有着强烈渴望,但易受外界影响、心理负担重,作为大学生思想政治教育工作者,需要走进学生、理解学生,明白学生"脆皮""脆心"的具体实际情况,将"身心韧性"的培养融入大学生思想政治教育的日常,从"多维度、立体化、全方位"开展育人工作。

(一)明德于心、寓教于行,激发"内动力"

一方面,利用"00后"青年大学生网络原住民的身份利用学院官微、公众号、班级群等网络平台,引导学生重视身心健康,科学分配时间和精力来应对压力,保证充足睡眠,养成健康的饮食习惯、作息习惯和生活方式,从学生个体意识挣脱"脆"的自嘲、摆脱"脆"的放纵。另一方面,鼓励学生走出宿舍,参加劳动、实践、志愿活动,为实现自身发展奠定良好的身心基础,引导学生体验生活中不经常体验到的"挫败",培养学生的团队能力、应变能力,让学生懂得奋斗的可贵,从而引导学生"心系国家事、肩扛国家责",自觉把爱国情、强国志、报国行自觉融入中国特色社会主义事业和中华民族伟大复兴的奋斗之中。

(二)家校融合、校社融通,施加"外驱力"

加强学校、家庭以及社会的协同联系,形成育人合力,搭建"成长支持体系",给予年轻人有温度的关怀。以"525心理健康节"为契机,举办模拟沙盘、倾听分享会等心理团建活动,为"脆脆鲨"型学生提供宣泄倾诉的环境。同时,日常思政工作要贴近学生特性,从生活中的点滴小事中关心帮助学生,了解所带学生的个性化特点,搭建"全员育人+校社校企"合作育人平台,深化全流程人才培养,助力在校生追逐创新创业梦想,真正让学生感受到辅导员老师对他们成长的关注、发展的指导,点滴小事凝聚师生间的信任,赢得学生的尊重和爱戴,帮助他们"扣好人生的第一粒扣子"。作为大学生思想政治教育工作者,既要理解青年所思所想,为他们驰骋思想打开浩瀚天空,也要积极教育引导青年,推动他们脚踏实地走上大有作为的广阔舞台。

结 语

综上所述,"五育"并举下学生"身心韧性"的培养与大学生思想政治教育之间具有高度的关联性。一方面,在"五育"并举理念下,重视学生"身心韧性"的提升是对大学生思想政治教育工作的新探索,另一方面还可以缓解学生面临的各种压力,帮助学生陶冶情操,提高面对困难挫折的勇气,实现对学生的综合教育。所以在大学生思想政治教育领域应该继续强化"德、智、体、美、劳"五育的创新探索，设计多种实践教育活动，以学生为核心，将"身心韧性"融入新时代大学生思想政治教育，为实现学生综合发展，推动社会进步提供良好保障。

参考文献

［1］马畅：《"五育"并举下大学生心理健康素养提升策略分析》，载《才智》2024年第16期。

［2］周娟：《五育并举赋能"心"成长——我市心理健康教育开启新征程》，载《郑州日报》2024年5月23日。

［3］荣誉磊、陈大权：《"五育并举"视域下高校体育育人价值探究及育人模式创新》，载《学园》2024年第16期。

［4］马泽新、梁晓玲：《"脆皮"映射当代年轻人的心理和身体状态》，载《文摘报》2024年1月17日。

［5］王豪：《大学生遭遇"脆皮"标签修炼"硬核"心态》，载《中国青年报》2023年12月20日。

［6］江和原、李景平、王宇：《心理韧性融入新时代大学生思想政治教育的实证逻辑与实践路径阐析——以S省某高校为例》，载《河北青年管理干部学院学报》2024年第3期。

［7］王云珂等：《心理学视角下体育课程思政的育人价值解析》，载《四川体育科学》2023年第6期。

［8］李港：《群体身份对大学生复原力的影响——应对效能的中介作用》，浙江师范大学2023年硕士学位论文。

［9］吴东姣：《实践何以育人：具身认知理论视域下大学生社会实践育人功能再思考》，载《青少年研究与实践》2022年第4期。

［10］陶楚歌：《高校学生党建活动培育大学生积极心理品质的作用及路径探析》，载《北京教育（德育）》2023年第10期。

以职业规划大赛为载体，提升大学生就业竞争力水平

张晓旭

天津财经大学

【摘　要】随着高等教育普及化，大学生就业问题日益凸显。尽管政府和高校已采取多种措施，但供需矛盾仍较为突出。本文提出，通过举办职业规划大赛，可以有效提升大学生的职业认知、规划能力和就业竞争力，实现"以赛促就"的目标，进而推动毕业生实现更高质量的就业。

【关键词】职业竞争力；职业规划大赛；以赛促就

一、当前高校职业规划大赛的现状

（一）各级各类比赛如火如荼开展

2009 年由教育部高校学生司指导、全国高校学生信息咨询与就业指导中心、中国教育电视台联合主办的"全国大学生职业生涯规划大赛"取得了巨大的成功，共吸引了来自 24 个省市、1000 余所高校、70 余万学生的参与。这一大赛不仅为广大学生提供了一个展示自己职业规划能力和才华的平台，也极大地促进了全国范围内对职业规划教育的关注和重视。自 2009 年首届大赛举办以来，职业规划大赛得到了全国各省市、各高等学校的积极响应，许多省份和高校都举办了省级和校级职业规划大赛，参赛人数和热情不断上升。一些省份或高校还将大赛与职业发展与就业指导课程相结合，贯穿整个生涯教育全过程，使学生能够在参与比赛的过程中深化对职业规划的理解和掌握。

然而，尽管职业规划大赛在推动大学生职业规划教育方面发挥了积极作用，但仍存在一些问题和挑战。例如，参赛学生普遍存在学历偏低、年级偏

低等特点，这可能与高校在职业规划教育方面的普及程度不够有关。此外，组织方在比赛内容上主要侧重于职业规划设想、职业认知提升、职业素质积累等，而较少关注职业能力的展示与提升，以及为参赛学生提供实习与就业机会等方面。

（二）教育部首届全国性质的职业规划大赛圆满成功

近日，由教育部主办的首届全国性质的职业规划大赛圆满落幕。本次大赛自启动以来，就以其独特的意义和价值吸引了全国各地高校的广泛关注，数万名学生积极参与其中。经过层层选拔和激烈角逐，最终一批优秀的职业规划方案脱颖而出，充分展现了当代大学生对职业发展的深入思考和积极探索。

本次大赛旨在激发大学生的职业规划意识，提升他们的就业竞争力，并帮助他们更好地认识自我、明确职业目标。参赛选手们通过提交职业规划方案、参与现场答辩等环节，充分展示了自己的职业规划能力和创新思维。他们不仅深入挖掘了自己的兴趣、优势和潜力，还结合市场需求和行业趋势，制定了切实可行的职业目标和实施计划。大赛期间，选手们还通过分享、交流和互动，增进了彼此之间的了解和友谊。他们共同探讨职业规划的难点和解决方案，互相借鉴和学习，形成了浓厚的学术氛围和团队合作精神。同时，大赛还邀请了众多行业专家、企业高管和知名学者担任评委和嘉宾，为选手们提供了宝贵的指导和建议。这些专家和学者凭借丰富的经验和深厚的学识，为选手们提供了专业的指导和反馈，帮助他们进一步完善职业规划方案，提高就业竞争力。

通过本次大赛，参赛选手们不仅更加明确了自己的职业目标和方向，还收获了丰富的实践经验和人生智慧。他们纷纷表示，将把这次大赛作为一个新的起点，继续努力提升自己的综合素质和就业竞争力，为实现自己的人生价值和社会责任作出更大的贡献。

（三）完成职业规划比赛的内容就是一次完整的职业探索历程

党的二十大报告强调了实施就业优先战略和强化就业优先政策的重要性。然而，当前部分大学生"懒就业"和"慢就业"现象日益凸显，这主要源于"自我认知不到位""职业意识不强"以及"职业价值观缺失"等主观因素。在这样的背景下，职业规划大赛成为一个潜在的解决方案，其比赛内容能够针对性地帮助学生解决这些主观问题。

职业规划大赛通常包含"多维度构建职业自我""全方位澄清职业现实""清晰目标与行动策略""讲好职业情景模拟故事"以及"打磨精彩的舞台呈现"等多个环节。这些环节与教育部职业生涯发展课程教学大纲中的"自我探索""职场探索""人职匹配""评估和修正"等篇章紧密对应，为高校提供了一个将大赛与就业课程体系相结合的理想平台。通过结合职业规划大赛和本校的就业课程体系，高校可以构建一门集理论课、实务课和经验课为一体的综合课程。这门课程不仅传授职业规划的知识和技能，还注重对学生态度和价值观的培养，帮助学生全面认识自我、了解职业世界，并引导他们理性规划未来，提高就业能力和生涯管理能力。

对于学生来说，参与这样的综合课程，不仅可以提升对职业规划的理解和掌握程度，还能通过实际操作形成有效的职业发展规划能力。这样的评价方式不仅关注学生的知识掌握情况，更重视学生的实践能力和综合素质的提升。

二、举办职业规划大赛的现实意义

（一）举办职业规划大赛可以逐步提升大学生就业动机

依据《动机心理学》中"PLOC 内化连续体"理论，无动机状态可以通过外在动机到内在动机的内化过程，即在外在动机阶段是受控，而在自主之后转化成内在动机。在政策引导下，举办全国性质的职业规划大赛，必然带来覆盖性的赛前动员与造势，大学生这一特殊群体，也许刚开始会持观望、"与我无关"等态度；但随着赛事的影响深入，大学生自我效能感的提升，动机也会发生变化。通过这种内化过程，职业规划大赛所能带来的生涯教育与就业指导的影响会进一步深入，而这种影响将会转变为大学生的就业意识与动机。

无动机	外在动机				内在动机
与我无关	外部调节	内摄调节	认同动机	整合调节	内在调节
	参赛可以获奖	为拿奖好好准备	职业规划有所收获	职业规划影响人生	职业规划是快乐和有价值的

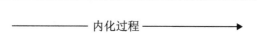

————— 内化过程 —————▶

图 1 动机的心理模型

（二）大赛内容可以全方位提升大学生的就业能力

（1）职业规划大赛比赛内容的第一部分是构建职业自我，即清晰、全面、深入、客观地剖析自身职业发展优劣。回答好这部分问题则必须梳理清楚个人的成长经历，从"职业性格""职业兴趣""职业能力""职业价值观"等多角度发掘生命主题，重构未来期许；同时通过"生命线""家族树"或职业测评等工具，让学生树立起内心认同的生涯目标。

（2）职业规划大赛比赛内容的第二部分是打开职业通路，即了解社会整体就业趋势和大学生就业状况。回答好这部分问题则必须整理和分析清楚职业外部环境，进一步验证自我职业目标的准确性，找到合适的职业通路。通过职业目标在现实中的位置收集与职业目标达成方式的分析等，达成职业信息与自我认知的有效统一。

（3）职业规划大赛比赛内容的第三部分是实施路径与行动计划，即制定职业目标发展规划。制定好职业目标发展规划就需要从近期目标、中期目标到长期目标的一一构建，同时进行风险评估和应对调整，进而帮助学生权衡不同职业选择的利弊、制定适合自己的行动计划。

（4）职业规划大赛比赛内容的第四部分是讲好职业情景模拟故事，即编制一个深刻的职业理解 VCR。无论是工作场景还是具体任务，无论是工作服务对象还是伦理道德，无论是工作主要特点还是核心特点，都是本项内容的考核重点。要讲好这个故事，就必须开展实地的体验，而这些经历将进一步提升学生职业认同感。

（5）职业规划大赛比赛内容的第五部分是精彩的舞台呈现，即自身自我表现力的展示。讲好故事既是演讲与口才能力的体现，又是提升社交能力的尝试；通过潜移默化的熏陶与培养，加之为获得比赛成绩而专门进行的定向培训，无不可以最终转化成为学生求职时的个人可迁移技能，进一步增加就业筹码，提高就业能力。

（三）引导学生做好学业和职业发展规划，促进大学生成才成长

职业生涯规划不应该简单地等同于找工作，或者仅仅与工作相关。人的职业生涯是一个漫长的过程，也许一生只从事一种职业，也许从事多种职业，每个人都会有所不同，但相同的是，每个人都希望拥有能满足自己需求并适合自己的职业。通过职业生涯规划大赛引导学生提升职业生涯成熟度，逐渐使学生从用职业选择来衡量心理活动发展水平转化为如何适应职场，如何面

对职业发展等。大学并不是象牙塔，也不是人生的港湾和终点，只能说是人生之中的又一次起航，引导大学生尽早开展职业生涯规划，找准自我定位，树立人生目标，发现自我，挖掘潜能，实现自我，进而增强就业竞争力，为未来事业的成功奠定基础。

三、下一步优化职业规划大赛的设想

（一）构建全国联动的赛事体系，逐渐形成辐射带动效应

根据教育部指示精神，全国大学生职业规划大赛组织委员会要求，大赛提出"全覆盖""强引领"和"高水平"三个定位，进一步构建中国特色生涯教育体系。为实现这一目标，笔者建议：

（1）分层次设置大赛的参赛组别，重点引导高年级学生参赛。继续保持低年级教学与比赛的结合与互动，同时增加实习实践的活动与奖励，甚至是增加直接就业的机会，让高年级学生乃至毕业生可以有时间、有兴趣、有需求地参赛。

（2）分领域设置不同的参赛方向，围绕当前社会经济发展态势和新职业、行业动能等开设不同的参赛方向，既可以满足不同专业学生的参赛需求，也可以重点聚焦不同行业的企业人士参与大赛，丰富学生与企业的互动，进一步便利求职。

（3）不要仅仅面对教育系统开展比赛，要把眼光放长远，积极对接包括人社部门在内的各级政府部门和各行各业的企业人力资源专家，通过职场体验等形式，进一步促进学生增强求职意识和求职能力。

（4）引入朋辈计划，搭建平台，指定方向，用学生喜闻乐见的方式，以实际经历促使学生参赛。开展朋辈宣讲团，讲述自我生涯成长故事；开展朋辈辅导推介，用"师兄师姐说"等形式来给参赛选手增色；开展朋辈导师选拔活动，让学生发现身边走在前面的佼佼者，以真实案例促进学生努力提高个人水平。

（二）以赛事为载体，促进校企供需对接，提高人岗匹配度

1. 将职业规划大赛与教育部"供需对接就业育人项目"相结合

教育部已经连续发布了两期"供需对接就业育人项目"，该项目首先面向各企事业单位和行业协会征集需求，再由高校自主申报，双方开展合作互动，共同致力于培养和招聘更多创新型、复合型和应用型的人才。如能将职业规

划大赛与"供需对接就业育人项目"相结合，首先能降低部分参赛学生的准备难度，学生在职场分析部分本身存在天然的劣势，如有供需对接单位提供职场分析，一方面能有的放矢地提供学生参赛资源，另一方面也能为该企业提供校园雇主品牌建设成熟度。其次，学生定向地在企事业单位和行业协会提供专项经费和资源支持下开展比赛，更能进一步了解和认知企业的发展脉络、组织文化等，可以在学生未毕业前就能开展职业人才培养，进一步提高人岗匹配度。

2. 将职业规划大赛与各行业"就指委"相结合

为建立健全高校与用人单位沟通协作机制，广泛汇聚社会各方力量共同促进高校毕业生就业创业，教育部于2021年5月成立了全国普通高校毕业生就业创业指导委员会，下设19个分行业"就指委"。就指委成员中有很多知名企业，密切就指委成员与职业规划大赛和职业生涯教育的联系，一方面可以为职业生涯教育培训骨干教师力量，另一方面也便利教育部把参与大赛工作情况作为就指委成员履职评价的重要内容。如能将就指委成员企业与职业规划大赛结合，除了在行业内建立目标共识，还可以将参与大赛评委工作的优秀专家吸纳成为新的就指委成员，进一步丰富就指委的范围，提升就指委的指导作用。

（三）以赛促就，促进大学生更加充分更高质量就业

中国国际"互联网+"大学生创新创业大赛已经成功举办十届，十年来，"互联网+"大赛为全国"敢闯会创"大学生提供了无限的可能，同时也促生了一种理念，叫"以赛促创"，全国各级组织部门，全方位、多角度地着力构建青年创业生态圈，助力创业者走向成功。职业规划大赛完全可以参考创业大赛的发展脉络，着力构建"以赛促就"的特点。

1. 参与职业规划大赛可以丰富大学生求职意向

参与职业规划大赛则必须面对各行各业开展职业准备，而不是只单单聚焦公务员和国有企业等大厂，大学生势必有一个从热门行业岗位到非热门行业岗位逐渐了解过度的过程，逐渐从听过发展到知道，再发展到了解。同时，职业规划大赛还可以教育引导学生厚植勇于承担社会责任的家国情怀，把个人理想追求融入国家和民族事业之中，到国家和人民需要的地方建功立业。

2. 参与职业规划大赛可以使大学生聚焦新业态

职业规划大赛的参赛行业必然聚焦宏观就业环境，诸如大数据分析、人

工智能、数字经济等新赋能技术与专业将与之紧密结合，而新产业也将迎来被大学生一一认知的战略机遇期。当前，白热化竞争中，深度体验将成最佳认同，而大学生思维是未来发展力，而大学生则是创新和迭代的核心竞争力。通过职业规划大赛，让更多的大学生聚焦新业态，进一步提升新动能，进而促进市场优化经济布局、强化创新引领、保持经济平稳运行。

3. 参与职业规划大赛可以涵养大学生积极的就业观

按照教育部要求，各高校一直致力于把就业教育、就业引导全面纳入大学生思想政治教育体系，将职业规划大赛作为第二课堂建设的内容，不断完善构建与《职业生涯与就业指导》这门第一课堂课程为一体的生涯教育与就业指导体系，可以满足学生全程化、多层次的需求。职业规划大赛参赛的过程，其实就是积极、理性、务实的就业选择观夯实的过程。无论是端正态度，积极面对职业变化，还是主动出击，拓展职业市场，无不是使大学生紧盯就业态势"风向标"，紧跟政策"指挥棒"，勤于交流，互通信息，主动寻找就业机遇，造福家庭、社会。

4. 参与职业规划大赛可以提升大学生应用型实践能力

受传统教育观念影响，大学生"重知识，轻能力"的现象一直显著，虽然各高校均在想尽办法调整，但效果甚微。参与职业规划大赛，一方面可以促进教学改革，转变教育观念，恰当处理知识与能力之间教与学的关系；另一方面，可以促进"学徒制"建设，打造"知行合一"的氛围，促使实践中的困惑转化为解决问题的思路方法。大学生将不再纠结到底什么能力适合什么行业，转换成聚焦个人自我可迁移技能的提升，进而助力大学生驰骋于属于自我的职场中。

综上，无论是从避免学习的盲目性和被动性，还是对大学生的内在激励作用，职业生涯规划大赛都能起到良性作用。进一步把握职业规划大赛作品的底层逻辑，掌握有中国特色的生涯教育内涵，丰富生涯规划的知识体系，将生涯规划的理论与学生个体的真实生命历程相结合，借参赛之际，开展生涯思考、探索与行动，激发做好生涯教育的热情，使参赛学生的个人能力得到有效提升，为其职业发展的助力，最终促进大学生更充分、更高质量就业。

参考文献

[1] 刘梦鑫：《新时代大学生职业规划能力培养路径研究》，载《产业与科技论坛》

2022 年第 18 期。

［2］殷然：《高校辅导员教师身份视角下"00"后大学生职业规划教育方法探析》，载《科学咨询（科技·管理）》2021 年第 32 期。

［3］孙发有、姚丹：《论隐性知识视角下应用型大学生实践能力的培养》，载《吉林工程技术师范学院学报》2019 年第 6 期。

［4］徐向上、李曙生：《职业规划大赛：高职院校思想政治教育新载体》，载《泰州职业技术学院学报》2018 年第 4 期。

［5］郭熠等：《职业规划赛对大学生就业能力提升路径的思考》，载《经贸实践》2018 年第 19 期。

［6］焦中彦、陶咏梅：《以"职业规划大赛"为依托，强化大学生职业生涯规划能力》，载《科教导刊（下旬）》2015 年第 9 期。

以赛促学明方向，以学促行增本领，以行促就砺强兵

——充分发挥职业规划大赛就业育人功能的新探索

袁　峥

天津财经大学

【摘　要】就业作为最大的民生工程、民心工程、根基工程，在近年来高校应届毕业生人数逐年攀升的背景下，依托职业规划大赛开展生涯发展服务体系建设的理论和实践，对深入引导大学生树立正确的成才观、就业观和择业观，提升就业育人工作实效具有极其重要的作用。坚持以赛促学明方向，以学促行增本领，以行促就砺强兵，将思政元素与职业规划大赛紧密结合并贯穿大学阶段，引导学生到祖国最需要的地方建功立业，努力成为堪当民族复兴重任的时代新人。

【关键词】职业规划大赛；就业育人；就业指导课程；就业竞争力

近年来，高校毕业生人数逐年增长，受就业岗位需求收紧、就业结构性矛盾突出等多重因素影响，毕业生就业形势更加复杂。不断探索发挥好职业规划大赛育人作用，提高大学生生涯规划意识，科学合理规划学业与职业发展，提升就业竞争力，促进毕业生高质量充分就业已成为当下大学生就业教育的新目标。

一、以赛促学明方向

（一）自我探索中追寻止于至善境界

不断强化第二课堂对学生职业生涯教育支撑效应，以职业规划大赛为契

机，前置低年级学生自我探索教育，在入学时面向全体学生普及职业生涯规划知识，加强学生生涯发展的自主意识，鼓励学生积极参与职业规划大赛，引导其以赛促学，树立正确的就业观，在兴趣、能力、性格及价值观探索过程中不断剖析自我追寻止于至善的境界。

探索"兴趣密码"方面，追溯职业兴趣研究的历史，以霍兰德职业兴趣理论精确描述不同职业性格的特征，运用兴趣岛沉浸式互动引导学生树立正确的观念，讲授并指导学生使用职业定位十字架模型探索符合自身兴趣的职业方向；探索"能力密码"方面，运用图形和表格对比分析技能的分类，使用模型将知识概念图形化、立体化，以讲解明尼苏达工作适应理论和冰山模型为切入点，一对一指导学生运用 STAR 法则讲述成就故事，在完成《职业生涯规划书》的同时潜移默化提升学生相关技能，开拓思维训练和能力培养；探索"性格密码"方面，做到 MBTI 测试分析全覆盖，以情景模拟导入维度讲解，以典型人物对应性格类型，坚持以问题导向为主，内容导向为辅，激发学生持续探索自身职业性格的主观能动性；探索"价值观密码"，以生涯人物为案例，用生涯故事代替枯燥道理；设计价值观拍卖环节，用沉浸体验代替传统说教，在寓教于乐中引领学生思考讨论，"润物无声"地转变精致利己主义、啃老等不合理价值观念。

（二）外部探索中涵养国之大者情怀

从早从实紧抓大学生职业生涯教育，以职业规划大赛为依托，在撰写《职业生涯规划书》时运用职业发展 CD 模型、职业探索三叶草模型等方式帮助学生探索职业外部世界，引导学生基于国际化视野，在全方位认识自我、剖析自我基础上做出理性生涯决策。与此同时，要探索搭建朋辈沟通交流平台，解决理论模型固化无趣导致外部探索效果不佳等现象。通过职业生涯人物访谈等形式帮助学生更加直观掌握生涯理论，以朋辈生涯故事彰显各行各业先进人物服务人民的热情和无私贡献的精神，涵养国之大者情怀，引导学生用外国语言讲好中国故事，唱响中国声音，树牢学生正向职业价值观。

同时，当今世界正处于百年未有之大变局，要将就业价值观教育融入职业规划大赛之中，引导学生正确看待薪酬待遇与社会价值之间的关系，统筹专业能力与国家发展之间的关系。鼓励将个人事业发展与社会国家进步相结合，将彰显价值引领和培养家国情怀始终贯穿生涯教育全过程，支持和引导毕业生面向国家战略行业和基层一线就业，邀请近十年来参加西部计划、三支一扶的毕业生作为职业规划大赛校外导师对参赛学生进行针对性指导，通过介绍工作感受、当地风土人情、职业生涯发展路径等学生最为关心的问题，以亲身经历引领毕业生将个人理想融入国家和民族事业当中，亮明自身态度，鼓励毕业生到基层、西部、祖国最需要的地方建功立业。

二、以学促行增本领

（一）互学互鉴中洞悉专业行业发展

进一步重视职业规划大赛中行业发展分析部分的指导，紧密围绕职业规划大赛邀请校外企业导师开展贯穿学生生涯教育全过程的靶向培养。通过"请进来""走出去"相结合的方式，深入贯彻落实"访企拓岗促就业专项行动"，带领学生共同走访天津人民出版社有限公司、China Daily 等与专业相关的 40 多家企业，全面深化校企合作、供需对接，深化产学研项目合作，在构建高校毕业生市场化、社会化的就业工作机制的同时，帮助参赛选手亲身感受，直观了解目标行业企业发展历程、现阶段面对挑战机遇和市场对专业行业的需求情况。通过研究专业行业分析，掌握行业现状和未来发展趋势等一手资料，帮助学生做出明智的职业选择和规划。发动专业课老师积极参与指导职业规划大赛，在讲授专业课知识的同时与国际化视野下就业价值引领相融合，发挥好课程思政作用，充分利用其社会资源帮助学生深入了解专业行业发展，在互学互鉴中培养学生专业精神和行业情怀。

（二）赛学互促中激发创新实践能力

创新性开展职业规划大赛专题训练营，邀请大学生职业发展与就业指导课教师、专业课教师、就业专职辅导员进行跨学科交叉融合，分别从大学生职业发展规划、专业领航和就业宏观环境趋势角度进行指导，有效帮助学生打破单一思路壁，拓展思维空间。专题训练营大力营造积极备赛交流的氛围，通过专题讲座、案例分析、模拟路演等活动，帮助参赛学生直观充分掌握比赛规则和流程，反复打磨完善，充分展示优势，提供综合竞争力。学生在近距离集中交流和反复优化过程中，逐步将锐意进取、精益求精的精神内化于心，外化于行，充分意识到职业规划的重要性和必要性，以点带面打造涵盖全体在校生的职业规划氛围，树立使命感和责任感。与此同时，通过职业规划大赛使得学生在赛学互促中，不断汲取他人之长，激发内生动力，明确发展方向，在朋辈引领中提升自身创新实践能力。

三、以行促就砺强兵

（一）学思践悟中深化职业规划意识

将就业价值观引领融于职业目标设定、相关赛道选择、路演培训等职业规划大赛指导各环节，渗透培养学生坚持以社会理想为指导来树立个人职业目标，永葆奋斗创新激情，挖掘社会痛点热点，充分权衡社会发展需要、个体职业发展和自身基础条件等因素，不再盲目追求高薪待遇的工作。引导学生充分权衡社会发展需要、个体职业发展和自身基础条件等因素，不同的行业、不同的岗位对于人才的需求各不相同，学生应根据自己的兴趣、特长以及职业规划目标，选择适合自己的赛道。大力宣传毕业生选择基层、服务重点行业、重点领域就业创业的先进典型，努力营造良好的舆论氛围，大力弘扬艰苦奋斗、自强不息的精神，鼓励学生在职业规划过程中不断挑战自我、超越自我，在不断深化职业规划意识中教育引导学生厚植勇于承担社会责任的家国情怀，到国家和人民需要的地方建功立业，为实现中华民族伟大复兴贡献青春力量。

（二）知行合一中提升求职面试能力

通过职业规划大赛全过程的层层筛选，重重优化，学生在相互学习、取长补短中不断丰富经历经验，不断优化个人简历，持续明晰发展方向。大赛设置了结构化面试、无领导小组讨论等模拟面试环节，旨在锻炼学生的团队协作能力，学生们不断提升应变能力，逐步积累经验，丰富技巧思路。除此之外，学生们更加关注职业礼仪规范，在服饰礼仪、言谈礼仪和行走站立礼仪等细微之处展现气质和修养，逐步锻造了符合就业市场要求的职业精神和精雕细琢、精益求精的工匠精神。职业规划大赛还着重培养了学生的抗挫能力和心理调适能力，在面对失败挫折时，抗挫能力和心理调适能力显著增强，能够做到快速调整心态，摆脱低落失望等消极情绪，及时进行针对性复盘总结归因，重树信心，重整旗鼓。这种坚韧的精神品质和心理素质对于他们在职场中脱颖而出具有重要意义。

就业作为最大的民生工程、民心工程、根基工程，依托职业规划大赛开展生涯发展服务体系建设的理论和实践，促进就业育人提质增效，笃行不怠，久久为功，实现毕业生更加适应当前形势、满足国家发展需要、符合个人发展实际的积极就业行动和就业选择，帮助其牢固树立建设中国特色社会主义的共同理想，为祖国经济发展贡献力量，助力创新创业型社会的发展建设。

参考文献

［1］周世祥：《聚焦"以赛促就"注重素养提升》，载《光明日报》2024 年 5 月 13 日。

［2］张倩、张璇：《职业规划大赛对大学生职业规划能力提升的研究》，载《山西青年》2023 年第 20 期。

［3］孙翠改、于大为、盛雪丰：《基于"双赛并举、六阶互融"框架的大学生就业能力培养机制》，载《计算机教育》2022 年第 10 期。

［4］刘丽芳：《高职院校大学生职业规划能力影响因素分析》，载《人才资源开发》2020 年第 13 期。

［5］樊军军：《少数民族青少年中华民族共同体意识培育研究——以甘肃省积石山县为例》，西北师范大学 2020 年硕士学位论文。

高校马克思主义民族观教育的
现实困境与对策研究

宋雨辰

天津财经大学

【摘　要】所谓民族观，是世界观在民族问题上的反映，是人们对于民族和民族问题所保持的总的认识与根本看法。而马克思主义民族观始终以实现真正的民族平等为目标，始终服务于无产阶级革命实践，始终坚持以科学理论和方法研究、分析民族问题、处理民族关系。本文总结了当前高校开展马克思主义民族观教育过程中所面临的现实困境，并对造成这些问题的原因进行了深入分析。最终对于如何充分发挥高校领导层、思政课教师和思想政治辅导员在统筹规划、理论灌输、服务管理方面所具有的独特作用，促进大学生马克思主义民族观提出了对策建议。

【关键词】马克思主义民族观；民族团结；思想政治教育

一、当前高校马克思主义民族观教育的现实困境

（一）民族观教育难以与高校人才培养相融合

当前，高校在人才培养过程中，为迎合就业形势需要，更加侧重对学生专业素质的培养和对专业技能的打造，将更多的教育资源投入学科建设和专业建设当中。马克思主义民族观教育从短期来看，对学生就业求职、升学深造并没有明显的推动作用，因此高校很难专门为开展马克思主义民族观教育另行投入资源。同时，按照现行的教学管理体制，任何一门课程的增减都需要进行综合考察。从理论研究到课前备课，从课程设置到教学计划的修改，马克思主义民族观理论课程的建设在各方面都需要投入大量的时间和精力，

各部门也要经过长期的磨合与调适。其中需要付出的成本和代价，为高校增加了繁重的工作量和协调各种复杂关系的难度。

（二）马克思主义民族观教育缺乏人员和物质保障

在人才配备方面，一方面，思想政治课专业教师对马克思主义民族观理论的研究缺乏系统深入的学习，对于其中理论观点的掌握程度和对教学内容的熟悉程度参差不齐，对基层工作经验的缺乏也导致教师的理论教学活动不能适应学生需求。另一方面，高校辅导员虽然拥有丰富的工作经验，但理论研究水平不高，无法用科学理论指导工作实践。总之，目前高校缺少一支具有较高理论水平和基层工作经历的结构稳定、能力突出的骨干队伍。另外，以马克思主义民族观教育为主线的专门教材在数量和质量上均不能满足教育需要、高校对于开展马克思主义民族观教育所需资金的支持不够，这些现实问题都直接影响了高校马克思主义民族观教育工作的创新和发展。

（三）马克思主义民族观教育和实践载体相对匮乏

在课程设置上，大部分高校都将马克思主义民族观教育作为思想政治教育课程中的一个章节，削弱了其应当具有的针对性。在教育形式上，主要依靠思想理论课的笼统性教育来实现，途径单一，缺乏吸引力。在实践环节上，高校往往缺乏积极利用社会资源的意识，存在得过且过、闭门造车的现象，使得学校教育同社会实践相互脱节，使学生无法在具体实践中提升马克思主义民族观的思想水平，无法形成对课上所学内容的深刻领悟与及时反馈。

二、高校马克思主义民族观教育现实困境的原因分析

（一）对新时期民族问题的五大特性认识不充分

民族问题是社会总问题中不可或缺的重要组成部分，是马克思主义民族观理论诞生与发展的基础所在。民族问题包含民族自身发展、民族与阶级、民族与民族之间、民族之间与国家之间的各种复杂关系，具有普遍性、长期性、复杂性、国际性和重要性等五大特点。在新的历史时期，我们应当清醒认识到，民族问题绝不是抽象问题，而是具有深厚的历史背景和社会背景，要将民族问题作为特有的社会现象加以深刻研究。如果不能够精准把握五大特性的理论内涵，那么我们就是失去了分析新时期民族问题的理论钥匙。

（二）功利化思想传播对民族观教育产生的负面影响

市场经济的建立和发展有助于资源的合理配置，同时也对以经济关系为

纽带的人与人之间的交往联系方式产生了深刻影响。在这样的大背景下，各民族之间的交流交往不仅仅体现于文化的碰撞，还体现了经济利益的相互交换。由此催生出的功利化思想和追求短期利益的实用主义思想，促使大学生对马克思主义民族观等科学理论的接受兴趣日渐下降，一些学生甚至认为自身所处的民族仅仅是一个身份符号而已，对民族理论的学习与个人未来发展互不相干。

（三）高校马克思主义民族观教育主渠道作用不明显

高等学校是开展马克思主义民族观教育的主渠道和主阵地。在我国高等学校中，无论是普通高校还是民族院校，在开展马克思民族观教育的过程中，均存在重知识传授、轻行为塑造，重考试分数、轻真学真用的现象。一些思政课专业教师不为教书育人，只为照本宣科、完成教学任务，对于理论知识学不深、悟不透、讲不清；许多学生不求提高水平，只求上课考勤、通过期末考试，对理论学习没兴趣、没时间、没头绪，导致思政理论灌输折中为照本宣科。原本教学相长的工作效果逐渐蜕变为教与学"两张皮"，师生各自为政，缺乏交流的尴尬现象。这不但浪费了教育资源，而且势必造成大学生民族理论知识的极度匮乏，影响其对民族问题的理解和判断，因此，我国高校对马克思主义民族观教育的重视程度亟待提高。

三、对于高校搞好马克思主义民族观教育的对策建议

（一）充分发挥学校的统筹规划与协调功能

1. 抓顶层机制设计，用规章制度管理人

在高校层面，首先要建立由分管校领导直接牵头负责，各相关职能部门密切配合、各教学单位具体实施的马克思主义民族观教育工作领导机制。以上率下，形成共识，切实提高对马克思主义民族观教育的重视程度，提升其在大学生思想政治教育中的地位和比重。其次要出台相应的规章制度，将马克思主义民族观教育纳入学生管理制度体系，对教育工作的开展进行引导和规范。最后要加强对专门从事马克思主义民族观教育人才的引进和培养，打造出一支具有较高理论水平和实践能力的高素质教师队伍。此外，还要加强与马克思民族观教育相关的工作经费、活动场地、教学资源配置、专业教材等方面的物资保障，确保教育工作的顺利开展。

2. 抓教育效果评价，用考核反馈激励人

高校要通过完善评价标准、拓宽评价渠道的方式，构建符合高校具体情况的马克思主义民族观教育评价机制，其目的立足于实现对学校理论教学成果的客观评估，有利于好的工作方法和工作案例的及时总结与推广，同时可以对工作中存在的不足之处加以改进和纠正。在具体做法上，首先，要认真梳理和完善与马克思主义民族观教育相关的工作流程和机制。突出校内各教学部门、行政管理部门、后勤服务部门的工作主体地位，围绕教育主题，制定分工明确、权责清晰的工作制度，指导、督促、协调各部门的工作情况，形成育人合力。其次，要完善考核体系的建设，从教育活动效果、接受教育人数、产生社会影响等多个指标出发，将马克思主义民族观教育纳入学生综合素质学分考核体系，增强考核工作的针对性、有效性和可操作性。最后，要拓宽民主评价渠道，通过做好对学生群体的信息的收集、分析、处理和回应，来消除由于信息不对等而造成的教育资源浪费，以民主评价意见为依据，对思政课教师、高校辅导员以及相关部门的工作情况进行评估。

（二）充分发挥思政课教师的理论指导作用

1. 抓政治理论灌输，用正确理论引领人

思政课教师必须有计划、有目的、有步骤地向广大青年学生系统传授马克思主义民族观理论及其中国化的创新成果的主要内容以及对我国意识形态建设所起到的关键作用。理论的"灌输"并不是简单粗暴地照本宣科和不假思索地死记硬背，而是要对高度抽象的理论观点进行通俗化的解读。必须做好话语体系的转化工作，以学生乐于接受的方式帮助受教育群体深入领会理论知识的核心要义。同时，在教学工作中必须提升师生交流和师生互动所占的比例，善于结合马克思主义民族观的基本观点，从历史唯物主义的角度出发，对大学生普遍关注的社会热点问题进行深入剖析，用理论知识解释现实问题，引导广大学生学会掌握和运用马克思主义民族观的思想武器，形成正确的思维路径，达到学以致用的目的。

2. 抓课程体系构建，用精品课程教育人

思政课教师必须紧密围绕马克思主义民族观的基本理论及其中国化的思想内涵，学深悟透、学懂弄通，努力提高对思想政治理论课的重视程度，努力搭建起科学合理的课程体系，努力探索教学路径和教育规律，切实肩负起面向少数民族学生进行马克思主义基本理论宣传的重要责任。在课程设计中突出整体性、系统性、实践性。对教学进度的安排要符合高校大学生的成长规律，对教学内容的安排要体现新成果，融入新思考，对考核体系的设计要突破唯"分数"论的应试教育观念束缚。要在教学过程中充分展现马克思主义民族观理论和党的民族理论及民族政策所特有的时代魅力和精神内涵，打造大学生真心喜爱、终身受益的精品课程。

（三）充分发挥高校辅导员的服务管理特长

1. 抓社会实践活动，用身体力行锻炼人

马克思主义民族观理论教育必须与社会实践相结合，否则只能是脱离实际的空中楼阁。因此，高校辅导员要充分发挥社会实践对课堂理论教学的补充作用，将社会实践作为立德树人的重要环节。要努力利用校内资源，为学生开展校内实践活动创设有利条件，调动学生的参与热情。首先，要注重打造社会实践平台，将马克思民族观教育渗透融入竞赛类、分享类、学术类、公益类等诸多实践载体。其次，要加强对社会实践活动的管理，辅导员必须参与到学生实践活动全过程，对学生参加实践活动的情况予以记录和反馈。最后，努力挖掘和拓展与民族观教育相联系的社会教育资源，开辟校外实践空间，利用法定节假日、民族传统节日、重大历史事件纪念日等时间节点组织开展即时、优质的教育实践活动。鼓励学生了解国情、世情，培养社会责任感。

2. 抓思想政治宣传，用主流声音凝聚人

宣传阵地建设对于开展马克思主义民族观教育具有重要的推动作用。首先，要通过校园平面媒体和网络媒体平台围绕铸牢中华民族共同体理念建言发声，宣传民族平等和民族团结，营造积极向上的舆论氛围。其次，要充分发挥网络媒体等宣传平台的重要作用，围绕践行马克思主义民族观，打造具有品牌影响力的线上教育宣传栏目。对各族学生当中在学习科研、社会实践、公益服务、社团活动等方面表现突出的先进个人和先进典型，要通过拍摄专访纪录片、组织专场报告会、人物访谈等形式全方位展现各族学生的大学成长轨迹，有效扩大了教育影响力和感召力。最后，要用好优秀典型，强化榜样激励作用，邀请校内外专家学者、劳动模范及各民族优秀学生代表组成马克思主义民族观理论宣讲团，定期深入各院系开展宣讲活动，帮助学生明确个人成长的目标和方向，树立起学生将个人成长发展与国家发展命运相结合的意识，将民族平等和民族团结的思想内化于心，外化于行。

参考文献

［1］梁兆桢：《论新时代中国青年民族观教育的逻辑起点、核心内容及实践路向》，载《教育与教学研究》2022 年第 10 期。

［2］孔令海：《新时期大学生马克思主义民族观教育策略与规律——评〈全球化背景下大学生马克思主义民族观教育研究〉》，载《重庆高教研究》2021 年第 2 期。

［3］李艳琼：《边疆民族地区马克思主义民族观教育面临的挑战与应对建议》，载《文山学院学报》2020 年第 4 期。

［4］王希恩：《马克思主义民族过程理论述论》，载《中南民族大学学报（人文社会科学版）》2019 年第 2 期。

［5］詹小美、李征：《民族观教育与铸牢中华民族共同体意识》，载《思想理论教育》2019 年第 1 期。

［6］姜丽华：《构建马克思主义民族观宣传教育常态化机制研究》，载《中共青岛市委党校青岛行政学院学报》2020 年第 1 期。

高校学生会服务育人模式的探索与研究

郭宝宇

天津理工大学中环信息学院

【摘　要】本论文以习近平总书记在全国教育大会上的讲话精神为指导，系统阐述了 Z 学院经济与管理系学生会开展服务育人的探索过程。根据全国学联的相关文件要求，通过建立绩效考核制度，完善活动反馈制度，优化述职评议制度，使在校师生充分感受到学生会的实用性，提升学生会的存在感，增强学生会干部的综合素质，使其成为"向下"传递党的声音，"向上"反馈学生意见的桥梁纽带。

【关键词】高校学生会；思想政治教育；服务育人

一、背景概述与组织架构

高校学生会的宗旨和职责是什么？如何保持学生会优良的工作作风？为深入贯彻习近平总书记关于青年工作的重要论述，落实共青团改革和全面从严治团的要求，规范学生会组织管理，推动学生会健康发展。学生会应该把作风建设作为突破口，借助《学联学生会组织改革方案》中的具体内容，根据实际情况，制定相应的改革方案，使在校师生充分感受到学生会的实用性，提升学生会的存在感，增强学生会干部的综合素质，使其成为"向下"传递党的声音，"向上"反馈学生意见的桥梁纽带。

经济与管理系学生会受系党支部副书记（学生工作负责人）领导，由团总支书记总体负责和指导具体工作（指导具体工作时有学生会指导教师共同参与）。经济与管理系学生会的管理模式以学生自治为主，党支部副书记、团总支书记和学生会指导教师指导和联络学生组织主要学生骨干（本届称学生会主席和执行主席）及各部门部长主持、监督所辖部门开展工作。各部门间互相协作配合，以不同侧重点开展丰富多彩的学生活动。系学生会包括学习部、文艺部、体育部、生活权益部、人事部五个部门，分别从本部门的性质出发开展工作，由系学生会主席（学生，大三年级）总体负责运行，主席和执行主席（学生，大三年级）分别带领所辖部门开展工作。

二、实施路径与效果展示

（一）紧扣时代脉搏，加强学生思想引领

如何让学生会"向下"传递党的声音？为进一步加强高校共青团基层组织建设和延伸，我系学生会成立团支部，学生会指导教师担任团支部书记，主席团成员担任团支部委员。团支部委员会每月组织各部门负责人开展"三会两制一课"，借助政治理论学习，为学生会的同学们补充必需的"能量"。学生会应该把握关键时间节点，以同学们喜闻乐见的活动为载体，旗帜鲜明地弘扬主旋律，及时传达党的声音，引导同学们把个人理想与党和国家的发展需求紧密结合。例如，人事部组织团学干部培训班，深入学习贯彻党的二十大精神和习近平总书记对青年学生寄语、给青年学生回信等主要内容。人事部精心策划"记得住、讲得出、用得上"的宣传教育活动，将政治理论学习与实践活动合二为一，将严肃性与生动性紧密结合。

（二）铭记初心使命，搭建师生沟通桥梁

如何让学生会干部树立"不当学生官，要当学生友"的工作作风？生活权益部立足桥梁纽带，铭记服务初心，搜集现实需求，"向上"反馈学生意见，随时随地开展权益保障工作。关心同学们成长发展的大事小情，做广大同学们的"知心朋友"，提你所想，"案"你所需，生活权益部从未缺席。疫情防控期间，生活权益部线上收集了几百条优化校园防疫政策的意见建议，线下归纳总结并反馈给学生会指导教师及相关部门。在向同学们"问需、问计、问智"的过程中，生活权益部讲"学生话语"，传"同学心声"，筑牢学院与学生之间沟通的桥梁，增强学生共同参与校园治理的主人翁意识。生活权益部每月组织学生代表参加职能处室面对面座谈会，涉及食品安全、教育教学、公共卫生等方面，实现学院与同学们之间"零距离"沟通、"零延迟"服务，推动学院基础设施与管理服务更加人性化，例如，"参观后厨，放心饮食，关注安全，眼见为'食'"活动，通过对食堂后厨的参观和面对面座谈

会的召开，同学们对校园餐厅的食品安全有了直观的感受，同时增加了校园餐厅食品安全的透明度，共同守护校园食品安全，让同学们在学校吃得安全，吃得满意，吃得健康。

（三）加强自身建设，提升干部履职能力

"提质"学生会，"增效"为同学，提高的是学生会的发展"动力"。为深入学习贯彻习近平总书记关于青年工作的重要思想，严格落实《关于学联学生会工作人员改进作风服务同学的若干规定》和《关于巩固高校学生会（研究生会）改革成果的若干措施》等文件要求，人事部每年举办两期"学生会工作人员培训会"为建设清新阳光的学生组织形象，进一步加强学生会组织建设，通过主讲领学、学员详学的方式，领会文件精神、学习文件要求、总结心得体会，进一步深化组织改革，履行"全心全意为同学服务"的根本宗旨。

"提质"学生会，"增效"为同学，增强的是学生会的运转"活力"。为了让更多的同学参与到文体活动中，学习部负责知识类竞赛、辩论赛、最美笔记大赛、英语配音大赛、我赞我求学的城市等第二课堂知识类竞赛活动，体育部负责篮球赛、足球赛、学院运动会等体育竞技类活动，文艺部负责系迎新晚会、班歌大赛、毕业晚会等大型文艺类活动。聚焦青年学生成长的根本需求，坚持学校和社会相衔接，组织同学们积极参加社会实践、志愿服务、社区报到等活动，引导青年学生在实践中贴近社会、参与社会、服务社会，帮助学生适应社会需求，提升自身综合素质。学生会全体成员每学期至少参加1次"三下乡""感恩母校行"社会实践活动，每学期至少开展1次校外研学活动，每学期组织不少于90%的部员"就近、就便、就需"参与社区实践，提高了部员们参加社会实践的参与面、覆盖面、受众面，提升了部员们参与志愿服务的获得感、幸福感、成就感，促进了部员们投身社区报到后长知识、增才干、做贡献。例如，学生会协助开展"一专业一基地一品牌"服务育人工程，组织学生会成员积极参加民俗文化馆、图书馆、启智学校和社区的非遗传承、理论宣讲、扶老助困、垃圾分类等服务育人活动，帮助同学们拓宽视野、融入社会、锤炼意志。

三、实践启示与经验总结

很多学生干部有"急功近利"思想，目的性较强，为了做干部而努力，一旦获得干部的所谓"权利"，可能会出现"对老师毕恭毕敬、对部员颐指气使"的"两面人"情况，导致违背了学生能力培养的初衷，整个学生组织变得官僚化、污浊化，同时容易招致学生干部在普通学生心中形象崩塌、群众基础变差、学生心态恶性循环、工作效率降低等副作用。

围绕学生会服务同学的根本理念，通过"建立绩效考核制度、完善活动反馈制度、优化述职评议制度"推动学生会改革发展，让学院师生参与对学生会工作的指标考核和监督评价，使建设校园成为应有之义，使服务同学成为应尽之责，必须告诫学生干部"功利性"陷阱，警惕"两面人"的危害。

（一）建立绩效考核制度

学生会干部学从"政治理论学习情况、品牌活动开展情况、个人成绩获得情况"等方面进行期末述职报告。例如，自学重要讲话 5 篇、心得体会、联系实际，综合测评专业排名前 10%、专业竞赛二等奖，举办品牌活动 3 场……开展学生会期末绩效考核，有利于让学生会全体成员对各部门的工作彼此熟悉，从而促进各部门之间团结协作。非学生会的普通同学参与学生会期末绩效考核，有利于普通同学对学生会的工作进行民主监督，从而提高学生会的透明度，也为学生会的改革发展出谋划策。

（二）完善活动反馈制度

"学生会的活动行不行，由同学们说了算。"每次活动接近尾声，学生会的工作人员会邀请参与活动的同学们填写调查问卷，从活动内容、活动形式、活动效果、活动亮点、改进建议等方面搜集意见、建议。学生会干部进行期末述职报告时，需要列举各项活动的调查问卷以及相应的改进措施。每场活动从策划到执行再到总结，学生会都要倾听同学们的声音，完善活动流程、丰富活动内容、创新活动形式，使学生会向"互动型"方向发展，有利于激发学生会的创新思维。

（三）优化述职评议制度

学生会干部的工作评议主要体现在期末述职报告时，如果只有学生会指导教师和部分学生会干部参加，将会缺乏互动性和真实性。因此，需要增设"特邀观察团"，由上级团组织（校团委）教师评审、其他系团总支书记（学生会指导教师）和各年级各专业学生代表进行评议，学生会干部述职前要提交述职报告并接受"特邀观察团"的问询。述职评议由自评、互评和特评（特邀观察团评议）组成，其中"特邀观察团"的比重占总评议的80%。

习近平总书记指出："广大青年要如饥似渴、孜孜不倦学习，既多读有字之书，也多读无字之书，注重学习人生经验和社会知识。"加入学生会，不仅是给予，也是收获。学生会改革发展，不仅要求学生干部立足校园服务同学，而且要求学生干部"已立立人，已达达人"，服务同学固然有些辛苦，但服务本身也会解锁崭新的体验与感受，收获珍贵的友谊与经验。有的同学曾经一张嘴脸就红，现在可以在全体大会上侃侃而谈，学生会让他变得善于沟通；有的同学扎根幕后，在毕业晚会成功"跨界"完成了"灯光师"的工作；有的同学掌握了视频的拍摄与剪辑、海报的设计与制作、微信公众号的编辑与发布……这些"实用小技能"对他们走向职场大有裨益。

高校学生会是高校开展思想政治教育的主阵地，也是高校坚持立德树人的重要抓手。学生会应高度重视建立团支部工作，应建尽建，充分发挥共青团组织在学生会中的思想引领作用，增强学生会在思想政治工作中的带头示范作用，将学生会构造成学校开展思政教育工作的有力载体。学生会干部要保持工作作风、完善工作职能、优化工作路径、转变工作方法、成为知心朋友，既是活动的组织者，又是服务的提供者，从"围着老师转"变为"围着同学转"，使学生会真正成为同学们"想得起、找得到、靠得住"的组织。学生会秉承"传薪播火，光明在望"的信念，始终以学生的利益为出发点，锐意创新、开拓进取，在不断完善自身组织建设的过程中，始终坚持在党的领导下、团的指导下进行组织内改革与组织间联动发展，展现学生会的独特气质，办好学生会的品牌活动，组建立足中心工作、建设优良学风、保障学生权益的学生组织。

参考文献

［1］袁蕾、杨玉奇：《大学生志愿服务的价值困境及优化探索》，载《高教学刊》2022年第4期。

［2］赖博熙、任含笑：《高校引领青年践行社会主义核心价值观路径研究》，载《辽宁经济职业技术学院·辽宁经济管理干部学院学报》2023年第3期。

［3］纪杰：《高校学生干部的"囚徒困境"及应对策略》，载《扬州教育学院学报》2014年第2期。

"三全育人"视域下高校
"党建+课程思政"育人模式研究

肖 悦

天津理工大学

【摘 要】高校担负着"四个服务"的重要任务，只有将党建工作和思想政治工作深度融合，才能把牢正确前进方向，不断为推进国家治理体系和治理能力现代化提供人才支撑。文章从认识论和价值论的角度阐释了高校党建和课程思政之间的辩证关系，概括说明了"党建+课程思政"育人模式基本内涵和研究价值。分析了当前高校和学者在实施过程中发现的问题，提出建立以强化领导为内核，以元素融合、人才支撑、科技赋能、模式创新、机制保障为外壳的多维立体模型，推动高校党建工作与课程思政建设融合发展、相得益彰。

【关键词】课程思政；高校党建；三全育人

习近平总书记指出，高校肩负着学习研究宣传马克思主义、培养中国特色社会主义事业建设者和接班人的重大任务。加强党对高校的领导，加强和改进高校党的建设，是办好中国特色社会主义大学的根本保证。课程思政作为"大思政"的创新理念，是高校党建的重要载体和优势渠道，在落实立德树人、铸魂育人方面发挥着独特优势作用。把新时代党建工作要求和思想政治工作体系贯穿于人才培养教学与实践的全过程，有利于充分发挥中国特色社会主义制度优势，促进高等教育高质量发展，实现全程、全员、全方位的育人格局。

一、"党建+课程思政"育人模式基本内涵

党的二十大报告中明确指出，教育是国之大计、党之大计。"培养什么

人、怎样培养人、为谁培养人"是教育的根本问题。育人的根本在于立德。课程思政是落实立德树人根本任务的重要举措，不仅在"培养什么人、怎样培养人、为谁培养人"这一根本性问题上给出了具体的理论回答，而且也是把思想政治工作贯穿教育教学全过程，实现全程、全员、全方位育人的实践探索。高校党建是党的建设新的伟大工程的重要组成部分，是培养社会主义建设者和接班人的重要阵地。习近平总书记多次强调，加强党对教育工作的全面领导，是办好教育的根本保证。中央政治局审议《中国共产党普通高等学校基层组织工作条例》时也明确提出，要"构建高质量的高校党建工作体系，引领推动高校高质量发展"。习近平总书记的重要指示批示精神为更好做好新时代高校党建工作指明了方向。高校党建工作体系是一个由政治建设、思想建设、组织建设、作风建设、纪律建设和制度建设构成的多元并行联动系统，将课程思政元素融入高校党建工作体系，坚持党建引领课程思政改革，实现二者相融相通、相异互补具有重要的研究意义。

从认识论的角度来看，"党建+课程思政"育人模式是发现、挖掘、探索、整合专业课程、社会实践、生产生活中所蕴含的各类思想政治元素，通过加强党建引领，以课堂教育为基本载体对学生进行思想政治教育的育人模式。它表现为一种包容性，体现一种开放性，可以吸收接纳生产生活中的各形态有益元素，在吸纳过程中党建工作与科研工作、教学工作、实践工作等深度融合衍生出"党建+X"新模式。

从价值论的角度来看，"党建+课程思政"育人模式赋予育人课堂的具体形式、具体实践以价值和意义，决定了教育课堂价值的多少。教育课堂、社会实践是"党建+课程思政"育人模式的主要载体，它像一只无形的手，将思想政治元素和高校党建元素的内在价值、核心要求转化为可以感知到的、具体存在的、能够接受的现实内容。因此，开展思想政治教育和加强党的建设是课程思政的价值体现，如果离开课程开展思想政治教育和加强党的建设，课程思政就会缺少灵魂。

综上所述，"党建+课程思政"育人模式是通过加强党建引领，将思想政治教育元素，包括思想政治教育的理论知识、价值理念以及精神追求等融入各门专业课程，使各类课程与思想政治理论课同向同行，实现党建与课程思政工作深度融合，以党建的成果助推思想政治工作高质量开展而达到全程、全员和全方位育人的一种新型课程育人模式。

二、"党建+课程思政"育人模式研究价值

"党政军民学，东西南北中"，党是领导一切的。进入中国特色社会主义新时代，我们已经实现了第一个百年奋斗目标，正在朝着第二个百年奋斗目标而奋斗。但是，需要清醒地看到，前进的道路上面临着前所未有的风险和挑战。越是面临重大考验，越要自觉加强党的全面领导，这是被历史和实践反复证明的重要经验。课程思政作为高校落实"立德树人"根本任务的重要载体，有效发挥课堂育人主渠道作用的必然选择，在坚持党的领导这个重大原则上方向一定不能出现偏离，必须以党建为引领，构建"党建+课程思政"育人模式。

（一）培养全面发展的社会主义建设者和接班人的现实要求

教育、科技、人才是全面建设社会主义现代化国家的基础性、战略性支撑。培养什么人，是教育的首要问题。我国是中国共产党领导的社会主义国家，这就决定了我们的教育必须把培养社会主义建设者和接班人作为根本任务，培养一代又一代拥护中国共产党领导和我国社会主义制度、立志为中国特色社会主义奋斗终身的有用人才。高校作为人才培养的主要阵地，必须坚持社会主义的办学方向，牢牢坚持党建引领这一重要原则，在课堂教育、社会实践、生产实习等各个过程中融入思想政治元素，达到党建和课程思政协同发展的良好态势。在进行课程思政的过程中，教育工作者通过从党建工作中攫取思政素材，有效运用到教学过程中，不断激发学生的学习热情。同时，高校党建工作的开展能够帮助学生群体更好了解我国社会主义建设、改革、发展各个过程的艰难历程，引导广大学生"始终不渝听党话、坚定不移跟党走"，更好地培养一代一代德智体美劳全面发展的社会主义建设者和接班人。

（二）提升党建工作和思想政治教育实效的迫切需要

课程思政是广大教育工作者开展思想政治教育工作的主要战场，也是青年学生接受马克思主义理论的主要渠道。一方面，在"党建+课程思政"协同育人模式中，通过加强党建引领，思想政治工作体系与学科体系、教学体系、教材体系、管理体系等相贯通，使立德树人根本任务通过卓有成效的思想政治工作内化到大学建设管理的各领域、各方面、各环节。另一方面，新型育人模式赋予了课程思政更多鲜活的实践案例与理论素材，既改变了传统思政课堂晦涩难懂、乏味无聊的特点，又不断拓展了党建工作的广度和深度，解

决了高校党建与业务工作"两张皮"的问题，高校党组织、广大党员教师、青年学生在这一实践模式中加强互动、有效联动，真正形成了推进党建工作高质量发展和促进思想政治教育高水平实效的互助合力。

（三）实现三全协同育人工作机制的必然选择

中共中央、国务院《关于加强和改进新形势下高校思想政治工作的意见》明确提出，要"坚持系统观念，把思想政治工作与经济建设和其他各项工作结合起来，为党和国家中心工作提供有力政治和思想保障"。"党建+课程思政"协同育人机制坚持系统观念，将思想政治工作与党建工作结合起来，与学生成长过程各个环节结合起来，与广大教师的教书育人实践结合起来，做到全员、全程、全方位育人。在育人主体上体现全员，政府、社会、家庭、学校、教师等全员参与，其中学校和教师作为关键主体，对学生加强思想政治教育，坚决扛起育人责任。在育人过程上体现全程，教育工作者在课程讲授、课堂教学、教育管理、生活服务等育人各个环节积极引导，通过开展支部活动、社会实践等多种形式将"党建+课程思政"的协同育人机制运用到学生在校学习生活的每个过程。在育人角度上体现全方位，借助现代网络技术手段，实现思想政治教育信息和党建工作信息共享共用，达到校际、校企、家校全方位育人目标。在实施过程中，"党建+课程思政"协同育人机制与学校事业发展融合起来，与学生成长过程结合起来，与广大教师的教书育人实践综合起来，促进全员参与、全过程教育、全方位管理的良好工作格局不断形成。

三、"党建+课程思政"育人模式实现路径

近年来，各学者围绕"党建+课程思政"育人模式的价值意蕴、重要载体、优化策略等内容开展了研究，取得了良好的效果，同时也发现在党建工作与课程思政在协同融合过程中存在方向、内容、载体等方面的现实问题。有的教师党员思想僵化，对党建工作重视不够，仍然停留在"重业务轻党建"层面，将时间和精力放在提高教育质量、发表核心论文上；有的党员教师在互融互通、互促互进方面做得不够；有的党员教师没有充分发挥党支部的战斗堡垒作用，忽视了基层党组织是教育、管理、监督党员和组织、宣传、凝聚、服务群众的重要载体。针对出现的上述问题，探索建立以强化领导为内核，以元素融合、人才支撑、科技赋能、模式创新、机制保障为外壳的多维立体模型（图1），推动高校党建工作与"课程思政"建设双向提升、高质发展。

（一）强化领导：加强顶层设计，科学谋篇布局

坚持和加强党对高校工作的全面领导，是高等教育坚持社会主义办学方向的根本保证。学校党委要成立"党建+课程思政"工作领导小组，切实加强对思想政治建设的全面领导，党委书记担任领导小组组长，对工作负总责，领导小组各成员明确责任分工，坚决扛牢分管领域各方责任。探索构建"学校党委—学院党委—教师党支部"三级递进联动工作模式，党委坚持统一领导，学院发挥政治核心作用，教学单位落实具体责任，党员教师发挥模范带头作用，切实打通课程思政改革"最后一米"。

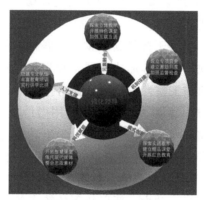

图1　多维立体模型

（二）元素融合：互相吸收吸纳，做到互联互通

课程思政和高校党建工作的有机融合，充分彰显思政教育是高校教育理念的风向标。高校党建和课程思政在建设主体、主要目标、实现路径等方面存在互联互通、互融互补的特点，必须取其精髓，吸收利用，才能实现元素互嵌、相得益彰的育人效果。要将红色资源沉浸式融入特色思政课堂，借助红色实践、微党课、音乐剧等方式使思政课教学逐渐从"平面"走向"立体"，引导广大学生坚定理想信念，体悟使命担当。要深入挖掘党的传统文化、历史故事、社会热点事件等中的思想政治元素设计成教学案例和支部学习素材，将社会主义核心价值观等主流价值思想和道德观念融入课堂教育、支部学习，实现"双线推进、一体融合"，通过"春风化雨"般的教育，引导学生弘扬主旋律、传播正能量。

（三）人才支撑：组建专业队伍，做好教育培训

习近平总书记在中央政治局集体学习时强调，加强基础研究，归根结底要靠高水平人才。推动党建+课程思政"育人模式更好地为中国特色社会主义教育发展服务，同样也需要有专业的人才队伍来支撑。坚持专业为主，兼职为辅的总体原则，组建包含专业课教师、思想政治课教师、辅导员教师、党务工作者、优秀学生党员等在内的专业团队，通过组织专业培训、开展讲学比拼、外出学习参观等形式，深入发现和挖掘内容向上、富于趣味的思想政治元素，将其融入大学生思政课堂之中，达到铸魂育人、立德树人的效果。

（四）科技赋能：利用掌上平台，开拓智慧课堂

当今世界，科学技术是第一生产力、第一竞争力。在"党建+课程思政"协同育人路径探索中，要善于接受新事物，扩展新思路，依托掌上平台、手机课堂、科技系统、现场参观等形式开展思政教育。将学科发展史、科学家事迹等无形的思政资源加工整合成视频，在讲授专业课程过程中潜移默化教育大学生弘扬优良传统、学习先进精神。利用微博、微信、抖音等新媒体，分析和解读时政热点和新闻观点，引导广大学生党员将自身专业发展与社会主义事业结合起来，带动青年学生为社会主义建设事业努力奋斗。

（五）模式创新：探索实践教学，开展精品课堂

创新是引领发展的第一动力。新形势下传统事务性党建模式和灌输说教式的课程模式，与高校师生"求新"的需求不相适应。《新时代高校思想政治理论课教学工作基本要求》明确指出，实践教学作为课堂教学的延伸拓展，重在帮助学生巩固课堂学习效果，深化对教学重点难点问题的理解和掌握。要充分运用实践教学渠道，通过现场参观历史博物馆、战争纪念馆等红色场所，接受爱国主义教育，深入感悟党的苦难与辉煌，引导广大学生传承红色基因，增强新时代青年的志气、骨气和底气。要建立精品示范课堂，学院党委委员、支部书记每学年至少讲一次思政党课，融党课教育与思政教育于一体，引导广大党员干部将党的理论、专业理论和社会主义建设事业的实践结合起来，在实践中加深理论认识，发展理论成果，更好服务实践。

（六）机制保障：加强资金支撑，强化监督考核

"党建+课程思政"育人模式更好服务教育教学高质量发展和高素质人才培养离不开有效的制度保障。要有效保证经费投入，设立"党建+课程思政"专项资金，做到专款专用，支持重点工作顺利开展。要探索建立正向激励制

度，构建过程评价与结果评价相结合、教师评价与学生评价相结合、课内评价与课外评价相结合的高校课程思政评价体系，通过学生反馈、评委评审等形式量化"党建+课程思政"实施效果，并将其纳入学院年度考核、教师职务职称晋升等考核过程中，形成学校高度重视、学院凝练特色、教师真抓真干的良好局面。学校党委对实施效果加强监督检查，定期组织专业人员到二级学院实地走访、现场指导，发现问题责令制定工作台账，限期推动整改落实，发现先进典型及时通报表扬，切实做到以查促建，增强专业教师的课程育人意识、提高育人水平。

结　语

落实全程、全员、全方位育人的"三全育人"工作机制，实行党建引领，把专业教育与思想政治教育紧密融合，引导广大青年把人生理想、事业梦想和思想道德追求融入社会主义现代化建设中已经成为高校思想政治改革的主要方向。党的二十大报告中强调，全面贯彻党的教育方针，落实立德树人根本任务，培养德智体美劳全面发展的社会主义建设者和接班人。党的二十大报告又指出，党的领导是全面的、系统的、整体的，必须全面、系统、整体加以落实。这为新时代做好课程思政工作工作指明了方向，提供了遵循。要深刻把握党建工作和课程思政工作的辩证关系，课程思政的育人课堂、实践场所为党建工作提供了创新载体，加强党的领导保证了课程思政正确的前进方向，二者不断融合、共同发展，达到培根于无形、铸魂于无声的目标。

参考文献

［1］梁平：《课程思政"立德树人"四层级目标论》，载《河南师范大学学报（哲学社会科学版）》2023 年第 4 期。

［2］郭根：《高校课程思政建设的理论内涵、实践偏差与经验检视》，载《国家教育行政学院学报》2023 年第 6 期。

［3］刘晓川：《新时代高校课程思政建设进路探析》，载《当代教育论坛》2023 年第 4 期。

［4］傅瑶：《高校党建推进课程思政建设的功能、目标及路径》，载《现代教育管理》2022 年第 7 期。

［5］张良：《课程思政如何破解"两张皮"难题——知识与社会联系的认识论视角》，

载《教育研究》2023 年第 6 期。

　　［6］付瑶：《高校党建工作在推进课程思政建设中的问题及对策研究》，载《大学（思政教研）》2021 年第 44 期。

　　［7］黄锁明、李丽娟：《新工科课程思政教学存在的问题与对策》，载《教育理论与实践》2022 年第 36 期。

　　［8］廖祥忠：《构建以党建为引领的思想政治教育体系　提高新时代育人质量和办学水平》，载《党建》2021 年第 8 期。

　　［9］张尚字：《课程思政和思政课程有机结合：讲思政道理的三维证成》，载《河南师范大学学报（哲学社会科学版）》2022 年第 6 期。

　　［10］巨澜、程兰华：《中国共产党人精神谱系赋能高校课程思政与思政课程协同创新》，载《中学政治教学参考》2023 年第 24 期。

　　［11］夏春明、金晓怡、张航：《新工科背景下地方应用型高校"课程思政"探索与实践》，载《东南大学学报（哲学社会科学版）》2022 年第 S2 期。

　　［12］程晓丹、齐鹏：《高校课程思政质量评价的现状思考与体系重构》，载《江苏高教》2023 年第 7 期。

新时代高校"青马工程"培养体系及质量提升研究

陈尚尚

天津理工大学

【摘　要】新时代高校"青马工程"是高校思政教育的重要抓手和学生成长平台,对培养青年马克思主义者具有重要意义。当下,部分高校在实施"青马工程"时在顶层设计、培养梯队、培养体系、师资保障、考核评定等方面存在不足。对此,高校应强化顶层设计,构建"1+1+N"的主导辅机制,制定"1—N—N^2"的三级培养模式,实施"五维三阶"培养方案,形成"定性量化"指标体系完善效果考评,形成高效可行的"青马工程"培养体系,提升培养质量。

【关键词】高校;"青马工程";培养体系;质量提升

"青马工程"自2007年启动实施以来,在运用马克思主义武装青年,落实高校立德树人根本任务,培养社会主义建设者和接班人等方面取得了一定成效。习近平总书记高度重视培养青年马克思主义者,提出要加强对青年的政治引领,在广大青年中加强和改进理论武装工作,引导广大青年运用马克思主义立场、观点、方法观察分析问题。高校"青马工程"作为思想政治教育的重要抓手,是马克思主义青年化阐释的重要平台,对于培养理想信念坚定、政治素养过硬、综合能力突出的新时代青年具有重要意义。面对新时代对高校"青马工程"的新要求、新目标,需要进一步完善"青马工程"高质量的培养体系,切实增强育人实效,为党和国家的发展培养优秀青年人才。

一、新时代高校"青马工程"时代意义与现实需要

（1）高校"青马工程"是思政教育重要抓手。高校坚持社会主义办学方向，肩负着立德树人的根本任务，承载为党和国家培养信仰坚定、理论扎实、素质过硬的新时代青年的历史使命。新时代高校青年马克思主义者，根本在"马克思主义者"，落脚在"新时代"和"青年"。这就要求当代青年学生需要具备马克思主义素养和扎实的理论功底，不断吸收马克思主义中国化的最新理论，紧跟时代要求，成为合格的建设者和接班人。

（2）高校"青马工程"是学生成长的重要平台。高校"青马工程"是学生学习、交流、锻炼和成长的平台。首先，学生通过"青马工程"培养进一步学习党的创新理论，理解马克思主义原理，这些知识将有助于学生了解国家和社会的发展，将"小我融入大我"，锚定发展方向，引领学生树立正确的价值观、时代观，增强青年学生的社会责任感和使命感，自觉为承担民族复兴大任的使命而奋斗。

二、新时代高校"青马工程"建设内容与培养目标

（1）在国家层面，"青马工程"聚焦培养青年马克思主义者。习近平总书记在党的二大报告中指出"青年强，则国强。新时代青年要敢想敢为，又善作善成，立志做有理想、敢担当、能吃苦、肯奋斗的新时代好青年"。新时代征程上，党和国家的发展面临百年未有之大变局，各种风险挑战接踵而至，这也更加需要新时代青年厚植家国情怀，锤炼本领担当，源源不断地为民族复兴输入动力。高校青年学生作为高素质人才，是党和国家发展的生力军，新时代也赋予青年一代新的历史使命和时代责任，而面对各种风险挑战和意识侵扰，用马克思主义思想和党的创新理论武装青年、引领青年至关重要，这将直接关系中国特色社会主义事业能否后继有人，关系国家发展能否接续奋斗。

（2）在高校层面，"青马工程"贯彻落实立德树人根本目标。习近平总书记指出"我们的高校是党领导下的高校，是中国特色社会主义高校"。"立德树人"是高校培养学生的根本任务，其内涵在高校运用一切教育资源培养学生马克思主义信仰，把德育教育摆在首要位置，落实时代之责。高校"青

马工程"作为履行根本任务和政治责任的重要载体，明确以科学化培养"忠诚的政治品格、浓厚的家国情怀、扎实的理论功底、突出的能力素质，忠恕任事、人品服众"青年政治骨干的培养目标，这也是高校落实社会主义办学方向的本质要求。

（3）在学生层面，"青马工程"实现学生全面发展成长需求。面对学生对"青马工程"的期待与希望，如何回应学生发展需求，是开展培训的应有之意和重要目标。高校通过开展系统的思想政治教育、实践能力培养、组织协调能力培养、创新能力培养、综合素质培养等教育教学内容，把高校"青马工程"建设成为凝聚学生的纽带和学生发展成长的平台，满足学生全面发展的成长需求，努力实现通过"青马工程"的培养和教育，让青年学生成为具有坚定信仰、勇于担当、善于创新能力，成为有理想、有能力、有担当的新时代青年，自觉为党和国家的发展积极贡献青春力量。

三、高校"青马工程"建设现状与问题分析

（1）培养梯队建设方面，培养对象不全面，各级培养质量不协调。在选拔对象上，当前高校"青马工程"采用自下而上的推荐选拔机制，由各学院参照一定比例确定候选人，经过集中选拔确定入选名单，最终能够参加校级培训班多为学生干部、社团骨干等拔尖学生，而相当一部分热情高的学生因名额限制最终无法参加。在学历层次上，"青马工程"培训班多以本科生为主，而研究生的比例非常低，这也反映出高校"青马工程"在培养建设梯队上存在不足，应更多地吸引学历层次高、创新研究能力强的研究生群体，提升培养的覆盖面。

（2）培养体制机制方面，协同联动不充分，党委主体责任不突显。高校"青马工程"作为为党育人、为国育才的重要渠道，高校党委应发挥主导作用，有效统筹、协调和组织各方资源力量，推动"青马工程"的高质量发展，但在实际落实开展过程中，多数高校以校团委为主导，其他部门参与性偏弱，高校党委协调各方的主体责任发挥不明显。在"青马工程"建设协同方面，如何为培训的发展提供可学习、可锻炼的实践场地和资金保障，充分调动校内各部门的育人资源，发挥全员育人的最大功能。

（3）培养师资建设方面，师资体系不完善，培养培训队伍不健全。新时代对高校"青马工程"建设质量和育人实效的要求越来越高，培养师资队伍

作为其中重要一环，发挥着至关重要的作用。当前高校"青马工程"指导教师多以团干部、辅导员为主，在马克思主义理论知识储备和传递程度上存在差距，一定程度上影响党的创新理论领悟力、阐释度，直接影响青年学生学习热情和质量。

（4）培养体系内容方面，模式内容不贴合，理论实践结合不紧密。高校"青马工程"建设应围绕党性修养、理论学习、实践锻炼、对外交流、能力训练等方面设置培养体系。从培养方案角度来看，当前的培训教育多聚焦理论学习维度，而实践活动、岗位实习等方面的培养内容相对偏少。因此，高校需要丰富培养内容体系，提高培养目标的针对性，满足"青马工程"现实要求和青年需求。

（5）培养效果考核方面，考核体系不健全，定性定量考核不精准。高校培养信仰坚定、能力突出、素质优良、作风过硬的青年学生是高校"青马工程"的建设目标和根本任务，需要在考核将培训考核与日常考察、定性评价与定量考核统一融合设定，形成更加精准科学的评价体系。

四、新时代高校"青马工程"培养体系及质量提升

（一）强化顶层设计，"1+1+N"的主导辅机制

高校"青马工程"高质量培养体系和效果需要校党委发挥领导主体责任，完善学校顶层的体制机制，保障各项制度的高效推进；需要高校团委发挥主导责任，明确主责主业，全力投入"青马工程"的建设当中；同时需要各部门协同联动，发挥辅的作用，整合各方资源，协同多方力量，打造"1+1+N"的主导辅机制。

（二）构建三级培养，"1—N—N^2"的培养模式

高校"青马工程"在推动马克思主义理论在青年学生中广泛传播和思想引领具有重要作用，但是由于培训班名额的限定，未能在青年学生群体中形成普及效应，因此高校应健全"学校—学院—团支部"三级联动的培养模式，实现"1—N—N^2"的培养思路，达到高质量培养一批、多层次聚陇一批、朋辈引领团结一批的育人效果，形成塔基、塔身、塔尖的连贯式递进培养体系。

（三）丰富培训内容，"五维三阶"的培养方案

高校"青马工程"培养内容直接关系培养质量，鉴于当前部分高校"青马工程"培训中存在培养形式单一、实践易流于形式及学员认识偏失等问题，

应着重解决好青马学员"引进来",培养体系"跟得上",培养周期"有效果"的重点和难题,建立健全科学规范的培养方案,提升培养质量。

1. 聚焦五个维度,科学设置培养体系

(1)聚焦思想引领。培养具备马克思主义理论武装的青年学生是"青马工程"建设的重要任务,围绕思想引领的体系建设重要做好以下几点。一是制定读原著学理论的培训任务点,为每一期青马学员选配理论书籍和线上任务;二是开展马克思主义理论培训,邀请名师、大咖开展专题讲座,提升学生思想的感悟能力,推进思想入脑入心;三是定期开展交流研讨,组织学员们结合学习内容以汇报会、分享会的形式开展交流,通过青年语言传递党团声音。

(2)重视组织培养。通过在高校"青马工程"培训班中设置临时党团支部,形成组织建制,规范化开展组织活动,以培养学员组织能力,参照党团班建设要求,选举产生班委会和团支部,锻炼和培养学员在日常事务中的组织工作作用,并常态化开展"青马班"组织生活,强化学员的组织意识和能力,以培养青年学生的组织协调能力、团队合作能力和创新实践能力。

(3)加强实践锻炼。"青马工程"培训中实践锻炼是培养体系的重要环节,高校实施过程中应制定完善的实践计划、丰富实践方式、选择合适实践基地,加强组织管理和总结,提升育人实效。组织实施红色研学、青春打卡等类爱国主义类实践活动,培养学生组织协调和语言表达能力;设置开展社会调查、创新创业类实践活动,增强学生分析问题和解决问题能力;开展志愿服务、公益服务类活动,走到企业、社区、学校等地进行实践锻炼,培养青年学生的社会责任感、实践能力和笃志实干精神。

(4)建设文化氛围。针对高校"青马工程"发展而言,增强文化氛围能够进一步增强青年学生理论学习的主动性,形成青马文化的聚拢效应,增强"青马工程"的影响力和吸引力。对青年学生来说,文化是最有力量、最深沉的教育内容,通过校园文化建设、文化活动组织等形式,既要结合传统文化弘扬优良传统,又要传承创新增强育人张力,培养青年学生的文化素养和审美情趣,增强文化自信。

(5)提升综合素质。紧紧围绕高校"立德树人"根本任务,以学生成才为中心,突出培训培养并重,设置"青马工程"学员成长手册、达标准则、考核考评机制等规范性制度通过多形式交叉培养和综合素质教育,引导学员参与到德智体美劳学习与实践的各个环节中，培养青年学生的综合素质和能力。

2. 着眼三个阶段，遵循学生成长规律。

高质量的"青马工程"培训要遵循学生成长规律，在设置培养体系内容和目标过程紧紧围绕学生青马成长的三个阶段，即认识、事件、成长。对标三个阶段的具体要求设置培养课程和实践方案，最大程度符合青年学生成长需求和建设目标同步同频，提升培养质量。

在第一阶段，青马班学员将通过理论学习、主题沙龙、社会实践等方式，初步了解青马班的使命和责任，明确自己的学习目标和方向。

在第二阶段，学员将深入学习马克思主义基本原理和中国特色社会主义理论，加强思想政治素质和组织协调能力。同时，将参加社会实践、志愿服务等活动，积累实践经验，提高综合素质。

在第三阶段，学员将进入高年级，进一步加强理论学习和实践锻炼。同时，将参与校园文化建设、组织文化活动等，发挥自己的特长和优势，为校园文化建设贡献力量。

（四）完善效果考评，"定性量化"的指标体系

新时代高校"青马工程"需要站在宏观视角把握时代特征趋势，从工作层面到制度层面落实培养目标，重视政治性与学理性相统一、理论性与实践性相统一、灌输性与启发性相统一、显性教育与隐性教育相统一的培养理念，在此基础上制定科学规范的考核和评价体系是高校"青马工程"提质增效的必要环节。本文通过追踪调查和实践核验进一步明晰"青马工程"培养质量参考点和评价指标，形成培养闭环，拟定三级培养指标，即政治素质、理论知识、综合素质 3 个一级指标；思想政治素质和道德修养、党团基本知识、政策文件和理论成果、团学工作本领等 12 个二级指标；三级指标：四个意识、理论知识、执行能力、创新能力、思辨能力等 29 个三级指标，聚焦政治素质过硬、理论知识丰富、综合能力突出的青年马克思主义者。

"青马工程"考评指标体系聚焦政治素质、理论知识和综合能力三方面，培养一批坚定走中国特色社会主义道路，用马克思主义中国化的最新理论成果武装的青年学生，筑牢思想之基、补足精神之钙、把稳思想之舵，全面提升团学工作本领。造就一支政治素质过硬、理论知识丰富、综合能力突出的青年马克思主义者，为实现中华民族伟大复兴贡献更大力量。

结　语

新时代高校"青马工程"将持续发挥强魂筑基、思想领航的积极作用，成为高校开展思想政治教育和培育时代新人的有力抓手，建设高质量培养体系，不断深化"青马工程"建设时代内涵和要求，充分发挥"青马工程"在高校中的育人作用，成为新时代青年马克思主义者骨干的"主渠道"和"主阵地"，为社会输送了一大批信仰坚定、理论扎实、能力突出的新时代中国特色社会主义建设者和接班人。

参考文献

［1］陈惠军：《新时代深化实施"青马工程"的路径创新》，载《扬州教育学院学报》2021年第3期。

［2］张宏宇：《高校实施"青马工程"中存在的问题及其应对》，载《学校党建与思想教育》2023年第15期。

［3］春渝、黄彦：《"三个注重"推动青马工程更"活"更"新"更"实"》，载《中国共青团》2022年第9期。

［4］夏炼：《青年学生思想政治引领培养路径探究——以湖北经济学院"青年马克思主义者培养工程"为例》，载《湖北经济学院学报（人文社会科学版）》2023年第9期。

［5］史悠：《"大思政"背景下高校"青马工程"质效提升研究》，载《佳木斯职业学院学报》2023年第8期。

［6］聂浩虹、熊森浩：《借鉴"五育融合"教育理念推动基层团组织"青马工程"实践改革的价值与路径探讨》，载《高教学刊》2022年第S1期。

［7］乐生煊：《新时代高校"青马工程"育人路径研究》，载《长春师范大学学报》2023年第5期。

［8］赵芳、李伏青：《论"青马工程"铸魂教育的四重逻辑——从"两化"理论说起》，载《南华大学学报（社会科学版）》2023年第1期。

［9］高强：《构建"三位一体"培养体系 探索青年学生骨干高质量发展新模式——以黑龙江大学青马工程"黑大菁英"大学生骨干培训班为例》，载《黑龙江教育（高教研究与评估）》2022年第8期。

［10］陈火欣：《"学思践悟"四步并行 探索高校"青马工程"培训新路径》，载《中国共青团》2023年第6期。

［11］穆葆慧、孙佳明：《基于CIPP模型的高校"青马工程"育人能力评价指标体系

研究》，载《学校党建与思想教育》2021 年第 6 期。

［12］樊凌伊：《新时代大学生奋斗精神培育的价值、挑战与优化路径》，载《贵州工程应用技术学院学报》2022 年第 5 期。

［13］陈希、邓淑华：《新时代大学生马克思主义者培养的优化路径》，载《学校党建与思想教育》2022 年第 8 期。

艺体类专业学生推优入党工作的困境与对策研究

——天津体育学院运动训练专业为例

陶　岩　李　奔　牛成伟

天津体育学院

【摘　要】在大学生群体中发展壮大党员队伍关系着党的建设，目前，通过团组织推荐优秀团员入党是高校发展党员的主要途径，而非团员入党则需要党组织推荐优秀青年，但所占比例极少。本文以天津体育学院运动训练专业本科学生为例，通过对艺体类专业学生群体的调查分析，对大学生党、团组织推优入党以及学生党员发展工作过程中存在的问题、影响党员发展的因素、提升党员发展质量的路径选择等进行研究总结，并提出针对性的解决对策与建议，以不断完善艺体类专业学生的党员发展工作，提高大学生党员发展质量。

【关键词】艺体类专业；推优入党；党员发展、

一．研究背景

（一）"团组织推优入党"现状

根据《高校共青团改革实施方案》，做好发展团员工作已成为加强团员队伍建设的基础和关键。团推优工作将按照坚持高标准、控制团员规模、提高团员发展质量、发挥推优入党作用的总要求，着力吸收各方面表现先进的青年学生加入团员队伍。

严格的入团标准。坚持把政治标准放在首位，必须年满14周岁成为学生入团的绝对标准；同时探索首批团员由少先队推优入团制度、入团程序严格，以及在同龄人群中表现更为出色，比如对学习成绩要求高、成为注册志愿者、广泛参加义务劳动、担任班干部等成为相对标准。

调控的规模结构。为增强团员队伍的整体先进性，坚持有计划、有步骤地发展团员，实行发展团员总量调控，使团员数量和团青比例保持合理、适度的水平。根据《中学共青团改革和建设指导手册》，初中团青比控制在10%—15%较为合适，高中团青比控制在30%以内较为合适，中职团青比控制在15%—20%较为合适。

规范的入团程序。严格按照团章和发展团员工作细则规定的程序发展团员：符合条件的中国青年提出入团申请、入团积极分子的择优推荐培养、择优确定发展对象、召开支部大会讨论团员的接收、发展对象规范填写入团志愿书、团员拥有唯一的团员编号。

结合学生工作实际，正因《高校共青团改革实施方案》的高标准严要求，注定初高中阶段能成为共青团员的青少年学生只能是同龄人中的极少数，"优中选优"改革的目的在某种程度上又使大学生群体中符合党员培养发展的团员人数少之又少，考虑到高校学生的入团比例与入团名额限制，长此以往"团推优入党"培养发展工作所面临的问题将间接影响到高校学生党员培养发展工作的实施，因此"团推优入党"工作与"党员的培养发展"工作路径之间存在的问题亟待解决。

（二）研究方法

本文采用文献资料法、访谈法等研究方法，从中国知网论文库万方数据库对"共青团改革方案""团推优入党""党推优入党""党员发展现状"等关键词汇进行检索，查阅分析了相关文献资料，为本文《学生党员发展工作现状的调查研究》提供了理论支撑；同时本文选取天津体育学院运动训练专业全体学生作为调查对象，采用问卷调查的实证研究和深入访谈的质性研究相结合的方式，在了解各年级党员、团员、群众数量、团青比例等基本情况后，结合落实运动训练专业学生团员、党员发展工作的实际需要，有计划地、系统地设计出本文相关的调查指标及问卷结构并进行整体效度检验，分发对象为天津体育学院运动训练专业全体学生，最后对问卷进行统一回收整理、统计分析。

（三）天津体育学院运动训练专业学生基本情况

天津体育学院运动训练专业现有学生总数1122人，党员184人，团员600人，团青比为53.48%；2019级专业本科学生167人，团员79人，占专业总人数47.31%；2020级专业本科学生168人，团员88人，占专业总人数52.38%；2021级专业本科生158人，团员82人，占专业总人数51.90%；

2022 级专业本科生 192 人，团员 69 人，占专业总人数 35.94%；2020 级专业研究生（含博士）110 人，团员 50 人，占专业总人数 45.45%；2021 级专业研究生（含博士）149 人，团员 97 人，占专业总人数 65.10%；2022 级专业研究生（含博士）178 人，团员 135 人，占专业总人数 75.84%。（具体如表 1 所示）

表 1　运训训练专业各年级党员、团员、群众人数汇总

年级	总人数	党员人数	团员人数	群众人数	团青比
2019 级专业学生	167	30	79	68	43.71%
2020 级专业学生	168	9	88	71	52.38%
2021 级专业学生	158	0	82	76	51.90%
2022 级专业学生	192	0	69	123	35.94%
2020 级专业研究生（含博士）	110	57	50	3	45.45%
2021 级专业研究生（含博士）	149	48	97	4	65.10%
2022 级专业研究生（含博士）	178	40	135	3	75.84%

（四）影响运动训练专业学生党员发展的因素

2021 级专业本科生群众 76 人，有意向入团的团员 27 人左右；2022 级专业本科生群众 123 人，有意向入团的 100 人左右；本专业其他年级群众有意向入团 300 人左右。2023 年全校入团名额共 35 人，校团委分配给本专业名额 5 人，严重低于本专业有意向的入团人数，影响未来本专业发展党员计划。2021 级专业本科生共 6 个班，各班团员人数占比较小，2022 级专业本科生共六个班，各班团员人数占比较小，目前 69 名团员中递交入党申请书 54 人，预计 2022 级专业本科生明后年入党共计分配名额 30 人左右，且团员优秀程度相差较大，很难完成优中选优的入党原则。

二、主要问题

（一）"从严治团"背景下团员发展名额减少

习近平总书记在党的二十大报告中深刻指出："全党必须牢记，全面从严

治党永远在路上，党的自我革命永远在路上，决不能有松劲歇脚、疲劳厌战的情绪，必须持之以恒推进全面从严治党，深入推进新时代党的建设新的伟大工程，以党的自我革命引领社会革命。"这为我们纵深推进全面从严治团提供了根本遵循，必将激励全团继续坚持自我革命、加强自身建设，为做好党的青年工作提供基础性、战略性保障。

党的十八大以来，以习近平同志为核心的党中央高度重视共青团的改革和建设，对从严治团作出了一系列重要指示。其中，抓团员队伍建设从严，政治标准充分彰显。团员是全面从严治团的主体。深入贯彻习近平总书记"宁可少一点，也要好一点"的重要要求，紧密围绕为党育人的根本任务，坚持以先进性建设为牵动，不断严格团员发展、教育、管理各项工作，探索建立自下而上、分段分类、阶梯晋级的新时代共青团激励机制，着力规范和加强入团后的教育管理，努力实现源源不断为党输送新鲜血液的政治功能，控量提质成效明显。坚持把政治标准作为入团首要标准，按照"严格标准、提高质量、控制增量、管好存量"的要求，严把团员入口关，提升团员发展质量，从源头上增强团员先进性，新发展团员规模从团的十八大前的每年800万名左右，逐步降至每年350万名左右，全国团青比控制在35%以下。

艺体类专业2022级本科生在高中阶段，正处于入团员名额把控十分严格的时期，国家要求高中阶段入团人数有比例要控制，严格执行发展标准，规范入团秩序。艺体类专业学生在普高中属于"特长生"群体，文化课成绩并不理想，高中入团没有优势，相比于学习成绩更侧重于艺术和运动专项成绩。同时，日常生活中对社会知识的了解和掌握还不够，缺乏志愿者社会实践的经验，很多学生都没有足够的准备机会参加团的活动。

（二）专业招生标准导致团员基数较少

艺术类专业的招生需要参加艺考，运动训练专业属于国家体育总局单独招生，艺体类高考与国家统考不同，偏重专项技能的考核。而文化课成绩所占比例较小，这样就造成本专业的学生对于专业技能的提高十分重视，艺体类专业的学生经过长期的专业训练，他们的专业技能都比较强。天津体育学院运动训练专业2022级本科生大多数从运动队、各类普通中学的体育生及中等专业学校等考入天津体育学院。运动队的日常训练时间安排为上午9：00—11：30、下午3：00—5：30、晚上7：00—9：00，训练时间安排紧凑，几乎没有长时段空白时间用于自我安排。与普通高中非体育生相比，更多的时间、精力投入在了日常的训练及比赛中，使得本专业学生文化知识基础较弱，与同龄学生相比文化基础知识较差，因此，在初、高中阶段成为团员的概率较小，也是由于这种招生方式，导致在初、高中时期能够加入团组织的学生比例很少。

（二）部分团员学生入党动机有一定的现实目的

在校大学生的社会阅历较浅，思想观念不够成熟、缺乏政治意识和判断，但其思维跳跃、情感丰富，个人情绪和思想观念易受周围环境、风气和人的影响，而出现以实现个人利益为导向的"功利性"入党动机。这不仅影响到学生价值观的形成和个人未来的发展，还关乎党和国家的前途命运、社会的发展以及中国特色社会主义事业的建设。

相较于"追求理想和信念"，家人意见、就业帮助、自我肯定等现实原因可能让学生个体选择入党。经过调查了解，无论是团员还是非团员，进入高校后，思想逐渐成熟，对国家大事关心程度与日俱增，学校党组织也因势利导，积极引导大学生树立正确的世界观和价值观，在团员和非团员中都形成了较为庞大的申请入党的队伍。调查中还发现，有部分团员大学生受社会、家庭和个人等诸多因素影响，在入党动机上出现问题，从而造成了党组织在团员中推荐优秀青年进入党组织的难度加大了的局面。

三、结论与对策

（一）结论

1. 非团员学生有入团需求

高中到大学这一角色的转变，是一个相对大的"跨度"。基于世界观、人生观和价值观的形成和稳定，大学学子会逐渐明确自身的奋斗目标。团员的"先进性"具有时间和空间的双重维度，从历史逻辑上讲，团员先进性内涵的历史意蕴应该回溯到最早的共青团组织，正如马克思和恩格斯从实现青年自身成长和推动社会进步的角度对青年先进性进行了深刻论述，强调了思想境界高尚和科学文化知识丰富在青年先进性中的重要作用。从艺体类高校发展团员的实际角度出发，针对非团员的大学生群体，其对自身发展的全方位要求和标准有了一定的政治认知，这不仅是社会进步的必然要求，亦是新时代大学生步入现代化发展的时代使命，而入团则成为学生政治进步的必要途径，因此，定然会有着清晰的入团意愿。

2. 大学中发展团员的名额有限

近年来，各高校遵照习近平总书记关于团员队伍建设的重要要求，严格团员培养的数量与质量。毋庸置疑，以政策为导向的团员发展的"时代感"和"获得感"显著加强。诚然，通过实地考察与调研，艺体类专业学生团员发展因数量上虽得以控制，但质量上的保证仍需不断加强。新时代团员队伍建设要向党员队伍发展看齐，亟须以自我革命精神深化团员的实施路径。根据关于印发《天津共青团贯彻落实〈新时代全面从严治团实施纲要〉的工作措施》的通知，2022 年底将初、高中（中职）毕业班团青比总体控制在20%、40%以内。通过对比团员发展数据，以运动训练专业同"等级"专业的团员队伍建设来论，学生入团名额相对较少，正如此，会影响党员优质优量的发展进程。团员发展是党员建设的助推剂，而团员发展比例的缩减需要考虑高中向大学转向后的学生发展"层级进步"情况。

3. 艺体类专业学生团员比例更低

因专业的特殊，艺体类专业学生侧重于参加专项招生考试进入高校，由于艺体类高校的学生把较多的时间参加艺术和体育训练，一定程度上使得他们文化课的学习时间以及参加集体活动的机会相对较少，其能力和综合素质的提升与其他同龄学生相比较存在较大差距。从时间维度而论，艺体类专业的学生在中学时期加入团组织的机会相对缺乏，这是毋庸置疑的。因此，党员的发展不能仅限于团组织推优，在非团员的学生中推荐优秀青年入党也应成为行之有效的途径，双轨并行可成为吸收优秀分子到党组织的有效途径。

四、建议

为了艺体类专业学生党员的优质发展，并结合艺体类专业学生团员的实际情况，积极探索除"团组织推优"外发展培育党员的实施路径。经调研建议：将"党组织推荐优秀青年入党"途径与"团组织推荐优秀青年入党"共同作为向党组织推优的常态化途径。

该途径所定标准如下：

《非团员学生推荐入党原则（草案）》

贯彻执行党组织在大学生中发展党员的规定标准，针对艺体类专业学生的基本情况，还应具备以下条件：

（1）政治立场坚定，热爱祖国，拥护中国共产党；

（2）遵守校内外的各项规章制度；

（3）品学兼优，具备良好的群众基础（由党支部和各班团支部讨论提议和表决）；

（4）获得奖学金一次及以上（以专业成绩为首作为第一考量，德育操行评定作为第二考量，科研成果作为第三考量）；

（5）参加社会志愿实践（由党支部监督管理，班委组织实施，期限为71小时）。

符合以下条件优先考虑：

（1）英语四级及以上考核合格；

（2）大学生各类竞赛荣获名次（全国艺术类专业比赛等；获得奥运会、亚运会参赛资格；全国锦标赛、全运会前八名；省、市锦标赛和运动会前三名）；

（3）荣获优秀学生干部、三好学生标兵、优秀团员标兵、先进个人标兵（校级及以上）；

（4）由三名及以上辅导员推荐。

通过对艺体类专业学生党员发展工作现状的调查研究，认为艺体类专业学生应通过团组织推优和党组织推优两个路径来完成。若能双轨并行，将会有更多的优秀青年加入党组织的怀抱。

参考文献

［1］杜沂蒙：《锤炼严实作风健全制度机制推进全面从严治团向纵深发展——五年来共青团推进全面从严治团工作综述》，载《中国青年报》2023年5月17日。

［2］刘俊彦：《共青团员先进性内涵与评价指标体系的构建》，载《中国青年社会科学》2020年第4期。

［3］唐皇凤、熊红梅：《新时代党的自我革命制度规范体系建设的基本经验和优化路径》，载《郑州大学学报（哲学社会科学版）》2022年第6期。

［4］何良苏：《中国共产党勇于自我革命的政治品格探析》，载《探求》2022年第6期。

［5］陈思雨：《高校"推优入党"现状、存在问题及路径探索——以成都某高校为例》，载《西部学刊》2022年第23期。

［6］田萌：《提高大学生党员发展质量的方法研究》，载《科教文汇（中旬刊）》2015年第17期。

学生管理视角下中华优秀传统文化融入
高校思想政治教育路径探析

李记永

天津中德应用技术大学

【摘　要】 中华优秀传统文化蕴含丰富的思想政治教育元素，对高校思想政治教育工作开展具有重要的现实意义和实践价值。在将优秀传统文化融入高校思想政治教育的过程中，应注重传统文化的活化和创新、传统文化与现代价值观的结合等关键要素。从学生管理视角出发，重点在学生社团管理、宿舍管理、社会实践、日常管理等方面下功夫，持续推进优秀传统文化与思政教育深度融合。

【关键词】 优秀传统文化；思想政治教育；学生管理

中华优秀传统文化包含了丰富的哲学思想、道德观念、人文精神等，这些优秀的传统文化元素是开展当代高校思想政治教育工作的宝贵资源。将中华优秀传统文化融入高校思想政治教育，通过丰富的活动形式和实践方式，引导青年学生在日常生活中体验、理解和传承传统文化，一方面有助于提升学生的文化素养和人文素质，培养他们的文化自信和民族自豪感，另一方面有助于推动高校思想政治工作的内涵建设，提升思想政治工作质效。

一、中华优秀传统文化融入高校思想政治教育的现实意义

中华优秀传统文化是中华文明的智慧结晶，蕴含其中的价值主张与社会主义核心价值观高度契合，理应成为开展思想政治教育的重要资源，对于青年学生价值观塑造、高校思想政治教育工作开展都具有十分重要的现实意义和实践价值。

（1）中华优秀传统文化对于引导青年学生形成正确的人生观和价值观具有积极意义。当下，对中华优秀传统文化中价值取向的阐释非常适用于学生思想政治教育工作，例如，其中的"天下为公、革故鼎新、自强不息、厚德载物、讲信修睦"等，都是当代青年学生价值观形成中需要补给的重要养分。将中华优秀传统文化融入思想政治教育范畴，帮助青年学生从中汲取道德力量，提高文化修养，将自我成长融入体现社会价值，从而树立正确的人生观和价值观。

（2）中华优秀传统文化对于增强青年学生的文化自信和民族自豪感具有重要作用。面对世界百年未有之大变局，面对信息技术高度发达的自媒体时代，青年学生面临着各种文化交织、融合以及冲击。中华优秀传统文化的融入，能够引导学生切身体验、真实感悟其中的精髓与奥妙，从中不断汲取智慧，最终形成对传统文化的情感认同和思想认同，逐步培养民族精神，增强文化自觉，坚定文化自信，培养民族自豪感。

（3）中华优秀传统文化对于培养青年学生的创新意识和创业精神有着积极的促进作用。传统文化是中国人智慧和精神的累积，具有代表性的儒家文化、道家文化中都蕴含着宝贵的创新创业精神，能够帮助学生激发创新思维，提升创新能力。此外，传统文化中百花齐放的艺术形式，可以培养青年学生的艺术创新和创作能力，激发他们的创造力和创业潜能。同时，传统文化中的商道文化、民间智慧等，也可以为青年学生的创新创业提供有益的参考和启示。

（4）中华优秀传统文化对于促进青年学生的跨文化交流和国际交往具有积极作用。中华优秀传统文化作为中国特有的文化传统，有着独特的文化特点和价值观念，可以帮助青年学生更好地理解和融入中国文化，提高他们的跨文化交际能力。同时，传统文化中丰富的文化艺术形式，具有独特的文化语境和艺术表现手法，可以作为一种跨文化交流的方式，帮助青年学生更好地与其他文化进行对话和交流，增强他们的国际视野和跨文化沟通能力。

二、中华优秀传统文化融入高校思想政治教育的关键要素

要把中华优秀传统文化融入高校思想政治教育的过程做到润物细无声，就要注重对传统文化的活化与创新，注意结合当代青年学生特点，加大教师言传身教和学校组织推广力度，同时争取社会各界的积极参与和支持。

（1）传统文化的融入需要注重文化的活化和创新。传统文化是一种活的文化，融入青年学生思想政治教育的过程中要避免陷入形式主义和教条主义。需要根据学生的需求和现代社会的发展趋势进行创新和适应性调整，充分尊重学生的兴趣和自主选择，避免简单地将传统文化作为一种教条灌输给学生，注重启发学生的思维，引导他们通过思考和实践理解和体验传统文化的价值。

（2）传统文化的融入需要注重与当代青年学生价值观的结合。中华优秀传统文化博大精深、底蕴深厚，但在融入当代青年学生生活的过程中，要注重契合当代青年学生的思想观念，符合当代青年学生的价值观，从根本上使学生能够理解、接受、认同传统文化，从而产生对传统文化开展自主学习的内生动力，运用优秀传统文化元素，潜移默化地影响学生的价值取向和行为方式。

（3）传统文化的融入需要注重发挥教师的主体作用。教师作为学生思想政治教育中的榜样和引领者，在传统文化的融入中是至关重要的关键因素。当教师群体具备深厚的传统文化素养，深入了解传统文化知识，并在平常能够做到言传身教，通过实际行动去践行传统文化，这对于引导学生深入理解和体验传统文化的魅力，激发学生对传统文化的兴趣和热爱，培养学生的自主学习和探究精神具有非常积极的作用。

（4）传统文化的融入需要学校充分做好组织和管理。高等学校在传统文化融入思想政治教育的过程中，主要是要提供良好的组织环境和管理支持。应设立专门的部门或机构负责传统文化的研究和推广工作，将传统文化教育纳入教学计划和教材，充分利用校内外资源，组织开展各类传统文化教育活动，建立完善相应的制度机制，鼓励并支持学生参与学术研究、文化体验、实践活动等传统文化活动，不断拓展传统文化融入的深度和广度。

（5）传统文化的融入需要争取社会各界力量支持。传统文化融入需要充分利用社会资源，文化机构、企业、社会团体等社会机构可以提供丰富的传统文化资源和支持，为青年学生的传统文化学习和体验提供更多的机会和平台。学校可以邀请专家学者、文化名家等开展讲座、研讨会和实践活动，通过社会实践、文化体验等方式让学生更加直观地感受和体验传统文化。同时，学校可以与文化机构、传统文化传承人等建立合作关系，共同推动传统文化的传承和弘扬。

三、中华优秀传统文化融入高校思想政治教育的实现路径

在传统文化与思政教育的融合实践中，要牢牢把握各项关键要素，推动传统文化教育体系不断完善，推动传统文化各项融入机制高效运行[3]。其中，学生管理工作发挥着重要的支持和推动作用。学生管理工作是高校对学生进行管理和服务的一项重要工作，涉及学生的学习、生活、社交、思想等方方面面。通过学生管理工作，可以将中华优秀传统文化融入学生的日常生活和思想观念，使其成为高校学生的行为习惯和精神追求。

（一）社团管理中的中华优秀传统文化融入

学生社团作为青年学生开展社会实践、组织文体活动的核心力量，理应成为中华优秀传统文化融入的重要载体和平台。要充分利用学生社团的自治力量，将中华优秀传统文化融入学生的活动和组织中。

（1）学生社团在策划和组织活动中融入中华优秀传统文化元素。一方面，积极建设青年学生接触、了解传统文化的广阔平台；另一方面，运用传统文化元素升级活动内涵，提高活动质量。比如，在活动中设置传统文化展示区，对传统服饰、书画作品、传统乐器等进行展示，吸引学生主动了解中华优秀传统文化，并通过组织传统文化体验活动，如传统手工艺制作、传统舞蹈、传统音乐等，让学生亲身参与其中，感受中华优秀传统文化的魅力。

（2）学生社团在宣传和推广活动中弘扬中华优秀传统文化。学生社团通常具有丰富的宣传渠道和资源，通过社团的社交媒体、校园广播、校内宣传板等方式进行宣传推广活动的过程，也是将中华优秀传统文化的知识、历史、价值等信息传递给学生的过程。此外，国内部分高校成立专门开展宣传弘扬优秀传统文化的社团，组织开展传统文化知识竞赛、演讲比赛、话剧演出等多种形式的活动，引导更多学生主动参与传统文化教育环节。

（3）学生社团在组织和管理中融入传统文化中的管理理念和方式。比如，可以借鉴中国古代传统的组织管理模式，如儒家文化中的仁爱、孝道、忠诚等价值观，将其运用到学生社团的组织管理中，培养学生的团队协作能力、领导能力和组织管理能力。

（二）宿舍管理中的中华优秀传统文化融入

学生宿舍是青年学生日常生活的主要场所，尤其是高校"一站式"学生社区综合管理模式全面推进以后，宿舍管理成为开展思想政治教育的重要阵

地[5]，自然也成为中华优秀传统文化融入的坚实堡垒。

（1）在学生宿舍的布置和装饰中融入中华优秀传统文化元素。比如，可以在宿舍的公共区域设置中式家具、传统文化书画作品等，营造浓厚的传统文化氛围。同时，在宿舍的墙壁、门窗等位置，可以张贴中华优秀传统文化的宣传海报、书法作品等，让学生在日常生活中不断接触和了解中华优秀传统文化。

（2）在学生宿舍的日常活动和文化节目中传承和发扬中华优秀传统文化。比如，可以组织学生宿舍的传统文化节目，如传统乐器演奏、传统舞蹈表演、传统戏曲表演等，让学生亲身参与和体验中华优秀传统文化的艺术表现形式。同时，可以组织传统文化的体验活动，如传统茶艺、传统书法、传统绘画等，让学生了解和体验中华优秀传统文化的生活方式和审美情趣。

（3）在学生宿舍管理中注重中华优秀传统文化的道德教育。中华优秀传统文化强调德行、品德、道德，通过道德的榜样和引领，培养学生的良好道德观念和行为习惯。同时，可以通过组织学生宿舍的道德讲座、道德模范评选等方式，引导学生学习和践行中华优秀传统文化的道德观念，培养学生的社会责任感和公民意识。

（三）社会实践中的中华优秀传统文化融入

社会实践活动是青年学生运用所学服务社会进而了解社会的一种教育活动；它既是将实践成果反哺自身学习科研的一种途径，又是思想政治教育外延的一个重要方式。开展社会实践活动要注重在开展的过程中有组织地融入中华优秀传统文化，帮助青年学生在实践中更加深刻地体会、感悟和传承传统文化。

一方面，将传统文化与社会热点问题相结合纳入学生社会实践活动主题。在研究制定社会实践方案、指南等过程中，有针对性地围绕国家战略和任务、社会关注的热点问题等融入传统文化元素，并纳入社会实践活动主题。引导学生在社会实践中深刻认识到中华优秀传统文化与当代社会问题密不可分的联系，进一步了解传统文化蕴含的价值理念与新时代所倡导的价值理念是一脉相承的发展关系，从而增强学习和弘扬传统文化的自觉。

另一方面，鼓励学生将专业优势与传统文化的宣传和弘扬结合起来。鼓励学生在组织策划社会实践活动过程中，积极发挥自身特长，充分运用专业优势开展传统文化的传播弘扬工作。例如，美术专业、音乐专业、表演专业、媒体传播专业的学生，可以在社会实践中引导社会群众参与专业相关的喜闻乐见的文化活动形式，切实将传统文化送入寻常百姓家，起到宣传弘扬的实际作用。

（四）日常管理中的中华优秀传统文化融入

高校学生日常管理的主要任务是对学生进行综合管理和教育，也是开展思想政治教育的重要环节。通过日常管理的方式，将中华优秀传统文化融入学生的生活习惯、行为规范和社交礼仪中，潜移默化地使中华优秀传统文化深度融入学生日常。

（1）在学生日常行为规范中融入中华优秀传统文化的要求。将优秀传统文化中的要求纳入学生日常管理制度和诚信管理体系，约束规范学生日常行为。比如，规定学生在校园内要注意穿着得体、言行文明，尊敬师长、团结友爱，传承中华优秀传统文化的尊重他人、礼貌待人精神；规定学生在校园内要保护环境、文明用餐，文明行为的背后，体现了中华优秀传统文化中的节俭、勤俭节约和环保意识。

（2）在学生日常思想教育中融入中华优秀传统文化的元素。在学生宿舍、食堂、图书馆等公共场所展示传统文化的艺术品、实物和图片，将传统文化元素作为校园文化建设的重要部分。在学生职业规划与就业创业指导中，运用传统文化中的价值观引导学生树立符合时代要求和社会发展的就业观。在网络思想政治教育、班团建设、学风建设等各项工作中融入传统文化元素，不断提高学生文化素养。

（3）在学生日常组织管理中融入中华优秀传统文化的理念。比如，可以引导学生组织开展传统文化节庆活动，如春节、中秋节等，促使学生深入了解传统文化的内涵和传承方式，通过组织传统文化活动，使学生在参与中体验传统文化，培养学生的组织能力和领导力。

参考文献

[1] 丛楠楠、王久才：《中华优秀传统文化融入大学生思想政治教育的探讨——以中华传统茶文化为视角》，载《经济师》2019 年第 7 期。

[2] 宁小燕：《习近平青年思想与高校时代新人培育研究》，山西师范大学 2019 年硕士学位论文。

[3] 张小玲：《新时代优秀传统文化融入高校思政教育的机制探析》，载《教书育人

（高教论坛）》2020 年第 24 期。

　　［4］林霄：《高校学生社团传承和弘扬中华优秀传统文化探析》，载《福建医科大学学报（社会科学版）》2020 年第 3 期。

　　［5］庄琪：《优秀传统文化视阈下的高校公寓文化育人路径思考》，载《高校后勤研究》2017 年第 1 期。

浅析新时代公安院校辅导员思政教育工作特点及对策

庞雨丹

天津公安警官职业学院

【摘　要】在公安院校的教育教学过程中，辅导员思政教育工作是培养具有新时代公安需求的高素质公安人才的重要环节。同时，公安院校学生的思政教育的重要性与地方院校相比，与社会稳定、国家安全、人民群众的切身利益联系得更加紧密。因此，作为公安院校思政教育工作者，辅导员老师在强化公安院校思政教育的工作过程中更需要加强理论与实践建设。

【关键词】公安院校；辅导员；思政教育；大学生

根据公安部及各省市公安厅、局的数据统计，目前，全国范围内共有 35 所公安类院校，其中包括 5 所公安部直属高校和 30 所省属公安院校。每年，公安院校为社会输送了数以万计的公安人才，成为各地公安基层单位的骨干力量。参照公安部对中国人民公安大学的办学定位的指示，公安院校要在增强 "四个意识"、坚定 "四个自信"、做到 "两个维护"、建设具有强大凝聚力和引领力的社会主义意识形态中走在前列。公安院校的思政教育工作者需要贯彻落实总体国家安全观，在思政教育过程中努力将公安院校建设成为政治坚定、特色鲜明的公安院校。结合以上公安院校具有的特点，公安院校辅导员在思想政治教育和日常学生管理的相关工作中，需要充分考虑公安高校的特殊性和在校学生的身心发展规律，落实思政教育目标，实现为国家培养合格公安人才的目标。

一、公安院校在校大学生思想政治的现状和思政教育的重要性

在我国，人民警察是维护国家安全与稳定的重要组成部分，是人民民主

专政的重要工具。公安院校在校大学生则是国家专政工具——人民警察的重要后备力量，是未来人民警察的重要人才库。公安院校作为培养未来执法人才的重要机构，其在校大学生的思想政治现状和思政教育的重要性不容忽视。

1. 公安院校在校大学生的思想政治现状

公安院校大学生的思想政治现状在新时代背景下比在校大学生较高，能够理解和贯彻党的路线、方针和政策，关注国家大事，对中国特色社会主义道路充满信心。然而，也有部分学生存在对政治理论学习不重视、对公安工作理解不深等问题。而在道德品质方面，公安院校的大部分学生具备较高的道德素质和品德修养，注重自身行为规范和道德自律。然而，也有部分学生存在道德观念淡薄、缺乏自律意识等问题，难以抵制不良行为和思想的侵蚀。在法律意识方面，公安院校的学生应当具备较强的法律意识，自觉遵守法律法规，贯彻执法公正、公平、公开的原则。然而，也有部分学生存在法律观念淡薄、对法律条文理解不透彻等问题。

2. 思政教育的重要性

目前公安院校在校大学生思想政治存在的一系列问题更加凸显了公安院校辅导员展开思政教育的重要性。在公安院校中，积极开展思政教育有诸多重要的意义，主要有下几点：

（1）可以培养学生的综合素质。思政教育是公安院校培养学生综合素质的重要环节。通过思政教育，能够提高学生的政治素养、道德素质和法律意识，增强其社会责任感和国家意识，为其未来的职业发展奠定基础。

（2）可以塑造学生正确的价值观。思政教育有助于塑造学生正确的价值观，包括世界观、人生观、价值观、职业观等。通过思政教育，能够引导学生树立正确的思想观念，提高其道德判断力和价值判断力，为其未来的职业生涯奠定坚实的思想基础。

（3）可以强化学生的使命感和责任感。公安院校的思政教育应当突出培养学生的使命感和责任感。通过思政教育，强化学生对党和人民事业的忠诚和信仰，培养其执法为民的信念，使其具备为国家和人民利益奋斗终身的决心和能力。

（4）可以提升公安院校学生的职业素养。思政教育是提升公安院校学生职业素养的重要途径。通过思政教育，能够培养学生的职业操守、职业纪律和职业精神，增强其执法公正性和公平性，为其未来的职业发展提供坚实的职业素养保障。

二、公安院校辅导员思想政治教育与管理工作面临的困境

新时代背景下，公安院校的发展也面临新的机遇与挑战。同时，在这样的大背景下，公安院校辅导员思想政治教育与管理工作面临的困境是一个复杂而多维的问题。

（1）社会环境的变化给公安院校辅导员工作带来了新的挑战。随着社会环境的不断变化，这给公安院校辅导员工作带来了一些挑战。例如，当前社会信息传播速度快、信息量大，各种思想和文化交流碰撞，给公安院校学生的思想带来了一定的影响。同时，社会上的一些不健康思想，如功利主义、实用主义等也影响了学生的人生观和价值观，使得一些学生对思政教育产生了一定的质疑。

（2）学生人数和种类的增多给公安院校辅导员工作带来压力。随着公安院校的扩招，学生的人数和种类也随之增多，这给辅导员工作带来了一定的压力。例如，不同专业、不同年级、不同背景的学生有着不同的需求和问题，需要辅导员投入更多的时间和精力去了解和解决。同时，学生之间的矛盾和问题也不断增多，需要辅导员具备较高的组织协调能力和解决问题的能力，以应对各种突发事件。

（3）公安院校辅导员角色定位不明确。公安院校辅导员在思政教育和管理中扮演着重要角色，但是由于各种原因，辅导员的角色定位往往不够明确。例如，一些辅导员在工作中被视为管理学生的"工具"，缺乏对学生的真正关心和支持；一些辅导员则被视为"保姆"，需要解决学生的各种生活和学习问题，缺乏应有的专业性和独立性。这些角色定位的不明确不仅影响了辅导员的工作效果，也影响了学生的全面发展和思政教育质量。

（4）辅导员自身素质和能力不足。公安院校辅导员的素质和能力直接影响思政教育和管理工作的质量。然而，一些辅导员自身素质和能力不足，例如缺乏理论知识和实践经验、缺乏组织协调能力和解决问题的能力、缺乏对学生的真正关心和支持等。这些问题的存在使得辅导员难以有效地开展思政教育和管理工作，无法给予学生充分的指导和支持。

（5）学生对政治理论学习和教育的轻视。一些学生对政治理论学习和教育的轻视也是公安院校辅导员工作面临的一个困境。这些学生对马克思主义、

中国特色社会主义等政治理论学习缺乏兴趣，对思政教育课程持消极态度，甚至出现逃课、旷课等现象。这不仅影响了学生的全面发展和思政教育质量，也给辅导员的工作带来了一定的难度。

（6）新时代的新媒体带来的新挑战。随着新媒体时代的到来，信息传播速度快、范围广，为学生获取信息提供了便利，但同时也给辅导员工作带来了一定的挑战。例如，新媒体中存在着大量的信息，包括一些错误信息和言论，需要辅导员引导学生正确看待和判断。同时，新媒体时代的信息传播方式也发生了变化，传统的思政教育方式已经不能满足学生的需求，需要辅导员不断更新教育方式和方法以适应时代的变化。

为了应对以上困境，公安院校辅导员需要不断提高自身素质和能力，增强组织协调能力和解决问题的能力；同时还需要积极引导学生正确看待新媒体上传播的信息；不断更新教育方式和方法以适应时代的变化；加强与相关部门的沟通协调，明确自己的角色定位；不断提高专业水平和服务能力；积极寻求学生的认同和支持等措施来推进思政教育和管理工作的顺利开展。只有这样才能够更好地为学生服务，实现教育育人的目标。

三、加强公安院校思政教育的措施

为了不断完善公安院校思政教育体系构建，增强公安院校辅导员思政教育工作水平，本文提出以下几点措施：

（1）在理论层面，公安院校应当完善思政课程体系，将马克思主义基本原理、毛泽东思想、邓小平理论、"三个代表"重要思想、科学发展观、习近平新时代中国特色社会主义思想等重要理论贯穿于思政课程。同时，应当结合实际案例进行教学，提高学生学习的积极性和实效性。随后，公安院校应当加强思政师资队伍建设，提高教师的政治素养、专业水平和教学质量。同时，应当鼓励教师开展科研和学术活动，提升思政教学的学术含量和教学质量。

（2）在教学实践方面，公安院校应当强化思政实践教学环节，通过组织学生进行社会实践、模拟执法等形式多样的活动，使学生深入了解公安工作的实际和特点，增强其感性认识和实际操作能力。同时，也应当将实践教学与理论教学相结合，使学生更好地理解和掌握理论知识。

（3）在新时代背景下，公安院校同样应当积极推进网络思政教育，利用互联网平台开展形式多样的教学活动。例如：利用微博、微信公众号等新媒体平台发布优质教学内容、分享执法经验等，使教学方式更加灵活多样，学生也更容易接受和理解。

四、公安院校辅导员思想政治教育与管理工作实践策略

面对新时代的新挑战，为了提升公安院校辅导员思想政治教育与管理工作的效果和效率，现从以下几点提出相关建议和策略：

1. 加强理论学习和研究，提高辅导员素质

公安院校辅导员作为思政教育工作的核心力量，首先需要具备过硬的政治素质和理论水平。因此，要加强理论学习和研究，提高辅导员的素质。具体措施包括：

加强马克思主义、毛泽东思想、邓小平理论、"三个代表"重要思想、科学发展观、习近平新时代中国特色社会主义思想等理论的学习，提高辅导员的政治觉悟和理论水平。深入研究和理解国家教育政策、法规和文件，掌握教育规律和思政教育工作的基本要求，为实际工作提供指导。加强心理学、社会学、法学等相关学科的学习，帮助辅导员具备更广泛的专业背景和知识体系，提高综合素养。定期开展辅导员培训班和学习交流活动，提高辅导员的专业水平和实际工作能力。

2. 明确角色定位，发挥辅导员作用

公安院校辅导员在思政教育和管理中扮演着重要角色，应明确其角色定位，充分发挥其作用。明确辅导员的工作职责和工作范围，使其能够更好地履行思政教育和管理职责。增强辅导员的组织协调能力和解决问题能力，使其能够有效地开展思政教育和管理工作，及时解决学生问题。建立辅导员与专业课教师、行政人员之间的协作机制，形成教育合力，共同推进思政教育工作。鼓励辅导员开展科研和学术活动，提升学术水平和专业素养，为思政教育工作提供支撑。

3. 关注学生成长，创新教育方式

公安院校学生是思政教育工作的主体，辅导员要关注学生的成长，创新教育方式。关心学生的生活和学习状况，了解他们的思想动态和需求，及时提供帮助和支持。定期开展主题班会、座谈会等形式的思政教育活动，引导学生树立正确的世界观、人生观和价值观。利用新媒体手段，如微信、微博

等，搭建与学生沟通和交流的平台，及时掌握学生的思想动态，为学生提供个性化的指导和支持。创新教育方式和方法，结合学生的特点和需求，采用情景模拟、案例分析等多样化教学方式，增强思政教育的趣味性和实效性。加强学生心理健康教育，关注学生的情感和心理健康，及时发现和解决学生的问题，提高学生的心理素质。

4. 加强校园文化建设，营造良好的育人环境

公安院校应加强校园文化建设，营造良好的育人环境，为思政教育工作的开展提供有力支撑。加强校风、学风建设，营造良好的学习氛围和校园文化氛围。积极开展各类文化、体育、艺术和社会实践活动，丰富学生的课余生活，培养学生的综合素质和社会责任感。加强学生社团建设，引导学生自主开展各类活动，提高学生的组织协调能力和团队协作精神。弘扬社会主义核心价值观，引导学生树立正确的价值观念和道德观念，培养学生的爱国情怀和社会责任感。加强校园安全管理和法制教育，维护校园安全和稳定，为学生提供安全、和谐、稳定的学习环境。

5. 完善考核机制，激发辅导员工作热情

公安院校应完善辅导员考核机制，激发辅导员的工作热情和积极性。制定科学合理的考核标准，涵盖辅导员的德、能、勤、绩等方面，全面评价辅导员的工作表现。采用多种考核方式相结合的方法，如学生评价、同事评价、上级评价等，确保考核结果的客观性和公正性。将考核结果与奖惩机制挂钩，对优秀辅导员给予表彰和奖励，对表现不佳的辅导员进行约谈和帮扶，激发其积极性和创造性。建立辅导员职业发展路径和晋升渠道，为辅导员提供良好的职业发展前景和晋升机会，激发其工作热情和长期从事思政教育工作的动力。

总之，公安院校在校大学生的思想政治现状和思政教育的重要性不容忽视。通过不断完善公安院校思政教育体系构建和提升思政教育水平，能够提高公安院校学生的综合素质和职业素养，培养出更多优秀的公安人才，为维护社会稳定和国家安全做出更大的贡献。

结　语

综上所述，在新时代背景下，面对大量走入大学校园的"00后"大学生，公安院校在校学生思想政治教育与管理工作面临着新的困难和挑战。在

公安院校思政教育的过程中，面对这些新时代的挑战，广大公安院校思政辅导员老师要坚定习近平总书记对公安工作和公安队伍建设提出的对党忠诚、服务人民、执法公正、纪律严明的"四句话、十六字"总要求，并将其作为党在新形势下建警治警的指导思想、基本原则和目标方向。辅导员作为思想政治教育的中坚力量，应在岗位上发光发亮，为国家公安事业输出高质量人才。

参考文献

［1］张山含：《新时期公安院校大学生思想政治工作之我见》，载《学理论》2014 年第 9 期。

［2］张剑波、余陆维：《简论公安院校学管工作中的柔性管理》，载《江西公安专科学校学报》2002 年第 5 期。

［3］张驰：《新时代公安院校学生思想政治教育问题探讨》，载《河南教育（高等教育）》2022 年第 10 期。

对话式人工智能下的网络思政教育

——以中文聊天 GPT 的应用与挑战为例

解晨雪

天津公安警官职业学院

【摘　要】人工智能的发展改变了传统的教学过程和师生关系，教学过程呈现自主性、开放性、互动性及综合性等特征，"教师主导"的师生关系被逐渐瓦解。信息技术经历互联网、大数据、物联网、5G 等阶段的爆炸性发展，现在又迎来了对话式人工智能的阶段，对话式人工智能基于跨模态深度学习的模型获取参与网络思政教育对话的能力，在与用户的互动交流中，聚合语义知识，转化数据意义，生产文本内容，修正并输出答案。然而过度依赖科技很容易引发剥夺教育话语权、难辨真假信息、沉溺信息茧房等潜在风险，甚至会破坏用户已经成型的符合主流社会价值的认知结构。因此，高校必须把握思想政治教育的主动性，全方位地加强网络监督力度，促进对话式人工智能更好地为高校思想政治教育服务，实现对话式人工智能与思想政治教育协同育人。

【关键词】信息茧房；对话式人工智能；网络思政教育

在"培养什么人、怎样培养人、为谁培养人"这一根本性问题的研究中，"三全育人"强调从全员、全程、全方位三个方面调动力量。如今，网络媒体成为社会发展的新浪潮，思想政治教育正在经历由线下向线上的转变。近年来，微信公众号、高校论坛及各类线上平台已逐渐成为思想政治教育的主阵地。在这样的时代背景下，互联网成为开展思想政治教育的一把"双刃剑"及影响"三全育人"效果的最大变数。如何破题闯关，以"三全育人"为背景开展网上思想政治教育实践活动，是当前思想政治教育理论学习面临的重要课题之一。

2022 年 11 月, ChatGPT 由 OpenAI 推出, 使用生成预训练转换器 (GPT) 算法识别数据的模式和规律, 生成适当的词汇和内容以响应用户的查询。 ChatGPT 可以辅助完成语言翻译、创意写作、回答问题、修改代码等功能, 这使得它一经推出, 就受到了学生和专业人士群体的追捧和欢迎。此后, 国产的聊天机器人(以下用"中文聊天 GPT"替代)也纷纷如雨后春笋般涌出, 如百度的文心一言, 科大讯飞的星火认知大模型、360 智脑、通义千问等。这种对话式人工智能的快速发展和扩散解构了人与计算机网络之间技术互动和获取信息的方式, 打破了传统教育中教师对学生单向传递的形式, 建立起教师与学生共同学习的环境。中文聊天 GPT 在教学中的应用代表教育理念的进步和教学手段的更新, 揭示着人工智能辅助人类智能发展及其教学成长、推动教育改革深入发展的新时代已经到来。

这种便捷的技术加剧了学生们对互联网的依赖, 学习客观理论事实的效率的确大幅上升, 但涉及意识形态的问题, 尤其是思想政治教育这个领域, 过度的依赖科技很容易引发剥夺教育话语权、难辨真假信息、沉浸信息茧房等潜在风险, 甚至导致高校网络思想政治教育有被算法控制的技术扩张的风险。思想政治教育的最终目的是育人, 引导和塑造学生形成社会提倡的价值观念, 做好高校的思想政治工作要因事而化、与时俱进。鉴于此, 研究中文聊天 GPT 介入网络思政教育的隐患和应对措施对于加强高校思政工作极具意义。

一、介入网络思政教育的优势与风险

1. 中文聊天 GPT 改善教育的滞后效应, 促进学生主动学习

一些传统高校的思想政治课存在同质化现象, 在目前的情况下, 教师在课堂上给学生提供的教育形式一般是相同的, 但是每个学生的学习环境和学习情况是不同的, 受教育者家庭的教育环境和个人的学习情况都有自己的特点, 因此, 不同的受教育者需要不同的教育形式。新时代思想政治教育网络系统具有丰富的教育内容, 可以为不同的受教育者提供不同的教育形式, 这对改善传统教育的滞后效应具有重要意义。

对于学生来讲, 中文聊天 GPT 的引入主要结果是增加了主动性学习和参与度, 主动检索提高他们的学习兴趣, 提供互动性的学习环境, 促进学生更

大程度地参与教育过程。许多研究也表明，通过中文聊天 GPT 的帮助，学生们的学习效率有了很大的提升，学习成果与学习兴趣也呈现正反馈。不仅如此，中文聊天 GPT 为用户提供了量身定制的反馈，这种个性化指导和及时的反馈鼓励学生通过识别自己的错误，来进行自我反思，自我导向学习和自我调节。有研究表明，中文聊天 GPT 的引入能让学生在放松和舒适的环境中学习，从而增强自信，减少学习焦虑，因为人机交互给了学习较差的学生一个私密的环境，从而使得他们感到自信、安全和放松。因此，基于人工智能的教育干预有可能缓解学生们的学习焦虑，帮助他们培养在学术生活中取得成功所需的技能和信心。

2. 中文聊天 GPT 的技术瑕疵与伦理风险

中文聊天 GPT 虽然架构在超大型的语言模型中，也能生成语法正确的文本，甚至会根据输入内容判断用户的情绪状态，输出具有情绪价值的内容，但是数据库中的信息来源来自各方各面，中文聊天 GPT 只有辨别、搜索、调用的功能，这决定了这种技术的固有瑕疵：技术瑕疵——一是分辨信源真伪能力不足，二是理解语言内涵能力不足。当用户输入问题后，中文聊天 GPT 在数据库中搜寻符合关键元素的碎片，聚合后输出文本，在这个过程中，技术构成中并不存在区分真假信息来源的智能部件。在思政教育的对话中，输出的答案有可能不仅不能起到引导作用，还有可能导致客体的某种误解被放大，使客体对主流意识形态的错误认知出现闭环式强化。在使用的过程中除了发现数据库中原有的信息是错误的以外，还会发现中文聊天 GPT 为了输出问题，甚至会主动输出虚假编造的文本，这种错误的信息最终会反馈到用户身上，利用用户对人工智能深信不疑的态度，使用户坚信这种输出信息的正确性和可靠性。

中文聊天 GPT 始终是物的存在，始终会存在被人为利用、危害人类发展和其他公共利益的风险。实际上，中文聊天 GPT 在教学中应用的最大漏洞和弱点是价值选择和科技伦理的缺陷。也就是说，中文聊天 GPT 虽然可以无限接近人类思维，可以具有较强的自然语言理解和生成能力，但它永远无法完全取代人类思维和行为的精神追求，更无法摆脱人类对道德价值以及科技伦理的追求，虽然这类新兴技术推动了思政教育的形式创新，但也需要考虑其局限性。评估聊天机器人仅仅以有效性、实用性以及准确性为指标似乎是不够的。首先，它容易引发潜在的滥用和欺骗相关的道德问题，用户可能会误认为他们是在与真实的个人交流，而不是与聊天机器人交流，输出数据中的潜在偏见会导致歧视性或误导性的反应。另一个重要的问题是用户隐私，因为它可能收集和存储有关学生的个人信息，联合大数据建立学生人体模型的电子思维，加以分析利用，很容易使学生处由在算法编织的信息茧房中，他们所做的决定和选择都不是基于他们自愿选择的结果，而是算法操控的结果，进而影响学生们的思维和意识，甚至可能解构学生已经成型的思维认知模式。

二、应用于高校网络思想政治教育的风险应对策略

1. 明确网络思政教育的根本主体，明确中文聊天 GPT 的辅助定位

网络思政教育以指导人们形成、巩固和践行正确思想行为为目标，使人们形成正确的思想观念和行为习惯，凸显出育人工作的本质。在中文聊天 GPT 介入网络思政教育后，思政工作更要坚持以人为本，将人的主动性和能动性置于技术之上。作为中文聊天 GPT 的开发者，要符合特定的科技伦理规则，比如公正、科学诚信、社会责任以及尊重人的自主性。"公正"的意思是说这种技术应该公正对待所有人，输出的内容不能有歧视或排斥任何团体的因素。"科学诚信"的意思是要求中文聊天 GPT 的研发和使用均不能违反法律规定，特别要遵循人工智能和互联网科技领域的法规政策，同时也不能违背学术诚信，不得伪造、篡改、捏造数据或结论，应真实、客观地呈现科研成果。"社会责任"要求技术方和使用方均应保持高度的社会责任感，不能使技术引发社会安全风险、造成负面社会影响。"尊重人的自主性"这种活动应尊重人的自主选择权，不能泄露用户的隐私信息，不能侵犯使用者的隐私权和名誉权，使用者也不能利用技术侵害他人的人格权益。

思政教育要以守正为本，创新为形，两者相辅相成，主管部门要在准确把握马克思主义关于人存在方式的理论基础上理解人的现代化意义，积极主动地利用中文聊天 GPT 促进和实现思政教育现代化。要主动同相关技术方合作，积极解析中文聊天 GPT 的底层算法技术，结合过往经验制定使用该类技术的规则，使主客体从被动适应技术介入转向主动察觉和智控技术。

2. 建立相应的管理机制

尽管目前这类技术还没有呈现出明显的科技伦理问题，但将中文聊天 GPT 介入思政教育的技术线路需严格控制在特定的管理机制中，可以起到防患于未然的作用。这就需要聚集各种媒介形式，形成合力，共同促进发展，

完善教育系统管理，健全全面的管控机制。实施媒介素质教育，利用新技术积极引导学生，积极弘扬社会主义核心价值观，建立科学的舆论管理体系，严格遵守法律规范和社会公德，制定相关规章制度，积极引导学生合理使用技术工具，加强舆论管理。

3. 增强学生的网络素质

学生是网络思政教育的主体，也是中文聊天 GPT 等人工智能工具的主要使用者。因此，高校应注重培养学生的网络素养，包括信息鉴别能力、自我保护意识和道德法律意识等。学校可以开设与网络素质相关的课程或讲座，让学生了解中文聊天 GPT 的特性和规则，学习如何正确地使用，以及如何避免被误导；也要培养学生们的信息分辨能力，掌握信息分辨的技巧，能够判断信息的真伪和可信度，避免被虚假信息和谣言误导；同时，也要教育学生不传播未经证实的消息或者谣言，对自己的行为负责；提升学生们的网络安全意识，教育学生如何保护个人信息安全，不轻易透露个人信息，不随便点击可疑链接，防范网络诈骗和黑客攻击，教育学生遵守网络道德；教授学生如何利用网络进行自主学习，通过搜索引擎、在线课程、学习论坛等资源来拓展知识和提高技能；也要教育学生合理安排时间，避免沉迷于网络，影响学习和身体健康。与此同时，还要鼓励学生主动参与到网络思政教育中来，积极提出自己的看法和建议，共同维护网络思政教育的良好环境。

结　语

高校网络思想政治教育的主要目的在于教化，要提防被中文聊天 GPT 主导。但也必须看到，高校网络思想政治教育对于中文聊天 GPT 塑造及其现象应对乏力。中文聊天 GPT 时代的到来给高校网络思想政治教育发展带来了新的契机，如何将两者结合从而发挥更好的作用，仍需要大量的学术研究助力。高校网络思想政治教育要以中文聊天 GPT 学术先行，通过实证研究的方式考察中文聊天 GPT 现象，对其进行研究分析，确定中文聊天 GPT 可以被用于思想政治教育、确定中文聊天 GPT 应用具有可控性；也要对其进行学理研究，在现象中探寻其工具价值，把握其关键之处，进而将其应用到高校网络思想政治教育中，为高校网络思想政治教育添柴助力。随着时间与科技的发展，中文聊天 GPT 也将"进化"得更加完善。

参考文献

［1］王云红、朱雪林、王欣：《"三全育人"视域下高校网络思想政治教育微探——以北京邮电大学为例》，载《北京邮电大学学报（社会科学版）》2023 年第 4 期。

［2］汪为：《ChatGPT 应用于高校思想政治教育的潜在风险及应对策略》，载《湖北第二师范学院学报》2023 年第 7 期。

［3］张璐：《网络育人视域下短视频在高校思想政治教育中的运用研究》，载《现代商贸工业》2023 年第 16 期。

［4］孙悦：《自媒体环境下高校网络思政话语能力提升路径研究》，载《高教学刊》2023 年第 20 期。

［5］贾德辉、卢瑞瑞：《迈向"算法学术"：高校网络思想政治教育的算法塑造风险及其化解》，载《湖北社会科学》2023 年第 8 期。

［6］B. Zhang, J. Mao, "On the Teaching and Learning in the Information Age of 'Big Data+ Internet？'—Some Thoughts on the Application of ChatGPT in Teaching", *2023 2nd International Conference on Educational Innovation and Multimedia Technology（EIMT 2023）*, Atlantis Press, 2023.

［7］T. Feng, "Research on the Development Path of Internet Ideological and Political Education Based on Deep Learning", *Soft Computing*, 2023.

［8］T. Adiguzel, M. H. Kaya, F. K. Cansu, "Revolutionizing Education With AI：Exploring the Transformative Potential of ChatGPT", *Contemporary Educational Technology*, 2023, 15（3）.

全媒体时代把握舆论引导对班级管理的要点分析

刘 铸

天津交通职业学院

【摘 要】全媒体时代舆论引导对于班级管理起到至关重要的作用，尤其对高职班级管理涉及学生的学习、生活及未来发展，对于辅导员而言如何有效引导舆论成为当前面临的一项重要任务。舆论引导可帮助辅导员塑造良好的班级形象，通过合理利用各种媒体平台，可向外界传递班级积极向上的形象和文化，让更多人了解和认可班级的管理工作。同时舆论引导也可在内部营造积极向上的氛围，激励学生在学习和生活中时刻保持良好的行为规范和态度，从而提升班级整体形象。本文立足于全媒体时代高职舆论引导对班级管理要点综合探讨，旨为辅导员提供管理参考。

【关键词】全媒体时代；舆论引导；班级管理；要点分析

舆论引导可帮助辅导员及时获取反馈和意见，通过各种媒体工具，辅导员可主动收集学生的意见和建议，从而更好地了解学生的需求和问题。通过及时采取措施解决学生关注的问题，可以有效提升学生的满意度，增强班级凝聚力。另外，舆论引导还可提升辅导员的专业形象和声誉，通过在媒体上分享班级管理的成功经验和故事，辅导员可树立自己的专业形象，增加自身的知名度和影响力，不仅有助于提升管理者的职业发展，还能为班级管理工作带来更多的支持和资源。

一、把握舆论引导对班级管理的重要性

处于全媒体时代的舆论引导对班级管理起到重要作用，随信息技术的快速发展和社交媒体的普及，学生获取信息的途径变得更加便捷与多样化，学

生可通过各种渠道了解各种观点。因此，辅导员须适应新的媒体环境并善于利用舆论引导学生的思想和行为。

（一）舆论引导塑造正确价值观

舆论引导可帮助辅导员塑造学生的正确价值观，全媒体时代学生容易受到各种观点的影响，包括一些负面和错误的价值观。辅导员可通过在班级内部开展讨论和交流活动，引导学生思考和分析不同观点的利弊，培养学生的批判思维和判断能力。

（二）舆论引导可解决管理问题

舆论引导可帮助辅导员解决班级内部的问题和冲突，在班级管理工作开展期间，学生之间常常会出现的矛盾和冲突，辅导员可通过舆论引导的手段，积极引导学生关注问题本质，理性解决问题。通过舆论引导可促使学生意识到解决问题的重要性和方法，从而在班级内部形成积极、和谐的氛围。

（三）舆论引导有助于班级树立良好的形象

舆论引导可帮助辅导员提升班级的形象和声誉，班级的形象和声誉对学生的各方面发展有着重要的影响。通过积极利用媒体资源，如校园网、微信公众号等，辅导员可向外界传递班级的良好形象和优秀文化，吸引更多学生和家长的关注和选择。

二、全媒体时代哪些舆论需要引导

全媒体时代舆论信息呈现出多样化和复杂化的特点，因此需要给予学生正确的引导，究竟哪些信息需要给予引导，总结以下几种分类供高职辅导员参考：

（一）社会类

在信息泛滥时代学生易受各种社会舆论影响，特别是在班级管理期间，辅导员应重视对学生社会舆论信息的引导和监管。为了确保学生能够正确理解和应对社会类舆论信息，辅导员应加强信息素养的培养。信息素养是指学生正确获取、评估和利用信息的能力，辅导员可通过开设相关的课程或者举办讲座来提高学生的信息素养水平，同时可引导学生主动参与讨论，培养其主动获取信息、分析信息、辨别真伪的能力。辅导员需建立有效的舆论引导机制，可通过组织讨论会、开展主题活动等方式，引导学生对社会热点问题进行深入思考和讨论，同时辅导员也要鼓励学生多角度思考问题，避免盲目相信谣言与虚假信息。

（二）科技类

科技类舆论信息在高职班级管理期间具有重要意义，为了给予学生正确的引导，辅导员需充分认识科技类舆论信息的特点和影响。因科技类舆论信息传播迅速、广泛，对学生的思维方式和价值观念有着深远的影响，因此管理班级期间辅导员应注重引导学生正确理解科技类舆论信息，并培养学生对科技信息的辨别能力和批判思维能力。因科技类舆论信息的内容繁杂、多样化，涉及科技创新、互联网安全、数字化生活等各个方面，班级管理期间辅导员应通过课堂教育和讨论活动，引导学生关注科技类舆论信息中的热点话题，并帮助其理解和分析相关的科技问题。同时辅导员也要鼓励学生积极参与科技类舆论信息的讨论和交流，提升其科技素养和表达能力。

（三）文化类

辅导员应以客观公正的态度对待文化类舆论信息，并深入了解各种观点和意见，通过权威渠道获取可靠的信息，以便作出准确和明智的判断，不仅可提高学生对信息的辨别能力，还可培养学生思辨和批判性思维能力。辅导员还应注重对学生进行舆论引导和意识形态教育，可组织学生进行讨论、辩论和写作活动，引导其从多个角度和层面思考问题，培养学生独立思考和判断的能力，通过讲座、培训和其他形式的教育活动，向学生传授正确的价值观和世界观。

（四）精神类

辅导员应注重培养学生对于民族精神的认同和传承意识，通过深入研究和了解民族文化的基本概念、核心价值观和传统习俗，结合教育和引导，促使学生对于民族精神的认同和理解。辅导员可通过课堂教育、主题活动和社团组织等方式，积极开展民族文化的传播和推广，引导学生积极参与其中。辅导员可利用媒体平台和社交网络等工具，积极宣传和推广民族精神类舆论信息，通过正面引导和积极宣传，可提高学生对于民族精神的认同和热爱，提高其参与民族文化传承和弘扬的积极性。

（五）负面类

随互联网的发展、信息的传播速度及范围都得到了极大的提升，导致负面类舆论信息在学生群体中传播更加迅速和广泛。因此，辅导员应充分认识负面类舆论信息的危害，并采取相应的措施进行引导。辅导员应与学生建立良好的沟通渠道，了解学生在网络上接触到的负面类舆论信息，并帮助他们正确理解和分析。同时加强班级内部的信息共享和交流，鼓励学生之间互相分享正能量的信息和经历，通过开展班级活动和课堂讨论，营造积极向上的学习氛围，减少学生接触负面类舆论信息的机会。

（六）突发事件类

随着社交媒体的普及，突发事件的舆论传播速度快、影响力大，因此班级管理期间辅导员应及时关注和了解相关事件，并采取适当的措施进行正确的引导。辅导员在面对突发事件舆论信息时，不可盲目相信和传播未经证实的信息，应借助专业媒体和权威渠道进行信息核实，以确保传播的信息准确可靠，同时通过培养学生的信息辨别能力，教导学生识别假信息和谣言，从而避免不必要的恐慌和误解。

三、全媒体时代把握舆论引导对班级管理的相关措施

（一）加强高校舆论平台建设进而提升引导水平

为了加强班级管理辅导员需更好地利用舆论平台进行引导，通过建设高校舆论平台，辅导员能够更好地向学生传递管理信息和政策，及时回应学生的关切和问题。同时利用舆论平台可以加强与学生的互动和沟通，更加有效地引导学生的行为和思想。

舆论平台建设方面辅导员需注重平台的多样性和专业性，以满足不同学生群体的需求，通过整合各种媒体资源，如微信公众号、校园电视台、校报等，进而提供多样化的信息内容，使学生能够在不同的平台上获取到所需的信息。同时辅导员也要注重平台的可靠性和权威性，确保所传递的信息准确无误。

另外，辅导员应关注舆论引导的方式和方法，在引导学生期间辅导员要遵循正确的价值观，鼓励积极向上的思想和行为，同时也要尊重学生的个性和独立思考能力，给予学生充分的表达和参与空间。通过开展各种形式的讨论和互动，可激发学生的创造力和思维能力。

（二）充分认识到辅导员在舆论引导中主要地位

全媒体时代班级管理相关措施的舆论引导至关重要，而辅导员在管理过程中扮演着非常重要的角色。辅导员作为班级管理的重要组成部分，不仅需要具备丰富的知识和专业能力，更需要具备良好的舆论引导能力，自身的言

行举止不仅会对学生产生直接影响，也会对班级的整体氛围和学生的价值观产生深远影响。辅导员应始终以正确的价值观帮助学生形成正确的舆论观念为导向，应注重真实、客观、公正地传播信息，避免主观偏见和个人情感对舆论产生负面影响，同时高校辅导员也应注重培养学生独立思考和批判思维能力，引导其形成独立、理性的舆论观点。辅导员还应积极利用多种媒体平台，包括社交媒体和网络论坛等，与学生进行广泛、及时的互动交流。通过各种平台辅导员可及时了解学生的意见和想法，有针对性地开展舆论引导工作，同时还可通过积极参与社会热点话题的讨论和辩论，在引导学生的同时拓宽其知识面和视野。

（三）辅导员应以身作则提高对班级的影响力

全媒体时代舆论引导成为班级管理的重要部分，辅导员应以身作则进而提高对班级的影响力。辅导员需时刻注重对自身形象的塑造，通过保持良好的仪表、言行举止，进而赢得学生的尊重和信任，同时更好地引导班级的舆论。辅导员需具备一定的舆论引导能力，通过对网络舆论的及时了解和熟悉，辅导员能够准确把握班级内的关键话题和热点问题，进而有针对性地进行舆论引导，使班级舆论向积极向上的方向发展。另外，辅导员要善于运用多种媒体手段与学生进行互动，通过利用微信群、班级论坛等系统工具，辅导员能够及时与学生进行互动交流，准确了解学生的需求与想法，进而以更好的方式进行班级管理和舆论引导。

（四）强化媒体价值观宣传与舆论话语权

班级管理期间需深刻认识到舆论引导的重要性，为了加强班级管理措施的有效性，辅导员应充分利用媒体的价值观宣传和舆论话语权。这便需要辅导员通过多种媒体渠道传播班级的核心价值观，例如在学校官方网站、微信公众号、校报等平台上发布关于班级文化建设、团队合作等内容的文章和视频，通过多种媒体渠道，辅导员可向全校师生传达班级的核心价值观，引导大家树立正确的价值观念。

（五）提高正面舆论报告及避免不实舆论传播

针对班级管理而言，提高正面舆论报告和避免不实舆论传播是至关重要的措施。提高正面舆论报告是指积极主动地引导舆论并传播正能量，将其落实到班级管理当中，辅导员可通过宣传班级的正面事迹和成就，鼓励学生们积极向上，也可通过成立班级微信公众号或者社交媒体账号，发布班级的好消息、学生的优秀作品等，增加正面舆论的曝光度，通过积极引导舆论可塑造良好的班级形象，促进学生实现全面发展；避免不实舆论传播也是班级管理中重要任务，不实舆论的传播会给班级带来负面影响，甚至导致谣言的传播，为了避免不实舆论的影响，辅导员需加强对舆论的监控，及时发现和纠正不实信息，同时还需提高学生对信息的辨别能力。辅导员可通过开展相关课程或者组织讨论活动来引导学生正确对待信息，培养其良好的媒体素养。

（六）构建完善的舆论信息监控机制

为了构建一个完善的舆论信息监控机制，辅导员应采取多项有效监控措施。辅导员需及时捕捉到与班级管理相关的舆论动向，可帮助辅导员了解学生和家长们的意见、关注点，及时发现和解决问题。辅导员应提升舆论引导的力度，通过定期发布正面的班级管理成果、活动等信息，积极引导舆论对班级管理的正面评价，同时辅导员也要关注负面舆论的产生，及时进行回应和解释，以消除不良影响。另外，建立与学生和家长的良好沟通渠道也是非常重要的一环。通过定期召开家长会、班会，主动听取学生和家长的意见和建议，及时反馈问题处理情况，增强家长对班级管理工作的参与感和满意度。最后辅导员应加强对班级管理相关信息的保护和管理，建立严格的信息安全制度，加强对班级管理信息的保密工作，避免信息泄露和滥用。

结　语

综上所述，在全媒体时代背景下，舆论引导对班级管理至关重要。辅导员应善于利用舆论引导塑造学生正确的价值观，解决班级内部问题和冲突，同时提升班级的形象和声誉。

参考文献

［1］吴子肖：《高校辅导员如何做好班级管理工作的再思考》，载《经济研究导刊》2019 年第 23 期。

［2］袁莉：《新媒体时代高职学生的主流意识形态教育探析》，载《西部素质教育》2018 年第 20 期。

［3］唐娜娜、付洪涛、郭英才：《微时代背景下高职院校网络舆论的引导研究——以四川省某高职院校为例》，载《信息技术与信息化》2018 年第 9 期。

［4］刘捷：《大学生网络舆情监控与舆论引导》，载《中国集体经济》2018 年第

18 期。

　　［5］任巧娇：《高职院校网络舆情监控和舆论引导应用研究》，载《中外企业家》2018 年第 15 期。

　　［6］武艳茹等：《利用网络舆论阵地引导高职大学生树立正确价值观》，载《产业与科技论坛》2018 年第 10 期。

浅析劳动教育对高职生劳动素养提升的路径思考

苟红玉

天津城市职业学院

【摘　要】近年来，高职生劳动观念淡薄、勤于劳动品质的缺失尤为凸显。劳动教育能够促进高职生劳动素养的提升，本文将通过劳动教育认知现状、探究如何将劳动教育融入教育教学、思想政治教育、校园文化建设及社区社会实践等环节，对增强学生爱国情怀，文化素养，体会工匠精神内涵，成为高素质技能型人才具有现实意义。

【关键字】高职生；劳动观念；劳动素养；劳动精神

《中共中央、国务院关于全面加强新时代大中小学劳动教育的意见》等文件要求，高职院校应肩负起培养高素质、高技能型大国工匠、能工巧匠的人才培养任务，提升学生劳动素养的重要使命，推进劳动教育在学生文化育人、思想政治教育中的关键作用，挖掘劳动教育中蕴含的中华优秀传统文化的价值，促进学生的全面成长。要将劳动教育纳入高职院校人才培养的全过程，以促进学生树立崇尚劳动、尊重劳动、热爱劳动的观念，掌握劳动技能和本领，培育创新品质和知行合一能力。

一、高职生对劳动教育的认知现状

我们在天津城市职业学院商贸系电子商务、市场营销、物流管理等各专业中进行了有关劳动教育的调查问卷，针对高职生对劳动教育的认知，校园开展劳动课程和思想政治教育、顶岗实习实践等方面进行了调查，共收集问卷 850 余份。结果显示：

（1）缺乏学习目标和奋斗动力。97.8%学生认为劳动教育对个人成长发展具有重要作用，认为大学阶段锤炼工匠精神对就业择业具有积极作用。有少部分同学在调查中表示没有学习目标和奋斗动力，原因在于理想信念不坚定，存在不劳而获、"躺平"心态。"00后"高职生经历了三年的疫情，明显在自律性、人生职业规划等方面反映出学生在社会物质丰裕下的安于现状，发展再攀高峰时的畏难情绪。

（2）劳动观念和劳动意识淡薄。大部分"00后"高职生从小处在衣来伸手，饭来张口的生活状态中，独立自主能力较弱。初入大学后，学生表现出自理能力差，不适应新环境、人际交往障碍等问题。宿舍环境卫生日常维护、学院组织的劳动值日等活动表现出主动参与性不高，缺乏劳动观念，不能吃苦。通过调查走访发现在校园生活中也存在浪费资源、不尊重他人劳动成果的现象。

（3）提升劳动素养教育方式、评价体系不完善。学生参加生产劳动以及社会实践的学时数比例远远低于课程总学时数，评价考量的量化指标不清晰。学生对劳动习惯的养成重视程度不够，劳动教育和课程设计、实践活动的融合度还不高，有效调动学生劳动积极性的法还需改进。

二、高职生对劳动教育认知现状的原因分析

（1）从学校层面来看，劳动教育相关课程内容不够丰富，学生只关注具体活动，劳动观念和劳动习惯养成较少。应从大一到大三将劳动教育贯穿始终。从树立劳动观念、培养劳动技能本领、通过辛勤劳动形成创造性的劳动成果循序渐进的课程和活动还需要精心设计。

（2）从家庭层面来看，独生子女政策及学业竞争压力，导致劳动教育在家庭教育中被忽视，学生从小在家里基本不参与家务劳动，家长只关注学习成绩而不是学生独立自主、技能的培养，导致学生劳动观念缺失，独立能力和适应社会能力较差，缺乏感恩和奉献精神，家庭和学校劳动教育出现了断层。

（3）从学生层面来看，"00后"处于在互联网背景下长大的一代青年，当个体正确的价值观还未形成之时，负面的网络信息对他们的价值观、意识形态领域的塑造造成一定影响，普遍存在不愿意主动作为，好逸恶劳的想法，不能吃苦，缺乏劳动意识和奉献精神。

三、劳动教育对高职生劳动素养提升的路径

（一）树立学生马克思主义劳动观

1. 以宣传劳模事迹，营造浓厚的劳动教育氛围

职业院校对标行业企业劳模、落实培养高素质技能型的能工巧匠和大国工匠教育目标，挖掘大国工匠、劳动模范、行业能手的典型事例，各专业通过主题班会、专题讲座、主题党团日、企业研学等活动，结合新时代主题和生动案例，在校园楼道、图书馆等区域悬挂劳动模范事迹，提高学生对劳模榜样、劳动精神的认知。邀请党的二十大代表河北区环卫工人徐文华走进校园开展事迹报告，组织能工巧匠、劳动模范、企业家进校园活动，让学生近距离聆听先进劳模事迹，体会劳动光荣、技能宝贵，感受工匠精神和劳模风范。树立标杆和榜样，形成良好育人氛围。

2. 开展多种形式主题劳动教育，深刻理解劳动教育的时代意义和内涵

以校园采访和劳动教育调查问卷等形式，了解学生对劳动教育的认知，通过各种学习宣传，使学生懂得新时代合格建设者和接班人应承担的时代使命和责任，劳动者的接续奋斗必洒汗水，每一个人都会有出彩人生的道理。通过组织《关于全面加强新时代大中小学劳动教育的意见》《天津市职业院校劳动教育课程建设指南》等专题学习，学生从思想认识层面对劳动教育理念和劳动教育要求有了初步的认识。

例如商贸系电子商务专业班级开展了以"崇尚劳动光荣、技能宝贵、以奋斗铸就出彩人生"等主题班会观摩课，讲述古代鲁班，到钱学森、屠呦呦等国之大者事迹，使学生们汲取榜样力量，通过学习同龄人职业院校"00后"杨丹妮、李如琳作为普通劳动者孜孜以求的劳动精神和青春奋斗的足迹，探讨青年人应树立正确的劳动价值观和职业情怀。以辩论赛等形式开展对劳动价值观的探讨，使学生们正确理解和认识劳动教育的时代意义，把握劳动精神和奋斗精神的实质和内涵，辅导员开展劳动教育课题设计和实施研究、设计劳动教育教学教案、班会课方案，宣讲劳动最光荣、最伟大、最崇高、最美丽的朴素道理。

有学生在学习体会中写道："学院组织的劳动专题教育，让我们从思想上认识到用劳动创造美好生活，培养勤俭、奋斗、创新、奉献的劳动精神的重要性和对未来个人发展的意义；深化了我们对劳模精神、工匠精神的

理解，要积极培养自己爱国、敬业、精益求精、严谨、求实、刻苦钻研的品质。"

（二）学院优化劳动教育课程设置，使课堂学习和劳动实践深度融合

1. 学院开设劳动教育必修课程

学院不断完善专业人才培养方案，将劳动教育课程设置为不少于 16 学时的必修课，教师通过课程开展劳动精神、劳模精神、工匠精神专题教育，加强对学生辛勤劳动、诚实劳动、合法劳动等方面和社会主义社会平等和谐的新型劳动关系的教育。

2. 劳动教育内容融入学生思想政治教育

教师和辅导员每学期要参加劳动教育课程（班会课）设计评比大赛提高业务能力，学生参加校园文化艺术节、社区实践等劳动活动，通过校园文化艺术节的主持人大赛、班班诵、辩论赛等活动，培育学生勤于劳动的奋斗品质和团队精神，促进了课程和教育实践融入劳动教育元素。劳动教育全面融入思政课，强化马克思主义劳动观、劳动安全、劳动法规教育。其他课程及教学活动结合专业特点、活动特征，纳入歌颂劳模、歌颂普通劳动者的篇目，纳入阐释勤劳、节俭、艰苦奋斗等中华民族传统美德的内容。

三、在学生实习实训、毕业设计中开展劳动教育

依托高职生的实习实训，在生产性实习和生产现场中参加生产劳动，鼓励学生参加国家、省市或行业职业技能大赛和创新创业大赛，通过实践及动手操作增强学生职业认同感和劳动自豪感，培养吃苦耐劳、团结合作、严谨细致的工作态度，认同"三百六十行，行行出状元"，感受职业光荣。例如电子商务专业学生参加天津市海河工匠杯电子商务技能大赛，天津市电子商务技能大赛，成绩优异的同学被保送至本科院校继续深造，专业优秀的同学和天津市触动科技有限公司等校企合作单位进行实习实训对接，提升了动手操作能力，将自己所学应用于实际工作。学生们通过实习实训在毕业设计展示时，编排了《直播风云》情景剧，将初入职场的两位主播职业行为反差进行了鲜明的对比，体现出将劳动精神和职业理念融入生产实习的全过程。

（三）开展劳动教育校内外实践活动，提高劳动素养，锤炼学生工匠精神

1. 开展日常生活劳动，促进学生劳动习惯的养成

结合城市职业学院学生素养证书制度，学工处建立学生劳动实践评价管理，设计城市职业学院学生劳动教育实践卡，从个人、集体、社会劳动三方面促进学生劳动行为习惯的养成。立足学生个人生活事务处理、宿舍内务整理，强化学生自立自强意识和能力，提高自我管理生活能力。各班学生参与宿舍卫生保洁、卫生值日、净化美化生活环境、摆放共享单车、光盘行动等劳动。开展文明宿舍值日生评选，实施住宿空间美化责任制，开展了生活校区月评比活动，巩固良好生活习惯。

2. 将传统文化融入劳动教育实践，提升学生文化自信

学院每学年设立劳动月，劳动月期间组织各班级不少于 4 个半天的校内外集体劳动。以大一、大二年级的班级为单位组织学生开展了校园卫生值日、教室清洁值日、实训室维护、食堂、校园场所的管理服务、校外共享单车摆放等劳动，毕业生要完成为期 6 个月的顶岗实习，切实让学生动手实践、出力流汗、接受锻炼、磨炼意志，培养学生正确的劳动价值观和良好的劳动品质及适应社会的能力。学生们参与校园服务岗、卫生保洁岗、餐厅实践岗、处室服务岗等劳动实践公益性岗位，在劳动实践中，体会劳动者的付出和价值。

学院开设公共选修课，手工技艺课程，强化美育教育。例如沙画、刻瓷、编织、书法等，拓展学生劳动技能和文化素养，辅导员带领学生走进"金唐食菓"非遗企业，感受每颗食菓的精心雕琢，学生制作《唐山皮影戏》微视频参加天津市第二届新媒体视频比赛展现专业所学技能、探究天津第六代泥人张传人张宇的匠人匠心手工技艺，感受工匠精神，提升了审美品位，推动中国传统文化创新发展，提升了学生劳动素养。

3. 强化社会服务性劳动，培育学生劳动创新的品质和知行合一的能力

围绕创新创业项目，树立学生正确的择业就业创业观，结合"三支一扶"、大学生志愿服务西部计划、全国大学生"挑战杯"学术科技大赛、"青年红色筑梦之旅""三下乡"等社会实践活动开展服务性劳动和志愿者星级认证。每学年安排不少于 8 学时的服务性劳动实践，通过多种渠道引导学生体验和实践，实践自我、服务社会。

以《学生社会实践学分认定制度》为依托，学院持续开展学生社区实践

和志愿服务工作，引导学生"走出去、返家乡"进行体验和实践。与河北区119个社区建立了大学生实践服务基地，各班团支书任各对口社区兼职副书记任职一年服务工作，成立了百人城职志愿，亮出城职思政品牌。各班学生奔赴各社区和红色基地围绕宣讲党的二十大精神，开展了党史学习教育、垃圾分类宣传、普法等活动，走进社区结对帮扶社区或敬老院老弱病残人员，参加垃圾清理等义务劳动和志愿服务。

四、研究成果和思考

通过以上举措，劳动教育助力学生干部队伍的建设，形成了一支青年实践先锋队，提升了学生劳动观念，形成良好的劳动素养。贺振鑫等同学在青春最好的年华参加大学生志愿服务西部计划，感受艰苦地区和岗位工作的奋斗精神，引导学生将爱国之心化为报国之行，发挥了引领示范作用。辅导员通过劳动教育实践形成了"课程—实践—反思—评价"的劳动教育方式，拓展了辅导员学生思想政治教育工作内容，在讲好中国故事同时，鼓励学生在学思践悟中体会青年人的责任和担当，不仅提升了业务能力，形成了特色的育人案例，将劳动教育与文化育人相融合。学生们通过学院组织的各类劳动实践强化了公共服务意识；在锤炼为民服务本领同时培育社会公德，强化爱国爱民的情怀，深化对社会主义核心价值观的认识，服务意识、合作意识，推进劳动教育彰显树德、增智、强体、育美的综合育人价值。

劳动教育事关高校立德树人的根本任务，关乎高职生的全面成长和发展，要持续推进劳动教育一体化建设，将劳动教育与课程实践相统一，必须坚持将过程性评价和结果性评价结合起来，创新平台载体，完善工作机制，促进学生劳动观念、意识、技能、习惯的全方位实践养成，实现学生，家庭，社会联动，在劳动教育中锤炼学生的工匠精神，提升劳动教育的时代性、针对性和实效性；推进劳动教育促进学生劳动素养提升的路径，实现学生的全面发展。

参考文献

[1] 龙曼莉、刘易国：《加强大学生劳动教育略探》，载《学校党建与思想教育》2021年第20期。

[2] 陈英英、马燕坤、郭云飞：《新时代高职院校劳动教育的实践路径研究》，载《张

家口职业技术学院学报》2021 年第 4 期。

　　［3］吴玉剑、王习胜：《新时代高校劳动教育的困境与出路》，载《广西社会科学》2021 年第 9 期。

　　［4］马喜宁：《新时代劳动教育与高校思想政治教育有机融合的路径探析》，载《中国劳动关系学院学报》2020 年第 6 期。

　　［5］孙会平、宁本涛：《五育融合视野下劳动教育的中国经验与未来展望》，载《教育科学》2020 年第 1 期。

高职院校辅导员班级管理工作现状探析

王磊鑫

天津城市职业学院

【摘　要】在现阶段，高职院校辅导员对高职院校教学管理工作起着重要作用，学生直接对接辅导员，辅导员要以有效的管理理念与方法，对学生进行管理，及时发现学生存在的各种问题，并基于这些存在的问题，找到有效的方法解决。班级管理是一个系统且复杂的工作，做好这项工作，不仅可以增强班级的凝聚力，形成良好的班风、学风，还可以促进学生健康成长。基于此，本文通过研究高校辅导员工作的现状，分析现有的问题。

【关键字】高职院校；辅导员；班级管理

随着国家对高职院校的大力扶持，高职院校每年的招生人数在不断上涨，招生规模扩大，入学方式变革，在这种情况下学生情况出现了多样化、层次化明显的特点。作为一名高职院校辅导员，在班级管理上倾注了大量的时间和精力。班级管理是基础工作、本职工作。做好班级管理工作是做好学生工作的重中之重，对学生成长成才，对教学效果的提升具有重要意义。

一、高职院校辅导员班级管理现状

（一）学生数量增多，生源质量不高

近几年，越来越多的家长想让孩子学习一技之长，可以在激烈竞争的社会中立足，也认为孩子高中毕业还小，不放心出去打工，家里的经济条件也能支持孩子继续学习，于是报考高职院校的学生不断增长。而辅导员的数量却没有增加，原来一个辅导员只需管理几十个学生，现在是要管理几百个学生。因此，辅导员不可能逐个对接每个学生，只能将"亲临"转为"遥控"，

很难做到面面俱到。且高职院校也在不断扩张，导致生源的素质相对不高，同时新时代大学生个性张扬，有着很强的自主性，不服从管理，导致辅导员的工作量也在不断加大。

（二）高职院校辅导员的知识结构不完善

辅导员作为一个特殊的教学群体，是一个需要广泛知识和专业知识的职业。辅导员不仅是管理学生工作，更是学生学习成长过程的良师益友。但是，很多辅导员的知识层面不够，专业素不高，对学生所需知识不熟悉，比如：教育学、心理学、思想政治学等。不可否认的是，大部分专职辅导员的学历比教师要低，入职的要求比教师要少，学历高的老师，不想从事辅导员工作。各种各样的问题导致现在辅导员的知识结构不尽完善。

（三）信息网络的高速发展对辅导员工作带来的冲击

知识经济的飞速发展，互联网技术越来越强大，网络传输越来越快。随着网络信息的不断涌入，也对辅导员提出了更高的要求。因此，辅导员应主动迎接挑战，探索新的教育管理模式，时刻保持一颗学习的心，不断扩充自己。另一方面，辅导员应积极引导学生，不能轻听轻信网络谣言。

（四）高职辅导员工作角色模糊

其一，现如今，辅导员的工作内容发生了很大变化，他们由原来的学生德育工作的组织者向"生活保姆"靠拢，新时代的学生，很多学生生活不能自理，有些学生压根分不清床单被罩，更是不用说自己套上使用，在家时过度依赖父母，上学后，离开家，辅导员是他们第一位接触的老师，他们的这种问题开始凸显，会各种无法理解的问题。这时，辅导员不单单是教育者、管理者，又是协调者，甚至还充当服务者。其二，院校对辅导员的工作职责没有明确的界定，什么是辅导员应该负责的并没有一个明确的界限，这本来就无法区分，于是就形成了一种观点，只要是学生出现问题，无论大事小事，哪一方面的事情，都是辅导员的责任。所以，很多辅导员忙于自己的各种事务而忽略了学生，没有能及时发现学生问题，不能进行积极的引导，无法找到工作的重点。

二、高职院校辅导员管理工作对策

（1）建立相应的保障机制。辅导员作为高校的基层人员，要保障他们的切身利益，完善相应的制度。扩充辅导员队伍，使辅导员有精力面对众多学生，建立完善的奖惩制度，充分调动辅导员工作的积极性和主动性。

（2）设置相关的学习平台。现在根本没有辅导员这个专业，所有的辅导员都是各个专业的学生，相当于跨专业到这个岗位，对业务不熟悉，对学生管理工作也不熟悉，而辅导员的工作面较广，所需知识较多，并且随着信息化的不断发展，辅导员需要不断扩充自己的知识面。建立相关的学习平台，可以使得辅导员互相交流学习，弥补自身的缺点，学习其他人的优点，并且还可以学习自己专业本身不涉及的知识，比如心理学、教育学等内容。通过平台这一中介，增加辅导员的知识储备，可以更加得心应手地处理各项学生事务。

（3）利用好班会平台，提升教学效果。班会课是辅导员和学生直接对接的课堂，班会课可以传输很多知识，比如：安全教育、心理教育、政治思想教育等，这不仅可以提升同学们的各项能力，也是辅导员发展的平台。辅导员应该让学生参与进来，学生参与进来后，他们的记忆也会更加清楚，印象也会更加深刻，辅导员本身也会从学生那里学到很多知识，这是一个相互的过程，班会课，一般分为主题班会课和常规班会课。班会课上得好，可以完善班级的制度，增加师生间的友谊，优化班风班纪。可以在周五开班会，从周一开始记录这个班级的美好。想要美好，就需要拍下美好，在这个过程中需要辅导员擅长转换教育视角，多多发现学生的亮点，这样学生就会知道辅导员一直在记录自己的美好，他们也会表现得更好。

（4）建立班委机制，强化班级管理。一个好的班级不仅需要有辅导员的领导能力、组织能力，还需要优秀的班委来带动和团结同学。班委是直接接触所有学生的，他们一起上课，一起睡觉，一起玩，他们有自己的小团队，他们更了解每个学生的心理动态和状况，更容易发现问题，解决问题。班委各成员必须遵守和严格执行校级校规，积极主动地配合辅导员的各项工作，必须坚持以服务学生为本，关心爱护每个学生，不能有班委高人一等的想法。辅导员要善用班委，发挥他们的积极带领作用，明确各个班委的职责。辅导员要以身作则，是班委的最直接的榜样，要求班委做到的事情，辅导员也应该做到，只有达到这个标准，才能使得班委信服，他们才能更好地带动班级同学，相互帮助，一起努力创建优秀班集体。

（5）利用网络媒体平台，做好学生思想政治教育工作。辅导员的主要工作就是管理学生，而信息技术的飞速发展，需要辅导员不断优化和创新自身的工作，不断学习，不断接受新事物，这样才能给予学生更好地指导。新媒体的到来，辅导员也可以利用新媒体将信息快速地传达给学生，给辅导员带来了众多便利，提高了工作效率。新媒体的内容十分丰富，辅导员可以利用新媒体结合自身实际需求，找到适合自己的材料，为开展教育工作提供便捷。新媒体可以使得同学们接受新知识，了解世界各地的文化。

（6）守好校园安全底线。加强校园安全管理是学校全体教职员工的共同任务，我们必须把安全工作放在各项工作的首位。强化安全意识，严格管理，牢固树立安全重于泰山的思想，认真贯彻落实安全第一，预防为主的方针和谁主管，谁负责的原则；时刻对学生进行安全教育，毫不松懈，切实地做好学校安全工作，确保学校财产及师生人身安全、维护社会稳定，为做好教育、教学工作奠定了坚实的基础。校园是一个人口多，密集型的场所，学生们的年纪也都还小，安全意识薄弱，校园安全事故往往是不可预见的、突发的，辅导员需要树立安全底线思维，保障学生最基本的安全需求，辅导员要时刻关注学生的安全状态，举行各种防灾训练演习，让学生切实感受，模拟体验，增加记忆点。总之，安全无小事，辅导员应把学生的安全放在首位，这是班级管理工作的关键，只有保障学生的人身安全，各项活动才能开展。

辅导员班级管理工作是一种学问，需要不断的学习更新。第一，要做到坚持一个标准，辅导员在处理班级事务时对学生应该一视同仁，尤其是奖惩制度，对待优秀学生和后进生应该坚持一个标准，一定要做事公允，保证公平公正。第二，调动三个方面的力量，分别是学校、家庭与社会，三方共同参与才能更好地进行班级管理工作，学校的力量是毋庸置疑的，学生的学习都在学校，家庭的作用更是显而易见的，而社会是一个大环境，生活在这个大环境中的学生怎么可能不受影响。第三，充分发挥班委的作用，从选举班委开始就要慎重，要合理任用班委，锻炼各个班委的能力。

班级管理工作内容千头万绪，工作的方法千差万别，社会形式与任务又在不停地发生变化，只有在实践中不停地充实自己，磨炼自己，才能使得班级管理工作的水平不断提升。

参考文献

［1］赵蕾娜：《高职院校辅导员班级管理对策研究》，载《产业与科技论坛》2022年第19期。

［2］李云飞、宋贵杰、谷家川：《浅谈高校辅导员班级管理中应抓住的"四条主线"》，载《经济研究导刊》2021年第28期。

［3］薛景业、赵洪岩：《民办高校辅导员班级管理问题及对策研究》，载《新教育时代电子杂志》2018年第2期。

［4］赵莹：《高校辅导员班级管理工作面临的挑战与解决方案》，载《文学教育（下）》2020年第9期。

［5］雷荣桂：《高校辅导员在班级管理中的作用与管理策略探究》，载《知识经济》2020年第18期。

"三全育人"视角下加强高校学生党支部
理想信念教育策略浅析

——以天津仁爱学院信息与智能工程学院学生党支部为例

孙乔勃　冯小强

天津仁爱学院

【摘　要】理想信念作为催人奋进的精神支柱和重要力量，对于成就伟大事业起着重要作用。基于全员、全过程、全方位育人的"三全育人"视角下的高校学生党支部理想信念教育，从入党申请人、入党积极分子、发展对象到支部党员的全员育人，从入党启蒙教育到党员党性提升教育的全过程育人，从党的理论知识学习到开展实践活动、宣传党的思想主题宣讲的全方位育人，都能够彰显高校学生党支部理想信念教育的成果。

【关键词】"三全育人"；理想信念教育；高校；学生党支部

理想信念作为人类特有的精神现象，是人不断前进的力量源泉和精神支柱。王守仁很早就提出"志不立，天下无可成之事"。可见，理想信念作为指明人的前进方向、支持人们在困难和逆境中不断前行的精神支柱，在成就伟大事业的过程中能起到提供前进动力的重要作用，对于人们在人生航行中战胜艰难险阻有着重要意义。

习近平总书记在党的二十大报告中指出："全面加强党的思想建设，坚持用新时代中国特色社会主义思想统一思想、统一意志、统一行动，组织实施党的创新理论学习教育计划，建设马克思主义学习型政党。加强理想信念教育，引导全党牢记党的宗旨，解决好世界观、人生观、价值观这个总开关问题，自觉做共产主义远大理想和中国特色社会主义共同理想的坚定信仰者和忠实实践者。"高校学生党支部肩负着为党育人、为国育才的重要使命和任务，是培育新时代青年党员的中坚力量，作为党的基础组织，发挥着战斗堡垒作用，其最首要任务就是加强对新时代青年的思想引领，筑牢学生理想信念根基，从而培育出政治立场坚定，德智体美劳全面发展的社会主义建设者和接班人。由此可见，在高校学生党支部中，需要积极探索实施以坚持全员、全过程、全方位育人为原则，加强学生理想信念教育的策略。本文以天津仁爱学院信息与智能工程学院学生党支部开展学习贯彻习近平新时代中国特色社会主义思想主题教育期间开展的学生理想信念教育为例，浅析"三全育人"视角下加强高校学生党支部理想信念教育的策略。

一、"三全育人"，奠学生党支部理想信念教育之基

以立德树人为根本目的，从"三全育人"的角度出发，探索在高校学生党支部中，全员、全过程、全方位加强学生理想信念教育的策略，需要以"三全育人"体系理论为基础，结合高校学生党支部工作实践进行相关探索。

2017年，《中共中央、国务院关于加强和改进新形势下高校思想政治工作的意见》指出，加强和改进高校思想政治工作的基本原则之一是：坚持全员、全过程、全方位育人。"三全育人"指的就是全员、全过程、全方位育人。可见，深入推进"三全育人"综合改革，是加强改进新形势下高校思想政治工作、全面落实立德树人根本任务的重要战略举措。

新时代"三全育人"体系的构建包含了"三全育人"体系的推动机制、运行机制和评价机制，三者有机融合，有效衔接，相互联动。新时代"三全育人"体系推动的前提就是要明确"三全育人"与立德树人的关系，并建立相关制度，推动"三全育人"体系的运行。立德树人与"三全育人"存在密切联系，二者高度契合。面对新形势和新要求，作为思想政治工作者，我们需要在建立育人机制和相关制度的基础上，有效开展思想政治教育活动，并坚持把立德树人融入思政教育、专业教育、社会实践等各个环节，形成"三全育人"的长效动态机制。同时，"三全育人"体系运行过程中，思想政治教育工作者需从学生身体和思想认识的发展规律出发，全情投入的同时，针对不同阶段的学生开展多种形式的活动，并联动第一课堂和第二课堂，全过程育人。"三全育人"体系的评价注重其育人功能，注重实践能力培养，从思想成长、文化熏陶和实践养成等三个维度评价学生素质素养及学习视野、学习热情、能力水平的提升，将学生的理论知识和实践能力清晰反映出来。

二、理论学习，铸学生党支部理想信念教育之魂

学习党的理论，深化青年对党的认识，紧随党的引领，迈出青年步伐。以党支部为轴心，建立支部委员会委员、支部党员、所辖专业全体学生三级学习组。将理论学习划分为指导思想类、条例准则类、会议精神类。学习素材收集和建议由下而上反馈，所形成的学习资料由上及下审核并传送确定，保证理论学习资料的权威性、规范性、系统性。支部委员会委员学习组带头，交流学习方法，传递学习心得，分享学习体会。形成严肃性、完整性、全员性学习。

按照三级学习体系建立网格学习组，以支委会、支部党员大会、党日活动等为载体，开展专题学习会议，以党带团，在团支委会、团支部会议、专题团日活动、班会、专业大会等会议活动上进行集体学习逐级覆盖。建立宿舍党员、团员包干责任学习组，扩展学习阵地。落实全员主动、自觉学习，强化党员意识，提高党员认识，将理想信念内化于心，外化于行。

通过以上学习形式，党支部组织集体学习了《习近平新时代中国特色社会主义思想专题摘编》以及《习近平新时代中国特色社会主义思想学习纲要》等，认真学习贯彻习近平新时代中国特色社会主义思想，着力提升党性修养，用党的理论思想凝心铸魂，从而激励青年学生不忘初心、牢记使命，坚定理想信念，听党话、跟党走，立志做堪当民族复兴重任的时代新人。

三、实践活动，彰学生党支部理想信念教育之果

学习思考后，方可实践感悟。高校学生党支部在开展以理论学习的形式进行理想信念教育的同时，坚持将理论和实践相结合，用理论指导实践，通过开展多种形式的实践活动和志愿服务活动等，促使学生从更高的理论层次看待社会实践；同时，有效促进学生坚定理想信念，提升思想认识高度和政治站位。

（一）开展"激扬青春力量"习近平新时代中国特色社会主义思想理论宣讲

高校学生党支部走进社区，开展习近平新时代中国特色社会主义思想主题宣讲，在群众中宣传习近平新时代中国特色社会主义思想，使党的思想和理论在群众中落地生根、入脑入心。

1. 主题宣讲活动

为深入贯彻党的二十大精神，学习贯彻习近平新时代中国特色社会主义思想，围绕"学思想、强党性、重实践、建新功"的目标，向人民群众广泛宣传党的思想，使广大人民群众更加自觉地用习近平新时代中国特色社会主义思想论武装头脑、指导实践、推动工作，让习近平新时代中国特色社会主义思想在人民群众中入脑、入心，高校学生党员走进社区开展习近平新时代中国特色社会主义思想主题宣讲。

2. 宣讲主题的选取

宣讲以"坚守初心担使命，一心为民向未来"为主题，全面彰显以人民为中心的发展理念和成果。2023年是学习贯彻党的二十大的开局之年。在党的二十大报告中，"人民"一词出现了105次，可见，"人民至上"的初心贯穿于中国共产党执政的始终。本次宣讲，将习近平总书记关于"坚持以人民为中心的发展思想"的论述与身边经历相结合，用理论指导实践，宣传思想，凝心铸魂。

3. 主题宣讲活动的开展

学生党支部党员于南开区鼓楼街道开展宣讲。宣讲内容包含六个方面：人民中心论的内涵、人民中心论提出的理论依据、人民中心论提出的历史依据——依靠人民创造历史伟业、人民中心论的奋斗目标、人民中心论的应用成果和人民中心论的展望和未来。

第一部分，人民中心论的内涵。学生党支部党员主要介绍了在党的十八届五中全会首次提出的以人民为中心的发展思想，并结合全党正在开展的学习贯彻习近平新时代中国特色社会主义思想主题教育浅谈"以人民为中心"的思想的地位。

第二部分，人民中心论提出的理论依据。学生党支部党员主要从两个角度介绍了人民中心论的提出依据。首先介绍党章中关于党的性质——中国共产党是中国工人阶级的先锋队，同时是中国人民和中华民族的先锋队，以及党的宗旨——全心全意为人民服务，以此要求党员做到"以人民为中心"。另一个角度，从党的为中国人民谋幸福的初心和使命角度入手，介绍坚守中国共产党初心的重要意义和要求，从而强调了以人民为中心的重要性所在。

第三部分，人民中心论提出的历史依据。学生党支部党员介绍了中国共产党从红军初期到改革开放的艰难历程，说明了中国共产党依靠人民创造历史伟业的光辉历程。此外，宣讲团从以史为鉴、开创未来的角度，叙述和表达了在新的征程上，坚持以人民为中心的重要性和必要性。

第四部分，人民中心论的奋斗目标。学生党支部党员基于天津市"十项行动·高品质生活创造行动方案"中关于推动天津教育高质量发展和促进天津高质量就业等方面的具体举措，讲述了中国共产党的奋斗目标就是实现人民对美好生活的向往，提升人民群众的获得感、幸福感、安全感，这也是中国共产党"以人民为中心"发展思想的奋斗目标。

第五部分，人民中心路的应用成果。学生党支部党员首先介绍了中国共产党依靠人民、克服重重困难，完成了脱贫攻坚、全面建成小康社会的历史任务的艰辛历程，同时强调了脱贫攻坚精神是中国人民意志品质、中华民族精神的生动写照，从而体现出以人民为中心的重要性。随后，学生党支部党员以学校曾服役于部队的学生所在部队参与 2008 年汶川大地震的真实案例，讲述了中国人民解放军在党的领导下，在灾难面前，充分发挥以人民为中心的思想和理念的英雄本色。学生党支部党员还介绍了 2023 年暑期受台风"杜苏芮"影响，天津东淀蓄滞洪区内的台头镇、独流镇、王口镇的防汛抗洪形势十分严峻的情况下，天津市公安局特警总队闻讯而动、在当地连续奋战处理突发紧急情况和人民群众的求助的真实案例，阐释了中国共产党以人民为中心的思想的真实写照。

第六部分，人民中心论的展望和未来。学生党支部党员阐述了在坚持以人民为中心的思想下取得脱贫攻坚战的全面胜利，标志着我们党在实现共同富裕的道路上迈出了坚实的一大步，但这并不是终点，而是新生活、新奋斗的起点，并讲述了落实以人民为中心的思想、扎实推进共同富裕的重要性。

在宣讲最后，学生党支部党员引用习近平总书记在党的二十大报告中对于当代中国青年的寄语，激励在场青年坚持做到以人民为中心、密切联系群众，扎实开展工作，为实现第二个百年奋斗目标、实现中华民族伟大复兴的中国梦贡献青年人的力量。

4. 主题宣讲活动的效果

通过党的理论学习和宣讲，党支部党员表示："宣讲活动提升了自身对于理论知识的理解深度，也提升了自己的党性修养，更加坚定了自己的理想信念。作为青年学生党员，要做党的理论知识的深度学习者、忠诚实践者和积极传播者，笃行志远、踔厉奋发、勇毅前行。"

在学生党支部党员的宣讲后，现场与会成员就宣讲内容结合自身的工作、实践经历等发表了自己聆听宣讲后的心得体会，在对所讲内容高度认可的同时，坚定以人民为中心、坚持为人民服务的决心。

（二）开展"传承从心，敬老有我"敬老助老志愿服务活动

高校学生党支部党员牢记"为人民服务"的宗旨，并结合当前老龄化社会中出现的相关问题，为了给老人们的晚年生活增添乐趣，党支部党员、发展对象和入党积极分子深入敬老院和社区文体活动中心，开展敬老助老志愿服务活动。

1. 志愿服务活动的目的

为深入贯彻党的二十大精神，践行共产党员"为人民服务"的宗旨，同时，广泛发动和带动身边青年参与敬老助老的公益服务中，用实际行动践行党的理论思想，提升政治站位和思想认识，坚定理想信念。

2. 志愿服务活动的开展

学生党支部党员和发展对象、入党积极分子以"传承从心，敬老有我"为主题，建立常态化实践活动机制，每周末组织志愿者来到天津市鹤童敬老院，与在敬老院的老人们聊家常、下棋、做手工等，聆听老人的故事，倾听老人们的诉说和老人们对青年人所寄予的希望。

同时，学生党支部党员和发展对象、入党积极分子在敬老院为来院探视的老人家属和敬老院工作人员开展敬老助老思想的宣讲，让敬老助老的思想广泛传播、落地生根，并鼓励更多的人加入敬老助老行列中，为敬老助老贡献青年人的力量。

学生党支部党员和发展对象、入党积极分子还组织志愿者参加了于西青区侯台体育文化广场开展的天津市第六届老年人奥林匹克运动会暨天津市首届社区体育节的开幕式。作为青年志愿者，在活动中承担了场地布置、运动员引导、现场秩序维护、火炬传递、物资对接分发等多项工作，为开幕式的顺利进行贡献自己的力量，也为老年人运动活动的开展赋能助力。

3. 志愿服务活动的效果

参与敬老助老志愿服务活动的学生党支部党员和发展对象、入党积极分子表示："自己所做的既是践行为人民服务宗旨的一种表现，通过敬老助老志愿服务活动，体会和感悟到了现实的情况，同时更加坚定了自己的理想信念，更加深刻地领悟到了新时代青年所肩负的责任和使命，为今后的学习和工作

注入了强大的动力。"

天津市鹤童敬老院工作人员对学生党支部党员和发展对象、入党积极分子的志愿服务工作给予了充分肯定。工作人员表示："志愿者们秉承为老人服务、让老人们开心的宗旨，持续开展多种类型的助老敬老志愿服务活动，将青春融入国家助老敬老事业中，成效显著，得到老人和家属以及敬老院社工们的高度评价和赞扬。希望能将这种志愿服务精神继续传承下去、传播出去，让更多的人加入这个行列。"

（三）开展"回望党史，汲取力量"主题教育活动

追忆党的历史，把握青年红色脉搏，坚守党的初心，开创青年道路。学生党支部在入党申请人中开展"回望党史，汲取力量"主题教育活动，让入党申请人在党团理论知识的学习和实践活动的参与中，感悟中国共产党和中国共产主义青年团的光辉历程，以此坚定入党申请人的理想信念。

学生党支部在入党申请人中开展党团思想教育和入党启蒙教育的同时，利用中华传统节日等契机开展系列活动，赓续红色血脉，坚定学生的理想信念。如国庆节前夕，学生党支部举办了"青春向党·礼赞祖国"——迎国庆歌咏活动、"书情画意，为国庆生"书画展活动，以青春的歌声、诚挚的祝福、浓墨重彩的国画以及俊逸俊秀的书法作品等激发青年学生尤其是入党申请人"爱党爱国爱社会主义"的情感，以此养坚定学生为党和国家贡献力量的信念和决心；开展"学史传红，共影国庆"为主题的系列红色观影活动，让青年学生尤其是入党申请人感受中华人民共和国开国大典的历史时刻，以此增强民族自豪感，感受国家的制度优越性和党的光辉历程，坚定他们"听党话、跟党走"的理想信念。

四、策略浅析，建学生党支部理想信念教育之章

"三全育人"视角下的学生党支部理想信念教育，在立德树人的基础上，坚持从党员到发展对象、入党积极分子和入党申请人的全员育人，从入党启蒙教育到党员党性提升教育的全过程育人，从党的理论知识学习到开展实践活动、宣传党的思想主题宣讲的全方位育人，以此加强高校学生党支部的理想信念教育，彰显高校学生党支部开展理想信念教育的显著效果。

（一）全员育人，学生党支部理想信念教育全覆盖

在高校学生党支部开展理想信念教育，要坚持从党员到发展对象、入党

积极分子和入党申请人的全覆盖。全员全覆盖开展理想信念教育，有利于学生党支部所辖的青年学生始终听党话、跟党走，向党组织靠拢，使青年学生的理想信念更为坚定，达到在高校学生党支部开展理想信念教育的目的。

入党申请人接受党团思想教育和入党启蒙教育，入党积极分子和发展对象接受党的基本知识的培训，学生支部的学生党员全面、系统学习党的理论知识和方针政策，使学生在各阶段所接受的思想教育向党组织靠拢，有利于学生的理想信念坚定、不动摇。

（二）全过程与人，学生党支部理想信念教育成体系

高校学生党支部开展理想信念教育时，应将入党启蒙教育、入党积极分子培训、发展对象培训和党员教育培训核定为一个体系，培训内容呈现阶梯性、系统性和整体性，使学生在不同阶段培养时所获得的知识等形成逻辑并相互联系。同时，将理想信念教育内容贯穿于培训内容始终，使得学生在不同阶段所接受的理想信念教育也逐层深入，以此达到在高校学生党支部开展理想信念教育的真正目的。

入党申请人阶段学生接受的是入党启蒙教育，给学生形成积极靠拢党组织的意识；在入党积极分子培训和发展对象培训阶段，学生了解党的基本理论，形成了听党话、跟党走，做合格的社会主义建设者和接班人的意识；在党员教育阶段，学生深入学习党的理论知识、理解重要思想的深刻含义、领会重要指示精神，着力提升党性修养，通过学习、研讨、实践等形成更坚定、更深层次的理想信念。理想信念教育的逐层深入，对深度挖掘高校学生党支部开展理想信念教育的意义起到重要的作用。

（二）全方位育人，学生党支部理想信念教育多形式

高校学生党支部在开展理想信念教育时，除传统的自学、集中学习和研讨外，可创新采取多种形式的实践活动、志愿服务活动，更好地将理论和实践相结合，用理论有效指导实践。此外，在开展理想信念教育时，仍需思考如何更好地将所获得的党的理论知识和自身所树立的坚定的理想信念进行宣讲和传播，赓续红色血脉，更好地利用学习资源，达到加强高校学生党支部理想信念教育的目的。

入党申请人、入党积极分子、发展对象和党支部党员，需定期开展党的理论知识的自学和集中学习研讨，通过交流学习心得体会和个人感悟，提升理论素养，坚定理想信念。同时，积极参加多种主题的社会实践活动和志愿

服务活动,不断坚定为人民服务的思想,同时提升调查研究能力。在学习和践行党的理论知识的同时,高校学生党支部应引导学生将所学知识进行宣讲和宣传,以此带动周边更多的人了解、理解和深度学习党的理论知识,并付诸实践,既要做党的思想和理论的学习者,又要做践行者,更要做好宣讲传播者的角色,在此过程中,自己的理想信念更加坚定的同时,带动身边的人树立坚定的理想信念,更好地达到在高校学生党支部开展理想信念教育的目的。

结　语

基于"三全育人"体系,在高校学生党支部和所辖学生中,从对入党申请人、入党积极分子、发展对象和党员分别开展的入党启蒙教育、党的基本理论知识培训和党性提升教育,从自学、集中学习和研讨,到参与社会实践调研活动、志愿服务活动,再到党的理论宣讲活动,体现和彰显了高校学生党支部在全员、全过程、全方位开展学生理想信念教育的制度和效果。同时,其对于高校其他学生党支部开展理想信念教育工作有一定的借鉴意义。

参考文献

[1] 商霄杰:《大学生党员理想信念现状及教育对策研究——以石家庄市部分高校为例》,载《石家庄学院学报》2019 年第 1 期。

[2]《中共中央国务院印发〈关于加强和改进新形势下高校思想政治工作的意见〉》,载《人民日报》2017 年 2 月 28 日。

[3] 张强、张珏、王锴山:《系统论视域下高校"三全育人"的思想意蕴和实践路径》,载《系统科学学报》2024 年 1 期。

[4] 冯刚:《新时代高校"三全育人"的理论蕴含与深化路径》,载《厦门大学学报(哲学社会科学版)》2023 年第 1 期。

[5] 浦娟、王珂、李天凤:《"三全育人"视角下高校共青团"第二课堂成绩单"制度的育人作用》,载《学校党建与思想教育》2023 年第 11 期。

执幽明而制六合，挥斥方遒以为典谟

——科学实施美育教育的探索与实践

焦洁琼

天津仁爱学院

【摘　要】本文阐述了美育教育的重要作用，包括提升学生的审美水平、滋养学生的心灵、丰富学生的精神世界等方面；通过对美育活动的设计和实施，分析了美育如何对学生心理健康产生积极的影响，并从教学实践出发，提出了一系列具体的美育活动措施；针对美育活动的评价和反馈，提出了科学的评价机制，强调了教师的教学角色和责任。

【关键词】美育教育；心理健康；审美水平；教学实践；评价机制

引　言

（一）背景及重要性

全人教育已经成为教育领域中的一种核心理念。其中，美育教育被看作是个体发展的重要组成部分。在过去的几年里，我们已经看到了它的兴起和发展，以及其在教育改革中所扮演的重要角色。然而，尽管它的重要性已经被广泛承认，美育教育的实施仍然面临着各种挑战。其中包括教师的专业素养不足，美育课程的设计和实施缺乏科学性，以及学校对美育教育成果评估的缺失。

（1）美育教育不仅是提升学生审美能力和审美素养的重要手段，而且也有助于促进学生的全面发展。通过美育教育，学生可以接触到各种不同形式的艺术，开阔他们的视野，提升他们的创新思维能力。更为重要的是，美育教育还能影响学生的情感和精神世界，增强他们的生活情趣，提升他们的生活质量。

（2）尽管美育教育的重要性已被广泛认识，但在实际的教育实践中，美育教育往往被忽视。一方面，由于缺乏专业的艺术教育教师，美育课程的教学质量无法得到保证。另一方面，由于教育资源的分配不均，美育教育往往成为被忽视的一环。

（3）面对这些挑战，如何科学地实施美育教育，提升学生的审美素养和审美能力，滋养他们的心灵，丰富他们的精神世界，提升他们的心理健康水平，是当下教育研究领域中的重要课题。在这个过程中，我们需要对美育教育进行深入的理论研究，同时也需要开展实践探索，以找到适应当前教育改革需要的美育教育模式。

（二）研究的目的和意义

美育教育是一种独特的教育方式，它以艺术和美学为载体，注重培养学生的审美能力和创新思维。然而，如何在学校教育中有效地实施美育教育，仍然是教育领域一个亟待解决的问题。本研究旨在通过深入的理论分析和实际的教育实践，探索科学、系统的美育教育实施路径和方法，以促进学生的全面发展，尤其是心理健康和创新能力。

（1）研究目的：首先，我们希望通过对美育教育理论的深入分析，形成一套独特而又具有普适性的美育教育实施模式，这个模式将指导教育工作者如何有效地在学校中实施美育教育。我们相信，这套模式不仅会对学校教育产生深远影响，也会对更广泛的教育实践提供参考和启示。其次，我们希望通过对美育教育活动的设计和实施，提供一种新的视角和方法，来帮助教育工作者更好地理解和掌握美育教育的实质和内涵。

（2）研究意义：首先，从理论上，本文不仅有助于丰富和发展美育教育的理论体系，也有助于提升教育工作者对美育教育的认识和理解。从这个意义上讲，本文可以为学校教育提供更为科学、系统的理论指导。其次，从实践上，本文通过深入探索美育教育的活动设计和实施过程，可以为教育工作者提供具有可操作性的美育教育策略和方法。这将有助于提升学校教育的质量和效果，同时也能够提升学生的学习体验和学习效果，也对他们的心理健康和创新能力的培养。

总的来说，本文通过理论和实践的结合为学校教育中的美育教育提供了一个全新的视角和路径，旨在建立一套美育教育的有效实施模式，并期望通过深入的实践探索，把理论真正转化为可执行的教学策略。本文将对教育工作者提供一种新的教育思维方式和实践方法，有助于他们理解和实施美育教育，推动学生的全面发展。

一、美育教育对学生心理健康的作用

（一）美育教育对学生心理健康的促进作用

美育教育的实施对学生心理健康的促进作用主要体现在以下几个方面：

（1）美育教育可以提高学生的审美素养。在美育教育活动中，学生有机会接触到各种艺术形式，通过欣赏和创作美的事物，他们的审美能力会得到提高。同时，这些活动也会引导他们思考什么是美，对美的理解会更加深入，从而提高他们的审美素养。

（2）美育教育可以促进学生的情绪稳定。艺术活动有助于学生释放情绪，减轻压力[7]。例如，绘画和音乐活动可以让学生抒发情绪，从而帮助他们调节情绪，保持情绪稳定。

（3）美育教育可以培养学生的创新能力。在美育教育活动中，学生有机会展示自己的创新思维，通过创作自己的艺术作品，他们的创新能力会得到提升。

（4）美育教育可以提升学生的自我价值感。通过参与美育教育活动，学生可以体验到成功的喜悦，从而增强他们的自我价值感。

（二）美育教育对学生心理健康的保护作用

除了上述的促进作用外，美育教育还可以起到保护学生心理健康的作用。这主要体现在以下两个方面：

（1）美育教育可以防止学生心理问题的发生。艺术活动可以帮助学生释放压力，提供一个积极的情绪出口，避免他们因压力过大而产生心理问题。

（2）美育教育可以帮助已经出现心理问题的学生进行调适。艺术活动可以提供一个舒缓的环境，帮助学生缓解情绪。

二、设计和实施美育教育活动

为了使美育教育活动更好地对学生的心理健康产生促进作用，以下是在设计和实施美育教育活动时需要考虑的一些要素：

（一）充分考虑学生的兴趣和需求

在设计美育教育活动时，应充分考虑学生的兴趣和需求。应尽可能提供各种类型的艺术活动，如绘画、音乐、戏剧等，以满足学生的不同兴趣。同时，也应关注学生的心理需求，如需要表达自己的情绪，或需要通过艺术活动来提升自我价值感等。

（二）创建一个积极的学习环境

一个积极的学习环境对于学生的心理健康至关重要。在实施美育教育活动时，应鼓励学生自由表达，尊重每个学生的个性和创造性，避免在活动中产生竞争压力。

（三）定期评估活动的效果

定期评估活动的效果是提高美育教育活动质量的重要步骤。可以通过调查问卷、学生反馈等方式，了解活动的效果，如学生的心理健康状况是否有所改善，学生的参与度如何，以及活动是否满足学生的需求等。

三、定性和定量的评价方式

美育教育的评价方式在很大程度上影响了教育效果和学生的学习体验。传统的评价方式主要依赖于定量方法，如考试成绩和排名。然而，这种方法往往忽略了学生的个性差异和创新能力，这正是美育教育尤其关注的。因此，我们需要寻找一种既能体现学生在知识和技能上的掌握程度，又能体现学生创新能力和个性差异的评价方式。这就引出了定性和定量相结合的评价方式。

（一）定性评价

定性评价方法主要关注学生的创新能力，情感体验和个性发展。这种评价方法可以通过观察，访谈，反思日记，艺术作品的创作过程等多种方式进行。比如，在一个美术课程中，教师可以通过观察学生的创作过程，了解他们对于材料，色彩，形状的掌握和应用情况，同时也可以通过访谈和反思日记，了解学生的情感体验和创作思考。

（二）定量评价

定量评价方法则主要依赖于具体的数据和数字，如考试成绩，完成任务的时间，艺术作品的数量等。这种评价方法在一定程度上可以体现学生的知识和技能掌握程度，比如，我们可以通过考试成绩来评估学生的音乐理论知识，通过完成任务的时间来评估学生的绘画技能。

（三）结合定性和定量评价

任何一种评价方法都有其局限性，因此，我们需要将定性和定量的评价方法相结合，以全面，深入地评价学生的学习成果。比如，我们可以设计一种综合评价系统，其中包含了定量的考试成绩，定性的创作过程观察和反思日记等多个评价指标。通过这种方式，我们不仅能够评估学生的知识和技能掌握程度，也能了解他们的创新能力和情感体验。

总的来说，定性和定量相结合的评价方式为美育教育提供了一种新的可能，这种评价方式不仅能更好地体现美育教育的特点，也能更好地促进学生的全面发展。

四、如何进一步提高美育教育活动的效果

为了进一步提高美育教育活动的效果，我们可以考虑以下几个方面的策略：

（一）加强教师培训

教师在美育教育活动中起到关键的作用。他们不仅需要有良好的艺术技能，也需要有关心和理解学生心理健康的能力。因此，加强教师培训，提高他们的专业技能和教育素养，是提高美育教育活动效果的重要途径。

（二）鼓励学生创新和探索

鼓励学生在美育教育活动中的创新和探索，可以提高他们的创造性思维，增强他们的自我价值感，有利于提高他们的心理健康水平。因此，我们应该创造条件，鼓励学生尝试不同的艺术形式，发展他们的创新思维和探索精神。

（三）提高家庭和社区的参与度

家庭和社区对学生的心理健康和艺术教育有重要的影响。我们应该尽可能提高家庭和社区的参与度，例如邀请家长参加学校的美育活动，或者组织社区艺术展览等，以提高美育教育活动的社会影响力。

五、美育教育的未来发展趋势

（一）数字化和科技化

科技与教育的结合为美育教育带来了广阔的发展空间。在未来，我们将看到更多的科技工具如增强现实（AR）和人工智能（AI）等被运用到美育教育中，这些工具不仅可以帮助学生更直观地理解艺术，也可以使艺术创作变得更加便捷。例如，AI 绘画工具可以帮助学生更轻松地完成画作，释放他们的创造力；VR 技术可以使学生更深入地体验到艺术家的创作过程，增强他们对艺术的理解能力。更进一步，科技可以打破传统教育的地域限制，让学生无论在何处都能接受到优质的美育教育。

（二）个性化和定制化

随着教育理念的更新，未来的美育教育将更加强调因材施教。个性化的教学策略、定制化的课程设计将得到更多的关注。这也意味着，教师需要更深入地了解每个学生的艺术兴趣、创作才能及学习需求，以制定更有效的教学方案。例如，一些教育机构已经开始推出定制化的美育课程，根据学生的兴趣和技能水平，提供不同的学习路径和资源。

（三）全球化和跨文化

在全球化背景下，未来的美育教育将会更加注重跨文化交流。这不仅涉及教师教育的内容，也包括教学方式和评价体系。通过接触和了解不同文化背景下的艺术形式，学生的全球视野和跨文化理解能力将得到提升。例如，学校可以组织国际艺术交流活动，让学生有机会接触到外国的艺术家和作品，或者开设艺术史类的课程，帮助学生理解不同文化背景下的艺术发展脉络。

结　语

美育教育是一种能够促进学生心理健康，提升学生创造力，增强学生自我价值感的教育方式。目前，尽管我国在美育教育方面已取得了一定的成绩，但还存在一些问题，如教育资源分配不均，教师素质参差不齐，家庭和社区参与度低等。

为了进一步提高美育教育的效果，我们可以从加强教师培训，鼓励学生创新和探索，提高家庭和社区的参与度等方面进行努力。同时，我们也需要关注美育教育的未来发展趋势，如数字化和科技化，个性化和定制化，全球化和跨文化等。美育教育对于学生的成长和发展具有重要的意义，我们需要投入更多的资源和精力，以提高美育教育的质量和影响力。

参考文献

［1］李玉杰：《践行"全人教育"丰盈完美人生》，载《辽宁教育》2020 年第 21 期。

［2］《郴州明星学校：和全人教育，来一场"热恋"》，载《当代教育家》2023 年第 4 期。

［3］王洪军：《全人教育办学探索与实践》，载《吉林教育》2019 年第 40 期。

［4］张俊：《美与自由教育》，载《哲学动态》2020 年第 10 期。

［5］杜卫：《美育论》，教育科学出版社 2014 年版。

［6］王元骧：《美育并非只是"美"的教育》，载《学术月刊》2006 年第 3 期。

［7］陈钟林：《浅析美育在我国高校教育中的和谐作用》，载《中国报业》2011 年第 4 期。

［8］《美育是时代的使命——仇春霖谈〈大学美育〉》，载《中国大学教学》2003 年第 4 期。

［9］周军伟：《高教美育三十年：回顾与展望——中国高等教育学会美育专业委员会 2008 年学术年会综述》，载《河南教育学院学报（哲学社会科学版）》2009 年第 1 期。

从管理育人角度出发探究民办艺术高校学生投诉问题及对策

田沐瑶

天津传媒学院

【摘　要】 当代大学生的思想行为、心理动态受到社会事件和网络环境的深刻影响，呈现出了新特点，而艺术类民办高校的学生思维活跃、个性显著，学生群体中易出现过度投诉和乱投诉的"维权"行为。从管理育人的角度出发探究学生投诉心理，在班级中建立投诉机制，引导学生理性地表达意见，树立正确的维权观念，在一定程度上可以减少恶性事件的发生。高校辅导员工作是学生工作的重要组成部分，积极应对投诉事件可以减少恶性事件的发生，同时对辅导员专业教育质量的提升也有十分重要的意义。

【关键词】 管理育人；学生投诉；民办高校教育

通过日常工作的经验以及学生的反馈，首先分析学生投诉的问题主要是因为管理层与学生之间缺乏有效的交流沟通，问题传递反馈较慢和解决困难。其次，学生出现问题的主要原因还有一下三个方面。第一，由于部分教师教学水平不同，可能出现经验不足，教学内容与实际需求的脱节，教学不够全面，缺乏与学生的沟通以及缺乏建设性的反馈与指导等问题。第二，在生活权益方面，大学生除上课之外，多数休息时间是在食堂、宿舍等地方度过。所以学生投诉的很大一部分原因还有学校服务质量不佳、宿舍管理不到位、学校设施损坏维修缓慢等。第三，学生适应性的问题，由高中过渡到大学，同学们可能会面临新的环境、新的朋友、新的挑战，会出现无法适应的情况。

一、转变学生思想，引导学生合理表达诉求

管理育人强调学校管理的重要性，强调管理与育人的有机结合。高校承

担着管理育人的重要职能，辅导员作为高校学生的管理者，应遵循管理育人主体与对象知情意行协同互动规律，要坚持以理服人的工作方式。

民办高校学生的思维活跃，个性较强，在受到社会舆论和网络环境的影响后，对于学校的服务要求越来越高，维权意识也越来越强。学生有时无法理性地表述自我诉求，在自己的想法和要求没有得到满足或者受到影响时，学生第一的想法就是通过投诉来发泄自己的负面情绪从而达到自己的目的。然而发生在学校的事情，辅导员则是解决的第一关，若学生越过辅导员去投诉问题，首先会对学校造成一定的负面影响，其次会影响解决问题的时效性，导致简单的问题复杂化，不利于辅导员开展学生工作。所以，转变学生过度的投诉"维权"意识至关重要，要把问题控制在学校范围内解决，同时引导学生合理的阐述个人诉求，为学生搭建校内申诉问题的平台。另外，辅导员要树立良好的应诉人格，提升为学生解决问题的能力，维护好学校的社会形象。

在辅导员的日常工作中，可以展开"辅导员进寝室"活动，深入了解学生在日常生活中的点点滴滴，面对面听取学生的合理诉求。除此之外，还可以举办学生座谈会，"我为学生办实事"等活动，深入学生群体解决学生实际问题。还可以利用"吐槽大会"形式的班会，面对面听取学生意见，拉近与学生之间的距离，积极融入学生群体。

以本校辅导员工作为例，每学期会开展一对一与学生沟通交流的活动，了解学生在学习、生活、人际关系等方面遇到的问题，以及需要表达的诉求。大学生正处于人生的新阶段，思想观念还没完全成熟。辅导员老师以"过来人"的身份与学生进行沟通交流，以正确的思想引导学生的思维方式，处理问题的能力，能够更有效、更直接地解决学生的问题，起到思想教育作用。

二、建立班级投诉渠道，在校园维度解决学生问题

班级投诉信箱是一个接受学生投诉和建议的平台，有助于解决班级内部的问题，提高班级管理效率，创造良好的学习氛围。建立班级投诉信箱的好处有以下两点：其一，可以提升学生的参与感和责任感。学生可以通过投诉信箱表达自己对班级问题的见解，使他们感到自己的诉求和想法被重视和听取。这可以帮助学生发展自我管理能力，激发他们积极参与班级事务的兴趣。其二，班级投诉信箱可以促进与师生之间的良好沟通。学生可以通过投诉信

箱向教师提出问题或建议，教师也可以及时了解学生关注的问题，并实施相应的改进措施。这种双向沟通可以加强师生之间的互信和合作，提升教育教学质量。

图1

以上图片为辅导员设立的年级投诉邮箱，从学生大一入校时便引导学生通过辅导员老师介绍的官方渠道来反馈问题，并反复声明此方式解决问题的时效性，树立辅导员为学生解决问题的正向思维。

通过年级建立"投诉"邮箱，辅导员能接收到学生第一时间的"求助"，也能够直面学生的各种问题，从而用最积极和稳妥的方式去解决。

三、进一步完善班级学生群体中的投诉机制，维护校园教育的正确政治方向

文中的投诉机制仅仅用于一个年级的学生，目前该年级的学生已经养成了"有问题发邮件"的习惯。搭建学生服务平台，形成学生自我管理、自我教育、自我服务、自我监督的公共平台体系，由学生工作组把握方向，提高亮度，实实在在缩短师生距离，将管理服务伸到"最后一公里"。平台机制的建立让学生有了可以发泄情绪的突破口，让学生有了合理的交流平台。后期应建立更加完善的机制，例如建立学生干部轮流在线执勤等制度，定期汇总学生反应的投诉问题并进行分类，便于集中管理，慢慢形成完整的闭环。学生干部在群体当中起到带头作用，为了使投诉平台的效率更高，可以设立有关部门，组织学生代表会议，收集学生反馈和需求，建立学生问题反馈渠道。与学生进行定期沟通，了解学生的情况与问题所在，提供必要的建议和支持。

这样，学生的诉求有了合理的反馈平台，并且得到了良好的解决，学生对于学校的认同感也会逐渐提升，校园的外部形象会整体提升。

四、与上级沟通畅通学校的反馈渠道，更好建立学校与学生之间的信任

上文我们分析了学生可能会出现问题的种种原因，除了与学生建立正确的沟通，引导他们合理的表达自己的诉求之外。辅导员老师还应该起到连接学校与学生之间的沟通桥梁的作用。向学校上级反馈，与学校管理层沟通，通过这个渠道，学生可以随时向学校反映问题，并得到及时回应和解决，从而更好地建立学校与学生之间的信任。设立专门的部门分别从：日常学习、日常生活、学风建设等方面处理学生投诉问题以及商量解决对策。对于教学方面可以通过与教务处合作，定期与学生代表开展座谈会，听取学生的意见和建议，并根据反馈及时调整和改进课程设置。对于针对宿舍以及食堂的投诉问题，可以设立专门的管理人员，专人专项进行处理，改善管理水平，提高服务质量。

以本学院播音与主持艺术专业为例，本院设置自律委员会。下设宿管部，学风建设部，办公室部。该组织设立的初衷就是为更好地解决学生反馈问题，及时保证学生与学校上级之间的沟通。通过以上措施，可以有效减少学生的投诉问题，构建良好的学生与学校之间的关系。

参考文献

［1］侯雪珍：《大学生的自我意识辨析》，载《无锡商业职业技术学院学报》2005 年第 3 期。

［2］何云峰：《要引导大学生理性而公开地表达意见》，载《上海教育》2019 年第 12 期。

［3］关慧：《名实不符，民办学校教育投诉激增》，载《人民政协报》2005 年 9 月 28 日。

［4］张扬：《心理分析视角下辅导员处理学生投诉的策略》，载《新课程研究（中旬刊）》2013 年第 2 期。

［5］张雷：《高校辅导员开展学生思想政治教育的心理策略研究》，载《考试周刊》2017 年第 65 期。

［6］张蕊：《大学生负道德心理分析》，载《江苏高教》1997 年第 5 期。

［7］邢宝君：《积极引导大学生进行自我教育》，载《中国高等教育》2006 年第 5 期。

［8］卢凯、梅运彬：《接受教育与自我教育过程关系辨析》，载《湖北经济学院学报（人文社会科学版）》2020 年第 7 期。